R语言

数据可视化之美

专业图表绘制指南

（增强版）

张杰 / 著

電子工業出版社
Publishing House of Electronics Industry
北京·BEIJING

内 容 简 介

本书主要介绍如何使用 R 中的 ggplot2 包及其拓展包，以及 ggraph、circlize 和 plot3D 等包绘制专业图表。本书先介绍了 R 语言编程基础知识，以及使用 dplyr、tidyr、reshape2 等包的数据操作方法；再对比了 base、lattice 和 ggplot2 等包的图形语法。本书系统性地介绍了使用 ggplot2 包及其拓展包绘制类别对比型、数据关系型、时间序列型、整体局部型、地理空间型等常见的二维图表的方法，使用 ggraph、igraph、circlize 等包绘制层次、网络关系型图表，以及使用 plot3D 包绘制三维图表（包括三维散点图、柱形图和曲面图等）的方法。另外，本书也介绍了论文中学术图表的图表配色、规范格式等相关技能与知识。

图书在版编目（CIP）数据

R 语言数据可视化之美：专业图表绘制指南：增强版 / 张杰著. —北京：电子工业出版社，2019.10
ISBN 978-7-121-37443-2

Ⅰ. ①R… Ⅱ. ①张… Ⅲ. ①统计分析－应用软件－指南 Ⅳ. ①C819-62

中国版本图书馆 CIP 数据核字(2019)第 207510 号

责任编辑：石　倩
印　　刷：固安县铭成印刷有限公司
装　　订：固安县铭成印刷有限公司
出版发行：电子工业出版社
　　　　　北京市海淀区万寿路 173 信箱　邮编 100036
开　　本：787×980　1/16　印张：23.5　字数：564 千字
版　　次：2019 年 5 月第 1 版
　　　　　2019 年 10 月第 2 版
印　　次：2025 年 7 月第 15 次印刷
定　　价：159.00 元

凡所购买电子工业出版社图书有缺损问题，请向购买书店调换。若书店售缺，请与本社发行部联系，联系及邮购电话：（010）88254888，88258888。

质量投诉请发邮件至 zlts@phei.com.cn，盗版侵权举报请发邮件至 dbqq@phei.com.cn。

本书咨询联系方式：010-51260888-819，faq@phei.com.cn。

前 言

本书主要介绍如何使用 R 中的 ggplot2 包及其拓展包，以及 ggraph、circlize 和 plot3D 等包绘制专业图表。本书先介绍了 R 语言编程基础知识，以及使用 dplyr、tidyr、reshape2 等包的数据操作方法；再对比了 base、lattice 和 ggplot2 等包的图形语法。本书系统性地介绍了使用 ggplot2 包及其拓展包绘制类别对比型、数据关系型、时间序列型、整体局部型、地理空间型等常见的二维图表的方法，ggraph、 igraph、circlize 等包绘制层次、网络关系型图表，以及使用 plot3D 包绘制三维图表（包括三维散点图、柱形图和曲面图等）的方法。另外，本书也介绍了论文中学术图表的图表配色、规范格式等相关技能与知识。

本书定位

虽然现在 Python 语言越来越流行，尤其是在机器学习与深度学习等领域，但是 R 语言在数据分析与可视化方面仍然具有绝对的优势，其中 ggplot2 包及其拓展包人性化的绘图语法大受用户的喜爱，特别是生物信息与医学研究者。*Nature*、*Science* 和 *Cell* 等期刊上大量的图表都是使用 R 语言绘制的，所以很有必要系统性地介绍 R 语言的绘图方法。

R ggplot2 有两本很经典的教程：*ggplot2 Elegant Graphics for Data Analysis* 和 *R Graphics Cookbook*，两本书重点介绍了 ggplot2 包的绘图语法及常见图表的绘制方法，但是其中介绍的图表种类并不多。所以本书基于 R 中的 ggplot2 包及其拓展包和 plot3D 包，系统性地介绍了几乎所有常见的二维和三维图表的绘制方法，包括简单的柱形图系列、条形图系列、折线图系列，以及复杂的和弦图、矩形树状图、日历图等。

读者对象

本书适用于想学习数据分析与可视化相关专业课程的高校学生，以及对数据分析与可视化感兴趣的职场人士阅读，尤其是 R 语言用户。从软件掌握程度而言，本书同样适用于零基础学习 R 语言的用户。

阅读指南

全书内容共有 12 章，其中，第 1 章和第 2 章是后面 9 章的基础，第 3 ~ 11 章都是独立章节，可以根据实际需求有选择性地进行学习。

第 1 章　介绍 R 语言编程与数据可视化基础，对比了 base、lattice 和 ggplot2 包的图形语法，重点介绍了 ggplot2 包的图形语法；

第 2 章　介绍 R 语言数据处理基础，重点介绍了使用 dplyr、tidyr、reshape2 等包的数据操作方法；

第 3 章　介绍类别比较型图表，包括柱形图系列、条形图系列、南丁格尔玫瑰图、径向柱图等约 30 张图表；

第 4 章　介绍数据关系型图表，包括二维和三维散点图、气泡图、等高线图、三维曲面图、三元相图、二维和三维瀑布图、相关系数热力图等约 60 张图表；

第 5 章　介绍数据分布型图表，包括一维、二维和三维的统计直方图和核密度估计图、抖动散点图、点阵图、箱形图、小提琴图等约 50 张图表；

第 6 章　介绍时间序列型图表，包括折线图和面积图系列、日历图、螺旋图系列、量化波形图、地平线图等约 20 张图表；

第 7 章　介绍局部整体型图表，包括饼图、散点复合饼图系列、马赛克图、华夫饼图等约 20 张图表；

第 8 章　介绍高维数据的可视化方法，包括分面图系列、矩阵散点图、热力图、平行坐标系图、RadViz 图、图标法等约 20 张图表；

第 9 章　介绍层次关系型图表，包括节点链接图、旭日图、矩形树状图、树形图、桑基图等约 10 多张图表；

第 10 章　介绍网络关系型图表，包括节点链接图、弧线链接图、蜂巢网络图、和弦图等约 10 多张图表；

第 11 章　介绍地理空间型图表，包括从世界到国家、再到地方局部的地图，还有分级统计地图，点描法地图，带气泡、柱形、饼图、连接线的地图，等位地图、线型地图等 30 多张不同的地图图表。

第 12 章　介绍论文中学术图表的常用技能，包括常见的截图与图片处理软件及其功能、矢量图片的修改、论文中学术图表数据的提取与重绘、论文中学术图表的规范与调整等。

应用范围

本书的图表绘制方法都是基于 R 中的 ggplot2 包及其拓展包和其他绘图包实现的，几乎适应于所有常见的二维和三维图表。本书以虚拟地图的数据为例讲解不同的地理空间型图表，读者需将绘图方法应用到实际的地理空间型图表。

适用版本

本书所用 R 版本为：3.3.3。R 作为免费的开源软件，数据分析与可视化的包更新迭代很快，这是它的优势。但是有时候有些代码运行可能会由于 R 或者 R 包版本的更新，而出现函数弃用（deprecated）的情况。此时，需要自己更新代码，使用新的函数替代原有的函数。

源代码

本书配有几乎所有图表的 R 语言源文件及其.csv 或.txt 格式的数据源文件。但是需要注意的是，如果运行的 R 语言版本没有安装相应的数据分析与可视化的包（package），那么请预先安装相应的包，才能成功运行代码。同时，也请注意运行 R 语言和 R 包的版本是否已经更新。源代码下载 Github 网址：https://github.com/EasyChart/Beautiful-Visualization-with-R。

与我联系

因本人知识与能力所限，书中纰漏之处在所难免，欢迎并恳请读者朋友们给予批评与指正，可以通过邮箱联系笔者；如果读者有关于 R 语言学术图表或商业图表绘制的问题，可以与笔者交流。另外，更多关于 R 语言图表绘制的教程请关注笔者的博客、专栏和微博平台。也可以重点关注我们的微信公众号：EasyShu，还可以添加笔者微信：EasyCharts。笔者的 R 语言数据分析与可视化的文章会优先发表在微信公众号平台。

邮　　箱：easycharts@qq.com

知乎专栏：https://zhuanlan.zhihu.com/EasyShu（知乎账号：EasyShu）

博　　客：https://github.com/Easy-Shu/EasyShu-WeChat

致谢

桃李春风一杯酒，江湖夜雨十年灯。笔者的处女作《Excel 数据之美：科学图表与商业图表的绘制》也至今出版逾两年，一直想着要修订这本书。但是旧书未翻新，新书忙于码字改稿，实在是有愧于读者。其实，在撰写这本新书的时候，数次想放弃。写书实在是一件费力劳神的事情，笔者是凭借着对数据可视化的热爱才坚持至今。

这本书从 2017 年 5 月 25 日开始动笔，断断续续居然也花费了两年的时间。与其说是花费，不如说是陪伴吧。笔者经常对朋友开玩笑说，心情不好的时候码码代码、画画图表，是一件消磨时间、放松心情的事情。

在断断续续的写稿中，笔者也认识了很多热爱数据分析与可视化的朋友，甚是荣幸，也得益于他们的帮助。很感谢《R 语言游戏数据分析与挖掘》的作者谢佳标老师和先锋信息科技有限公司 CEO 林祯舜老师对笔者的鼓励与帮助，也因此有幸参加了 2018 年的 R 语言大会；也非常感谢在码字、写代码时一起交流学习的李誉辉（四川大学高分子学院）、杜雨（美团用户平台—大数据与算法部—商业分组部）、刘钰（河南大学土木建筑学院）、厚缊（深圳中观经济咨询有限公司）等诸多技术大佬。因为有你们的帮助，所以才有今天这本书。

最后，想对大家说，也是对自己说：且将新火试新茶，诗酒趁年华！

增强版特别说明

随心而动，立志而行。现在的生活纷纷扰扰，可以做自己喜欢的事情实属难得。笔者的《R 语言数据可视化之美：专业图表绘制指南》于 2019 年 5 月出版，没想到如此受大家喜爱，有些读者都买了好几本。实在惭愧，由于《地图管理条例》的相关规定，涉及地图的内容都需要严格审查才能出版，所以笔者不得不删减了呕心沥血撰写的关于地理空间型图表的章节，然而很多读者其实特别关注这个部分。

笔者后来想到一个迂回曲折的办法，自己虚拟了几个国家和城市的信息数据，使用虚拟地图的方式讲解各种地理空间型图表，这样才使得相关内容顺利出版。另外，笔者顺便把读者反映的层次关系型和网络关系型图表也逐一添加进增强版中。到目前为止，常见的图表类型基本都已经被囊括书中。

R 包的更新迭代很快，也层出不穷。在此，非常感谢辛勤的开发者们。小时候学到一句话：学如逆水行舟，不进则退。R 包的更新与创新，也促使大家要不断地学习，才能跟上新的技术。所以，也希望大家不断学习、不断进步。

再次感谢杜雨、李誉辉、刘钰、厚缊等诸多技术大佬。因为有你们的帮助，所以才有今天这本书。最后，想再次对大家说，也是对自己说：学如逆水行舟，不进则退。

作　者

2019 年 9 月 2 日

目 录

第 1 章

R 语言编程与绘图基础

1.1 学术图表的基本概念

学术图表是为论文结论（conclusion）提供证据的视觉方式。所以，论文作者为了产生强烈的视觉效果，应该通过分析实验数据，精心设计可视化图表。本书开篇先跟大家讲讲学术图表的类型。通常学术论文中主要有三类图表，如图 1-1-1 所示。流程示意图和数据展示图都是非常讲究技能的图表，本书重点讲解的是数据展示图。

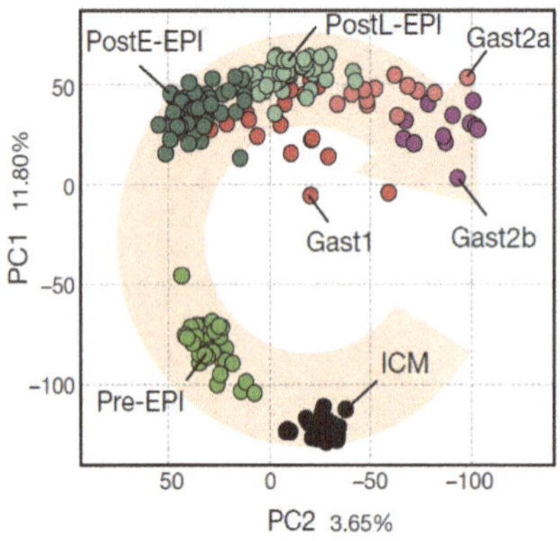

(a) 数据展示图

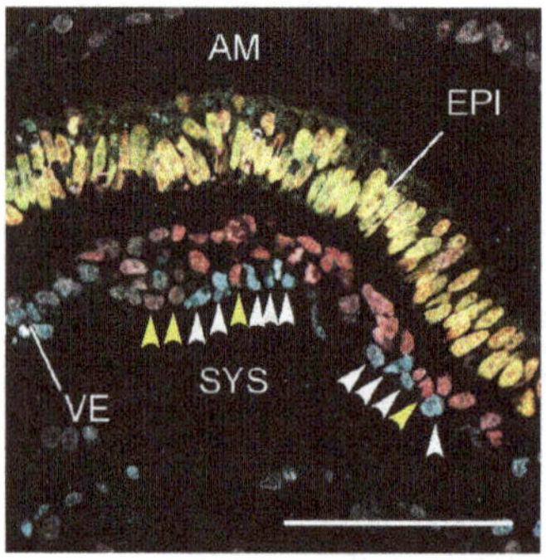

(b) 实验拍摄图

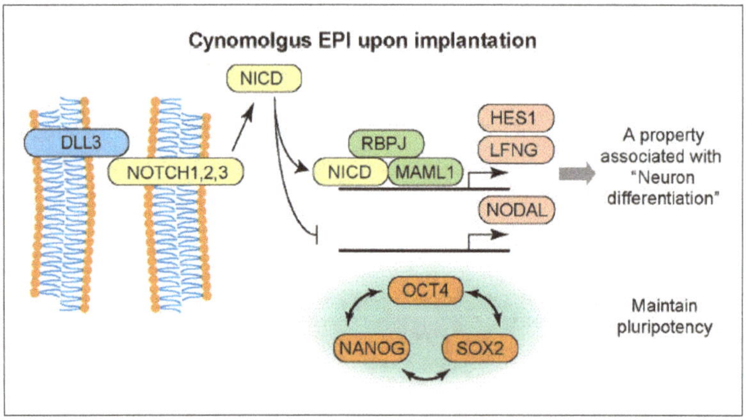

(c) 流程示意图

图 1-1-1 不同类型的图表 [1]

1. 数据展示图：先根据数据绘制成图表，再将其导出生成图片，主要包括各种点线图、柱形图、饼图等统计图表，一般使用 Excel、GraphPad Prism、SigmaPlot、Origin、MATLAB、Python、R 等专业绘图软件绘制（Excel 并非如大众所说不能导出高分辨率的图片和矢量图）。注意，保存图片时，一定要保存成高分辨率的 TIFF 格式和 EPS 矢量格式的图片，因为矢量图片是可以使用图片处理软件进行再编辑的。由数据生成的图表是可重复修改的，因此一定要保存好原始数据，一旦发现图表有任何问题可以马上进行修改。

2. 实验拍摄图：使用设备或者仪器拍摄采集的图片，包括显微镜、扫描仪及摄像机等所拍照片。一定要在最刚开始时就拍成高清的（设置成高分辨率），也就是要保证原始图片的高分辨率，接下来处理图片就会比较方便，免得因为图片质量不佳而重复实验。若有必要，则可以将每张图片存储成 TIFF 和 JPG 两种格式（以应对部分期刊的特殊要求）。

3. 流程示意图：使用简明的线条、基本图形和箭头等绘制论文中的重要的实验流程或步骤，用以说明基本原理或解释文字材料，一般使用 PPT、Visio、Illustrator、CorelDRAW、3DMax 等软件绘制。

1.1.1　学术图表的基本作用

图表在学术论文中是很重要的一部分。实验结果通常是论文的核心和主要部分，而实验结果一般以图表的形式呈现。读者经常通过图表来判断这篇文章是否值得阅读，所以每个图表都应该能不依赖正文而独立存在。所谓“一图抵千言”（A picture is worth a thousand words）。图表设计是否精确且合理直接影响数据的完整与准确表达，从而影响论文的质量。图表是期刊评审过程中仅次于摘要的关键一环，准确而美观的图表能促进审稿人和读者对论文表达的快速理解。以 *Nature* 上的文章 *Cotranslational signal-independent SRP preloading during membrane targeting* [2]选取的前两页为例（见图 1-1-2），我们首先关注的是论文的标题（title），其次是第一页最开始的摘要（abstract），接下来我们就被这些包含大量实验数据与信息的图表所吸引。在每页的文章中，包含图名（figure）的图表部分几乎占据整个页面的 1/4~1/3，由此可见图表在论文中的重要性。

根据 Edward R. Tufte 在 *The Visual Display of Quantitative Information*[3]和 *Visual Explanations*[4]中的阐述，图表在论文中的作用主要有：

（1）真实、准确、全面地展示数据；

（2）以较小的空间承载较多的信息；

（3）揭示数据的本质、关系、规律。

第三点作用尤为重要，Matthew O. Ward 也提出，可视化的终极目标是洞悉蕴含在数据中的现象和规律，这包括多重含义：发现、决策、解释、分析、探索和学习[5]。表 1-1-1 所示的原始数据是 31 组 *x-y* 的二维数据。仅仅只从数据的角度去观察数据，就很难发现 x 与 y 之间的具体关系。将实际的数据分布情况使用二维可视化的方法呈现，如图 1-1-3 所示，则可以快速地从数据中发现数据内在的模式与规律。所以，有时使用数据可视化的方法也可以很好地帮助我们去分析数据。

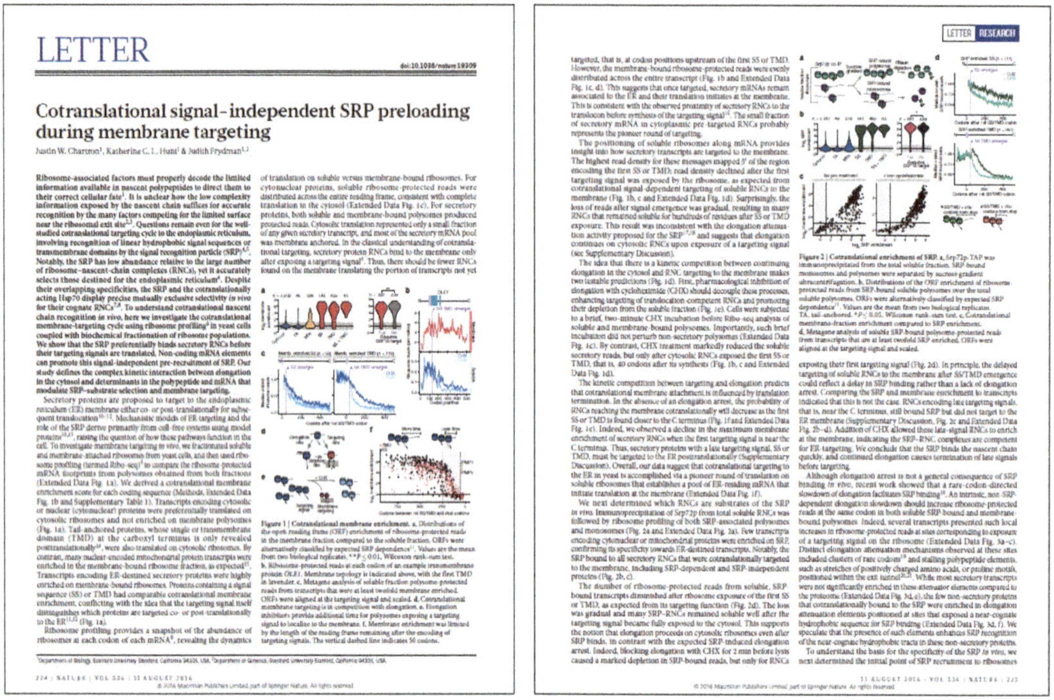
LETTER

doi:10.1038/nature19309

Cotranslational signal-independent SRP preloading during membrane targeting

Justin W. Chartron, Katherine C. L. Hunt & Judith Frydman

(a) (b)

图 1-1-2 论文摘取的页面案例[2]

表 1-1-1 四组二维数据点集（相同的 *x* 变量，不同的 *y* 变量：*y*1，*y*2，*y*3，*y*4）

x	1	2	3	4	5	6	7	8	9	10	11	12	13	14	15	16
y1	4.6	5.4	5.2	6.6	5.9	6.1	5.8	6.8	6.5	6.7	6.9	11.1	8.2	10.3	12.8	13
y2	6.1	11.6	16.6	19	22.7	31.8	34	33.7	35.6	34.5	39.6	58.3	57.7	72.9	68.4	82.6
y3	5.5	31.1	33.1	51.8	55.7	60.7	63.5	75.5	84.4	84.6	76.3	92.4	81.6	91	88.1	93.8
y4	1	3	4.9	7.9	9.8	12	18.9	24.7	28.9	28.6	39.3	33.2	42.1	54.4	43.3	90.2

x	17	18	19	20	21	22	23	24	25	26	27	28	29	30	31	-
y1	20.8	12.4	15.9	15.3	38.8	35.9	24.3	54.5	62.9	43.8	76.9	91	96.9	51.4	100	-
y2	84.5	82	89.1	102.1	68.1	96.3	108.5	76.7	107.6	103.4	116.5	106.4	142.5	115.1	110.5	-
y3	101.3	103	107.4	104.3	110.7	103.4	113.6	105.1	112.5	119.3	113.7	109.5	108.7	110.1	118.8	-
y4	81.2	90.8	70.9	66.8	67.5	88.6	116.9	141.4	104	161.4	101.8	137.1	175.3	119.5	257.3	-

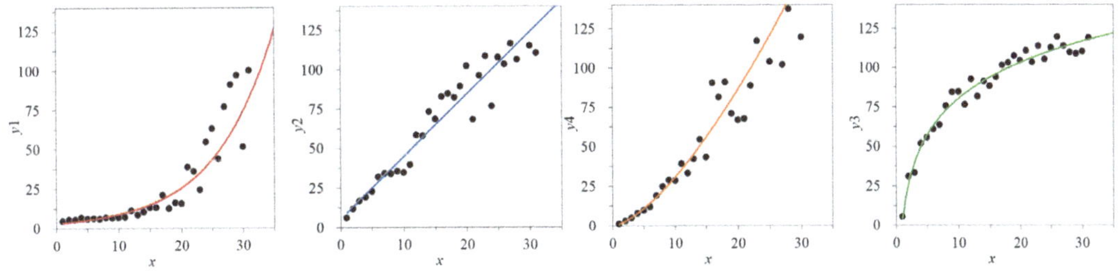

(a)　(b)　(c)　(d)

图 1-1-3　四个不同规律的二维数据点集的可视化案例

1.1.2　学术图表的基本类别

我们可以先通过国际顶级期刊的学术图表，如 *Science*、*Nature*、*Cell* 等（见图 1-1-4 和图 1-1-5），了解优秀学术图表的基本类型与风格。图表从色彩运用的角度可以分成两大类：彩色图表与黑白图表。

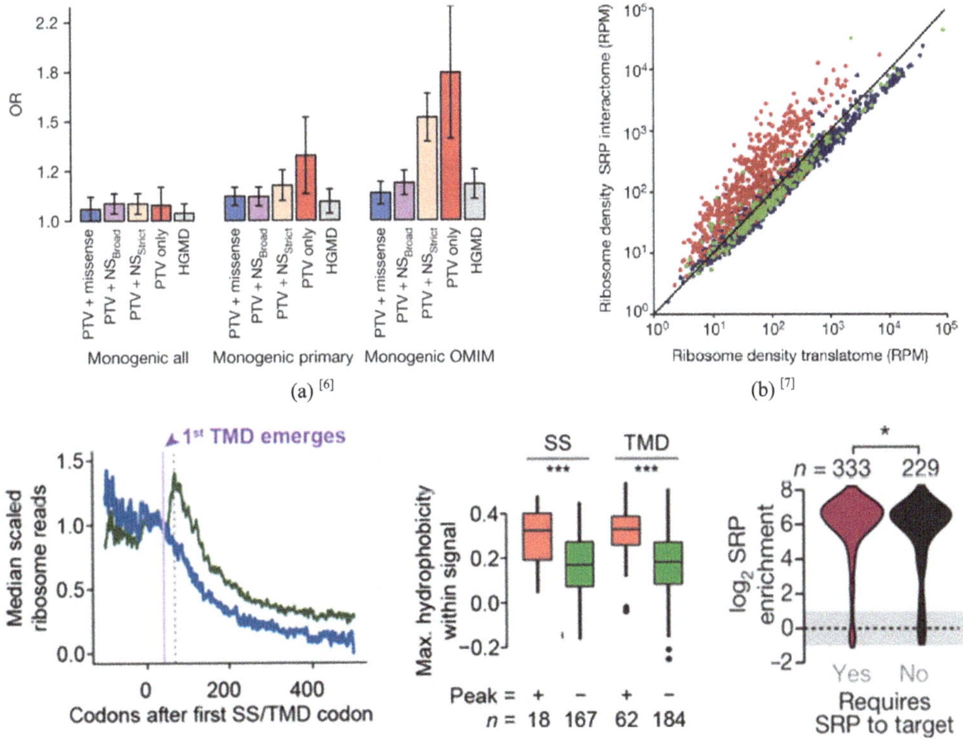

(a) [6]　(b) [7]

(c) [2]　(d) [2]　(e) [2]

图 1-1-4　*Nature* 期刊的图表案例

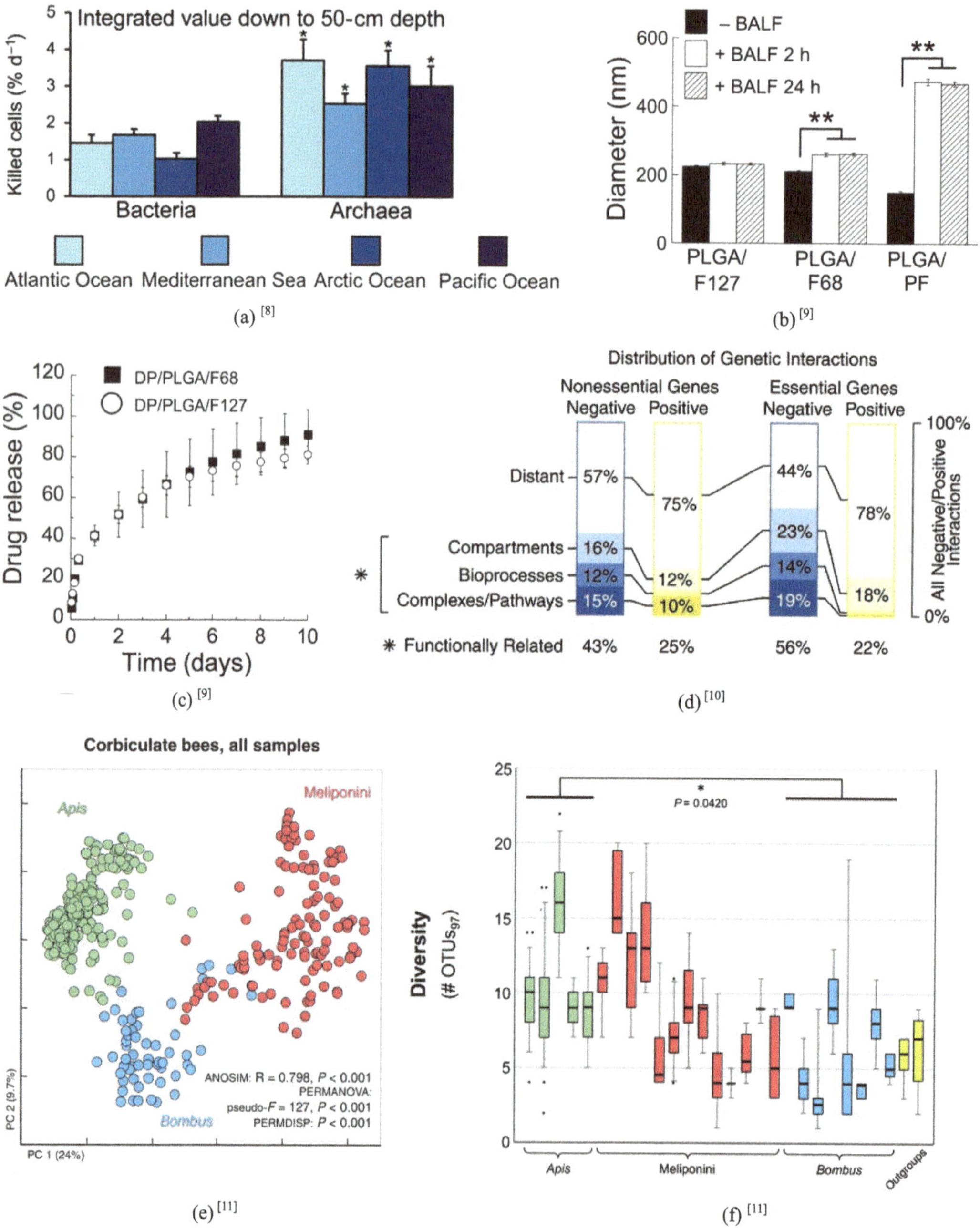

图 1-1-5 *Science* 期刊的图表案例

1. 黑白图表

由于彩色印刷的成本相对较高，所以大部分期刊是非彩色的，期刊也往往要求投稿的学术图表为黑白颜色，如图 1-1-5(b)和图 1-1-5(c)所示。如果论文中使用的都是彩色图表，有些期刊可能会在出版时向作者收取额外的彩色出版费用。在黑白图表中，数据系列的区分主要体现在数据标记上，可使用不同的填充纹理（见图 1-1-5(b)）或不同的填充颜色和标记形状（见图 1-1-5(c)）。

2. 彩色图表

随着互联网的发展，现在越来越多的文章会预先在网上发布（publish online），而且越来越多的读者与审稿人都喜欢阅读 PDF 形式的文章，这也导致越来越多的期刊接受彩色图表。彩色图表往往比黑白图表更加美观，从而更加吸引读者与审稿人。有时只借助纹理、形状等无法准确而全面地展示数据，就只能用颜色来丰富数据的表达，如图 1-1-4(b)所示，由于不同数据系列的数据量多而密集，如果使用形状（如菱形◇、圆心○、方形□、三角形△等）区分数据系列，就很难清晰地展示数据的分布规律。

国内期刊一般以黑白印刷为主，绘图时需要注意采用不同的线型、标记等对不同曲线进行区分；国外的期刊相对而言以彩色印刷为主，但需要注意颜色的搭配。

1.1.3 学术图表的绘制原则

每个学术期刊都有自己对学术图表的基本要求，具体可以参考投稿期刊的《作者投稿指南》或 *Author Guidelines*、*Author Instructions*。以 *Nature* 期刊为例，作者的投稿主页（submit manuscript）如图 1-1-6 所示，然后点击 instructions for authors，就可以进入作者的投稿指南，其中就有对图表（figure）的要求，包括基本图表要求（general figure guideline）和终稿图表要求（final figure submission guideline）两个部分。

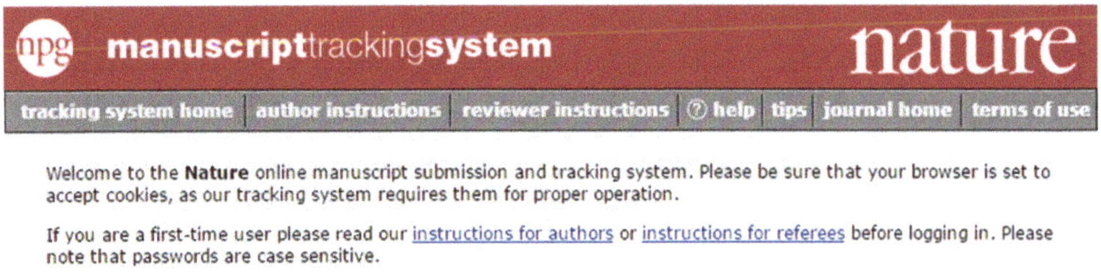

图 1-1-6　*Nature* 投稿主页页首

所以，学术图表首先要规范，符合期刊的投稿要求，然后在规范的基础上实现图表的美观和专业。在当前贯彻科技论文规范化、标准化的同时，图表的设计也应规范化、标准化。总而言之，学术图表的制作原则主要是规范、简洁、专业和美观。

1. 规范：规范就是指学术图表符合投稿期刊的图表格式和分辨率方面的要求，这是绘制图表的一个基础条件。绘图时满足投稿期刊的图表要求，这样至少能满足期刊编辑的要求，不会立即被退稿、被要求修改图表格式，例如图表的单位、字体、坐标、图例、轴名等。另外，期刊还会要求图表的分辨率和格式，一般要求 RGB 彩色图片的分辨率为 300dpi 及以上。

2. 简洁：学术图表的关键在于清楚地表达数据信息。Robert A. Day 在 *How to write and publish a scientific paper* [12]书中指出：Combined or not, each graph should be as simple as possible（如果一张学术图表包含的数据信息太多，反而让读者难以理解自己所要表达的数据信息）。所以，学术图表应尽量简洁、清楚地表达数据信息。考虑到期刊的印刷成本，学术图表的尺寸也要尽量以较小的空间承载较多的信息，但要保证能看清图表的文字。

3. 专业：图表类型的选择是做好图表的重要基础。专业就是指图表要能全面地反映数据的相关信息。当我们获得足够的实验数据后，需要重点思考的就是选择哪种图表能更加全面地表达数据信息。比如，同样是多次重复实验获得的数据，带误差线的散点图、带误差线的柱形图、箱形图等图表类型的选择就是我们要重点考虑的问题。

4. 美观：图表美观是做好图表的一个重要条件。美观是指学术图表要简洁且具有美感。图表的配色、构图和比例等是影响图表美观的主要因素。但是由于大部分理工科的学生平时缺乏审美能力的训练，所以这也是许多学术图表缺乏美感的主要原因。

1.2 你为什么要选择 R

“工欲善其事，必先利其器”，学术绘图软件的选择与使用特别重要。不同学科的研究人员使用的软件有所不同，但是基础的绘图思想与理念是相通的（这部分会在后面的章节讲解）。具有工科背景的人员常使用 MATLAB，具有计算机背景的人员常使用 Python，具有统计学科背景的人员常使用 R，具有医学背景的人员常使用 GraphPad Prism 等。常用的学术图表绘制软件包括 Excel、Origin、SigmPlot、GraphPad Prism、MATLAB、Python、R 等，如图 1-2-1 所示。每个绘图软件的图表都有不同的图表风格。

图 1-2-1　绘图软件的标签云

笔者列出了常用的 7 款学术图表绘图软件，如表 1-2-1 所示。从技能要求的角度主要可以分为两大类：编程与界面操作。

表 1-2-1　常用绘图软件的性能对比

LOGO	名称	开源	付费	技能要求
	Excel[1]	否	是	界面操作
	Origin[2]	否	是	界面操作
	SigmPlot[3]	否	是	界面操作
	GraphPad Prism[4]	否	是	界面操作
	MATLAB[5]	否	是	编程
	Python[6]	是	否	编程
	R[7]	是	否	编程

像 Excel、Origin、SigmaPlot、GraphPad Prism 这 4 款软件，就不需要编程，只要点击界面按钮

1 https://support.office.com/en-GB/Excel

2 http://originlab.com/

3 https://systatsoftware.com/products/sigmaplot/

4 http://www.graphpad.com/

5 https://www.mathworks.com/products/matlab.html

6 https://www.python.org/

7 https://www.r-project.org/

就可以绘制图表。尽管这些工具都非常容易使用，但也存在一些缺憾。只需鼠标操作无疑十分便捷，但随之而来的却是丧失一些灵活性。你可以改变颜色、字体和标题，但仅限于软件所提供的那些元素。这些软件只能由你去适应它的操作规则，让你使用现有的图表，而并不能创造新的图表。

像 MATLAB、Python 和 R 这 3 款软件，则需要编程才能实现图表的绘制。这些软件本身包含很多数据可视化的函数（function）或者包（package），供用户绘图时使用。尤其是在不同的数据集需要重复操作的情况，如果使用界面绘图软件，则可能需要从头到尾将绘图流程重新实现一遍，而相比之下，通过代码来处理数据就会更加容易，因为针对不同的数据集只需稍微改动一下代码就可以解决。如果你充分掌握代码与算法，那也可以自己编写函数设计新颖的图表。

1. R

相较于其他的所有软件，R 的优势之一在于，它是专为数据分析而设计的，它是主要用于统计分析、绘图的语言和操作环境。R 是属于 GNU 系统的一个自由、免费、源代码开放的软件，它是一个用于统计计算和统计制图的优秀工具。R 语言有一系列的数据可视化包，包括 ggplot2[1]及 ggplot2 拓展包[2]、lattice、leaflet、playwith、ggvis、ggmaps。

R 还提供了部分地图绘制功能，地区数据分析[3]提供了有关地区分析的综合性 R 工具包列表。另外，用户可以下载《地理统计制图实用指南》[4]——关于如何使用 R 及其他工具分析空间数据的可免费下载的电子书。

2. Python

Python 是一种面向对象的解释型计算机程序设计语言。Python 具有丰富和强大的库。它常被昵称为“胶水语言”，能够把用其他语言制作的各种模块（尤其是 C/C++）很轻松地连接在一起。程序员们戏称“人生苦短，要学 Python”，现在 Python 越来越流行，尤其应用在机器学习、机器视觉、深度学习、网络爬虫等方面。Python 语言也有一系列的数据可视化包，包括 Pandas、Plotnine、matplotlib、Seaborn、ggplot、Bokeh、Pygal 等。其中 Plotnine 包是参考 R ggplot2 图形语法实现的可视化包。虽然 Python 越来越流行，但是在数据可视化方面与 R 还是有很大差距的。但是 rpy2 包可以架起 R 语言与 Python 之间的桥梁。rpy2 包可以允许用户在 Python 中调用 R 中 ggplot2 等包的函数代码。

---

1 ggplot2 包的官网：http://docs.ggplot2.org/current

2 ggplot2 extensions 拓展包的官网：http://www.ggplot2-exts.org/index.html

3 http://cran.r-project.org/web/views/Spatial.html

4 http://spatial-analyst.net/book/download

3. MATLAB

MATLAB 是美国 MathWorks 公司出品的商业数学软件，用于算法开发、数据可视化、数据分析，以及数值计算的高级技术计算语言和交互式环境。MATLAB 可以进行矩阵运算、绘制函数和数据、实现算法、创建用户界面、连接其他编程语言的程序等，主要应用于工程计算、控制设计、信号处理与通信、图像处理、信号检测、金融建模设计与分析等领域。MATLAB 软件本身就提供了很多绘图函数，可以满足数据可视化的基本需求[1]。但是还有另外两款 MATLAB 绘图包很值得推荐使用：PlotPub[2]和 Gramm[3]，其中，Gramm 包在 MATLAB 中可以实现 R ggplot2 的绘图风格，大大提高了 MATLAB 绘图的美观程度。

4. SigmaPlot

SigmaPlot 是一款最佳的学术绘图软件！使用 SigmaPlot 画出精密的图形是件极容易的事，目前已有超过十万的使用者，特别适合科学家使用。本软件允许用户自行建立任何所需的图形，可插入多条水平轴或垂直轴，指定误差棒（error bar）的方向，让你的图更光彩耀眼，只要用 SigmaPlot 将图形制作完成即可动态连接给其他软件展示使用，并可输出成 EPS、TIFF、JPEG 等图形格式，或放置于网站上以供浏览。非常适合网站动态显示图形，使用场合如长时间记录的气象、温度等。

5. Origin

Origin 为 OriginLab 公司出品的较流行的专业函数绘图软件，是公认的简单易学、操作灵活、功能强大的软件，既可以满足一般用户的制图需要，也可以满足高级用户对数据分析、函数拟合的需求。Origin 自 1991 年问世以来，由于其操作简便、功能开放，很快就成为国际流行的分析软件之一，是公认的快速、灵活、易学的制图软件。Origin 2017 版本增加了许多颜色主题方案，可以大大改进图表的美观程度。

6. GraphPad Prism

GraphPad Prism 是一款集数据分析和作图为一体的数据处理软件，尤其适合生物医学类，可以直接输入原始数据获得高质量的学术图表。它在统计分析上劣于 SPSS 等统计软件，但是不需要输入程序语言，只需输入原始数据，其操作容易、绘图美观。可与 PPT、Word 相连接。

---

1 MATLAB 软件数据可视化库：https://cn.mathworks.com/products/matlab/plot-gallery.html

2 PlotPub 包的官网：https://github.com/masumhabib/PlotPub

3 Gramm 包的官网：https://github.com/piermorel/gramm

7. Excel

几乎所有人都知道这款软件。Microsoft Excel 是微软公司的办公软件 Microsoft Office 的组件之一，是由 Microsoft 为 Windows 和 Apple Macintosh 操作系统的电脑而编写和运行的一款电子表格软件。Excel 是微软办公套装软件中一个重要的组成部分，它可以进行各种数据的处理、统计分析和辅助决策操作，广泛地应用于管理、统计财经、金融等众多领域。Excel 能实现大部分二维图表的绘制与基础的数据处理与分析，具体可以参考学习《Excel 数据之美：科学图表与商业图表的绘制》。

实例分析 为更好地了解这 7 款绘图软件的风格，现采用相同的数据集，分别绘制了散点图、曲线图、（堆积）柱形图和箱形图 4 种图表，如图 1-2-2 ~ 图 1-2-8 所示。

（1）图 1-2-2 由 R ggplot2 绘制，其图表风格最为独特与美观，这种图表在部分论文中也是可以直接使用的。使用 R ggplot2 Set3 的颜色主题，绘图区背景填充颜色为 RGB（229, 229, 229）的灰色，以及白色的网格线[主要网格线的颜色为 RGB（255, 255, 255），次要网格线的颜色为 RGB（242, 242, 242）]。

（2）图 1-2-3 由 Python Seaborn 绘制，其图表风格也很有特色，使用 Seaborn 包的颜色主题方案，绘图区背景填充颜色为 RGB（234,234,242）的淡蓝色，以及 RGB（255,255,255）的白色的主要网格线（无次要网格线）。

（3）图 1-2-4 是使用 MATLAB 2014b 通过编程绘制的图表，使用 MATLAB 默认的颜色主题方案 Parula，网格线设定为"无"。MATLAB 通过函数（function）直接绘制的图表，可以通过图表编辑器对图表进行优化，但是并不能实现箱形图颜色的填充。如果 MATLAB 使用 Gramm 包，则可以绘制更加美观的图表。

（4）图 1-2-5 到图 1-2-7 分别对应 SigmaPlot、Origin 和 GraphPad Prism 绘制的图表，这是最为常见的学术图表。它们的图表风格基本相同：绘图区背景填充颜色为 RGB（255,255,255）的白色，这样可以使背景不太复杂，尤其适应于图表尺寸较小时，可以保证数据的清晰展示；这些图表使用绘图软件的默认颜色主题，由于不同软件的颜色主题不同，即便是相同的图表样式，也会导致图表的美观存在较大的审美差异。

（5）图 1-2-8 是使用 Excel 绘制的图表，使用 Excel 默认颜色主题方案"Office 2007-2010"。Excel 2016 添加了几种新型图表类型，包括矩形树状图、箱形图等；Excel 2013 及以前版本只能通过堆积柱形图间接地实现箱形图。

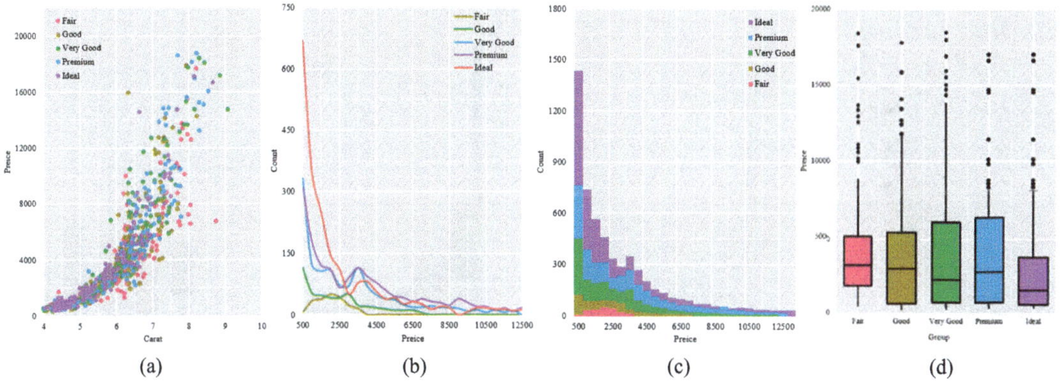

图 1-2-2　R ggplot2 图表实例

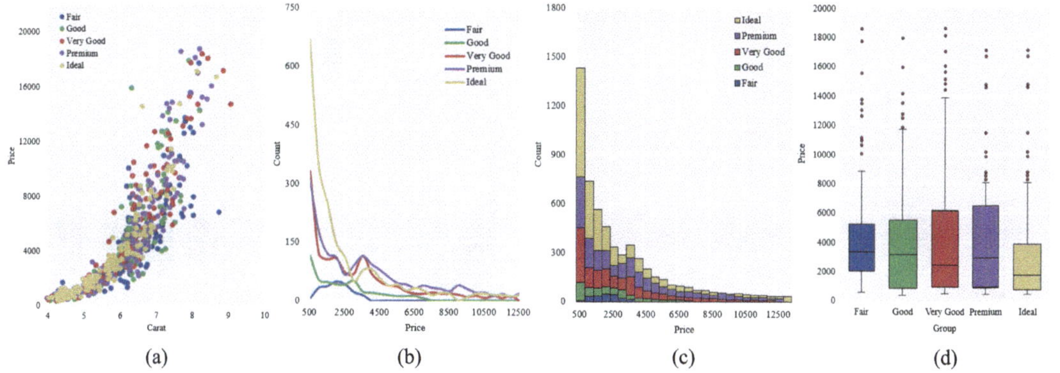

图 1-2-3　Python Seaborn 图表实例

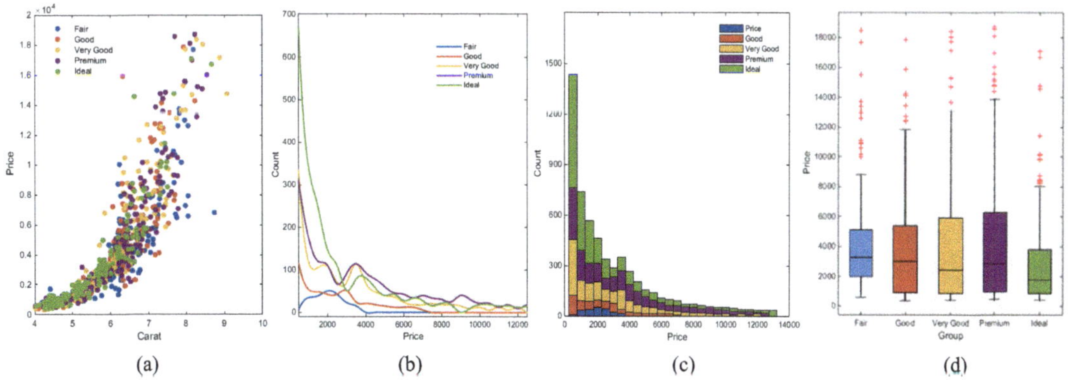

图 1-2-4　MATLAB 图表实例

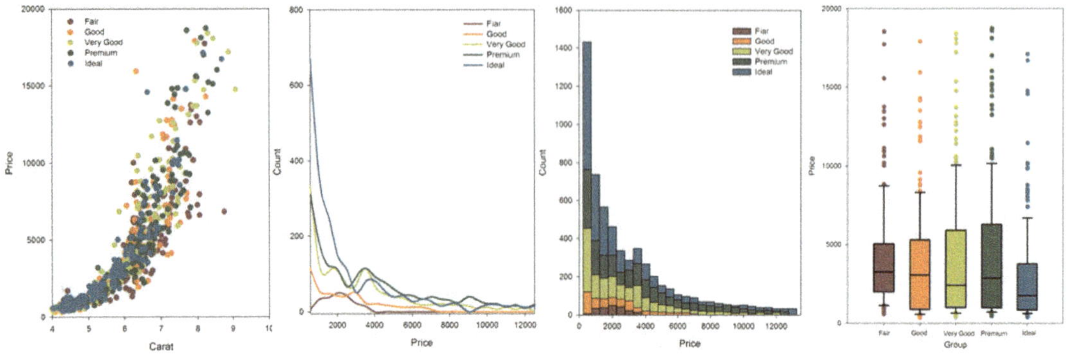

(a) (b) (c) (d)

图 1-2-5　SigmaPlot 图表实例

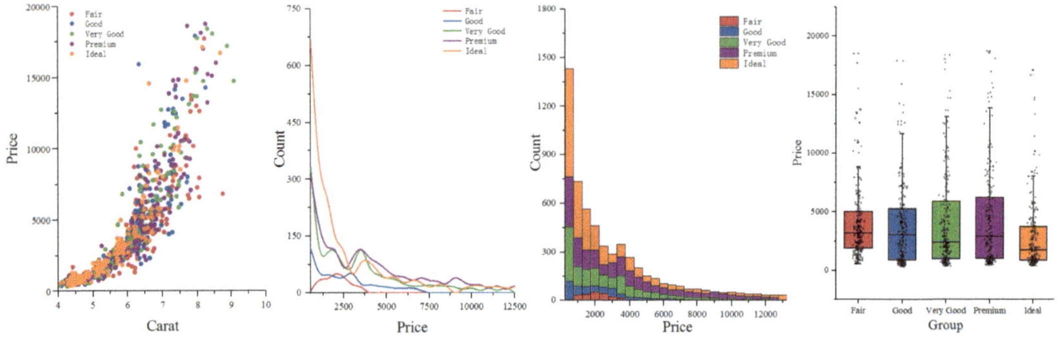

(a) (b) (c) (d)

图 1-2-6　Origin 图表实例

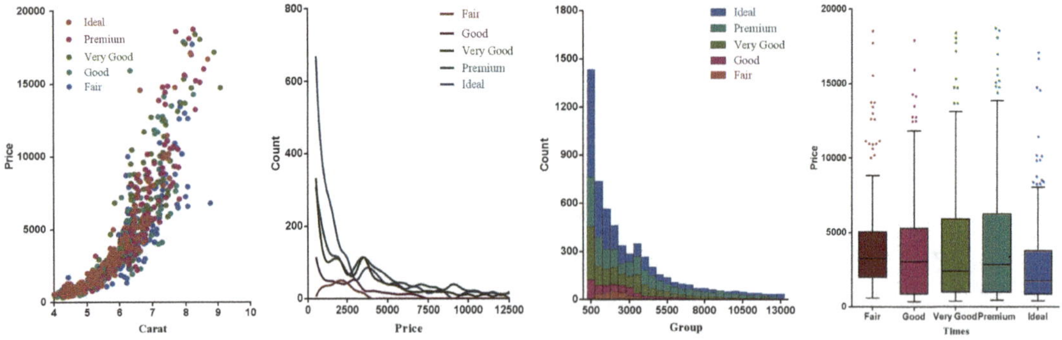

(a) (b) (c) (d)

图 1-2-7　GraphPad Prism 图表实例

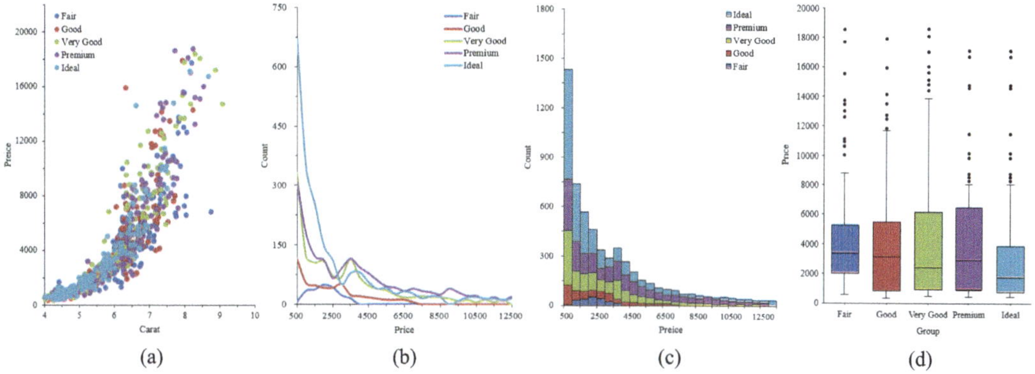

图 1-2-8　Excel 图表实例

在这么多种绘图软件中，我们为什么要选择 R 呢？首先因为 R 是开源的，可以免费使用。其次，R 是一套完整的数据处理、计算和制图软件系统。其功能包括：数据存储和处理系统、数组运算工具、完整连贯的统计分析工具、优秀的统计制图功能。尤其是 R 的 ggplot2 包及其拓展包以人性化的图形语法，可以快速帮助用户展示数据，并实现个性化的图表。另外，R 还有很多其他绘图包，比如可以绘制三维图表的 plot3D 包等，可以帮助用户绘制几乎所有常见类型的图表。

绘图软件只是一个工具。归根结底，对数据的分析和图表的设计取决于你自己。如果你打算深入研究数据，而且日后可能（或者希望日后）还会接触大量与数据相关的项目，那么现在花些时间学习编程最终会节省其他项目的时间，并且作品也会给人留下更加深刻的印象。你的编程技巧会在每一次项目中获得提高，你会发现编程越来越容易。

心中有剑，落叶飞花，皆是兵器！

1.3　R 软件的安装与使用

1.3.1　R 与 RStudio 的安装

1. R 的获取和安装

R 可以在 CRAN（Comprehensive R Archive Network）[1]上免费下载。Linux、mac OS x 和 Windows 都有相应编译好的二进制版本，根据你所选择平台的安装说明进行安装即可。本书所用版本为 R3.3.3。有时候有些代码运行可能会由于 R 或者 R 包的版本，出现函数弃用（deprecated）的情况。

1 http://cran.r-project.org

此时，需要自己更新代码，使用新的函数替代原有的函数等。

2. RStudio 的获取与安装

虽然现在有很多可用的 IDE(集成开发环境),但是在这里推荐使用 JJ Allaire 小组设计的 RStudio。我们可以去 RStudio 官网下载免费版本 RStudio Desktop[1]。RStudio 的通用界面如图 1-3-1 所示。另外，在 RStudio 中可以使用 installr 包的 updateR()更新 R 版本：installr::updateR()。

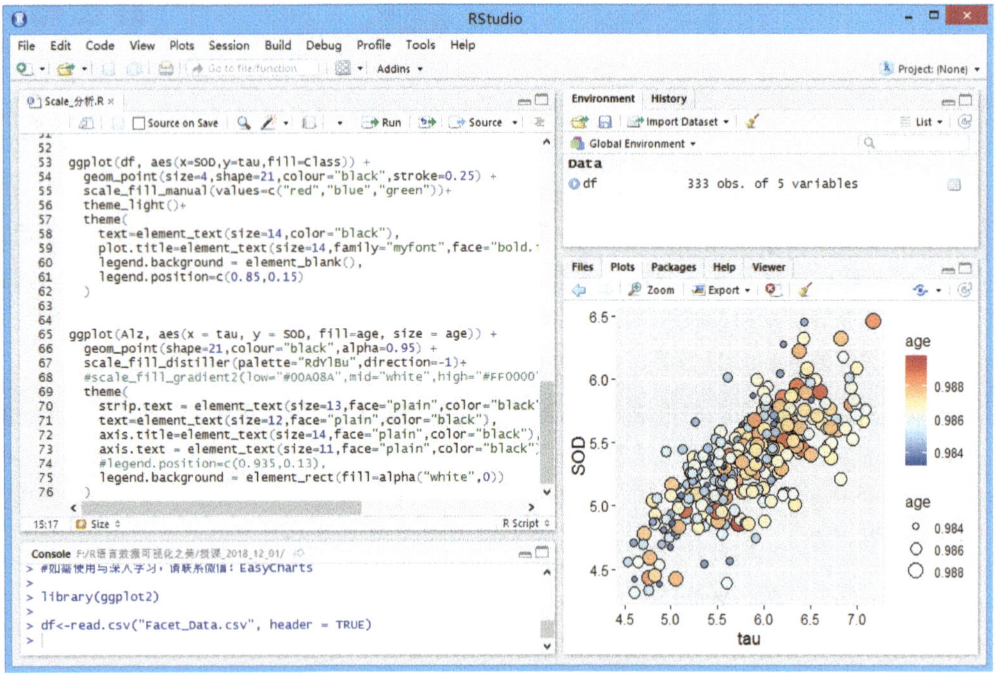

图 1-3-1　RStudio 通用界面

1.3.2 包的安装与加载

1. 包的安装

如果拥有 RStudio，那么最简单的方法是单击右下角写有“Packages”的选项卡，然后在弹出的对话框中输入包的名称。或者直接在左下角的“Console”控制台输入安装命令：install.packages("ggplot2")

有时候需要直接从 Github 或 BitBucket 上下载安装包，这种方法可以得到包的开发版本，但是

1 https://www.rstudio.com/products/rstudio/download

需要使用 devtools 包来完成：devtools::install_github("tidyverse/ggplot2")。

2. 包的加载

包安装好之后，需要加载才能使用。现在主要有两种函数可供选择：library()或者 require()，比如：library(ggplot2)。

有时已经加载的包可能需要卸载。这个可以在 RStudio 中的“Packages”界面取消勾选相应的复选框，或使用 detach()函数：detach("package: ggplot2")

1.4 R 语言编程基础

R 是一种区分字母大小写的解释性语言，R 语句的分隔符是分号（;）或换行符。当语句结束时，可以不使用分号，R 语言会自动识别语句结束的位置。R 语言只支持单行注释，注释由#开头，当前行出现在#之后的任何文本都会被 R 解释器忽略。R 语句由函数和赋值构成。R 使用 <-，而不是传统的 = 作为赋值符号。R 语言的数学运算与我们平时的数学运算（加+，减-，乘*，除/）基本一致。在这里，我们会重点讲解与 R 语言数据可视化相关的编程基础内容。

1.4.1 数据类型

R 语言有很多不同的数据类型，用于存储不同的数据。最常用到的 4 种数据类型为数值型（numeric）、字符型（character）、日期型（date）和逻辑型（logical）。变量中存储的数据类型都可以使用 class()函数查看。

①数值型（numcric）。

```
a<-1, is.numeric(a)  #输出判定 a 是否为数值型：TRUE
```

②字符型（character）：

```
b<- "peter"; nchar(b) #输出字符串的长度为：5
```

③日期型（date）：最常用的日期型数据类型是 Date（仅存储日期）和 POSIXct（同时存储日期与时间）

```
c<-as.Date（"2012-06-12"）; class(c)  #输出 c 的数据类型为："Date"
d<-as.POSIXct（"2012-06-12 17:32"）; class(d)  #输出 d 的数据类型为："POSIXct" "POSIXt"
```

④逻辑型（logical）：

```
e<-TRUE, f<-FALSE
```

其中，在处理时序数据时，我们需要处理日期型数据，往往需要使用 as.Date()函数将读入的数据从数值型转换成日期型，有时候还需要进一步提取日期型数据的年、月、周等数据信息。此时我们需要使用 as.numeric()函数或者 as.integer()函数将日期型数据转换成数值型。其中，strftime(x, format = "")函数可以定义日期型数据的格式，比如 strftime(c, '%Y')表示只显示年份。

```
c_Year<- as.integer(strftime(c, '%Y'))      #输出年份：2012
c_month <- as.integer(strftime(c, '%m')) #输出月份：6
c_week<- as.integer(strftime(c, '%W'))  #输出周数：24
```

1.4.2 数据结构

常见的数据结构包括：向量（vector）、数据框（data.frame）、矩阵（matrix）、列表（list）和数组（array）。其中，矩阵是将数据用行和列排列的长方形表格，它是二维数组，其单元必须是相同的数据类型，通常用列来表示不同的变量，用行表示各个对象；数组可以看作是带有多个下标的类型相同的元素的集合；列表是一个对象的有序集合构成的对象，列表中包含的对象又称为它的分量（component），分量可以是不同的模式或（和）类型。我们在本书的数据可视化中，比较常用的是向量（因子属于特殊的向量）和数据框，所以我们重点介绍这两种类型的数据结构，还将介绍与数据可视化密切相关的函数。

1. 向量

向量是用于存储数值型、字符型或逻辑型数据的一维数组。执行组合功能的函数 c()可用来创建向量（c 代表合并：combine）。值得注意的是，单个向量中的数据类型是固定的，比如数值型向量中的元素就必须全为向量。向量是 R 语言中最基本的数据结构，其他类型的数据结构都可以由向量构成。最常见的向量有三种类型：数值型、字符型、逻辑型。

（1）向量的创建

向量的创建有多种方法，我们既可以手动输入，使用函数 c()创建向量；也可以使用现有的函数创建向量，比如 seq()、rep()等函数，具体如表 1-4-1 所示。

表 1-4-1 向量的创建

输入	输出	描述
c(2,4,6)	2 4 6	将元素连接成向量
2:6	2 3 4 5 6	等差整数数列
seq(2, 3, by=0.5)	2.0 2.5 3.0	步长为 0.5 的等差数列
rep(1:2, times=3)	1 2 1 2 1 2	将一个向量重复 3 次

续表

输入	输出	描述
rep(1:2, each=3)	1 1 1 2 2 2	将一个向量中的每个元素重复 3 次
rnorm(3, mean = 0, sd = 3)	-2.09 -3.52 -4.25	均值为 0、标准差为 3 的正态分布
runif(3, min = 0, max = 1)	0.63 0.05 0.61	最大值为 1、最小值为 0 的均匀分布
sample(c("A","B","C"), 4, replace=TRUE)	"A" "A" "A" "B"	从一个向量中随机抽取

（2）向量的处理

- 向量的排序。向量的排序和数据框的排序有时候对数据的展示尤为重要，很多时候我们需要先对数据进行降序处理，再展示数据。sort() 函数可以实现对向量的排序处理，index.return=TRUE，表示返回排序的索引；decreasing = TRUE，表示降序处理。如下输出的结果 order 包括两部分：$x 为[5 4 3 2 1]，$ix 为[4 2 3 5 1]。

```
Vec<-c(1,4,3,5,2)
order<-sort(Vec, index.return=TRUE,decreasing = TRUE)
```

- 向量的唯一值。unique()函数主要是返回一个删除了重复元素或行的向量、数据框或数组。在需要对数据框根据某列进行分组运算时，需要使用该函数先获取类别总数。

```
Vec<-c("peter","jack","peter","jack","eelin")
Uni<-unique(Vec)   #输出："peter", "jack", "eelin"
```

- 连续向量的离散化。在做数据挖掘模型时，我们有时会需要把连续型变量转换为离散型变量，这种转换的过程就是数据离散化，分箱就是离散化常用的一种方法。数据离散化最简单的方法就是使用 cut()函数自定义离散区间，从而对数据进行离散处理。

```
Num_Vector<- c(10, 5, 4, 7, 6, 1, 4, 8, 8, 5)
Cut_Vector<-cut(Num_Vector,breaks=c(0,3,6,9,11), labels=c("0~3", "3~6", "6~9", ">9"), right = TRUE)
# 输出结果为因子向量：>9, 3~6, 3~6, 6~9, 3~6, 0~3, 3~6, 6~9, 6~9, 3~6；其水平 Levels 为: 0~3, 3~6, 6~9, >9
```

（3）向量的索引

向量是多个元素的集合，当我们只需要指定或者说提取该向量中的某个元素时，就可以使用向量的索引（indexing）。向量元素有三种基本类型的向量索引：整数型，索引的是元素位置；字符型，索引的是名称属性；逻辑型，索引的是相同长度的逻辑向量对应的逻辑值为真的元素。

```
x<-c(1,4,3,5,2)
```

- 整数型索引，选择某个或多个元素：x[2]; x[-2]; x[2:4]; x[c(1,4)]
- 逻辑型索引，逻辑运算选择元素：x[x>2]; x[x==1]; x[x<=5]

2. 因子

因子（factor）是 R 语言中许多强大运算的基础，包括许多针对表格数据的运算，可分为类别型变量和有序型变量。因子可以看成是包含了额外信息的向量，这额外的信息就是不同的类别，称之为水平（level）。因子在 R 中非常重要，因为它决定了数据的分析方式，以及如何进行视觉呈现。

（1）因子的创建

一个因子不仅包括分类变量本身，还包括变量不同的可能水平（即使它们在数据中不出现）。因子函数 factor()用下面的选项创建一个因子。对于字符型向量，因子的水平默认依字母顺序创建:

```
(Fair,Good, Ideal, Premium, Very Good)
Cut<-c("Fair","Good","Very Good","Premium","Ideal")
Cut_Facor1<-as.factor(Cut)
```

（2）水平的更改

很多时候，按默认的字母顺序排序的因子很少能够让人满意。因此，可以指定 levels 选项来覆盖默认排序。更改因子向量的 levels 为("Good","Fair","Very Good","Ideal","Premium")，就需要使用 factor()函数更改 levels。

```
Cut_Facor2<-factor(x=c("Fair","Good","Very Good","Premium","Ideal"),
                   levels= c("Good","Fair","Very Good","Ideal","Premium"),
                   ordered=TRUE)
```

（3）类型的转换

数值型因子向量的类型变换。有时候我们需要将数值型的因子向量重新转换成数值型向量，这时，需要使用 as.numeric(as.character())组合函数，而不能直接使用 as.numeric()函数。其中 as.character()函数表示将向量变成字符型，as.numeric()函数表示将向量变成数值型。

```
Num _Facor<-factor(x=c(1,3,5,2), levels= c(5,3,2,1), ordered=TRUE)
Num_Vector1<-as.numeric(as.character(Num_Facor))  # 输出：1 3 5 2
Num_Vector2<-as.numeric(Num_Facor)                # 输出：4 2 1 3
```

3. 数据框

数据框是 R 语言中的一种表格结构，对应于数据库中的表，类似 Excel 中的数据表。数据框是由多个向量构成的，每个向量的长度相同。数据框类似矩阵，也是一个二维表结构。在统计学术语中，用行来表示观测（observation），用列来表示变量（variable）。

（1）数据框的创建与查看

创建数据框，最简单的方法就是，用同名的定义函数 data.frame()，输入每个变量的名称及对应的向量，每个向量的长度相同。一个数据框可能包含多个变量（向量），有时需要单独提取某个变量，使用特殊的$符号来访问，由“数据框$变量名”构成。数据框数据的选取如表 1-4-2 所示。

表 1-4-2　数据框数据的选取

语句	示例	语句	示例
数据框的构建： df<-data.frame(x= c("a","b","c"), y=1:3,z=c(2,5,3))	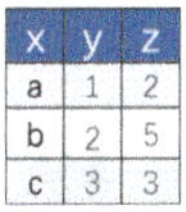	选取某一列： df[,2]，df$y，df[[2]]	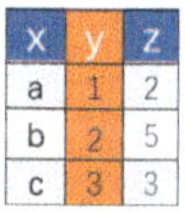
选取多列： df[c("x","y")]，df[,1:2]	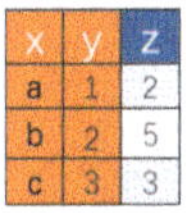	选取某一行： df[2,]	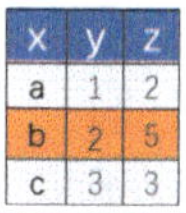
选取多行： df[1:2,]	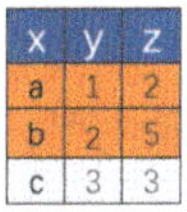	选取某个元素： df[2,2]	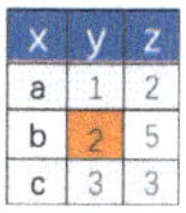

- 获取数据框的行数、列数和维数：nrow()、ncol()、dim()。
- 获取数据框的列名或行名：names()、rownames()、colnames()；重新定义列名：names(df)<-c("X", "Y", "Z")。
- 观察数据框的内容：view(df)、head(df, n=3)、tail(df)。

（2）空数据框的创建

创建空数据框，在需要自己构造绘图的数据框数据信息时尤为重要。有时候，在绘制复杂的数据图表的过程中，我们需要对现有数据进行插值、拟合等处理，这时需要使用空的数据框存储新的数据，最后使用新的数据框绘制图表。创建空的数据框主要有如下两种方法。

- 创建一个名为 Df_Empty，包括两个变量（var_a 为 numeric 类型；var_b 为 character 类型）的 data.frame。但是注意：要加上 stringsAsFactors=FALSE，否则在后面逐行输入数据时，会因为 var_b 的取值未经定义的 factor level 而报错。

```
Df_Empty1<- data.frame(var_a = numeric(),var_b = character(),stringsAsFactors=FALSE)
```

- 先使用矩阵创建空的数据框，同时通过 dimnames 设定数据框的列名。这个相比前一种方法可以更快速地创建多列空数据框：

```
Df_Empty2 <- data.frame(matrix(ncol=2, nrow=0,dimnames=list(c(),c("var_a","var_b"))))
```

1.4.3　数据属性

数据框作为 R 语言数据分析与可视化很常用的数据结构，常由多列不同数据属性的变量组成。在我们实现数据可视化时，很有必要先了解这些变量的属性。我们平时记录的实验数据所用的表（table）就是由一系列不同属性的变量组成的。Jiawei Han 等人的 *Data mining: concepts and techniques*[13]根据数据属性取值的集合类型，将数据属性分成了三类：类别型、序数型和数值型，如图 1-4-1 所示。Pang-Ning Ta 等人的 *Introduction to Data Mining*[14]，将序数型和类别型数据统称为类别型（categorical）或者定性型（qualitative），将数值型（numeric）也称为定量型（quantitative）。

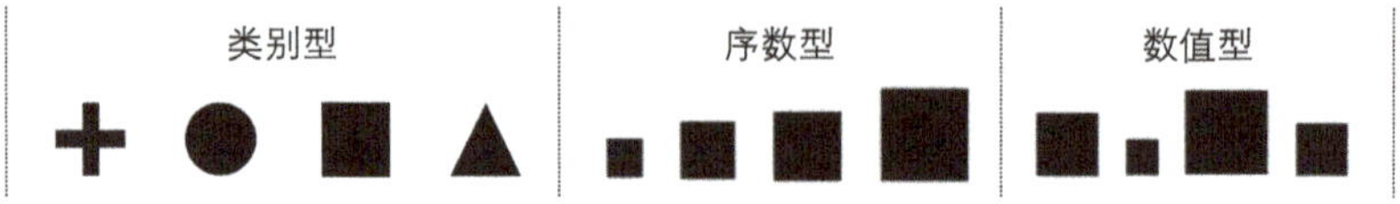

图 1-4-1　不同数据类型

1. 类别型

类别型属性（categorical attribute）是用于区分不同数据对象的符号或名称，而它们是没有顺序关系的，又包含多元类别和二元类别两种类型。对于多元类别，可以理解为购买服装时的不同服装名称，如衬衫、毛衣、T 恤、夹克等；对于二元类别，可以理解为购买服装时的不同性别，只有男士和女士两种性别分类。类别型数据的可视化一般使用标尺类中的分类尺度。

2. 序数型

序数型属性（ordinal attribute）的属性值是具有顺序关系，或者存在衡量属性值顺序关系的规则。比如常见的时序数据，一般按时间先后排序；还有调查问卷中经常使用的 5 个喜欢程度：非常喜欢、比较喜欢、无所谓、不太喜欢、非常不喜欢。序数型数据的可视化一般使用标尺类中的顺序尺度和时间尺度两种类型。

序数型数据的排列方向有三种，分别是单向型（sequential），有公共零点的双向型（diverging），以及环状周期型（cyclic），如图 1-4-2 所示。

图 1-4-2　不同数据结构的序数型

3. 数值型

数值型属性（numeric attribute）使用定量方法表达属性值，如整数或者实数，包括区间型数值属性（interval-scaled attribute）和比值型数值属性（ratio-scaled attribute），如表 1-4-3 所示。区间型与比值型数值最大的区别就是有无基准点，通常为零点（internal zero-point）。

比值型数值属性的数据一般拥有基准点，比如开氏温标（K）以绝对零度（0K=–273.15℃）为其零点，以及平时通常使用的数量、重量、高度和速度等。

而区间型数值属性的数据的起始值一般是在整个实数区间上取值，可进行差异运算，但不能进行比值运算。比如摄氏温标（°C）与华氏温标（°F）下的温度、日历中的年份、经度（longitude）与纬度（latitude），它们都没有真正的零点。在日历中，0 年并不对应时间的开始，但 0°C 并不代表没有温度。所以可以说 10°C 比 5°C 温度高（差异运算），但是不能说 10°C 是 5°C 的 2 倍（比值运算）。

表 1-4-3　包含不同数据属性的变量组合表 [13]

对象标识	test-1（类别型）	test-2（序数型）	test-3（区间型数值型）	test-4（比值型数值型）
1	产品-A	非常喜欢	2002（年）	445 K
2	产品-B	比较喜欢	2003（年）	22 K
3	产品-C	无所谓	2005（年）	164 K
4	产品-A	不太喜欢	2007（年）	123 K

我们也可以用值的个数区分数据类型，可以分为离散型和连续型 [14]。离散型属性具有有限个值或者无限个值，这样的属性可以是分类的，也可以是数值型的。其中二元属性（binary attribute）是离散型属性的一种特殊情况，并只接受两个值，比如 True/False（真/假）、Yes/No（是/否）、Male/Female（男/女），以及 0/1。通常二元属性使用布尔变量表示，或者只取 0 和 1 两个值的整数变量表示。连续型属性是取实数值的属性，通常使用浮点数变量表示。理论上讲，基于数据集合类型划分的数据类型（类别型、序数型和数值型）可以与基于属性值个数的任意类型（离散型和连续型）组合，从而不同的数据可能有不同的数据属性组合。

1.4.4　数据的导入与导出

1. 数据文件的导入与导出

我们常用外部保存的数据文件来绘制图表。此时，就需要借助可以导入数据的函数导入不同格式的数据，包括 CSV、TXT，以及 Excel、SQL、HTML 等数据文件。有时候，我们也需要将处理好的数据从 R 语言中导出保存。其中，在数据可视化中使用最多的就是前 3 种格式的数据文件。

（1）CSV 格式数据的导入与导出

使用 read.csv()函数，可以导入 CSV 格式的数据，并存储为数据框形式。需要注意是：当 stringsAsFactors=TRUE 时，R 会自动将读入的字符型变量转换成因子，但是这样很容易导致数据只按默认字母顺序展示。在导入大批量数据时，为了提高性能，尽可能分两步走：

① 显式指定 “stringsAsFactors = FALSE”；

② 依次将所需要的数据列（向量）转换为因子。

```
mydata<-read.csv("Data.csv",sep=",",na.strings="NA",stringsAsFactors=FALSE)
```

使用 write.csv()函数，可以将 data.frame 的数据存储为 CSV 文件：

```
write.csv(mydata,file = "File.csv")
```

CSV 文件主要有以下 3 个特点。

① 文件结构简单，基本上和 TXT 文本的差别不大；

② 可以和 Excel 进行转换，这是一个很大的优点，很容易进行查看模式转换，但是其文件的存储大小比 Excel 小。

③ 由于其简单的存储方式，一方面可以降低存储信息的容量，这样有利于网络传输及客户端的再处理；另一方面，由于是一堆没有任何说明的数据，其具备基本的安全性。所以相比 TXT 和 Excel 数据文件，我们更加推荐使用 CSV 格式的数据文件进行导入与导出操作。

（2）TXT 格式数据的导入与导出

使用 read.table()函数不仅可以导入 CSV 格式的文件数据，还可以导入 TXT 格式的文件数据，并存储为数据框数据。

```
mydata<-read.table("Data.txt",header = TRUE)
```

使用 write.table()函数可以将 data.frame 的数据存储为 TXT 文件：

```
write.table(mydata, file = "File.txt")
```

（3）Excel 格式数据的导入与导出

使用 xlsx 包的 read.xlsx()函数和 read.xlsx2()函数可以导入 XLSX 格式的数据文件。但是更推荐使用 CSV 格式导入数据文件。

```
mydata<- read.xlsx("Data.xlsx", sheetIndex=1)
```

也可以使用 write.xlsx()函将数据文件导出为 XLSX 格式：

```
write.xlsx(mydata, "Data.xlsx", sheetName="Sheet Name")
```

需要注意的是：在使用 R ggplot2 绘图时，通常使用一维数据列表的数据框。但是如果导入的数据表格是二维数据列表，那么我们需要使用 reshape2 包的 melt()函数或者 tidyr 包的 gather()函数，可以将二维数据列表的数据框转换成一维数据列表。

一维数据列表和二维数据列表的区别

一维数据列表就是由字段和记录组成的表格。一般来说字段在首行，下面每一行是一条记录。一维数据列表通常可以作为数据分析的数据源，每一行代表完整的一条数据记录，所以可以很方便地进行数据的录入、更新、查询、匹配等，如图 1-4-3 所示。

二维数据列表就是行和列都有字段，它们相交的位置是数值的表格。这类表格一般是由分类汇总得来的，既有分类，又有汇总，所以是通过一维数据列表加工处理过的，通常用于呈现展示，如图 1-4-4 所示。

一维数据列表也常被称为流水线表格，它和二维数据列表做出的数据透视表最大的区别在于“行总计”。判断数据是一维数据列表还是二维数据列表的一个最简单的办法，就是看其列的内容：每一列是否是一个独立的参数。如果每一列都是独立的参数那就是一维数据列表，如果每一列都是同类参数那就是二维数据列表。

注意 为了后期更好地创建各种类型的数据透视表，建议用户在数据录入时，采用一维数据列表的形式进行数据录入，避免采用二维数据列表的形式对数据进行录入。

Name	Subject	Grade
Peter	English	99
Peter	Math	84
Peter	Chinese	95
Jack	English	83
Jack	Math	93
Jack	Chinese	92
Jon	English	82
Jon	Math	90
Jon	Chinese	84

图 1-4-3 一维数据列表

Name	English	Math	Chinese
Peter	99	84	95
Jack	83	93	92
Jon	82	90	84

图 1-4-4 二维数据列表

2. 缺失值的处理

有时候，我们导入的数据存在缺失值。另外，在统计与计算中，缺失值也起着至关重要的作用。R 语言中主要有两种类型的缺失数据：NA 和 NULL。

（1）NA

在 R 中，使用 NA 代替缺失数据作为向量中的另外一种元素出现。我们可以使用 is.na()函数来检查向量或数据框中的每个元素是否缺失数据。我们先构造一个含有缺失数据的数据框，然后使用 tidyr 包实现常用的缺失数据的处理，具体方法如表 1-4-4 所示。

（2）NULL

NULL 就是没有任何东西，表示数据的空白，而并非数据的缺失，也不能成为向量或者数据框的一部分。在函数中，参数有可能是 NULL，返回的结果也可能是 NULL。我们可以使用 is.null()函数判定变量是否为 NULL。

表 1-4-4　缺失值的处理

ID	代码	示意
1	直接删除带 NA 的行： tidyr::drop_na(df,y)	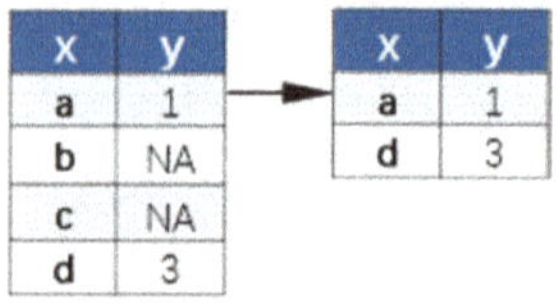
2	使用最邻近的元素填充 NA： tidyr::fill(df,y)	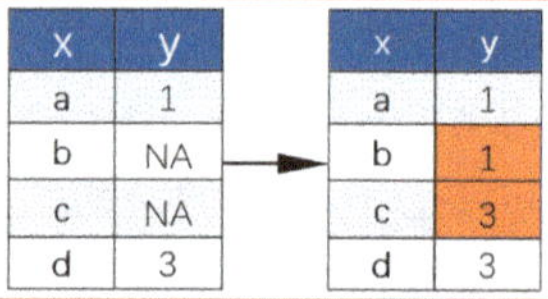
3	使用指定的数值替代 NA: tidyr::fill(df,list(y=2))	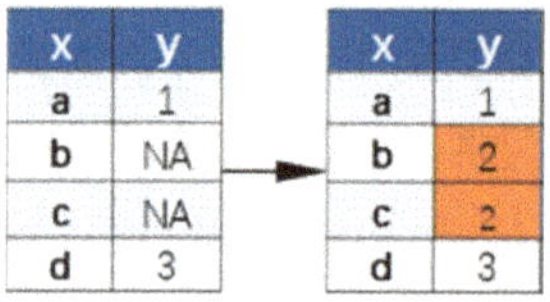

1.4.5　控制语句与函数编写

我们常用的控制语句包括 if…else、ifelse 条件语句，以及 for 和 while 循环语句。其中我们最常见的就是 if…else，主要用于检查判定。其条件最基本的检查包括等于（=）、小于（<）、小于等于（<=）、大于（>）、大于等于（>=）和不等于（!=）。if…else 语句对数据的操作运算命令都需要放在{}里面。需要注意的是：在 else 左边的大括号“}”必须与 else 在同一行，否则程序无法识别，会导致代码运行错误。另外，R 语言还有一个 ifelse()语句，可以向量化 if 语句，从而加速代码的运行，如表 1-4-5 所示的 if…else 条件语句可以使用 ifelse()重写为：ifelse(i > 3, print('Yes'), print('No'))。该语句可以结合 transform()函数等对数据框的每个元素进行判别运算，从而生成新的列。

我们最常用的循环是 for 循环，for 循环的向量不一定是连续型的，也可以是其他类型的向量，如表 1-4-6 所示的 for 循环示例。其中，1:4 的输出起点为 1、终点为 4、步长为 1 的等差数列向量(1,2,3,4)，效果类似于 seq(1,4,1)。另外，while 循环虽然没有 for 循环用得普遍，但是更加易于操作。对新手来说，while 循环容易由于设定的循环条件有误而导致循环不停迭代，从而陷入“死循环”。

表 1-4-5　控制语句

类别	if…else 条件语句	for 循环语句	while 循环语句
示意	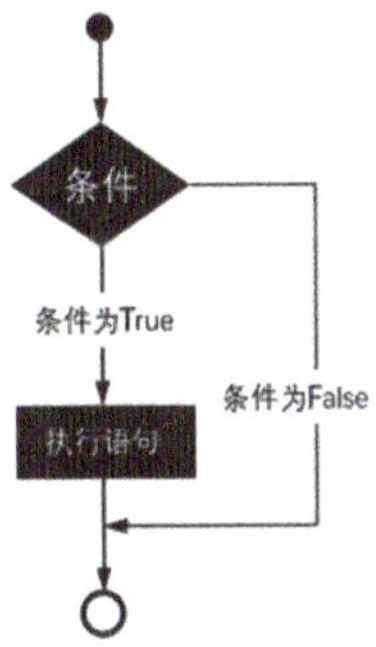	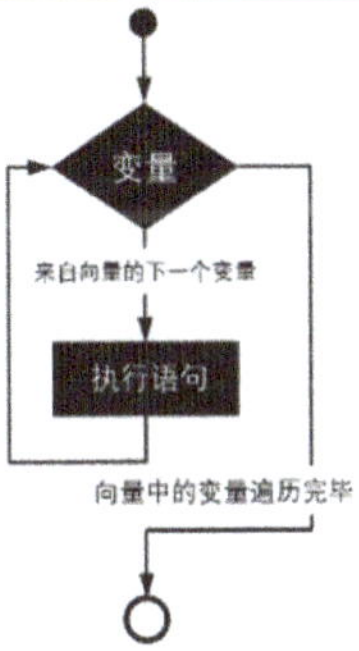	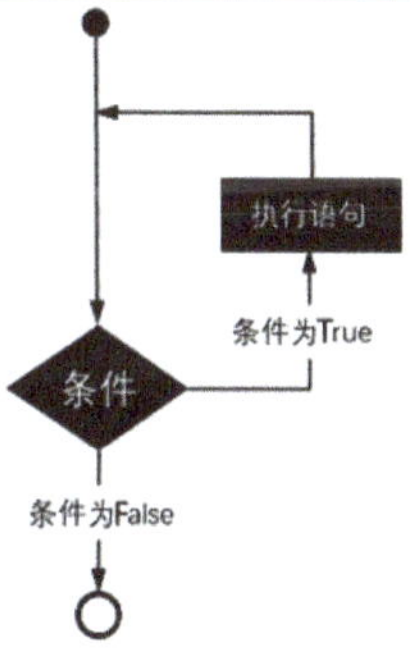

语法	if (条件){
	执行语句
	}　else {
	其他执行语句　}
		for (变量　in　向量){
		执行语句
		}
			while (条件){
			执行语句
			}

示例	i<-5
	if (i > 3){
	print('Yes')
	} else {
	print('No')}
		for (i in 1:4){
		j <- i + 10
		print(j)
		}
			i<-1
			while (i < 5){
			print(i)
			i <- i + 1
			}

输出	'Yes'	11,12,13,14	1,2,3,4

我们在实现数据可视化时，更多是使用现有包的函数，比如等差数列生成函数 seq()、向量排序函数 sort()、插值函数 spline()等，而很少需要自定义函数（表 1-4-6 为各种自定义函数的语法格式）。我们更加需要了解的是现有函数的输入参数与数据的结构、输出参数的数据内容等，比如 plot3D 包的 persp3D()函数和 lattice 包的 wireframe()函数都可以绘制相同的三维曲面图，但是 persp3D()函数要求输入的数据是向量与矩阵形式，而 wireframe()函数要求输入的数据是数据框。

表 1-4-6　自定义函数

ID	自定义函数的语法	示例

1	函数名<-function(参数){
	执行语句
	return(新数据)
	}
		square <- function(x){
		squared <- x*x
		return(squared)
		}
		print(square(2)) #输出结果为 4

续表

ID	自定义函数的语法	示例

2	函数名<-function(参数 1，参数 2){
	　　执行语句
	　　return(新数据)
	}
		square <- function(x,y){
		　squared <- x*y
		　return(squared)
		}
		print(square(2,3)) #输出结果为 6

3	函数名<-function(参数 1，参数 2){
	　　执行语句
	　　return(c(新数据 1，新数据 2))
	}
		square <- function(x,y){
		　squared1 <- x*x
		　squared2 <- y*y
		　return(c(squared1,squared2))
		}
		print(square(2,3)) #输出结果为 4,9

1.5 R 语言绘图基础

在 R 里，主要有两大底层图形系统，一是基础图形系统，二是 grid 图形系统。lattice 包与 ggplot2 包正是基于 grid 图形系统构建的，而基础绘图函数由 graphics 包提供，它们都有自己独特的语法。

grid 图形系统可以很容易地控制图形基础单元，给予编程者创作图形极大的灵活性。grid 图形系统还可以产生可编辑的图形组件，这些图形组件可以被复用和重组，并能通过 grid.layout()等函数，把图形输出到指定的位置上。但是因为 grid 包中没有提供生成统计图形及完整绘图的函数，因此很少直接使用 grid 包来分析与展示数据。

lattice 包通过一维、二维或三维条件绘图，即所谓的栅栏（trellis）图来对多元变量关系进行直观展示。相较基础绘图函数，是直接在图形设备上绘图的，lattic 包绘图函数返回 trellis 对象。在命令执行时，栅栏图会被自动打印，所以看起来就像是 lattice()函数直接完成了绘图[15]。更多关于 graphics、grid 和 lattice 的语法可以参考 Murrell 和 Paul 所撰写的书籍 *R graphics*[15]。

ggplot2 包则基于一种全面的图形语法，提供了一种全新的图形创建方式，这套图形语法把绘图过程归纳为数据（data）、转换（transformation）、度量（scale）、坐标系（coordinate）、元素（element）、指引（guide）、显示（display）等一系列独立的步骤，通过将这些步骤搭配组合，来实现个性化的统计绘图。于是，得益于该图形语法，Hadley Wickham 所开发的 ggplot2 包是如此人性化，不同于 R graphics 包的基础绘图和先前的 lattice 包那样参数繁多，而是摈弃了诸多烦琐细节，并以人性化的思维进行高质量作图。在 ggplot2 包中，加号（+）的引入是革命性的，这个神奇的符号完成了一系列图形语法叠加[16, 17]。更多 ggplot2 的使用与学习可以参考两本关于 ggplot2 的经典书籍：*ggplot2 Elegant*

Graphics for Data Analysis[16]和 *R Graphics Cookbook*[17]。

R 语言基础安装中就包含 graphics、grid 和 lattice 三个包，无须另外下载。但是除了 graphics 包，其他包依旧需要使用 library()函数加载后，才能使用。使用 graphics、lattice 和 ggplot2 包绘制的散点图、统计直方图和箱形图，如图 1-5-1、图 1-5-2 和图 1-5-3 所示。

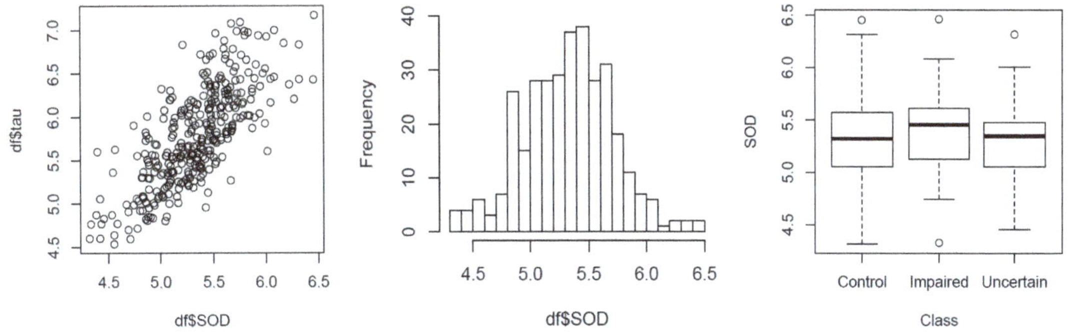

图 1-5-1 graphics 包绘制的图表示例

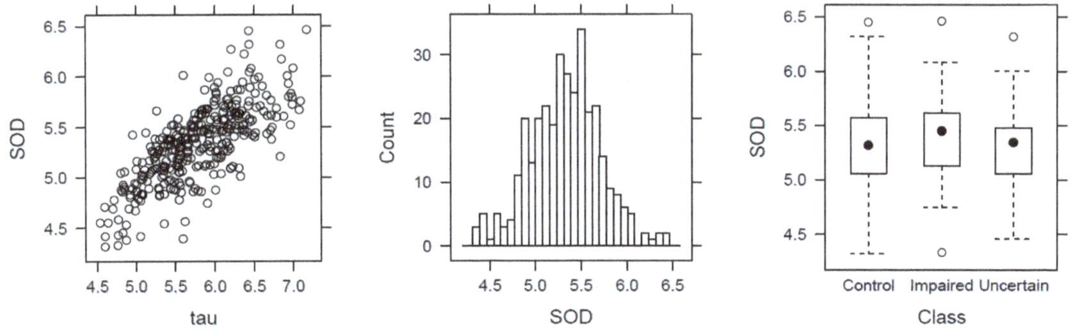

图 1-5-2 lattice 包绘制的图表示例

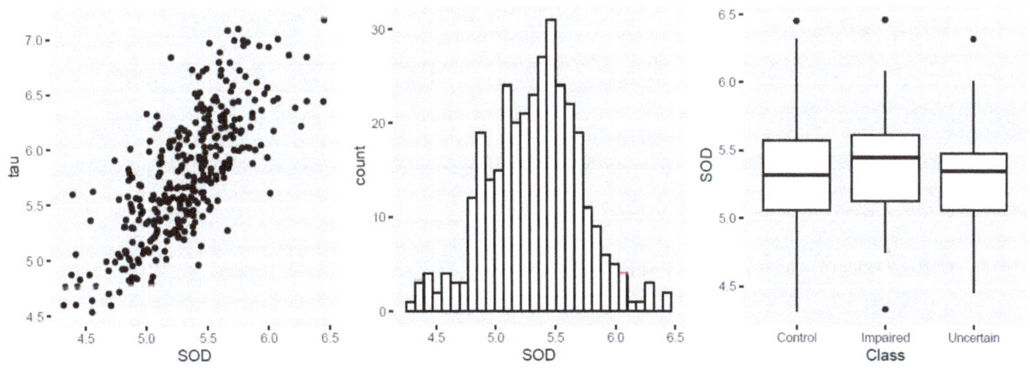

图 1-5-3 ggplot2 包绘制的图表示例

使用 graphics、lattice 和 ggplot2 包绘制的散点图、统计直方图和箱形图的具体代码如表 1-5-1 所示。df 是一个包含 SOD、tau 和 Class（Control、Impaired 和 Uncertain）三列的数据框。其中，graphics 和 lattice 语法最大的问题就是参数繁多、条理不清。而 ggplot2 语法相对来说很清晰，可以绘制很美观的个性化图表。本书将会以图表类型为线索，详细地介绍常用图表的绘制方法，以 ggplo2 图形语法为主，但是有时候也会使用 graphics 和 lattice 等图形语法。

表 1-5-1　不同图形语法的代码示例

图形语法	散点图	统计直方图	箱形图
graphics	plot(dfSOD, dftau)	hist(df$SOD,breaks =30,ylim=c(0,40),main = "")	boxplot(SOD~Class,data=df,xlab="Class",ylab="SOD")
lattice	xyplot(SOD~tau,df,col="black")	histogram(~SOD,df,type="count",nint=30,col="white")	bwplot(SOD~Class,df,xlab="Class", par.settings = canonical.theme(color = FALSE))
ggplot2	ggplot(df, aes(x=SOD,y=tau)) + geom_point()	ggplot(df, aes(SOD)) + geom_histogram(bins=30,colour="black",fill="white")	ggplot(df, aes(x=Class,y=SOD)) + geom_boxplot()

1.6　ggplot2 图形语法

ggplot2 是一个功能强大且灵活的 R 包，由 Hadley Wickham 编写，它可以生成优雅而实用的图形。ggplot2 中的 gg 表示图形语法（grammar of graphic），这是一个通过使用“语法”来绘图的图形概念。ggplot2 主张模块间的协调与分工，整个 ggplot2 的语法框架如图 1-6-1 所示，主要包括数据绘图部分与美化细节部分。R ggplot2 图形语法的主要特点如下所示。

（1）采用图层的设计方式，有利于结构化思维实现数据可视化。有明确的起始（ggplot()开始）与终止，图层之间的叠加是靠“+”实现的，越往后，其图层越在上方。通常一条 geom_×××()函数或 stat_×××()函数可以绘制一个图层。

（2）将表征数据和图形细节分开，能快速将图形表现出来，使创造性的绘图更加容易实现。而且通过 stat_×××()函数将常见的统计变换融入绘图中。

（3）图形美观，扩展包（extension package）丰富，有专门调整颜色（color）、字体（font）和主题（theme）等辅助包。可以帮助用户快读定制个性化的图表。

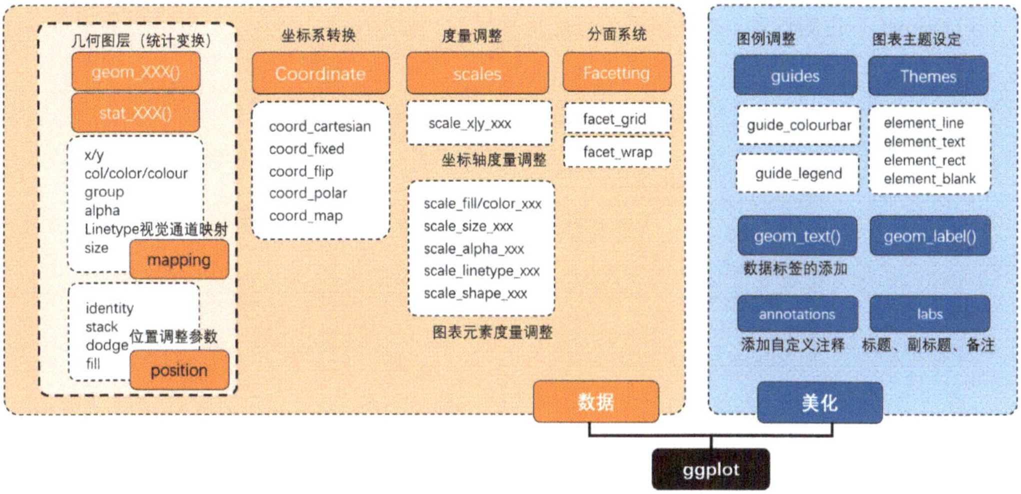

图 1-6-1　ggplot2 语法框架

ggplot2 的绘图基本语法结构如图 1-6-2 所示。其中所需的图表输入信息如下所示。

（1）ggplot()：底层绘图函数。DATA 为数据集，主要是数据框（data.frame）格式的数据集；MAPPINGS 变量的视觉通道映射，用来表示变量 x 和 y，还可以用来控制颜色（color）、大小（size）或形状（shape）等视觉通道；STAT 表示统计变换，与 stat_×××()相对应，默认为"identity"（无数据变换）；POSITION 表示绘图数据系列的位置调整，默认为"identity"（无位置调整），关于 POSITION 的具体内容可见第 3 章 3.1 节。

（2）geom_×××() | stat_×××()：几何图层或统计变换，比如常见的 geom_point()（散点图）、geom_bar()（柱形图）、geom_histogram()（统计直方图）、geom_ boxplot()（箱形图）、geom_line()（折线图）等。我们通常使用 geom_×××()函数就可以绘制大部分图表，有时候通过设定 stat 参数可以先实现统计变换。

可选的图表输入信息包括如下 5 个部分，主要是实现图表的美化与变换等。

（1）scale_×××()：度量调整，调整具体的度量，包括颜色（color）、大小（size）或形状（shape）等，跟 MAPPINGS 的映射变量相对应；

（2）coord_×××()：坐标变换，默认为笛卡儿坐标系，还包括极坐标系、地理空间坐标系等；

（3）facet_×××()：分面系统，将某个变量进行分面变换，包括按行、列和网格等形式分面绘图，这部分内容具体可见第 8 章 8.2 节。

（4）guides()：图例调整，主要包括连续型和离散型两种类型的图例。

（5）theme()：主题设定，主要用于调整图表的细节，包括图表背景颜色、网格线的间隔与颜色等。

```
ggplot(data = <DATA>, mapping = aes(<MAPPINGS>)) +     必需
# 基础图层，不出现图形元素，
geom_xxx()|stat_xxx() + #几何图层或统计变换，出现图形元素
scale_xxx()  + # 度量调整，调整具体的标度
coord_xxx() + # 坐标变换，默认为笛卡儿坐标系
facet_xxx()  + # 分面系统，将某个变量进行分面变换          可选
guides()  +  # 图例调整
theme()      # 主题设定
```

图 1-6-2 ggplot2 绘图的基本语法结构

1.6.1 geom_xxx()与 stat_xxx()

1. geom_xxx()：几何对象函数

R 中的 ggplot2 包包含几十种不同的几何对象函数 geom_×××()，以及统计变换函数 stat_×××()。通常，我们主要使用几何对象函数 geom_×××()，只有当绘制图表涉及统计变换时，才会使用统计变换函数 stat_×××()，比如绘制带误差线的均值散点图或柱形图等。使用 geom_point()函数绘制的散点图与气泡图如图 1-6-3 所示，ggplot2 默认使用直角坐标系。

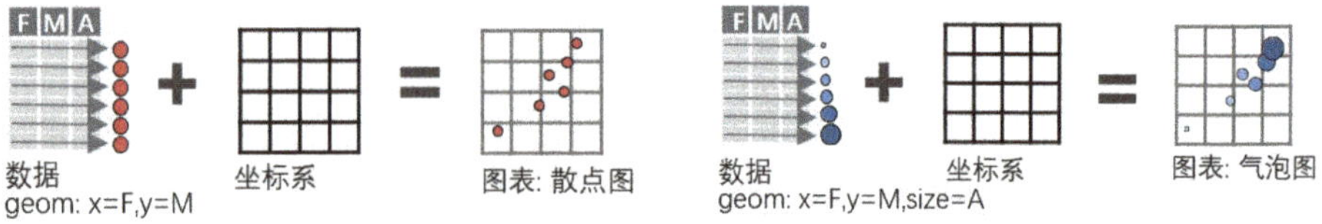

(a) 散点图　　(b) 气泡图

图 1-6-3 geom_point()函数的绘制过程

根据函数输入的变量总数与数据类型（连续型或离散型），我们可以将大部分函数大致分成 3 个大类，6 个小类，如表 1-6-1 所示，但是有两类函数没有囊括在此表中。

（1）图元（graphical primitive）系列函数：geom_curve()、geom_path()、geom_polygon()、geom_rect()、geom_ribbon()、geom_linerange()、geom_abline()、geom_hline()、geom_vline()、geom_segment()、geom_spoke()，这些函数主要是用于绘制基本的图表元素，比如矩形方块、多边形、线段等，可以供用户创造新的图表类型。

（2）误差（error）展示函数：geom_crossbar()、geom_errorbar()、geom_errorbarh、geom_pointrange()可以分别绘制误差框、竖直误差线、水平误差线、带误差棒的均值点。但是，这些函数需要先设置

统计变换参数，才能自动根据数据计算得到均值与标准差，再使用其绘制误差信息。

每个 ggplot2 函数的具体参数信息可以查看 RStudio 的"help"界面或者 ggplot2 的官方手册[1]。

表 1-6-1　ggplot2 函数的分类

变量数	类型	函数	常用图表类型
1	连续型	geom_histogram()、geom_density()、geom_dotplot()、geom_freqpoly()、geom_qq()、geom_area()	统计直方图、核密度估计曲线图
	离散型	geom_bar()	柱形图系列
2	x-连续型 y-连续型	geom_point()、geom_area()、geom_line()、geom_jitter()、geom_smooth()、geom_label()、geom_text()、geom_bin2d()、geom_hex()、geom_density2d()、geom_map()、geom_step()、geom_quantile()、geom_rug()	散点图系列、面积图系列、折线图系列，包括抖动散点图、平滑曲线图、文本、标签、二维统计直方图、二维核密度估计图、地理空间图表
	x-离散型 y-连续型	geom_boxplot()、geom_violin()、geom_dotplot()、geom_col()	箱形图、小提琴图、点阵图、统计直方图
	x-离散型 y-离散型	geom_count()	二维统计直方图
3	x, y, z-连续型	geom_contour(), geom_raster(), geom_tile()	等高线图、热力图

2. stat_xxx()：统计变换函数

统计（stat）变换函数在数据被绘制出来之前对数据进行聚合和其他计算。stat_×××()确定了数据的计算方法。不同方法的计算会产生不同的结果，所以一个 stat()函数必须与一个 geom()函数对应才能进行数据的计算，如图 1-6-4 所示。在某些特殊类型的统计图形制作过程中（比如柱形图、直方图、平滑曲线图、概率密度曲线、箱形图等），数据对象在向几何对象的视觉信号映射过程中，会做特殊转换，也称统计变换过程。为了让作图者更好地聚焦于统计变换过程，将该图层以同效果的 stat_×××()命名可以很好地达到聚焦注意力的作用。

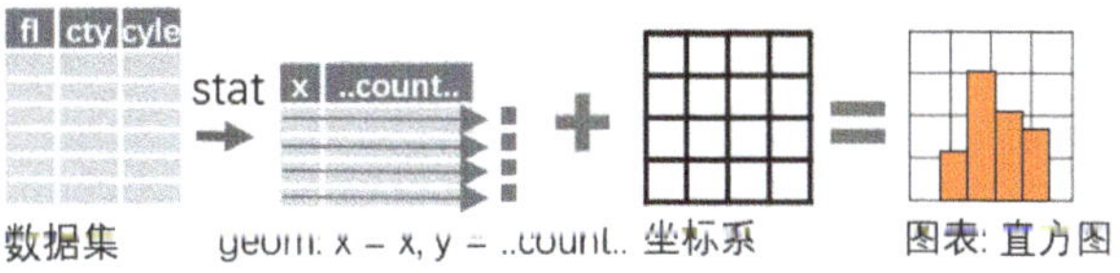

图 1-6-4　stat_count()函数的绘制过程

1 ggplot2 的官方手册：https://ggplot2.tidyverse.org/reference/index.html

我们可以将 geom_××× (几何对象) 和 stat_××× (统计变换) 都视作图层。大多是由成对出现的 geom_×××()和 stat_×××()函数完成的，绘图效果也很相似，但并非相同。每一个图层都包含一个几何对象和一个统计变换，也即每一个以 geom_×××开头的几何对象都含有一个 stat 参数，同时每一个以 stata_×××开头的几何对象都拥有一个 geom 参数。但是为什么要分开命名呢，难道不是多此一举吗?

- 以 stat_×××()开头的图层，在制作这些特殊的统计图形时，我们无须设定统计变换参数 (因为函数开头名称已经声明)，但需指定集合对象名称图表类型 geom，就可以绘制与之对应的统计类型图表。这样需要变换 geom()函数，就可以根据统计变换结果绘制不同的图表，可以使得作图过程更加侧重统计变换过程。
- 以 geom_×××()开头的图层，更加侧重图表类型的绘制，而通过修改统计变换参数，也可以实现绘图前数据的统计变换，比如绘制均值散点，下面语句(a1)和语句(b1)实现的效果是一样的，语句(a1)是使用指定 geom="point" (散点) 的 stat_summary()语句，而语句(b1)是使用指定 stat="summary"的 geom_point()语句。

```
(a1) ggplot(mydata, aes(Class, Value,fill = Class))+
            stat_summary(fun.y="mean", fun.args = list(mult=1), geom="point", color = "white",size = 4)
(b1) ggplot(mydata, aes(Class, Value,fill = Class))+
geom_point(stat="summary", fun.y="mean",fun.args = list(mult=1), color = "white",size = 4)
```

绘制带误差线的散点图，下面语句(a2)和语句(b2)实现的效果也是一样的，语句(a2)是使用指定 geom="pointrange" (带误差线的散点) 的 stat_summary()语句，语句(b2)是使用 stat="summary"的 geom_pointrange ()语句。

```
(a2) ggplot(mydata, aes(Class, Value,fill = Class))+
            stat_summary(fun.data="mean_sdl", fun.args = list(mult=1), geom="pointrange", color = "black",size = 1.2)
(b2) ggplot(mydata, aes(Class, Value,fill = Class))+
geom_pointrange(stat="summary", fun.data="mean_sdl",fun.args = list(mult=1), color = "black",size = 1.2)
```

其中，fun.data表示指定完整的汇总函数，输入数字向量，输出数据框，常见4种为：mean_cl_boot、mean_cl_normal、mean_sdl、median_hilow。fun.y 表示指定对 y 的汇总函数，同样是输入数字向量，返回单个数字 median 或 mean 等，这里的 y 通常会被分组，汇总后是每组返回 1 个数字。

当绘制的图表不涉及统计变换时，我们可以直接使用 geom_×××()函数，也无须设定 stat 参数，因为会默认 stat="identity" (无数据变换)。只有涉及统计变换的处理时，才需要使用 stat 参数，或者直接使用 stat_×××()以强调数据的统计变换。

1.6.2 视觉通道映射

R 语言可用作变量的视觉通道映射参数主要包括 color/col/colour、fill、size、angle、linetype、shape、vjust 和 hjust，其具体说明如下所示。需要注意的是，有些视觉通道调整参数只适应于类别型变量，比如 linetype、shape。

（1）color/col/colour、fill 和 alpha 的属性都是与颜色相关的视觉通道映射参数。其中，color/col/colour 是指点（point）、线（line）和填充区域（region）轮廓的颜色；fill 是指定填充区域（region）的颜色；alpha 是指定颜色的透明度，数值范围是从 0（完全透明）到 1（不透明）。

（2）size 是指点（point）的尺寸或线的（line）宽度，默认单位为 pt，可以在 geom_point()函数绘制的散点图基础上，添加 size 的映射，从而实现气泡图的绘制。

（3）angle 是指角度，只有部分几何对象有，如 geom_text()函数中文本的摆放角度、geom_spoke()函数中短棒的摆放角度。

（4）vjust 和 hjust 都是与位置调整有关的视觉通道映射参数。其中，vjust 是指垂直位置微调，在(0, 1)区间的数字或位置字符串：0="buttom", 0.5="middle", 1="top"，区间外的数字微调比例控制不均；hjust 是指水平位置微调，在(0, 1)区间的数字或位置字符串：0="left", 0.5="center", 1="right"，区间外的数字微调比例控制不均。

（5）linetype 是指定线条的类型，包括白线（0="blank"）、实线（1="solid"）、短虚线（2="dashed"）、点线（3="dotted"）、点横线（4="dotdash"）、长虚线（5="longdash"）、短长虚线（6="twodash"）。

（6）shape 是指点的形状，为[0, 25]区间的 26 个整数，分别对应方形、圆形、三角形、菱形等 26 种不同的形状，如图 1-6-5 所示。只有 21~26 号的点的形状有填充颜色（fill）的属性，其他都只有轮廓颜色（color）的属性。

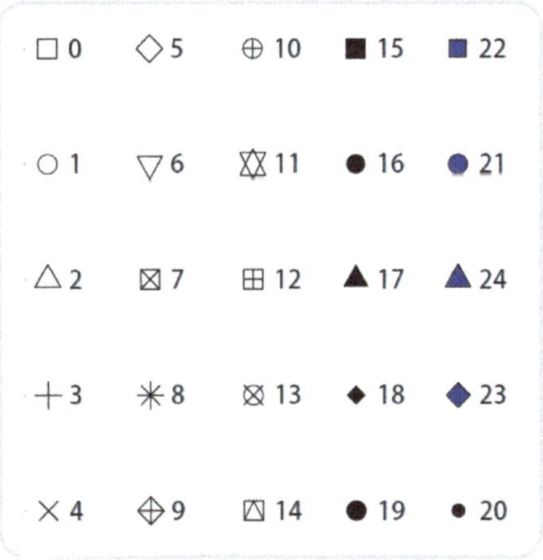

图 1-6-5 R 中 ggplot2 包可供选择的形状

R ggplot2 的 geom_×××()系列函数，其基础的展示元素可以分成四类：点（point）、线（line）、多边形（polygon）和文本（text），将表 1-6-1 中 ggplot2 的常见函数归类为如表 1-6-2 所示。ggplot2 每个函数的具体参数可以通过在 RStudio 右下角的“help”中输入函数名查找，或者在左下角的“Console”控制台中输入：?函数名，比如：??geom_point()。

表 1-6-2　ggplot2 常见函数的主要视觉通道映射

元素	geom_×××()函数	类别型视觉通道映射	数值型视觉通道映射
点	geom_point()、geom_jitter()、geom_dotplot()等	color、fill、shape	color、fill、alpha、size
线	geom_line()、geom_path()、geom_curve()、geom_density()、geom_linerange()、geom_step()、geom_abline()、geom_hline()等	color、linetype	color、size
多边形	geom_polygon()、geom_rect()、geom_bar()、geom_ribbon()、geom_area()、geom_histogram()、geom_violin()等	color、fill	color、fill、alpha
文本	geom_label()、geom_text()	color	color、angle、vjust、hjust

图 1-6-6 所示为同一数据集中不同的视觉通道映射效果。使用 read.csv() 函数：df<-read.csv("Facet_Data.csv", header = TRUE)，可以读入数据集 df，df 是总共有 4 列的数据集：tau、SOD、age 和 Class（Control、Impaired 和 Uncertain），其数据框前 6 行如图 1-6-7 所示。

图 1-6-6 中的 4 张图表使用的都是 geom_point()函数，其参数包括 x、y、alpha（透明度）、colour（轮廓色）、fill（填充颜色）、group（分组映射的变量）、shape（形状）、size（大小）、stroke（轮廓线条的粗细）。图 1-6-6(a)是将离散数值型变量 age 映射到散点的大小（size），然后散点图转换成气泡图，气泡的大小对应于 age 的数值；图 1-6-6(b)是将 age 映射到散点的大小（size）和填充颜色（fill），ggplot2 会自动将填充颜色映射到颜色条（colorbar）；图 1-6-6(c)是将离散类别型变量 Class 映射到散点的填充颜色（fill），ggplot2 会自动将不同的填充颜色对应类别的数据点，从而绘制多数据系列的散点图；图 1-6-6(d)是将离散数值型变量 age 和离散类别型变量 Class 分别映射到散点的大小（size）和填充颜色（fill）。

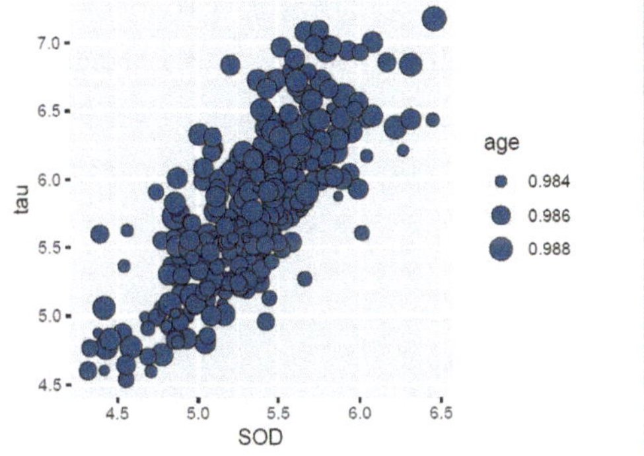

ggplot(df, aes(x=SOD,y=tau,size=age)) +
geom_point(shape=21,color="black",
fill="#336A97",stroke=0.25)

(a) age 映射到散点的大小（size）

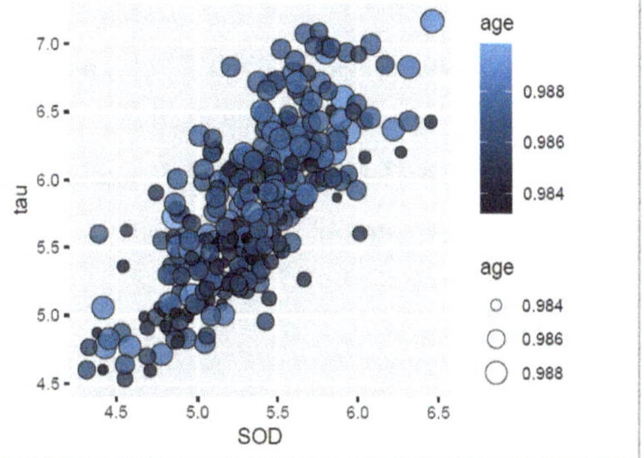

ggplot(df, aes(SOD,tau,fill=age,size=age)) +
geom_point(shape=21,colour="black",
stroke=0.25, alpha=0.8)

(b) age 映射到散点的大小（size）和填充颜色（fill）

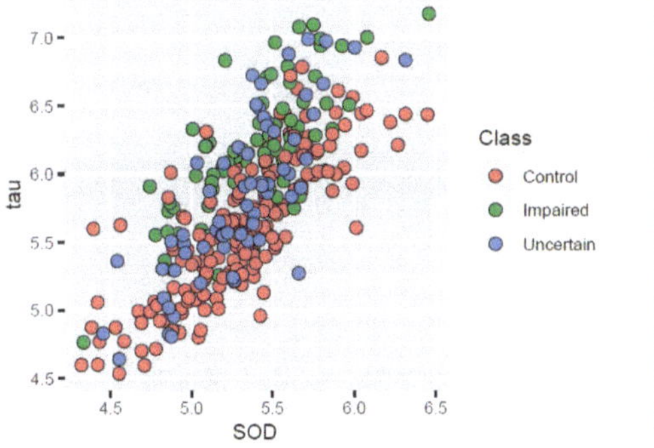

ggplot(df, aes(x=SOD,y=tau,fill=Class)) +
geom_point(shape=21,size=3,colour="black",
stroke=0.25)

(c) Class 映射到散点的填充颜色（fill）

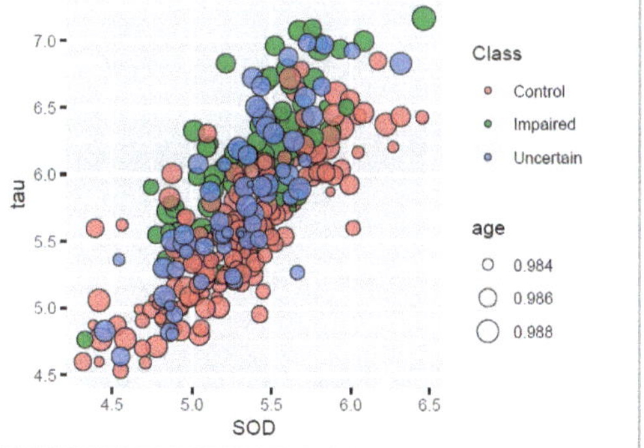

ggplot(df, aes(SOD,tau,fill=Class,size=age)) +
geom_point(shape=21,colour="black",
stroke=0.25, alpha=0.8)

(d) age 和 Class 分别映射到散点的大小（size）和填充颜色（fill）

图 1-6-6　不同的视觉通道映射效果

```
> head(df)
        age      tau   Class      SOD
1 0.9876238 6.297754 Control 5.609472
2 0.9866667 6.270988 Control 5.723585
3 0.9867021 6.152733 Control 5.771441
4 0.9871630 6.623707 Control 5.655992
5 0.9854651 5.740789 Control 5.509388
6 0.9862637 4.871603 Control 4.532599
```

图 1-6-7　数据框前 6 行

另外，还有不用作变量的视觉通道映射参数，但是有比较重要的视觉通道映射：字体（family）和字型（fontface）。其中，字型分为：plain（常规体）、bold（粗体）、italic（斜体）、bold.italic（粗斜体）。常用于 geom_text 等文本对象；字体内置的只有 3 种：sans、serif、mono，但是可以通过扩展包 extrafont 来将其他字体转换为 ggplot2 可识别的标准形式，还可以通过 showtext 包以图片的形式将字体插入到 ggplot2 绘制的图表中。不同的字体和字型组合如图 1-6-8 所示。

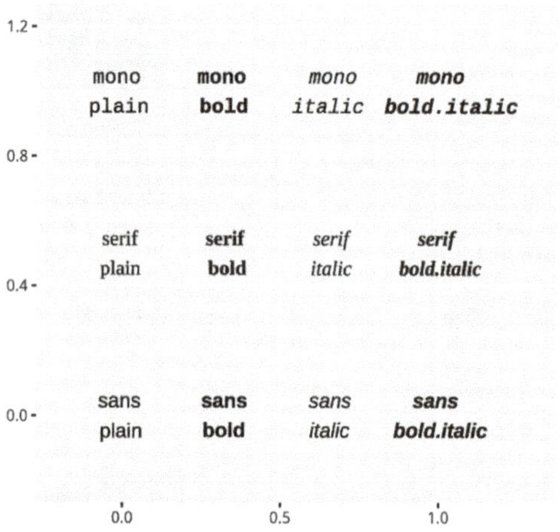

图 1-6-8　不同的字体和字型组合

1.6.3　度量调整

度量用于控制变量映射到视觉对象的具体细节，比如：*X* 轴和 *Y* 轴、alpha（透明度）、colour（轮廓色）、fill（填充颜色）、linetype（线形状）、shape（形状）等，它们都有相应的度量函数，如表 1-6-3 所示。根据视觉通道映射的变量属性，将度量调整函数分成数值型和类别型两大类。R ggplot2 的默认度量为 scale_×××_identity()。需要注意的是：scale_*_manual()表示手动自定义离散的度量，包括 colour、fill、alpha、linetype、shape 和 size 等视觉通道映射参数。

在表 1-6-3 中，*X* 轴和 *Y* 轴度量用于控制坐标轴的间隔与标签的显示等信息，会在 1.6.4 节时再进行详细介绍。颜色作为数据可视化中尤为重要的部分，colour 和 fill 会在 1.7 节时再进行详细介绍。在实际的图表绘制中，我们很少使用，因为这很难观察到透明度的映射变化。每个度量调整函数的具体参数可以使用 RStudio 的“help”界面或者查看 ggplot2 的官方手册[1]。

1 ggplot2 的官方手册：https://ggplot2.tidyverse.org/reference/index.html

表 1-6-3 ggplot2 常见度量调整函数

度量	数值型	类别型
x：*X* 轴度量 y：*Y* 轴度量	scale_x/y_continuous() scale_x/y_log10() scale_x/y_sqrt() scale_x/y_reverse() scale_x/y_date() scale_x/y_datetime() scale_x/y_time()	scale_x/y_discrete()
colour：轮廓色度量 fill：填充颜色度量	scale_colour/fill_continuous() scale_fill_distiller() scale_colour/fill _gradient() scale_colour/ fill _gradient2() scale_colour/fill _gradientn()	scale_colour/fill_discrete() scale_colour/fill_brewer() scale_colour/ fill_manual()
alpha：透明度度量	scale_alpha_continuous()	scale_alpha_discrete() scale_alpha_manual()
linetype：线形状度量		scale_linetype_discrete() scale_linetype_manual()
shape：形状度量		scale_shape() scale_shape_manual()
size：大小度量	scale_size() scale_size_area()	scale_size_manual()

图 1-6-9 为散点图不同度量的调整效果，图 1-6-9(a)是将数值离散型变量 age 映射到气泡的大小（size），再使用 scale_size(range=c(a,b))调整散点大小（size）的度量，range 表示视觉通道映射变量转化后气泡面积的映射显示范围。图 1-6-9(b)是在图 1-6-9(a)的基础上添加了颜色的映射，使用 scale_fill_distiller(palette="Reds")函数将数值离散型变量 age 映射到红色渐变颜色条中，其中，direction = 0 表示颜色是从浅到深渐变的（注意：需要加载 RColorBrewer 包，才能使用“Reds”颜色主题）。图 1-6-9(c)是将类别离散型类别变量 Class 映射到不同的填充颜色（fill）和形状（shape），使用 scale_*_manual()手动自定义 fill 和 shape 的度量。图 1-6-9(d)是将数值离散型变量 age 和类别离散型变量 Class 分别映射到散点的大小（size）和填充颜色（fill），然后 scale_size()和 scale_fill_manual()分别调整气泡大小（size）的映射范围与填充颜色（fill）的颜色数值。

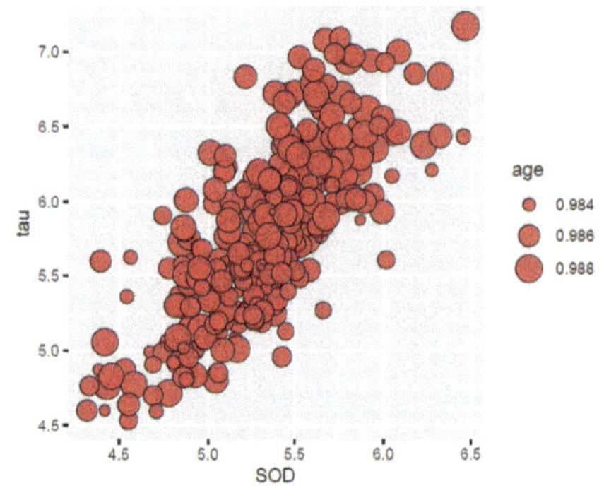


```r
ggplot(df, aes(x=SOD,y=tau,size=age)) +
geom_point(shape=21,color="black",
fill="#FF0000",stroke=0.25,alpha=0.8)+
scale_size(range = c(1, 8))
```

(a) 散点大小（size）的度量调整

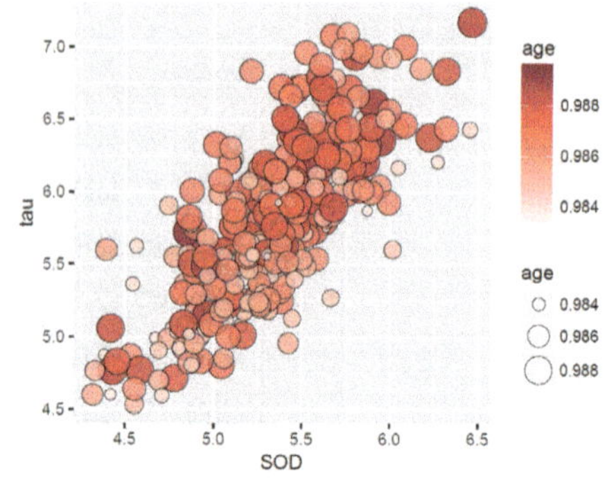


```r
ggplot(df, aes(SOD,tau,fill=age,size=age)) +
   geom_point(shape=21,colour="black",
stroke=0.25, alpha=0.8) +
scale_size(range = c(1, 8))+
scale_fill_distiller(palette="Reds", direction = 0)
```

(b) 散点大小（size）和填充颜色（fill）的度量调整

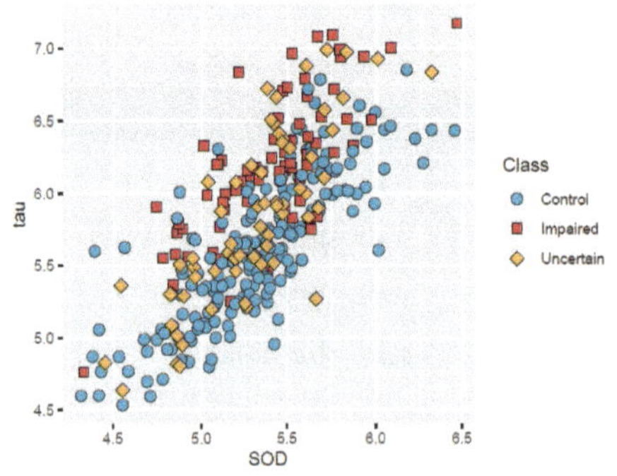


```r
ggplot(df, aes(x=SOD,y=tau,fill=Class,shape=Class)) +
geom_point(size=3,colour="black",stroke=0.25)+
scale_fill_manual(values=c("#36BED9","#FF0000","#FBA
D01"))+
scale_shape_manual(values=c(21,22,23))
```

(c) 散点填充颜色（fill）与形状（shape）的度量调整

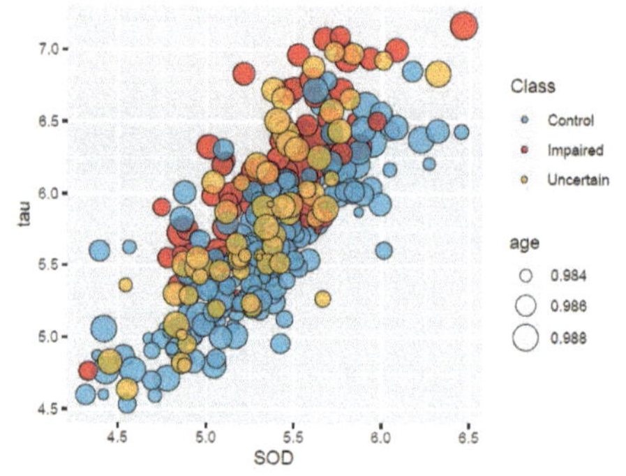


```r
ggplot(df, aes(SOD,tau,fill=Class,size=age)) +
   geom_point(shape=21,colour="black",
stroke=0.25, alpha=0.8)+
scale_fill_manual(values=c("#36BED9","#FF0000","#F
BAD01"))+
scale_size(range = c(1, 8))
```

(d) 散点大小（size）和填充颜色（fill）的度量调整

图 1-6-9　不同的度量调整效果

关键是，要学会合理地使用视觉通道映射参数，并调整合适的度量。可视化最基本的形式就是简单地把数据映射成彩色图形。它的工作原理就是大脑倾向于寻找模式，你可以在图形和它所代表的数字间来回切换。1985 年，AT&T 贝尔实验室的统计学家威廉·克利夫兰（William Cleveland）和罗伯特·麦吉尔（Robert McGill）发表了关于图形感知和方法的论文[18]。研究焦点是确定人们理解上述视觉暗示（不包括形状）的精确程度，最终得出如图 1-6-10 所示的数值型数据使用不同视觉暗示的精确程度排序。

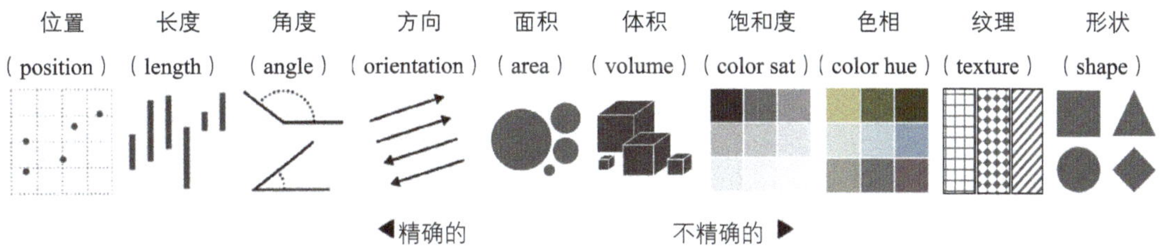

图 1-6-10　克利夫兰和麦吉尔的视觉暗示排序[18]

我们能用到的视觉暗示通常有长度、面积、体积、角度、弧度、位置、方向、形状和颜色（色相和饱和度）。所以正确地选择哪些视觉暗示就取决于你对形状、颜色、大小的理解，以及数据本身和目标。不同的图表类型应该使用不同的视觉暗示，合理的视觉暗示组合能更好地促进读者理解图表的数据信息。如图 1-6-11 所示，相同的数据系列采用不同的视觉暗示的组合共有 6 种，分析结果如表 1-6-4 所示。

表 1-6-4　图 1-6-11 系列图表的视觉暗示组合分析结果

图表	视觉暗示组合	数据系列区分程度	美观程度	印刷适合类型
(a)	位置+方向	无法	较美	黑白
(b)	位置+方向+饱和度	较易	较美	黑白
(c)	位置+方向+形状	容易	较美	黑白
(d)	位置+方向+色相	容易	很美	彩色
(e)	位置+方向+饱和度+形状	很容易	较美	黑白
(f)	位置+方向+色相+形状	很容易	很美	彩色、黑白

根据表 1-6-4 可知，图 1-6-11 (f)是最优的视觉暗示组合结果，既能保证很容易区分数据系列，也保证图表很美观，同时也适应于彩色与黑白两种印刷方式。当图 1-6-11(f)采用黑白印刷时，色相视觉暗示会消除，只保留位置+方向+形状，如图 1-6-11(c)所示，但是这样也能容易区分数据系列，保证读者正确、快速地理解数据信息。表 1-6-5 展示了图 1-6-11 系列图表的视觉暗示组合代码与说明。

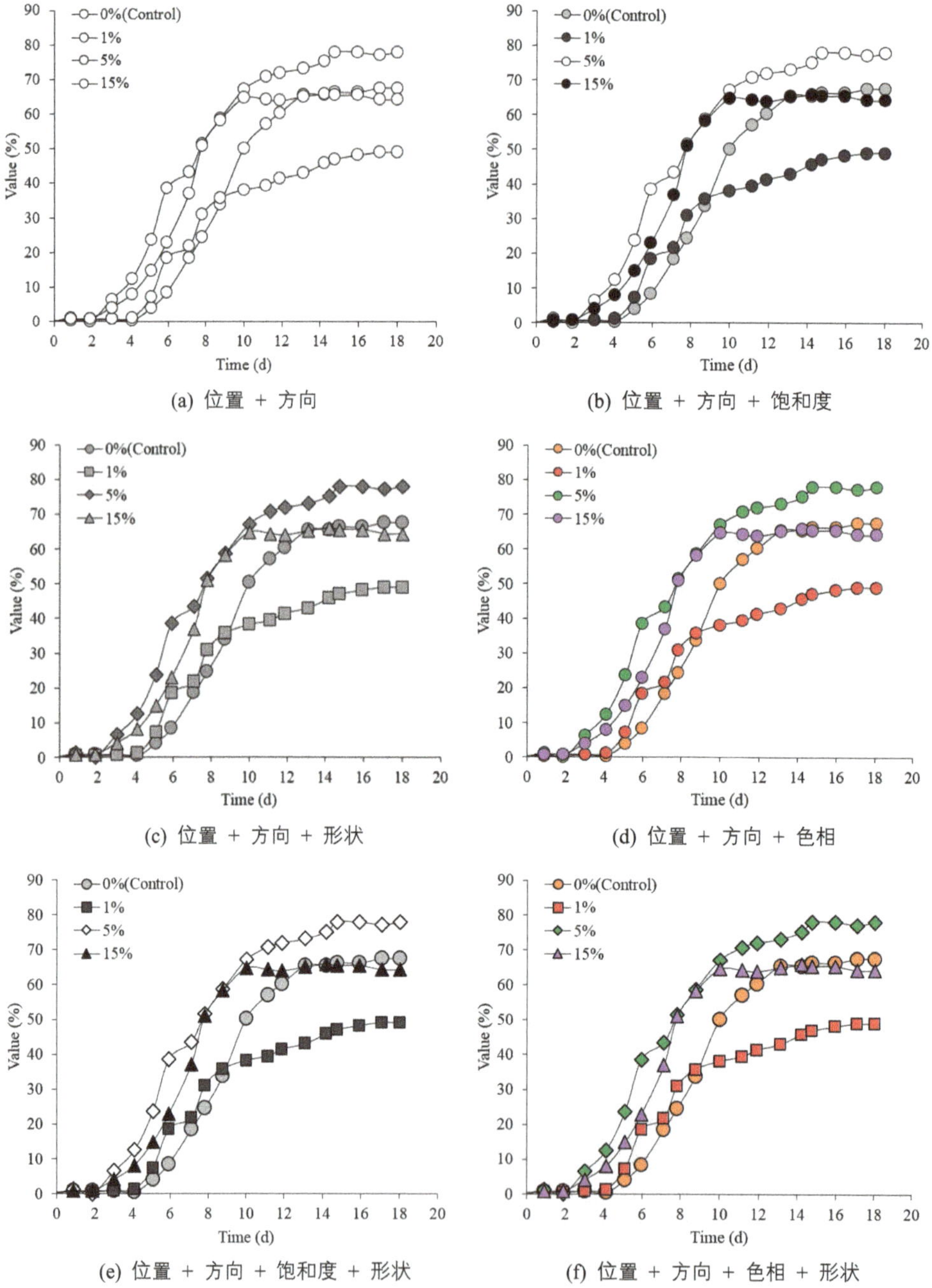

(a) 位置 + 方向　(b) 位置 + 方向 + 饱和度

(c) 位置 + 方向 + 形状　(d) 位置 + 方向 + 色相

(e) 位置 + 方向 + 饱和度 + 形状　(f) 位置 + 方向 + 色相 + 形状

图 1-6-11　不同视觉暗示的组合结果

表 1-6-5　图 1-6-11 系列图表的视觉暗示组合代码与说明

图表	R ggplot2 代码	说明
(a)	ggplot(data=df, aes(x=Time,y=value,group=variable)) + geom_line()+ geom_point(shape=21,size=4,colour="black",fill="white") + theme_classic()	group 表示根据类别型变量（variable）分组绘制，并先后使用 geom_line()函数和 geom_point()函数添加折线和散点图层
(b)	ggplot(data=df, aes(x=Time,y=value,fill=variable)) + geom_line()+ geom_point(shape=21,size=4,colour="black") + scale_fill_manual(values=c("grey60","grey30","black","white"))+ theme_classic()	将类别型变量（variable）映射到散点的填充颜色（fill），并使用 scale_fill_manual()函数调整填充颜色度量为不同饱和度的颜色
(c)	ggplot(data=df, aes(x=Time,y=value,shape=variable)) + geom_line()+ geom_point(size=4,colour="black",fill="grey60") + scale_shape_manual(values=c(21,22,23,24))+ theme_classic()	将类别型变量（variable）映射到散点的形状（shape），并使用 scale_shape_manual() 函数指定散点的形状
(d)	ggplot(data=df, aes(x=Time,y=value,fill=variable)) + geom_line()+ geom_point(shape=21,size=4,colour="black") + scale_fill_manual(values=c("#FF9641","#FF5B4E", "#B887C3","#38C25D"))+ theme_classic()	将类别型变量（variable）映射到散点的填充颜色（fill），并使用 scale_fill_manual()函数调整填充颜色度量为不同色相的颜色
(e)	ggplot(data=df, aes(x=Time,y=value,fill=variable,shape=variable)) + geom_line()+ geom_point(size=4,colour="black") + scale_fill_manual(values=c("grey60","grey30","black","white"))+ scale_shape_manual(values=c(21,22,23,24))+ theme_classic()	同时将类别型变量（variable）映射到散点的填充颜色（fill）和形状（shape），并使用 scale_fill_manual() 和 scale_shape_manual()函数设定不同饱和度的填充颜色与形状
(f)	ggplot(data=df, aes(x=Time,y=value,fill=variable,shape=variable)) + geom_line()+ geom_point(size=4,colour="black") + scale_fill_manual(values=c("#FF9641","#FF5B4E", "#B887C3","#38C25D"))+ scale_shape_manual(values=c(21,22,23,24))+ theme_classic()	同时将类别型变量（variable）映射到散点的填充颜色（fill）和形状（shape），并使用 scale_fill_manual()函数和 scale_shape_manual()函数设定不同色相的填充颜色与形状

在表 1-6-5 中，我们需要重点理解 fill、color、size、shape 等视觉通道映射参数的具体位置，主要是何时应该在 aes()内部，何时应该在 aes()外部的区别。

- 当我们指定的视觉通道映射参数需要进行个性化映射时（即一一映射），应该写在 aes()函数内部，即每一个观测值都会按照我们指定的特定变量值进行个性化设定。典型情况是需要添加一个维度，将这个维度按照颜色、大小、线条等方式针对维度向量中每一个记录值进行一一设定。
- 当我们需要统一设定某些图表元素对象（共性，统一化）时，此时应该将其参数指定在 aes()函数外部，即所有观测值都会按照统一属性进行映射，例如 size=5，linetype="dash"，color="blue"。典型情况是需要统一所有点的大小、颜色、形状、透明度，或者线条的颜色、粗细、形状等。这种情况下不会消耗数据源中的任何一个维度或者度量指标，仅仅是对已经呈现出来的图形元素的外观属性做了统一设定。

1.6.4 坐标系

在编码数据的时候，需要把数据系列放到一个结构化的空间中，即坐标系，它赋予 X 轴、Y 轴坐标或给出经纬度表示的意义。图 1-6-12 展示了三种常用的坐标系，分别为直角坐标系（rectangular coordinate）、极坐标系（polar coordinate）和地理坐标系（geographic coordinate）。它们几乎可以满足数据可视化的所有需求。

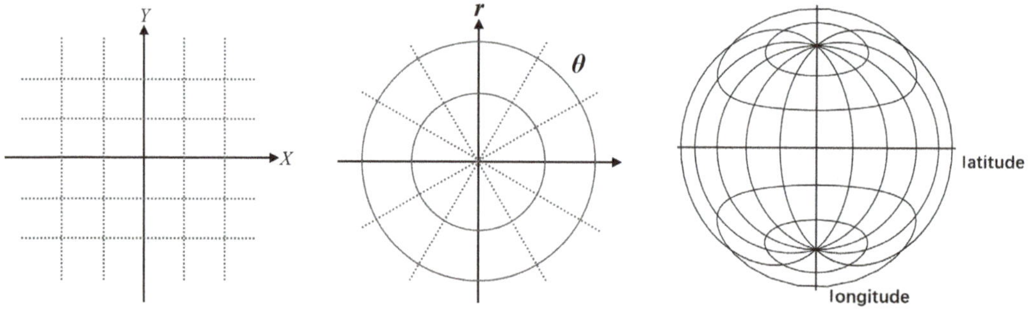

(a)直角坐标系　(b) 极坐标系　(c) 地理坐标系

图 1-6-12　常用坐标系

1. 直角坐标系

直角坐标系，也叫作笛卡儿坐标系，是最常用的坐标系，如图 1-6-13 所示。我们经常绘制的条形图、散点图或气泡图，就是直角坐标系。坐标系所在平面叫作坐标平面，两坐标轴的公共原点叫作直角坐标系的原点。X 轴和 Y 轴把坐标平面分成四个象限，右上方的叫作第一象限，其他三个部分按逆时针方向依次叫作第二象限、第三象限和第四象限。象限以数轴为界，横轴、纵轴上的点不属于任何象限。通常在直角坐标系中的点可以记为：(x, y)，其中 x 表示 X 轴的数值，y 表示 Y 轴的数值。

ggplot2 的直角坐标系包括 coord_cartesian()、coord_fixed()、coord_flip()和 coord_trans()四种类型。ggplot2 中的默认类型为 coord_cartesian()，其他坐标系都是通过直角坐标系画图，然后变换过来的。在直角坐标系中，可以使用 coord_fixed()固定纵横比，在绘制华夫饼图和复合型散点饼图时，我们需要使纵横比为 1：coord_fixed(ratio = 1)。

我们在绘制条形图或者水平箱形图时，需要使用 coord_flip()翻转坐标系。它会将 X 轴和 Y 轴坐标对换，从而可以将竖直的柱形图转换成水平的条形图。

在原始的直角坐标系上，坐标轴上的刻度比例尺是不变的，而 coord_trans()坐标系的坐标轴上刻度比例尺是变化的，这种坐标系应用很少，但不是没用， 可以将曲线变成直线显示。如果数据点在某个轴方向的密集程度是变化的，不便于观察，则可以通过改变比例尺来调节，使数据点集中显示，更加方便观察。

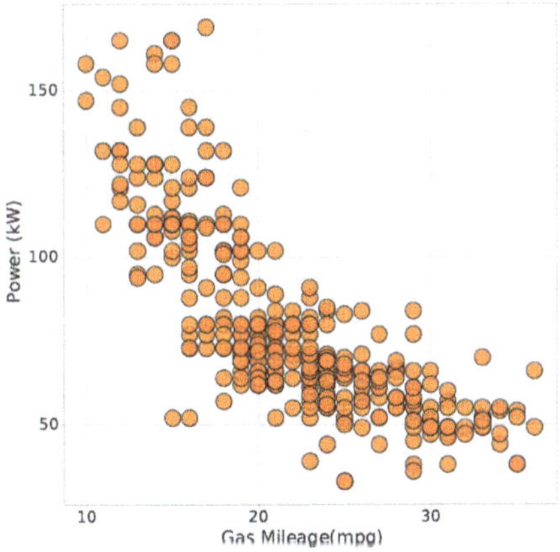

(a) 二维散点图

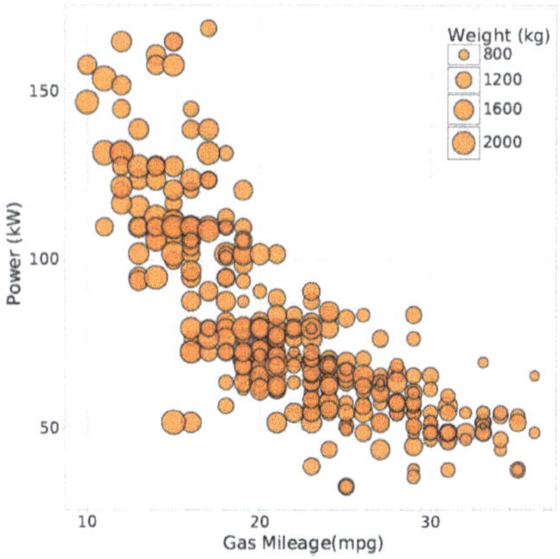

(b)二维气泡图

图 1-6-13 直角坐标系下的散点图和气泡图

三维直角坐标系的投影方法 在绘图软件中，三维直角坐标系中有投影这个参数：正交投影 (orthographic projection) 和透视投影 (perspective projection)，如图 1-6-14 所示。读者的眼睛就好比三维渲染场景中的相机。而相机存在两种投影方法。一种是正交投影，也叫平行投影 (parallel projcction)，即进入相机的光线与投影方向是平行的。另一种是透视投影，即所有的光线相交于一点。不管是 plot3D 包还是 lattice 包的三维图表绘制函数，都存在这样一个参数可以调整三维坐标系的透视程度，这个参数对三维图表美观程度的展示尤为重要。

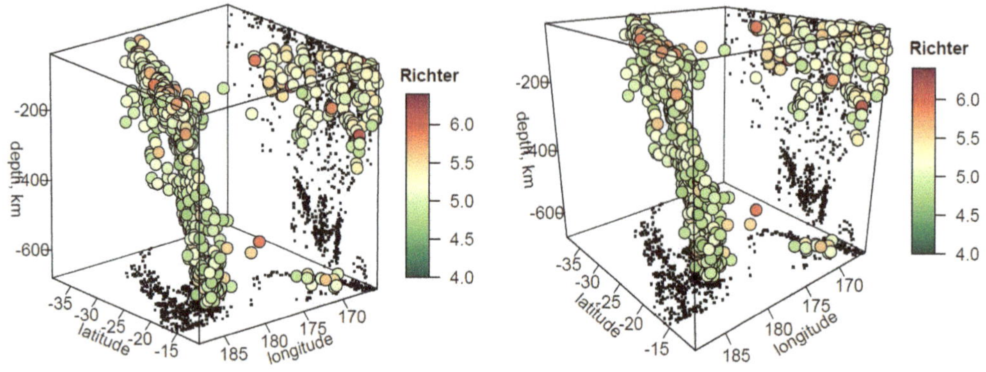

(a) 正交投影　　(b) 透视投影

图 1-6-14　两种不同形式的投影方法

直角坐标系还可以扩展到多维空间。例如，三维空间可以用（*x, y, z*）三个值对来表示三维空间中数据点的位置。如果再拓展到平行坐标系（parallel coordinate），则可以用于对高维几何和多元数据的可视化，这时，我们可以使用 R 中 GGally 包的 ggparcoord()函数实现平行坐标系的绘制。

2. 极坐标系

雷达图、饼图等就是极坐标系。你可能只用到了角度，还没有用到半径，图 1-6-15 为极坐标下的柱形图（南丁格尔玫瑰图）。

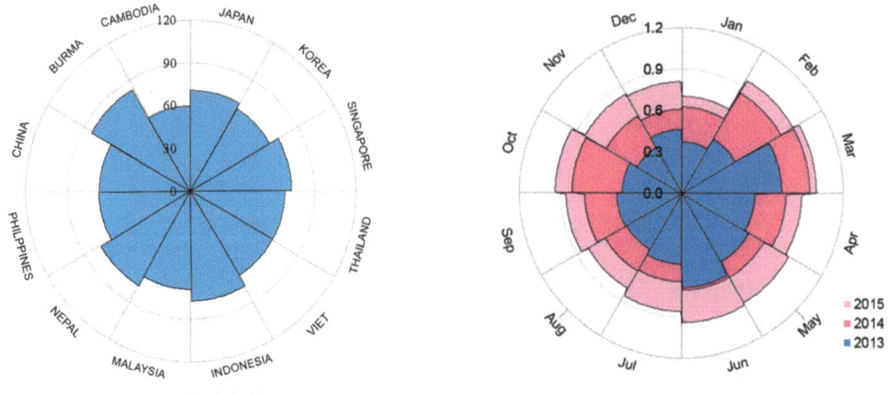

(a) 极坐标柱形图　　(b) 极坐标堆积柱形图

图 1-6-15　极坐标下的柱形图

极坐标系是指在平面内由极点、极轴和极径组成的坐标系。在平面上取定一点 O，称为极点。从 O 出发引一条射线 O_x，称为极轴。再取定一个单位长度，通常规定角度取逆时针方向为正。这样，平面上任一点 P 的位置就可以用线段 OP 的长度 ρ，以及从 O_x 到 OP 的角度 θ 来确定，有序数对(ρ, θ)

就称为 P 点的极坐标，记为 $P(\rho, \theta)$；ρ 称为 P 点的极径，指数据点到圆心的距离；θ 称为 P 点的极角，指数据点距离最右边水平轴的角度。

极坐标系的最右边点是零度，角度越大，逆时针旋转越多。距离圆心越远，半径越大。极坐标系在绘图中没有直角坐标系用得多，但在角度和方向两个视觉暗示方面有很好的优势，往往可以绘制出很出人意料的精美图表。

R ggoplot2 使用 coord_polar()函数可以将坐标系从直角坐标系转换到极坐标系，具体语句为：coord_polar(theta = "x", start = 0, direction = 1, clip = "on")，其中，theta 表示要极坐标化的中心轴，即 X 轴转化为圆周，Y 轴转化为半径；direction 表示排列方向，direction=1 表示顺时针，direction=-1 表示逆时针；start 表示起始角度，以距离 12 点针的弧度衡量，具体位置与 direction 的参数有关，若 direction 为 1 则在顺时针 start 角度处，若 direction 为-1 则在逆时针 start 角度处。注意：极坐标转化比较耗费计算机资源，最好先用如下语句清空内存：rm(list = ls()); gc()。

3. 地理坐标系

位置数据的最大好处就在于它与现实世界的联系，用地理坐标系可以映射位置数据。位置数据的形式有许多种，包括经度（longitude）、纬度（latitude）、邮编等。通常用纬度和经度来描述相对于赤道和子午线的角度。纬度线是东西向的，标识地球上的南北位置；经度线是南北向的，标识地球上的东西位置。相对于直角坐标系，纬度就好比水平轴，经度就好比垂直轴。也就是说，相当于使用了平面投影。

由于球面上任何一点的位置都是用地理坐标经纬度(λ, φ)表示的，而平面上的点的位置是用直角坐标(x, y)或极坐标(ρ, θ)表示的，所以要想将地球表面上的点转移到平面上，则必须采用一定的方法来确定地理坐标与平面直角坐标或极坐标之间的关系。这种在球面和平面之间建立点与点之间函数关系的数学方法，就是地图投影方法。地图投影的实质就是将地球椭球面上的地理坐标转化为平面直角坐标。用某种投影条件将投影球面上的地理坐标点一一投影到平面坐标系内，以构成某种地图投影。

地图投影方法有 20 多种，其中常用的有墨卡托投影（Mercator projection）、兰勃特等角割圆锥投影（Lambert's conic conformal projection）、阿伯斯正轴等积割圆锥投影（Albers equal-area conic projection）、等距圆柱投影（cylindrical equidistant projection）等。具体来说，不同区域常用的地图投影方法不同。墨卡托投影法又称正轴等角圆柱投影，是一种等角的圆柱形地图投影。以此投影法绘制的地图上，经纬线与任何位置皆垂直相交，使世界地图可以绘制在一个长方形上。由于可显示任意两点间的正确方位，航海用途的海图、航路图大多以此方式绘制。在该投影中线型比例尺在图中任意一点周围都保持不变，从而可以保持大陆轮廓投影后的角度和形状不变（即等角）；但墨卡托投影法会使面积产生变形，极点的比例甚至达到了无穷大。

R ggplot2 使用 coord_map()函数和 coord_quickmap()函数可以设定坐标系为地理空间坐标系。其中 coord_quickmap()函数是一种保留经纬直线的快速近似绘制的地理坐标系，它最适合靠近赤道的较小区域展示。coord_map()函数可以通过设定 projection 投影参数，从而实现不同投影的地理空间坐标系，包括墨卡托投影、兰勃特等角圆锥投影、Albers 等积正割圆锥投影、等距圆柱投影和正交投影等。

4. 坐标系的转换

选择合适的坐标系有利于数据的清晰表达，直角坐标系与极坐标系的转换如图 1-6-16 所示。使用极坐标系可以将数据以 365 度围绕圆心排列。极坐标图可以让用户方便地看到数据在周期、方向上的变化趋势，而对连续时间段的变化趋势的显示则不如直角坐标系。

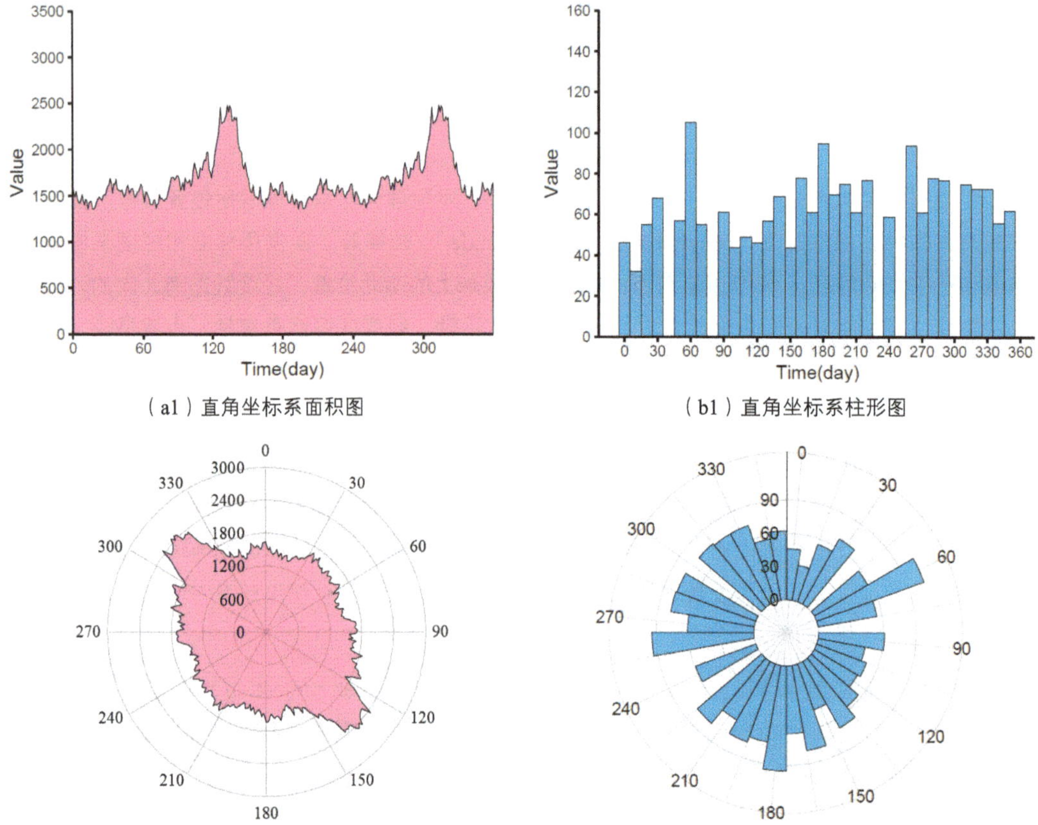

（a1）直角坐标系面积图　（b1）直角坐标系柱形图

(a2) 极坐标系面积图　(b2) 极坐标系柱形图

图 1-6-16　坐标系的转换

极坐标系的表示方法为 $P(\rho, \theta)$，平面直角坐标系的表示方法为 $Q(x, y)$。极坐标系中的两个坐标 r 和 θ 可以由下面的公式转换为直角坐标系下的坐标值：

$$x=\rho\cos\theta$$

$$y=\rho\sin\theta$$

而在直角坐标系中，由 x 和 y 两个坐标计算出极坐标下的坐标：

$$\theta = \tan^{-1}(y / x)$$

$$r = \sqrt{(x^2 + y^2)}$$

其中，要满足 x 不等于 0。在 $x = 0$ 的情况下：若 y 为正数时，则 $\theta = 90°$ (π/2 radians)；若 y 为负数时，则 $\theta = 270°$(3π/2radians)。

5. 坐标轴度量

坐标系指定了可视化的维度，而坐标轴的度量则指定了在每一个维度里数据映射的范围。坐标轴的度量有很多种，你也可以用数学函数定义自己的坐标轴度量，但是基本上都属于图 1-6-17 所示的坐标轴度量。这些坐标轴度量主要分为三种，包括数字（侧重数据的对数变化）、分类坐标轴度量和时间坐标轴度量。其中，数字坐标轴度量包括线性坐标轴度量、对数坐标轴度量、百分比坐标轴度量三类，而分类坐标轴度量包括分类坐标轴度量和顺序坐标轴度量两类。

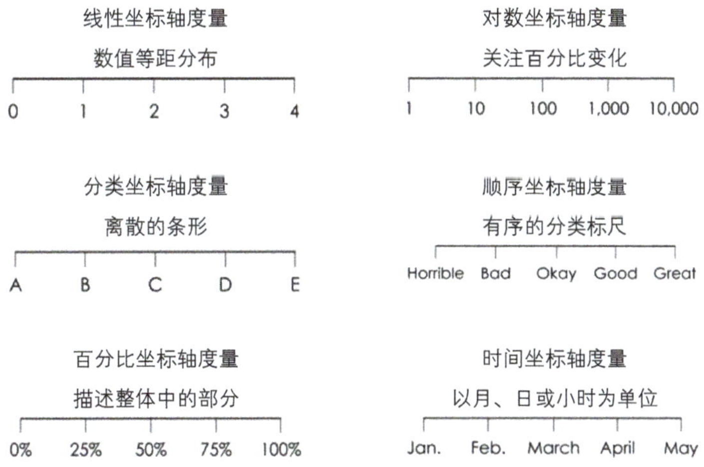

图 1-6-17　不同类型的标尺[19]

在 R ggplot2 中，数字坐标轴度量包括：scale_x/y_continuous()，scale_x/y_log10()，scale_x/y_sqrt()，scale_x/y_reverse()；分类坐标轴度量包括 scale_x/y_discrete()；时间坐标轴度量包括：scale_x/y_date()， scale_x/y_datetime()，scale_x/y_time()。这些度量的主要参数包括：① name 表示指定坐标轴名称，也将作为对应的图例名；②breaks 表示指定坐标轴刻度位置，即粗网格线位置；③labels 表示指定坐标轴刻度标签内容；④limits 表示指定坐标轴显示范围，支持反区间；⑤expand 表示扩展坐标轴显示范围；⑥trans 表示指定坐标轴变换函数，自带有 exp()、log()、log10()等函数，还支持 scales 包内的其他变换函数，如 scales::percent()百分比刻度、自定义等。图 1-6-18(b)就是在图 1-6-18(a)的基础上添加了 scale_x_continuous()和 scale_y_continuous()以调整 *X* 轴和 *Y* 轴的刻度与轴名：

```
01    X轴度量：scale_x_continuous(name="Time(d)",breaks=seq(0,20,2))
02    Y轴度量：scale_y_continuous(breaks=seq(0,90,10),limits=c(0,90),expand =c(0, 1))
```

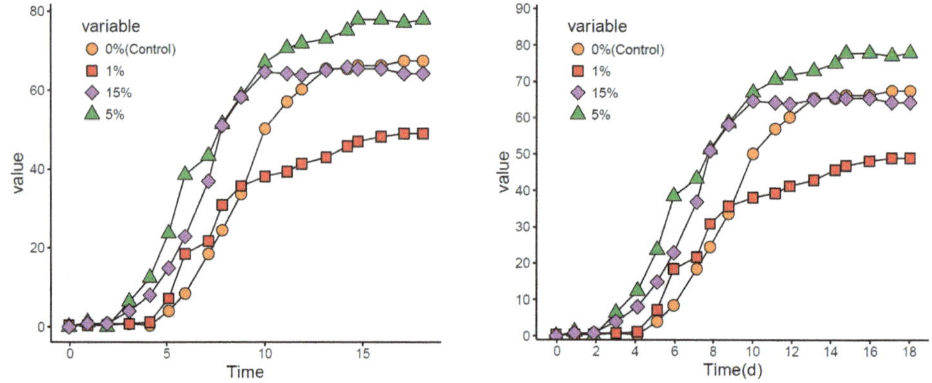

(a) (b)

图 1-6-18 直角坐标系度量的调整

线性坐标轴度量（linear scale）上的间距处处相等，无论处于坐标轴的什么位置。因此，在尺度的低端测量两点间的距离，和在尺度高端测量的结果是一样的。然而，**对数坐标轴度量**（logarithmic scale）是一个非线性的测量尺度，用在数量有较大范围的差异时。像里氏地震震级、声学中的音量、光学中的光强度，以及溶液的 pH 值等。对数尺度以数量级为基础，不是一般的线性尺度，因此每个刻度之间的商为一定值。若数据有以下特性时，用对数尺度来表示会比较方便：

（1）数据有数量级的差异时，使用对数尺度可以同时显示很大和很小的数据信息；

（2）数据有指数增长或幂定律的特性时，使用对数尺度可以将曲线变为直线表示。

图 1-6-19(a)的 *X* 轴和 *Y* 轴都为线性尺度，而图 1-6-19(b) *X* 轴仍为线性尺度，将 *Y* 轴转变成对数尺度，就可以很好地展示很大和很小的数据信息。

```
01    图 1-6-19(a): scale_y_continuous(breaks=seq(0,2.1,0.5),limits=c(0,2))
02    图 1-6-19(b): scale_y_log10(name='log(value)',limits=c(0.00001,10))
```

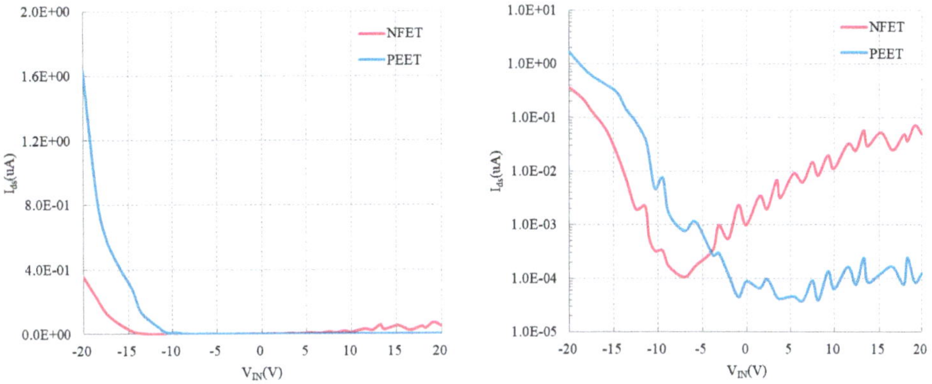

(a) 线性尺度　　(b) 对数尺度

图 1-6-19　坐标轴标尺的转换

分类坐标轴度量（categorical scale）：数据不仅仅包括数值，有时候还包括类别，比如不同实验条件、实验样品等测试得到的数据。分类标尺通常和数字标尺一起使用，以表达数据信息。条形图就是水平 *X* 轴为数字标尺、垂直 *Y* 轴为分类标尺；而柱形图是水平 *X* 轴为分类标尺、垂直 *Y* 轴为数字标尺，如图 1-6-20 所示。其中，条形图和柱形图一个重要的视觉调整参数就是分类间隔，但是它和数值没有关系（如果是多数据系列，那么还包括一个视觉参数：系列重叠）。另外，饼图和圆环图也是数字尺度和分类尺度的组合。

> **注意**　对于柱形图、条形图和饼图最好对数据先排序后再进行展示。对于柱形图和条形图，把数据从大到小排序，最大的位置放置在最左边或者最上边。而饼图的数据要从大到小排序，最大的从 12 点位置开始。

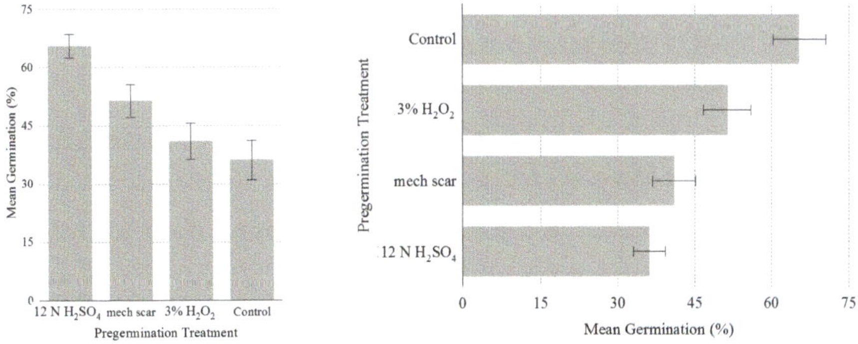

(a) 柱形图　　(b) 条形图

图 1-6-20　分类标尺与数字标尺的组合使用

常见的相关性系数图的 X 轴、Y 轴都为分类标尺，如图 1-6-21 所示。相关系数图一般都是三维及以上的数据，但是使用二维图表显示。其中，X 列、Y 列为都为类别数据，分别对应图表的 X 轴和 Y 轴；Z 列为数值信息，通过颜色饱和度、面积大小等视觉暗示表示。图 1-6-21(a)使用颜色饱和度和颜色色相综合表示 Z 列数据；图 1-6-21(b)使用方块的面积大小及颜色综合表示 Z 列数据，从图中很容易观察到哪两组变量的相关性最好。

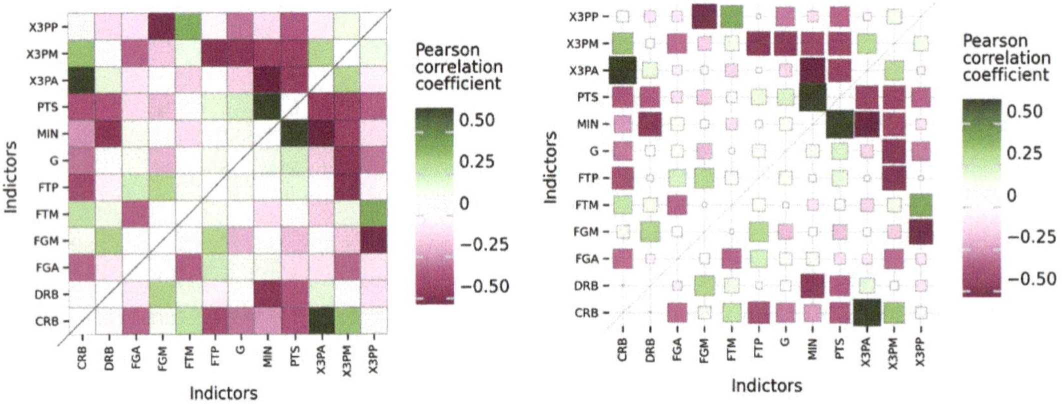

(a) 热力相关性图　　　(b) 方块相关性图

图 1-6-21　分类尺度的使用

相关系数

相关系数（correlation coefficient）是用以反映变量之间相关关系的密切程度的统计指标。它是一种非确定性的关系，相关系数是研究变量之间线性相关程度的量。由于研究对象的不同，相关系数有如下几种定义方式。

（1）简单相关系数：又叫相关系数或线性相关系数，一般用字母 r 表示，用来度量两个变量间的线性关系。图 1-6-21 的相关性图就是用来研究多个变量两两之间的简单相关关系的。

（2）复相关系数：又叫多重相关系数。复相关是指因变量与多个自变量之间的相关关系。例如，某种商品的季节性需求量与其价格水平、职工收入水平等现象之间呈复相关关系。

（3）典型相关系数：是先对原来各组变量进行主成分分析，得到新的线性关系的综合指标，再通过综合指标之间的线性相关系数来研究原各组变量间的相关关系。

时间坐标轴度量（time scale）：时间是连续的变量，你可以把时间数据画到线性度量上，也可以将其分成时刻、星期、月份、季节或者年份，如图 1-6-22 所示。时间是日常生活的一部分。随着日出和日落，在时钟和日历里，我们每时每刻都在感受和体验着时间。所以我们会经常遇见时间序列的数据，时间序列的数据常用柱形图、折线图或者面积图表示，有时候使用极坐标图也可以很好地展示数据，因为时间往往存在周期性，以天（day）、周（week）、月（month）、季（season）或年（year）为一个周期。

需要注意的是：R ggplot2 的时间坐标轴度量函数 scale_×××_date() 要求变量是 Date 格式；scale_×××_datetime() 要求变量是 POSIXct 格式；scale_×××_time() 要求变量是 hms 格式。

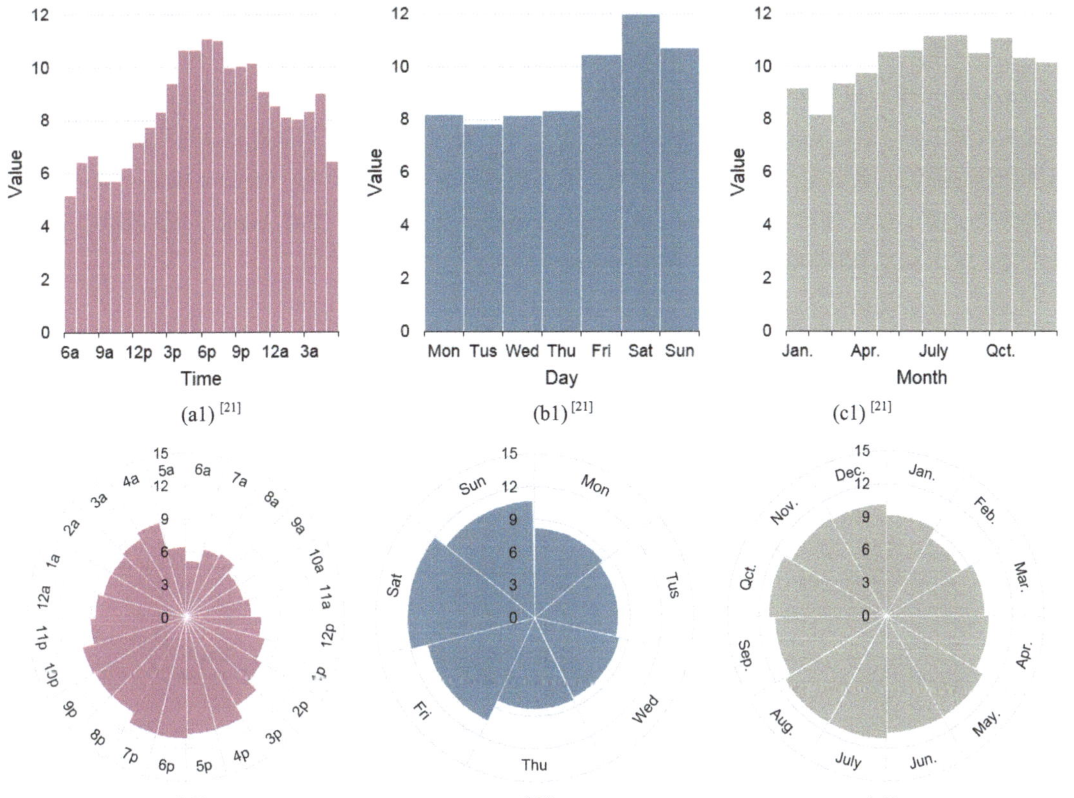

(a1)[21]　(b1)[21]　(c1)[21]

(a2)　(b2)　(c2)

图 1-6-22　时间序列图表

1.6.5　图例

图例作为图表背景信息的重要组成部分，对图表的完整与正确表达尤为重要。R ggplot2 的 guide_colorbar()/guide_colourbar()函数用于调整连续变量的图例；guide_legend()函数用于离散变量的图例，也可以用于连续变量。

guides()函数将 guide_colorbar 和 guide_legend 两种图例嵌套进去，方便映射与处理，如 guides(fill = guide_colorbar())，对多个图例共同处理的时候尤为有效。另外，我们也可以在 scale_×××()度量中指定 guide 类型，guide ="colorbar"或 guide ="legend"。

其中，尤为重要的部分是图例位置的设定，R ggplot2 默认是将图例放置在图表的右边（"right"），但是我们在最后添加的 theme()函数中，用 legend.position 设定图例的位置。legend.position 可以设定为"right"、"left"、"bottom"和"top"。

在使用 ggplot2 绘图的过程中，控制图例在图中的位置利用 theme（legend.position）参数，该参数对应的设置为："none"（无图例）、"left"（左边）、"right"（右边）、"bottom"（底部）、"top"（头部），legend.position 也可以用两个元素构成的数值向量来控制，如 c(0.9,0.7)，主要是设置图例在图表中间所在的具体位置，而不是图片的外围。数值大小一般在 0~1 之间，超出数值往往导致图例隐藏。如果图例通过数值向量设定在图表的具体位置，那么最好同时设定图例背景（legend.background）为透明或者无。图 1-6-23 使用的是 theme_classic()内置的图表系统主题，使用 theme()函数调整图例的具体位置。图 1-6-23(a)所示图例的默认设定语句为：

```
theme( legend.background = element_rect(fill="white"),
       legend.position="right")
```

上述语句表示将图例的背景设为白色填充的矩形，位置设定为图表的右边。图 1-6-23(b)将图例的位置设定为图表内部的左上角，并将图例背景（legend.background）设置为无。其中 c(0.2,0.8)表示图例的位置放置在图表内部 X 轴方向 20%、Y 轴方向 80%的相对位置。

```
theme(legend.background = element_blank(),
      legend.position=c(0.2,0.8))
```

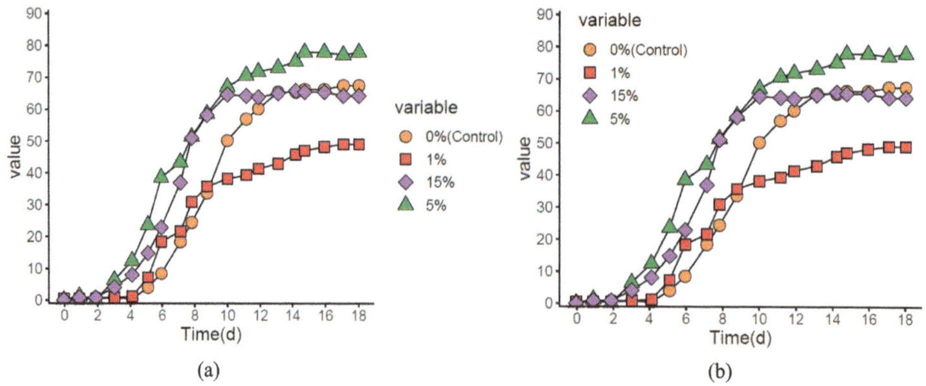

图 1-6-23 图例位置的调整

1.6.6　主题系统

主题系统包括绘图区背景、网格线、坐标轴线条等图表的细节部分，而图表风格主要是指绘图区背景、网格线、坐标轴线条等的格式设定所展现的效果。ggplot2 图表的主题系统的主要对象包括文本（text）、矩形（rect）和线条（line）三大类，对应的函数包括 element_text()、element_rect()、element_line()，另外还有 element_blank()表示该对象设置为无，具体如表 1-6-6 所示。其中，我们使用比较多的系统对象是坐标轴的标签（axis.text.x、axis.text.y）、图例的位置与背景（legend.position 和 legend.background）。*X* 轴标签（axis.text.x）在绘制极坐标柱形图和径向柱形图时会用于调整 *X* 轴标签的旋转角度，*Y* 轴标签（axis.text.y）也会用于时间序列峰峦图的 *Y* 轴标签的替换等，具体可见后面图表案例的讲解。

表 1-6-6　主题系统的主要对象

对象	函数	图形对象整体	绘图区（面板）	坐标轴	图例	分面系统
text	element_text() 参数：family, face, colour, size, hjust, vjust, angle, lineheight	plot.title plot.subtitle plot.caption		axis.title axis.title.x axis.title.y axis.text axis.text.x axis.text.y	legend.text legent.text.align legend.text.title legend.text.align	strip.text strip.text.x strip.text.y
rect	element_rect() 参数：colour, size, type	plot.background plot.sapcing plot.margin	panel.background panel.border panel.spacing		legend.background legend.margin legend.spacing legend.spacing.x legend.spacing.y	strip.background
line	element_line() 参数：fill, colour, size, type		panel.grid.major panel.grid.minor panel.grid.major.x panel.grid.major.x panel.grid.minor.x panel.grid.minor.y	axis.line axis.line.x axis.line.y axis.ticks axis.ticks.x axis.ticks.y axis.ticks.length axis.ticks.margin		

由于 ggplot2 主题设置的内部函数及参数非常多，所以不建议新手直接学习。针对新手，建议使用 ggThemeAssist 包进行主题设置，用鼠标而不是代码，这样更加方便，也可以直接套用主题模板。

1. ggThemeAssist 包

使用 ggThemeAssist 包，需要先安装 shiny 包。安装好该包后，在 RStudio 界面选择 “Tools” → “Addins” → “ggplot Theme Assistant” 选项，弹出界面如图 1-6-24 所示。具体使用方法：首先运行函数要画图的 ggplot2 代码，以加载到内存；然后选中该画图函数，如 ggplot；再选择 “Tools” → “Addins” → “ggplot Theme Assistant” 选项，就会出现一个交互式的 shiny 弹窗，在该弹窗上用鼠标操作；在弹窗中处理完后，点击右上角的 “Done” 按钮，就将主题代码输出到需要的位置，最后对代码进行微调即可。但是需要注意的是：有的地方可能会少括号或引号。

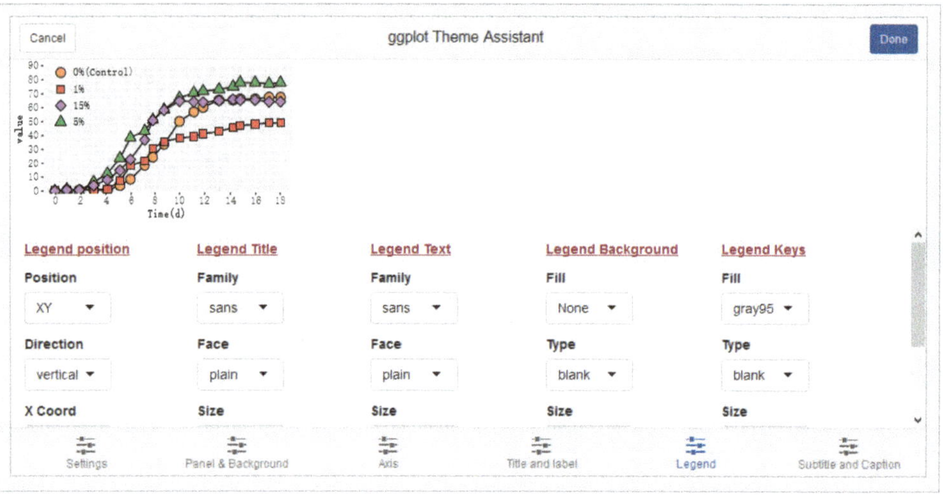

图 1-6-24　ggplot Theme Assistant 操作界面

2. 套用主题模板

R 语言的主题模板包包括 ggthemes、ggtech、ggthemer、ggsci、cowplot 等。其中 ggsci 包就是专门为学术图表开发的包[1]。R ggplot2 自带的主题模板也有多种，包括 theme_gray()、theme_minimal()、theme_bw()、theme_light()、theme_test()、theme_classic()等函数。相同的数据及数据格式，可以结合不同的图表风格，如图 1-6-25 所示。下面挑选几种具有代表性的图表风格讲解。

（1）图 1-6-25(a)是 R ggplot2 风格的散点图，使用 R ggplot2 Set3 的颜色主题，绘图区背景填充颜色为 RGB（229, 229, 229）的灰色，以及白色的网格线［主要网格线的颜色为 RGB（255, 255, 255），

1 ggsci 包的参考手册：https://nanx.me/ggsci/articles/ggsci.html

次要网格线的颜色为 RGB (242, 242, 242)]。这种图表风格给读者清新脱俗的感觉，推荐使用在 PPT 演示中。

(2) 图 1-6-25(d)的绘图区背景填充颜色为 RGB (255,255, 255) 的白色，无主要和次要网格线，没有过多的背景信息。当图表尺寸较小时，仍然可以清晰地表达数据内容，不像图 1-6-24(b)会因为背景线条太多而显得凌乱，其常应用在学术期刊的论文中展示数据。

(3) 图 1-6-25(e)在图 1-6-25(d)的基础上，将绘图区边框设定为“无”，也没有主要和次要网格线，同样常应用在学术期刊的论文中展示数据。

所以，总的来说，图 1-6-25(a)和图 1-6-25(b)的风格适合 PPT 演示，图 1-6-25(d)和图 1-6-25(e)适合于学术论文展示。其实，不管是使用 R、Python，还是 Origin、Excel，都可以通过调整绘图区背景、主要和次要网格线、坐标轴线条等的格式，实现如图 1-6-25 所示的 6 种不同的图表风格。

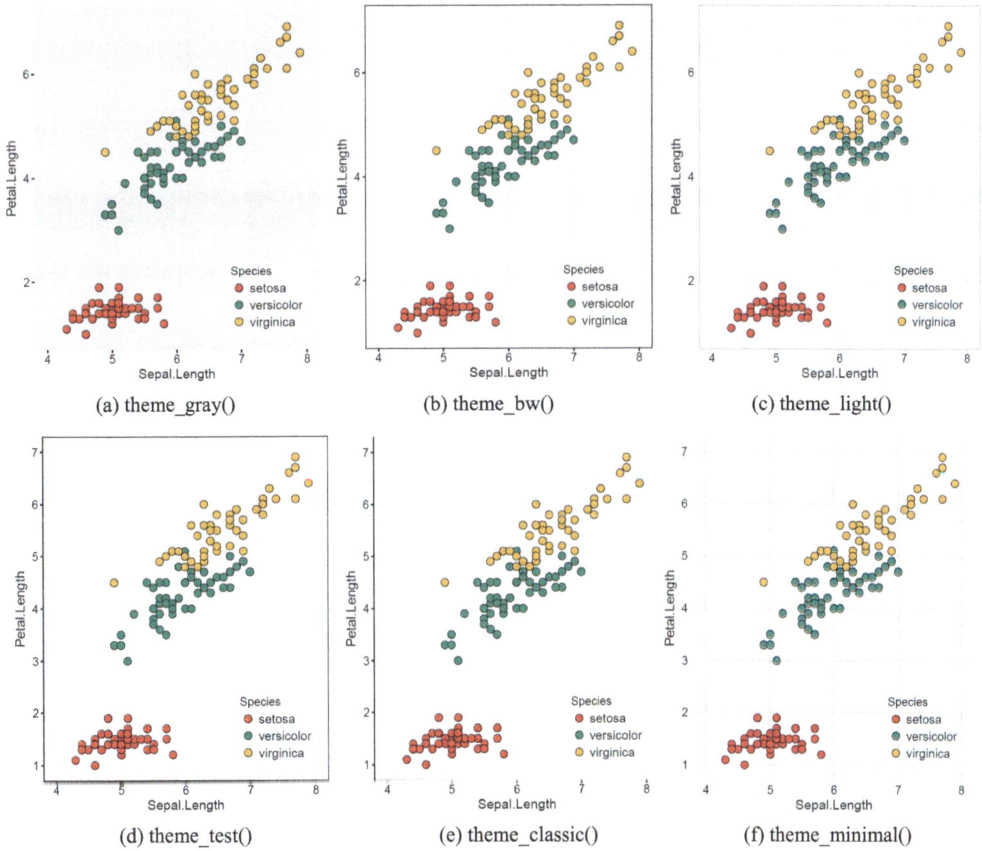

(a) theme_gray()　(b) theme_bw()　(c) theme_light()

(d) theme_test()　(e) theme_classic()　(f) theme_minimal()

图 1-6-25　不同的图表风格

1.6.7 位置调整

在 geom_×××()函数中，参数 position 表示绘图数据系列的位置调整，默认为"identity"（无位置调整），这个参数在绘制柱形图和条形图系列时经常用到，用来绘制簇状柱形图、堆积柱形图和百分比堆积柱形图等。ggplot2 的位置调整参数如表 1-6-7 所示。在柱形图和条形图系列中，position 的参数有 4 种：①identity：不做任何位置调整，该情况在多分类柱形图中不可行，序列间会遮盖，但是在多序列散点图、折线图中可行，不存在遮盖问题；②stack：垂直堆叠放置（堆积柱形图）；③dodge：水平抖动放置（簇状柱形图，position=position_dodge()）；④fill：百分比化（垂直堆叠放置，如百分比堆积面积图、百分比堆积柱形图等）。其中，箱形图和抖动散点图的位置调整如图 1-6-26 所示。构造的数据集为：

```
N<-100
df<-data.frame(group=rep(c(1,2), each=N*2),
               y=append(append(rnorm(N,5,1),rnorm(N,2,1)), append(rnorm(N,1,1),rnorm(N,3,1))),
               x=rep(c("A","B","A","B"), N))
```

表 1-6-7 ggplot2 位置调整参数

函数	功能	参数说明
position_dodge()	水平并列放置	position_dodge(width=NULL, preserve=("total","single"))，作用于簇状柱形图 geom_bar()、箱形图 geom_boxplot()等
position_identity()	位置不变	对于散点图和折线图等可行，默认为 identity，但对于多分类柱形图，序列间会存在遮盖
position_stack()	垂直堆叠	position_stack(vjust=1, reverse=False) 柱形图和面积图默认 stack 堆积
position_fill()	百分比填充	position_fill(vjust=1, reverse= False) 垂直堆叠，但只能反映各组百分比
position_jitter()	扰动处理	position_jitter(width=NULL, height=NULL)部分重叠，作用于散点图
position_jitterdodge()	并列抖动	position_jitterdodge(jitter.width=NULL,jitter.height=0, dodge.width=0.75)，仅仅用于箱形图和散点图在一起的情形，且其有顺序的，其必须箱形在前，散点在后，抖动只能用在散点几何对象中
position_nudge()	整体位置微调	position_nudge(x=0, y=0)，整体向 x 和 y 方向平移的距离，常用于 geom_text()文本对象

ID	语法	图表
1	#未调整箱形图和抖动散点图的间距 ggplot(df, aes(x=x, y=y,fill= as.factor(group)))+ geom_boxplot(outlier.size = 0,colour='black')+ geom_jitter(aes(group= as.factor(group)), shape =21, alpha = 0.5)	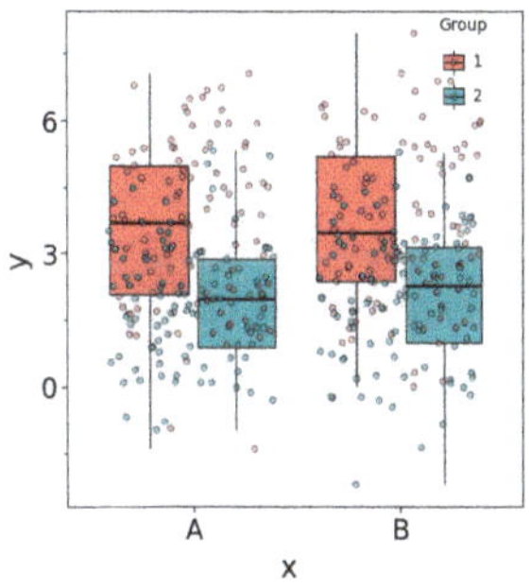
2	#调整抖动散点图的间距 ggplot(df, aes(x=x, y=y,fill= as.factor(group)))+ geom_boxplot(outlier.size = 0,colour='black')+ geom_jitter(aes(group= as.factor(group)), shape = 21, alpha = 0.5, position=position_jitterdodge())	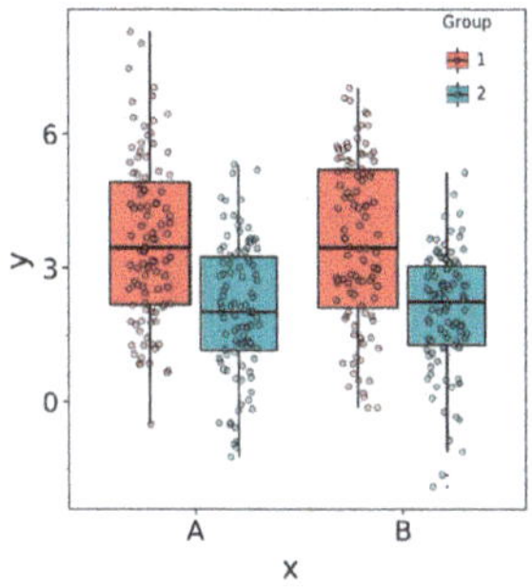
3	#同时调整箱形图和抖动散点图的间距 ggplot(df, aes(x=x, y=y,fill=as.factor(group))) + geom_boxplot(position = position_dodge(0.75), outlier.size = 0,colour='black') + geom_jitter(aes(group= as.factor(group)), shape =21, alpha = 0.5, position=position_jitterdodge(dodge.width = 0.75))	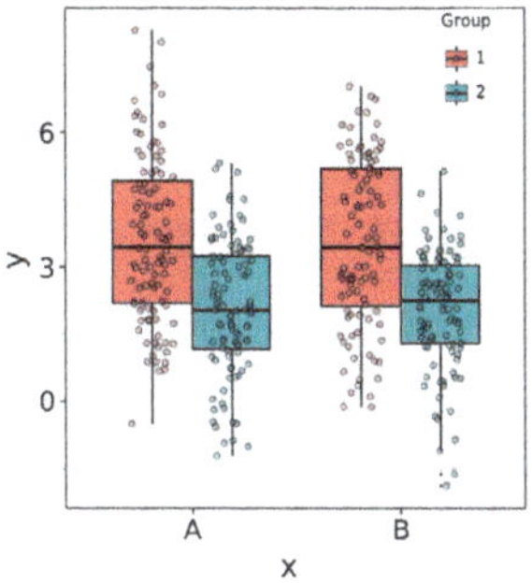

图 1-6-26　箱形图和抖动散点图的位置调整

新手工具

对于 R 语言新手，在这里推荐一款 RStudio 的插件 esquisse：可通过交互操作实现简单的 ggplot2 图表，自动生成并导出绘图代码，供用户再做进一步的调整与美化。esquisse 的安装可以通过使用 devtools 包来完成：

```
devtools::install_github("dreamRs/esquisse")
```

如果要在 RStudio 中启动 esquisse，既可以通过点击 RStudio 界面的“Tools”→“Addins”→“ggplot2 builder”选项；也可以在“Console”命令框中输入语句：esquisse:::esquisser()，其界面如图 1-6-27 所示。

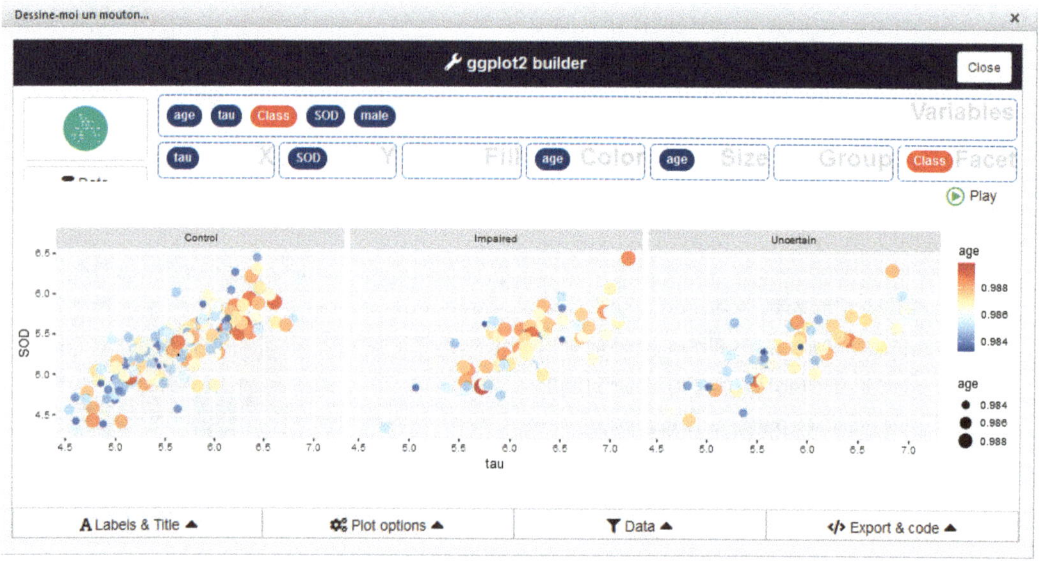

图 1-6-27 esquisse 交互操作界面

高手必备

特别强调的是，要想熟练使用 ggplot2 绘制图表，就必须深入理解 ggplot 与 geom 对象之间的关系。在实际绘图语句中存在如表 1-6-8 所示的 3 种情况。在表中的案例，我们使用的数据集为向量排序函数 sort()和正态分布随机数生成函数 rnorm()构造的 df1 和 df2。

```
N<-20
df1 <- data.frame(x=sort(rnorm(N)),y=sort(rnorm(N)))
df2 <- data.frame(x=df1$x+0.1*rnorm(N),y=df1$y+0.1*rnorm(N))
```

ggplot 与 geom 对象之间的关系主要体现在如下两点。

- ggplot(data=NULL,mapping = aes())：ggplot 内有 data、mapping 两个参数，具有全局优先级，可以被之后的所有 geom 对象所继承（前提是 geom 内未指定相关参数）。
- geom_xxx(data=NULL,mapping = aes())：geom 对象内同样有 data 和 mapping 参数，但 geom 内的 data 和 mapping 参数属于局部参数，仅作用于 geom 对象内部。

表 1-6-8　ggplot 与 geom 对象之间的关系情况

	1	2	3
类型	所有图层共享数据源和视觉通道映射参数	所有图层仅共享数据源	各图层对象均使用独立的数据源与视觉通道映射参数
图例	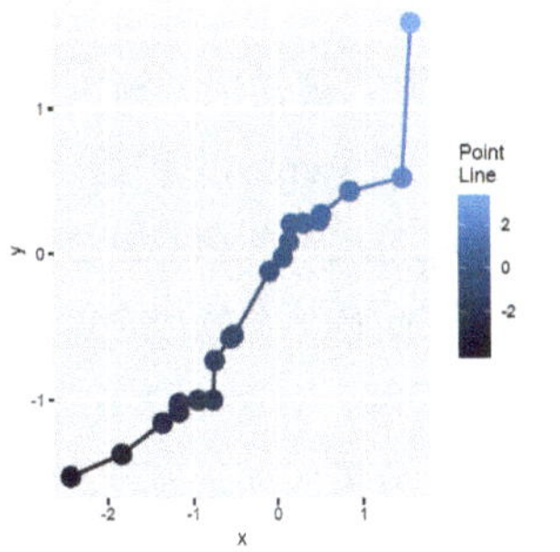	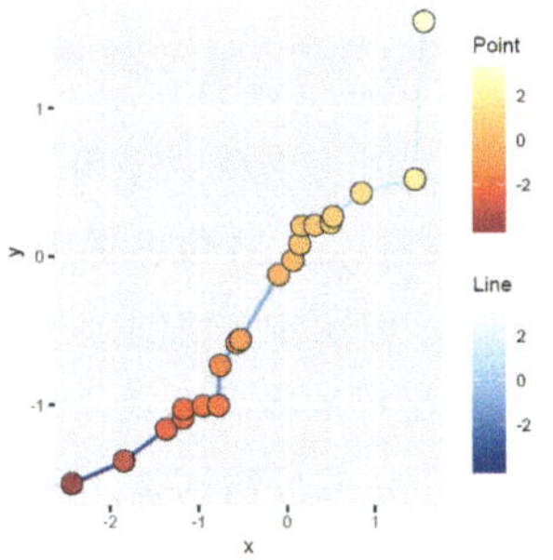	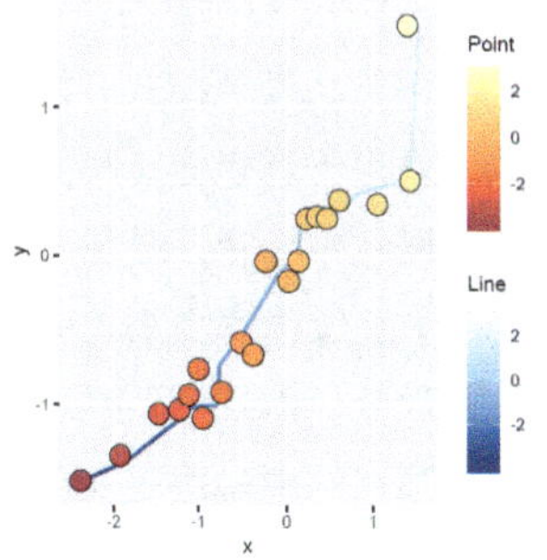
代码	ggplot(df1,aes(x,y,colour=x+y))+ geom_line(size=1)+ geom_point(shape=16,size=5)+ guides(color=guide_colorbar(title="Point\nLine"))	ggplot(df1,aes(x,y))+ geom_line(aes(colour=x+y), size=1)+ geom_point(aes(fill=x+y), color="black",shape=21, size=5)+ scale_fill_distiller(name="Point",palette="YlOrRd")+ scale_color_distiller(name="Line",palette="Blues")	ggplot()+ geom_line(aes(x,y,colour=x+y),df1,size=1)+ geom_point(aes(x,y,fill=x+y),df2,color="black",shape=21, size=5)+ scale_fill_distiller(name="Point",palette="YlOrRd")+ scale_color_distiller(name="Line",palette="Blues")
说明	所有 geom 对象都使用相同的 data 和 mapping（x、y、size、alpha、linetype、colour、fill、angle 等），根据参数继承规则，可以将 data 和 mapping 指定在 ggplot 函数内，无论之后有多少个图层需要指定 data 和 mapping，你都仅需在 ggplot 内指定一次即可，后续 geom 会自动继承	此种情况，根据参数继承规则，将共享的数据源部分的 data 写在 ggplot 内，将不同图层单独使用的视觉通道映射参数指定在各自的 geom 内，在遇到多图层时，data 参数仅需在 ggplot 内指定一次，之后的 geom 对象都会自动继承，无须一一指定，但是那些 geom 内部使用的各自美学映射属性则需一一指定	此种情况属于特殊情况，仅在涉及高级制图或者复杂地理信息多图层图表时才会接触，此时因为各图层没有共享任何 data 和 mapping，假设有 N 个图层需要映射，此时所有的 data 和 mapping 参数都需要在各自的 geom 内进行一一指定，因为在 geom 内指定毫无意义
应用	简单图表	较为复杂的图表	高级图表与地理信息图表

1.7 学术图表的色彩运用原理

1.7.1 颜色模式

1. RGB 颜色模式

我们先从颜色模式开始讲解学术图表的色彩运用原理。在图像处理中，最常用的颜色空间是 RGB 模式，常用于颜色显示和图像处理。RGB 颜色模式使用了红（red）、绿（green）和蓝（blue）来定义所给颜色中红色、绿色和蓝色的光的量。在 24 位图像中，每一种颜色成分都由 0 到 255 之间的数值表示。在位速率更高的图像中，如 48 位图像，值的范围更大。这些颜色成分的组合就定义了一种单一的颜色。RGB 颜色模式采用三维坐标的模型形式，非常容易被理解，如图 1-7-1(a)所示：原点到白色顶点的中轴线是灰度线，R、G、B 三分量相等，强度可以由三分量的向量表示。我们可以用 RGB 来理解色彩、深浅、明暗变化。

（1）色彩变化：三个坐标轴 RGB 最大分量顶点与黄（yellow）、紫（magenta）、青（cyan）色顶点的连线；

（2）深浅变化：RGB 顶点和黄、紫、青顶点到原点和白色顶点的中轴线的距离；

（3）明暗变化：中轴线的点的位置，到原点就偏暗，到白色顶点就偏亮。

RGB 模式也称为加色法混色模式。它是以 RGB 三色光互相叠加来实现混色的方法，因而适合于显示器等发光体的显示。其混色规律是以等量的红、绿、蓝基色光混合。我们平时在绘图软件中调整颜色主要就是通过修改 RGB 颜色的三个数值，如图 1-7-3(b)所示的 Windows 系统自带的选色器的右下角。

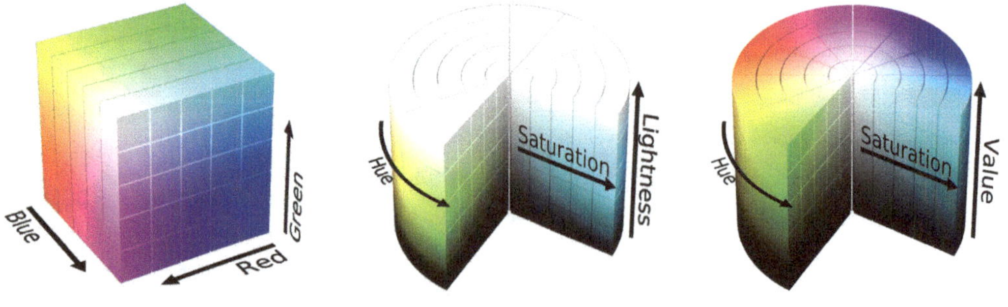

(a) RGB 颜色模式　　(b) HSL 颜色模式　　(c) HSV 颜色模式

图 1-7-1　颜色模式对比

2. HSL 颜色模式

大家平时在颜色选择中还会遇到一种颜色模式：HSL（色相、饱和度、亮度），如图 1-7-1(b)所示，在这里也给大家做简要的介绍。HSL 色彩模式是基于人眼的一种颜色模式，是普及型设计软件中常见的色彩模式，其中：

（1）色相 H（hue）：代表的是人眼所能感知的颜色范围，这些颜色分布在一个平面的色相环上，取值范围是 0° 到 360° 的圆心角，每个角度可以代表一种颜色，如图 1-7-2(a)所示。色相值的意义在于，当不改变光感时，可以通过旋转色相环来改变颜色。在实际应用中，可用作基本参照的色相环上的六大主色为：360° /0° 红、60° 黄、120° 绿、180° 青、240° 蓝、300° 洋红，它们在色相环上按照 60° 圆心角的间隔排列。

（2）饱和度 S（saturation）：是指色彩的饱和度，它用 0%至 100%的值描述了相同色相、明度下色彩纯度的变化。数值越大，颜色中的灰色越少，颜色越鲜艳，呈现一种从理性（灰度）到感性（纯色）的变化，如图 1-7-2(b)所示。

（3）亮度 L（lightness）：是色彩的明度，作用是控制色彩的明暗变化。通常是从 0（黑）~100%（白）的百分比来度量的，数值越小，色彩越暗，越接近于黑色；数值越大，色彩越亮，越接近于白色，如图 1-7-2(c)所示。

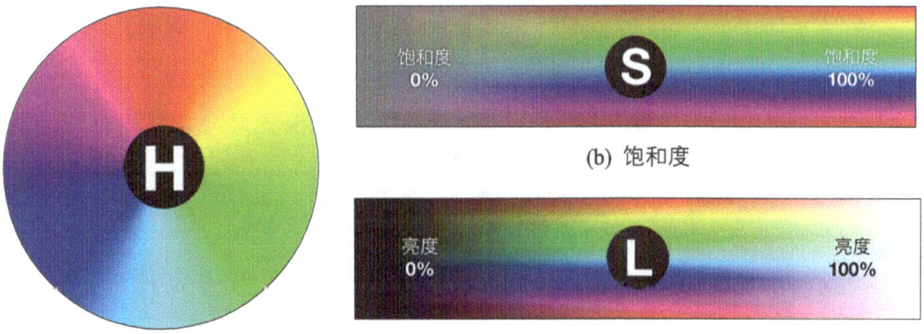

(a) 色相　(b) 饱和度　(c) 亮度

图 1-7-2　HSL 颜色模式分量的具体示例

与 HSL 颜色模式类似的还有：HSB [色相（hue）、饱和度（saturation）、亮度（brightness）] 有时也被称作 HSV [色相（hue）、饱和度（saturation）、色调（value）]，如图 1-7-1(c)所示。比起 RGB 颜色模式，HSL 使用了更贴近人类感官直觉的方式来描述色彩，可以指导设计者更好地搭配色彩，在色彩搭配中经常被用到，如图 1-7-3 所示。

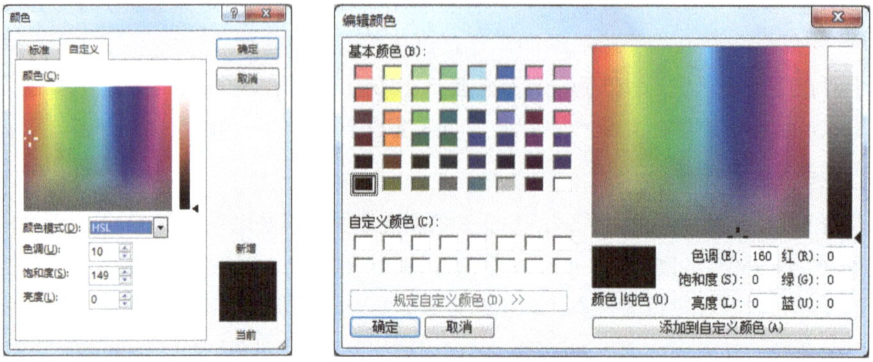

(a) Microsoft Office 默认的选色器　　　　(b) Windows 系统自带的选色器

图 1-7-3　HSL 颜色模式的应用场景

我们使用颜色时参考的色轮（色相轮）来源于 HSB 颜色模式、HSL 颜色模式或 LUV 颜色模式。配色网就是基于 HSL 颜色空间模型自动生成高级配色方案的在线网站，如图 1-7-4 所示。HSL 色彩空间可以更加直观地表达颜色。HSL 是色相、饱和度和亮度这三个颜色属性的简称。色相是色彩的基本属性，就是人们平常所说的颜色名称，如紫色、青色、品红等。我们可以在一个圆环上表示出所有的色相。它不仅基于常用的场景给出合适的配色方案，而且还允许用户使用配色工具自行配置出极具个人风格又不失美观的方案，功能完备且实用。色彩搭配的基本理论除了图 1-7-5 所说的三种方法，还有：类似色（analogous）搭配、分裂互补色（split complement）搭配、矩形（rectangle）搭配和正方形（square）搭配等。

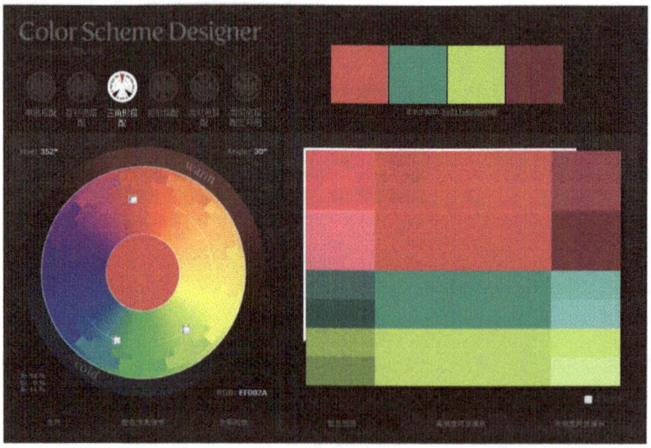

图 1-7-4　配色网推出的高级配色工具[1]

1 配色网推出的高效配色工具官网：http://www.peise.net/tools/web

色环又称作为色轮，是一种按照色相将色彩排列的呈现方式。当我们开始进行色环排列时，需要把原色按照等距关系排列，如图 1-7-5 的 12 色 5 轮色轮所示。

（1）**单色（monochromatic）搭配**：色相由暗、中、明三种色调组成的单色。单色搭配并没有形成颜色的层次，但形成了明暗的层次。这种搭配在设计中应用时，效果永远不错，其重要性也可见一斑。

（2）**互补色（complement）搭配**：如果颜色方案只包括两种颜色，就会选择色环上对立的两个颜色（在色轮上直线相对的两种颜色称为补色，比如红色和绿色），如图 1-7-5(b)所示。互补色搭配在正式的设计中比较少见，主要由于它色彩之间强烈对比所产生的特殊性和不稳定，但是很显然的是，在各种色相搭配中，互补色搭配无疑是一种最突出的搭配，所以如果你想让你的作品特别引人注目，那互补色搭配或许是一种最佳选择。

（3）**三角形（triad）搭配**：如果颜色方案只包括三种颜色，那么就会以 120°的间隔选择 3 个颜色，如图 1-7-5(c)所示。三角形搭配是一种能使得画面生动的搭配方式，即使使用了低饱和度的色彩也是如此。在使用三角形搭配时一定要选出一种色彩作为主色，另外两种色彩作为辅助色。

(a) 单色搭配　　(b) 互补色搭配　　(c) 三角形搭配

图 1-7-5 三种不同颜色选择的色相环

3. LUV 颜色模式

LUV 色彩空间全称为 CIE 1976(L*,u*,v*)（也作 CIELUV）色彩空间，L*表示物体亮度，u*和 v*是色度，如图 1-7-6(a)所示。于 1976 年由国际照明委员会（International Commission on Illumination）提出，由 CIE XYZ 颜色空间经简单变换得到，具有视觉统一性。对于一般的图像，u*和 v*的取值范围为-100 到+100，亮度为 0 到 100。类似的色彩空间有 CIELAB，如图 1-7-6(b)所示。

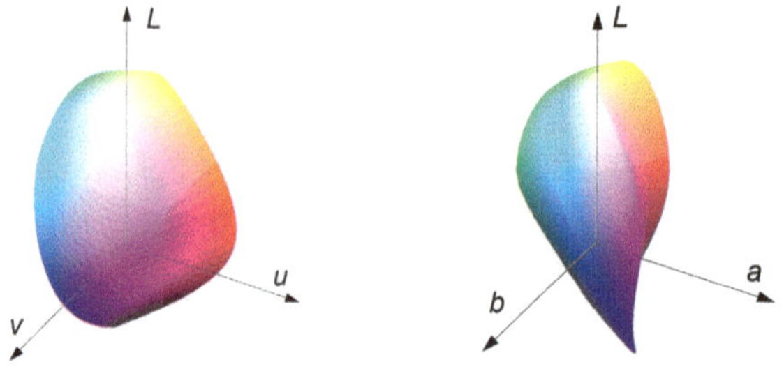

(a) CIELUV (b) CIELAB

图 1-7-6 不同颜色模式的三维展示[1]

R ggplot2 包绘图默认的颜色主题方案如图 1-7-7 所示，色轮为 HSL_{uv} 颜色模式。HSL_{uv} 是相对于 HSL 颜色空间模式更加人性化的选择。当把 CIELUV 颜色空间转换到极坐标系时，就类似于 HSL 颜色空间模式。它拓展了 CIELUV 颜色模式，从而新的饱和度（saturation）分量可以允许用户间隔选择色度（chroma）。

但是 HSL_{uv} 颜色模式又不同于 CIELUV LCh 颜色模式。CIELUV LCh 颜色模式有一部分颜色不能显示，比如饱和度高的深黄色。[2]图 1-7-7 离散的颜色主题也可以通过函数 gg_color_hue(n)获取，其中 n 表示输出的颜色总数：

```
gg_color_hue <- function(n) {hues = seq(15, 375, length = n + 1); hcl(h = hues, l = 65, c = 100)[1:n]}
```

图 1-7-7 R ggplot2 默认颜色主题（HSL_{uv}颜色空间）

1 图片来源：https://commons.wikimedia.org/wiki/File:SRGB_gamut_within_CIExyY_color_space_isosurface.png#/media/File:Visible_gamut_within_CIELAB_color_space_D65_whitepoint_mesh.png

2 HSL_{uv} VS.HSL：https://www.hsluv.org/comparison

1.7.2　颜色主题的搭配原理

我们对相同的数据图表对比不同的颜色效果，如图 1-7-8 所示的带散点分布的箱形图。图 1-7-8(a)~图 1-7-8(c)的颜色主题方案分别对应的软件为 Excel、Origin 和 R ggplot2，图 1-7-8(c)使用的就是图 1-7-7 所示的 4 种颜色的颜色主题方案。所谓“人靠衣装，佛靠金装”，符合美学规律设计的颜色主题方案往往能很大程度上提高图表的美观程度，如图 1-7-8(c)所示。所以，我们很有必要研究与讲解颜色主题方案的搭配。

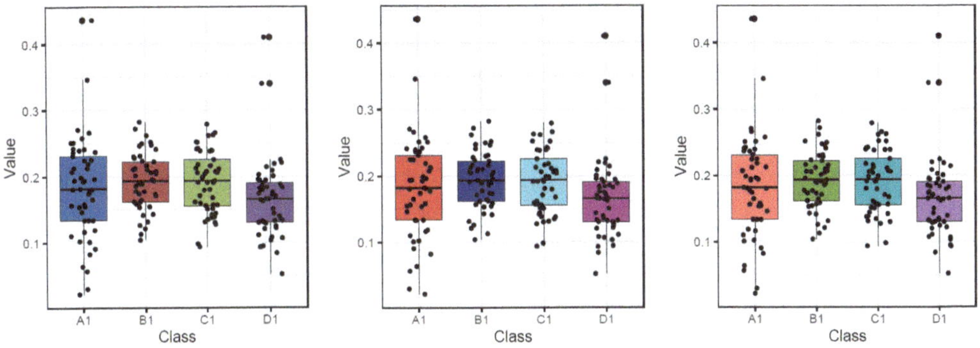

(a) Excel 默认颜色主题　(b) Origin 默认颜色主题　(c) R ggplot2 默认颜色主题

图 1-7-8　不同颜色主题的图表效果

R 语言作为经典的数据可视化语言，很大的优势就在于它的包（如经典的 RColorBrewer 包）提供了丰富的颜色主题方案，如图 1-7-9 所示。Origin 2017、Python （Seaborn 包）等绘图软件都有参考与引入该颜色主题方案。该颜色主题方案主要可以分成三大类：单色系、多色系和双色渐变系（这个分类会在后文中详细说明）。或许你不知道，其实 RColorBrewer 包的颜色主题方案系列来源于一个颜色主题方案搭配网站：ColorBrewer 2.0，如图 1-7-10 所示。该网站提供了大量的颜色搭配主题方案，可以供用户学习与使用。强烈建议大家登录这个网站，自己操作与观看这里面的配色方案，由于版面有限不能全面地介绍 ColorBrewer 2.0 配色的各个系列与功能。从另一个角度说，可以将图 1-7-10 看成 ColorBrewer 2.0 网页颜色主题系列方案的精华版。

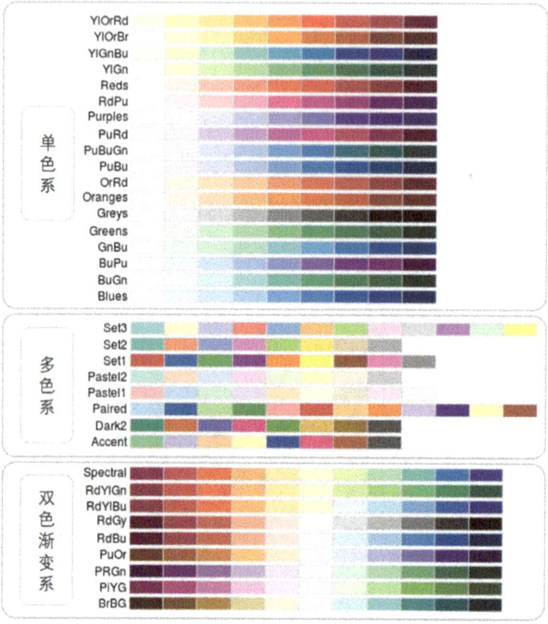

图 1-7-9 RColorBrewer 包的颜色主题方案[1]

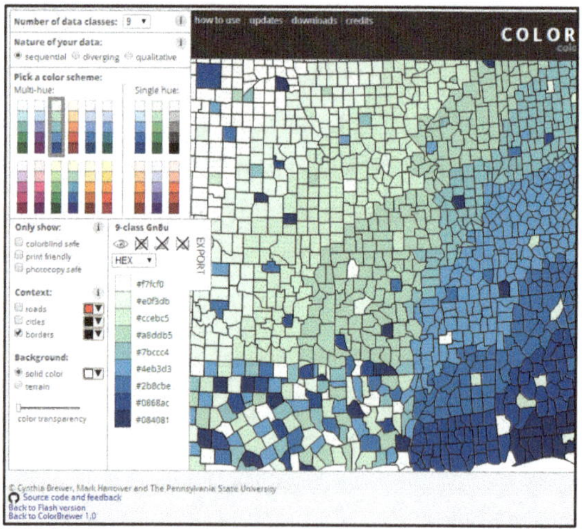

(a)

图 1-7-10 ColorBrewer 2.0 网页界面[2]

1 RColorBrewer 包的颜色主题方案：https://github.com/timothyrenner/ColorBrewer.jl

2 ColorBrewer 2.0 网页界面：http://colorbrewer2.org/#type=sequential&scheme=BuGn&n=3

(b)

图 1-7-10　ColorBrewer 2.0 网页界面（续）

ColorBrewer 2.0 的配色功能如此强大，它的颜色搭配原理又是什么呢？其实，它的原理如图 1-7-11 所示：通过排列组合实现二值色系、单色系、双色渐变系和多色系等颜色主题方案。其中，最为常用的三种颜色搭配方法如图 1-7-12 所示。圆形分布的多色系（circular color system）是一类特殊的多色系配色方案，如 Python Seabron 包的 HLS 颜色主题方案。这类颜色方案适合时间类的周期性数据，如与小时、天、月、年等有关的时序数据。

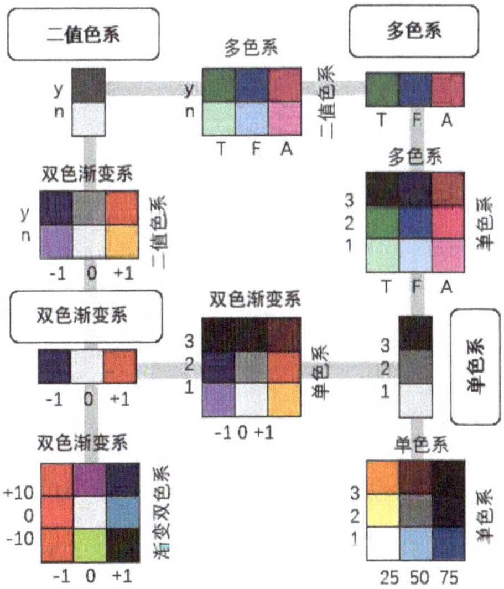

图 1-7-11　图表绘制的颜色搭配原理

单色系（sequential）	双色渐变系（dsiverging）	多色系（qualitative）
色相基本相同，饱和度呈单调递增的变化。有序数据一般从大到小排列，对应的颜色亮度也逐步增加。小数值通常使用较亮的颜色表示，而大数值通常使用较暗的颜色表示。单色系颜色搭配方案中可能存在颜色的色相不同，但它的主要特征还是颜色从亮到暗的亮度变化。比如地区的人口密度等通常使用单色系搭配方案	两个不同的色系用于不同的两类情况，如正值与负值。双色渐变系搭配方案主要强调数据基于一个关键中间数值（midpoint）的级数分布情况。把关键的中间数值作为中间点，使用一个较亮的颜色表示，然后两端逐步变化到两个不同色相的颜色。比如基于某疾病平均死亡率的分布情况，就可以使用双色渐变系搭配方案	数据为非数值情况，不同色系的颜色用于表示不同类别，尤其是使用色相最浅或最暗的颜色强调关键的类别。多色系颜色搭配方案使用不同色相值的颜色，表示不同类别或数值的差异。这些颜色的亮度不一定要完全相等，但是要基本差不多。多色系还包括圆形分布的多色系
[-A, 0], [0, A]，或者[A, B]	[A, 0, B]，或者[A, C, B]（C 为 mean，medium 等）	类别，特征，时间类的周期性数据

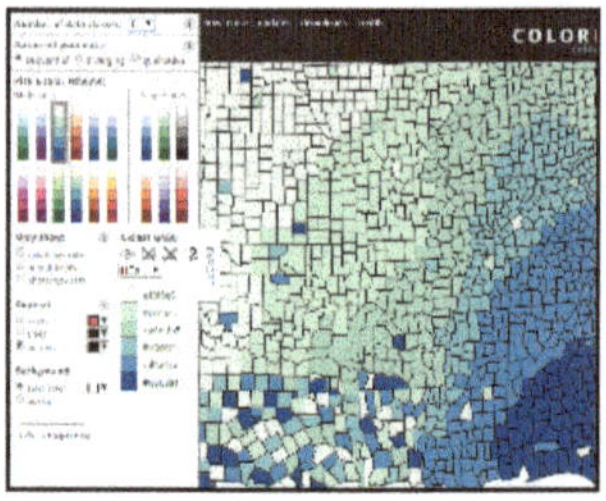	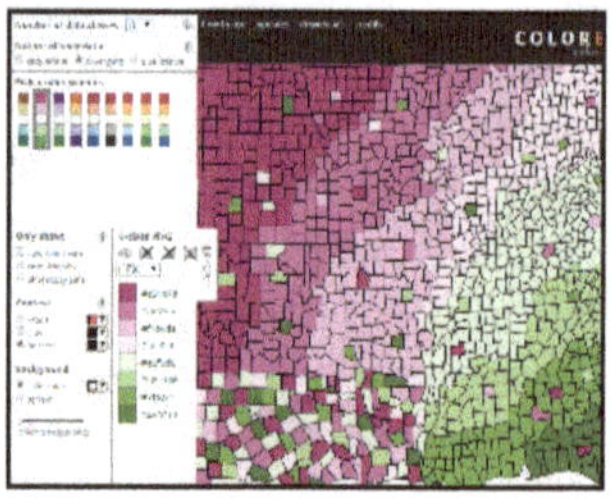	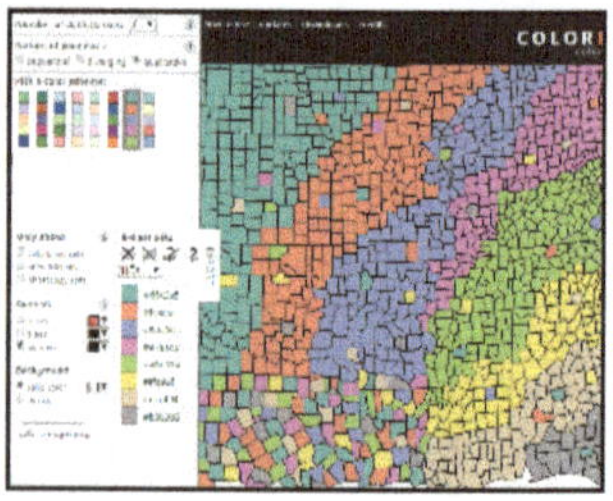

图 1-7-12　图表绘制的颜色搭配三原则

1.7.3　学术图表的颜色主题

我们毕竟不是专业的设计师，专业的设计师懂得自己根据配色原理与色相轮搭配颜色。如果自己配色，既费时费力，也不一定达到美观的效果。幸好，图 1-7-9 和图 1-7-10 提供了诸多颜色主题方案供大家参考与使用。另外，R 语言本身的基础包就自带有 5 个预色调色板：rainbow、heat.colors、 terrain.colors、topo.colors、cm.colors，如图 1-7-13 所示。

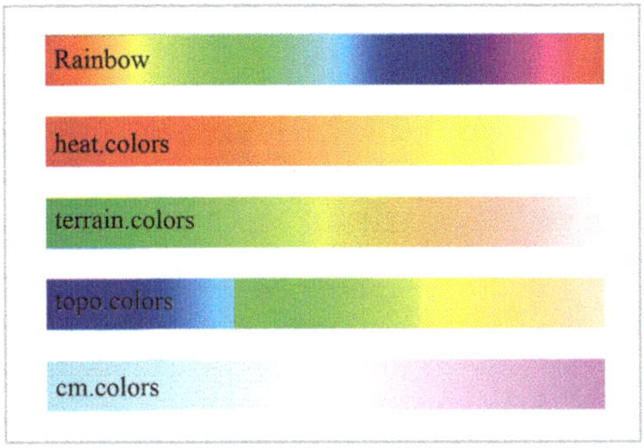

图 1-7-13 R 语言预色调色板

我们还比较常用的是：colorRampPalette(c("red", "white", "green", ,alpha = TRUE))(n)，其中 n 表示插值的颜色值总数，使用该语句可以将少量的颜色值插值生成 *n* 个颜色值。

R 中的 wesanderson 包、viridis 包、ggthemes 包和 ggtech 包等也提供了一系列新的颜色主题方案。尤其需要强调的是 R 中的 ggsci 包提供了几个经典期刊推荐的颜色主题方案，包括 *Nature*、*Science* 等学术期刊。但是，这并不是说投稿这些期刊就必须使用这些配色方案，而是说推荐使用，你可以选择使用其他颜色主题方案。所以，下面罗列了很多颜色主题方案，但毕竟“萝卜白菜，各有所爱”，你只要选择 1~2 种自己喜欢的，然后就可以应用到自己绘制的学术图表中。

当你问笔者这幅图表使用哪个颜色主题方案比较美观时，笔者也没法确定，实践出真知。另外，由于图表不同，其适合的颜色主题方案也不同，所以自己要多尝试不同的颜色主题方案，才能找出哪个颜色主题适合这幅图表。

wesanderson 包[1]：可以使用语句 wes_palette("Darjeeling1")获得离散的颜色值（见图 1-7-14）。

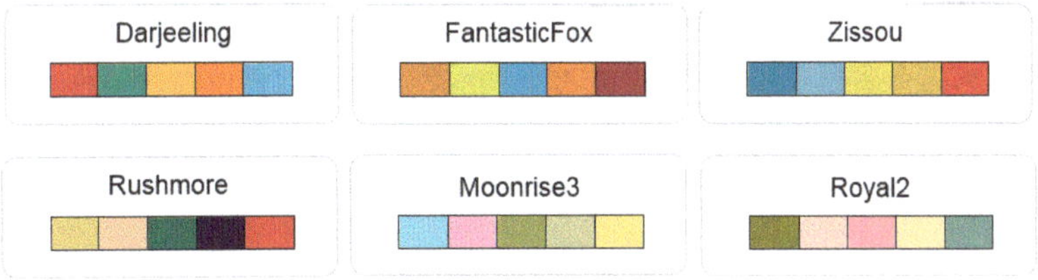

图 1-7-14 wesanderson 包的颜色主题方案

1 wesanderson 包的官网：https://github.com/karthik/wesanderson

ggsci 包[1]：可以使用语句：pal_npg("nrc", alpha = 0.7)(9)，语句中的“9”可以指定数目，获得透明度为 0.7 的 10 个 *Nature* 期刊推荐的颜色主题的颜色值（见图 1-7-15）。

图 1-7-15　ggsci 包的颜色主题方案

viridis 包[2]：可以使用语句 scale_fill_viridis(option="magma", discrete=TRUE)获得离散的颜色值；当 discrete=FALSE 时，即可获得连续的颜色条（见图 1-7-16）。

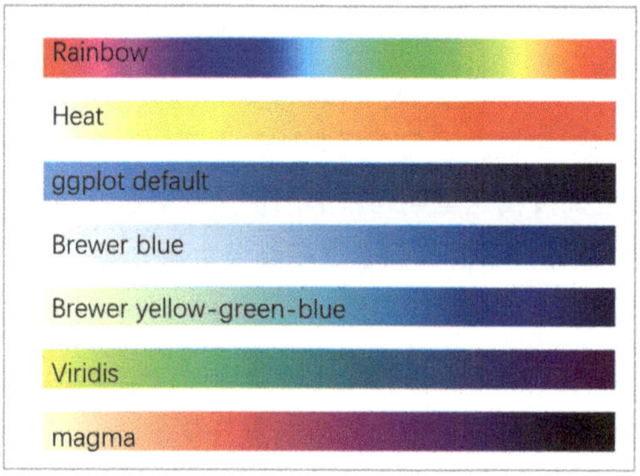

图 1-7-16　viridis 包的颜色主题方案

1.7.4　颜色方案的拾取使用

刚刚提供给大家这么多颜色主题方案，怎么使用呢？在绘图软件中修改颜色，一般是通过 RGB 数值设定。这时候，我们就需要获取颜色主题方案中每个颜色的 RGB 数值或者 Hex 颜色码，其可以通过图 1-7-17 所示的几种方式获得相关颜色数值。

1 ggsci 包的官网：https://cran.r-project.org/web/packages/ggsci/vignettes/ggsci.html

2 viridis 包的官网：https://cran.r-project.org/web/packages/viridis/vignettes/intro-to-viridis.html

图 1-7-17　获取颜色数值

有时候手动调整数据系列的 RGB 颜色值会觉得很麻烦，其实还有一种利用取色器的便捷方法，如 PPT 和 AI 软件都有取色器，但是 R、Excel、Origin 等绘图软件没有取色器。对于 R、Origin 等绘图软件的图表，可以导出 SVG、EPS 等矢量格式的图片，然后使用 AI 软件打开后：①选择图片，选择“对象（O）”→“剪切蒙版（M）”→“释放（R）”选项；②再选择图片，选择“对象（O）”→“复合路径（O）”→“释放（R）”选项；③选择要修改的图表元素，然后使用取色器调整“填充”和“描边（边框）”颜色；④导出相应的标量格式的图片，同时设定好图片的分辨率。

Hex——十六进制颜色码

在软件中设定颜色值的代码通常使用十六进制颜色码（hex color code）。颜色一般可以使用 RGB 三个数值表示。十六进制颜色码指定颜色的组成方式：前两位表示红色（red），中间两位表示绿色（green），最后两位表示蓝色（blue）。把三个数值依次并列起来，以#开头，就是我们平时使用的十六进制颜色码。如纯红：#FF0000，其中 FF 即十进制的 R（红）=255，00 和 00 即 G（绿）=0 和 B（蓝）=0；同样的原理，纯绿：#00FF00，即 R=0，G=255，B=0。

结合以上颜色主题的获取方法：我们可以使用 R 自带的颜色主题方案，或者使用 R 的颜色包获取颜色主题方案，或者使用颜色拾取软件获得颜色值。根据数据映射变量的类型，可以将颜色度量调整 scale_color/fill_*()函数的应用分成离散型和连续型，具体如图 1-7-18 和图 1-7-19 所示。

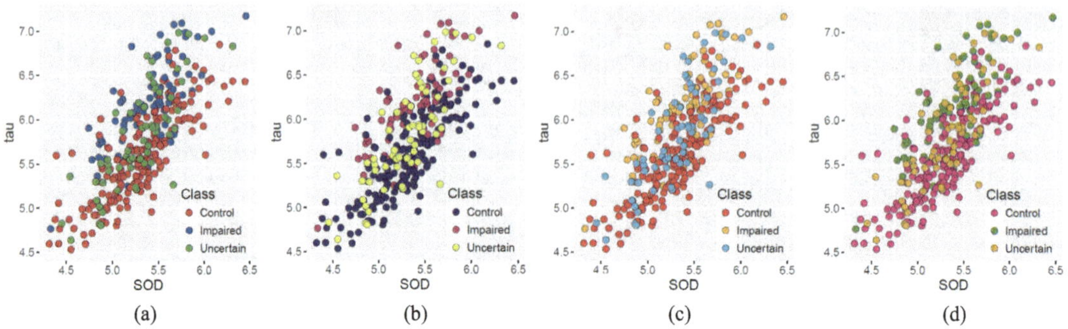

图 1-7-18　离散型颜色主题方案

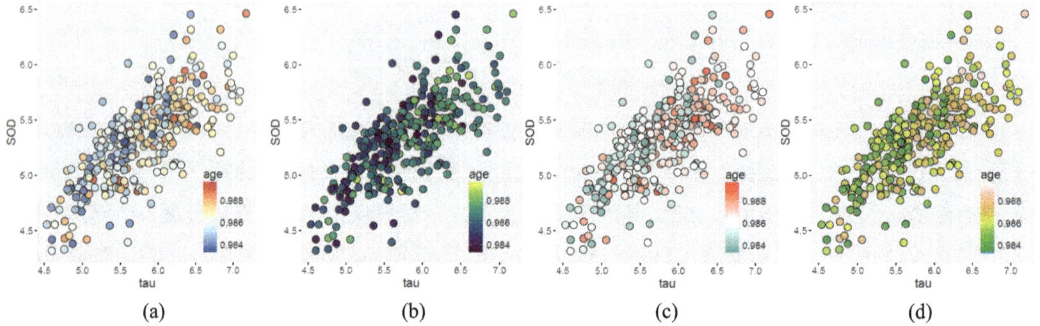

图 1-7-19　连续型颜色主题方案

图 1-7-18 的数据集 df，df 总共有 4 列数据：tau、SOD、age 和 Class（Control、Impaired 和 Uncertain），其数据映射代码如下所示。将离散的类别型变量 Class 映射到数据点的填充颜色（fill），图 1-7-18 离散型颜色主题方案的代码如表 1-7-1 所示。

```
p<-ggplot(df, aes(x=SOD,y=tau,fill=Class)) +
   geom_point(shape=21,size=3,colour="black",stroke=0.25)
```

表 1-7-1　图 1-7-18 离散型颜色主题方案代码

图	颜色度量语句	说明
(a)	p+scale_fill_brewer(palette='Set1')	library(RColorBrewer)
(b)	p+scale_fill_viridis(option = "plasma",discrete =TRUE)	library(viridis)
(c)	p+scale_fill_manual(values=wes_palette("Darjeeling1")[c(1,3,5)])	library(wesanderson)
(d)	p+scale_fill_manual(values=c("#E7298A","#66A61E","#E6AB02"))	使用 Hex 颜色码自定义填充颜色

图 1-7-19 的数据集 df，其数据映射代码如下所示。将连续的数值型变量 Class 映射到数据点的填充颜色（fill），图 1-7-19 连续型颜色主题方案的代码如表 1-7-2 所示。

```
p<-ggplot(df, aes(x = tau, y = SOD, fill=age)) +
  geom_point(shape=21,size=4,colour="black",alpha=0.95)
```

表 1-7-2　图 1-7-19 连续型颜色主题方案代码

图	颜色度量语句	说明
(a)	p+scale_fill_distiller(palette="RdYlBu")	library(RColorBrewer)
(b)	p+scale_fill_viridis(option = "viridis",discrete =FALSE)	library(viridis)
(c)	p+scale_fill_gradient2(low="#00A08A",mid="white",high="#FF0000", midpoint = mean(df$age))	自定义连续的颜色条，mean(df$age)表示 age 均值对应中间色"white"
(d)	p+scale_fill_gradientn(colors= terrain.colors(10))	R 语言预色调色板 terrain.colors()

1.7.5　颜色主题的应用案例

关于颜色的基础知识讲解这么多，下面带大家一起来应用各个颜色主题方案，提升图表的美观性。对于多色系颜色主题方案的应用，大家很容易使用：直接选择一个颜色主题方案，然后修改数据系列的颜色（见图 1-7-9）。但是对于单色系和双色渐变系的颜色主题方案的应用，大家可能不是那么容易适应。所以，现在重点讲解单色系和双色渐变系的颜色主题方案的应用。

图 1-7-20(a)是多色系颜色方案的带误差线柱形图，图 1-7-20(b)是使用单色系颜色方案（蓝色系列：）改进的 *Science* 期刊上的图表。不要使用多种阴影或者颜色的柱形图和饼图，因为这样会分散读者直接比较各部分的注意力。可以使用相同的颜色代表同一变量，或者使用单色渐变颜色主题，这样读者可以更好地集中注意力去比较数据。但是可以使用较深的色彩或者不同的颜色强调焦点。

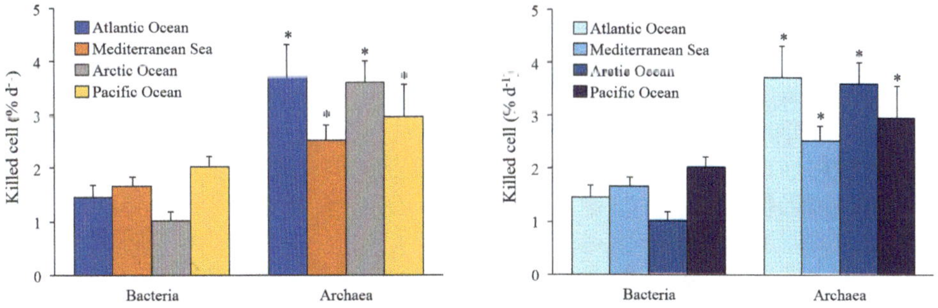

(a) Excel 多色系颜色方案　　(b) [8] 单色系颜色方案

图 1-7-20　柱形图的单色系颜色方案的应用

图 1-7-21(a)是多色系颜色主题方案的曲线散点图，图 1-7-21(b)是使用单色系颜色主题方案（橙色系列：）改进的曲线散点图，单色系颜色主题方案就是根据数据系列的数值类别

设定的，亮度随数值从低到高。图 1-7-21(c)是使用单色系颜色主题方案改进的曲线图，省去散点数据标记，只留下曲线以展示数据系列的规律。

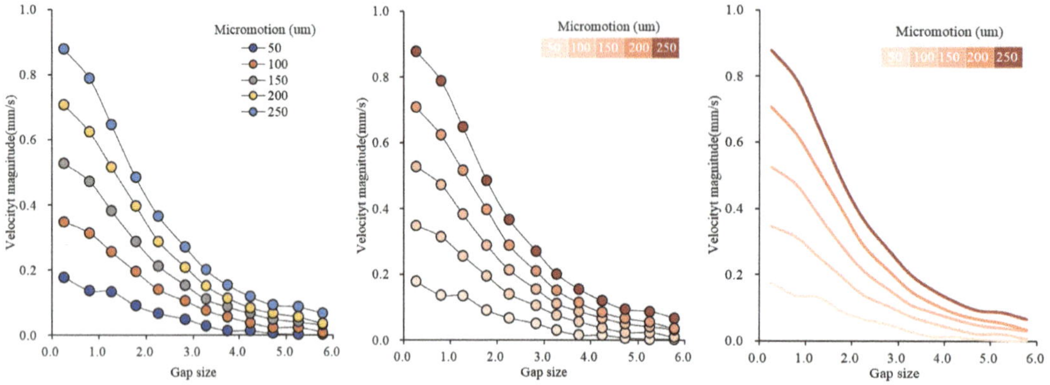

(a) Excel 多色系颜色方案的散点曲线图　(b) 单色系颜色方案的曲线散点图　(c) 单色系颜色方案的曲线图

图 1-7-21　散点曲线图的单色系颜色方案的应用

图 1-7-22(a)是使用红色和蓝色两种不同颜色表示相关系数的数值，蓝色表示负值，圆圈越大表示负相关越大，红色表示正值，圆圈越大表示正相关越大。用双色渐变系颜色主题方案（　）改进图表，如图 1-7-22(b)所示：借助圆圈填充颜色的深浅和圆圈的大小两个视觉暗示，更加清晰地表达了数据，更便于读者观察数据之间的关系。中间白色对应数值就是相关系数的分界点 0。

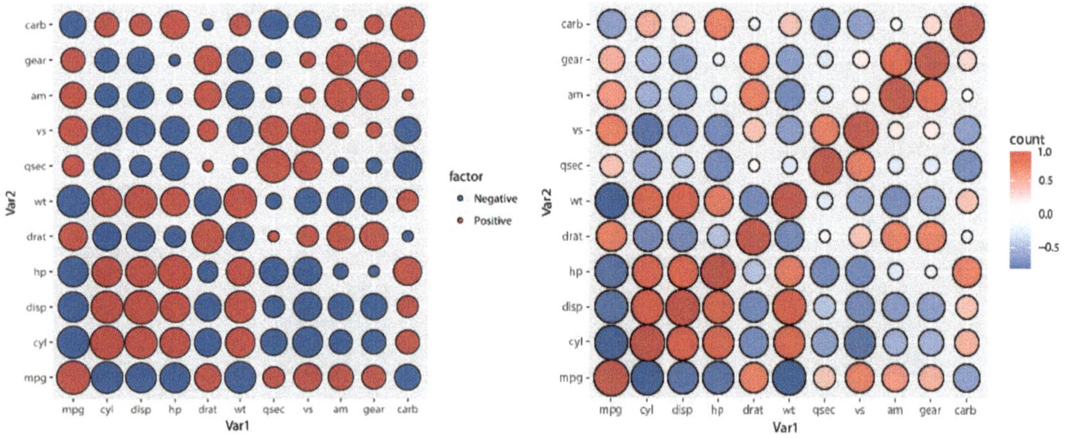

(a) R 多色系颜色主题方案　(b) 双色渐变系颜色主题方案

图 1-7-22　相关系数图的双色渐变系颜色主题方案的应用

图 1-7-23 为时间序列的柱形图，图 1-7-23(a)使用蓝色填充柱形数据系列，仅仅使用长度视觉暗

示表达数据。用双色渐变系颜色主题方案（）改进图表，如图 1-7-23(b)所示：中间白色对应数值就是相关系数的分界点温度 0，当温度越高时，红色更深；当温度越低时，蓝色更深。借助柱形颜色的深浅和长度两个视觉暗示，更加清晰地表达了数据，更便于读者观察时序数据的变化规律。图 1-7-24 所示是将双色渐变系颜色主题方案应用在条形图中。

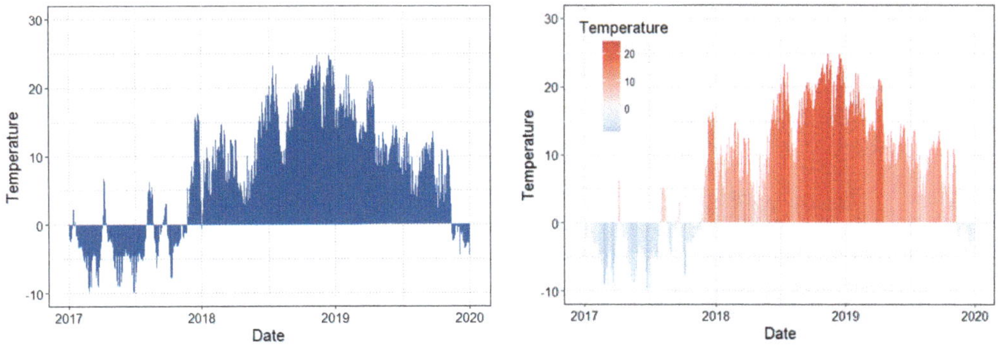

(a) R 多色系颜色主题方案　　(b) 双色渐变系颜色主题方案

图 1-7-23　时间序列柱形图的双色渐变系颜色主题方案的应用

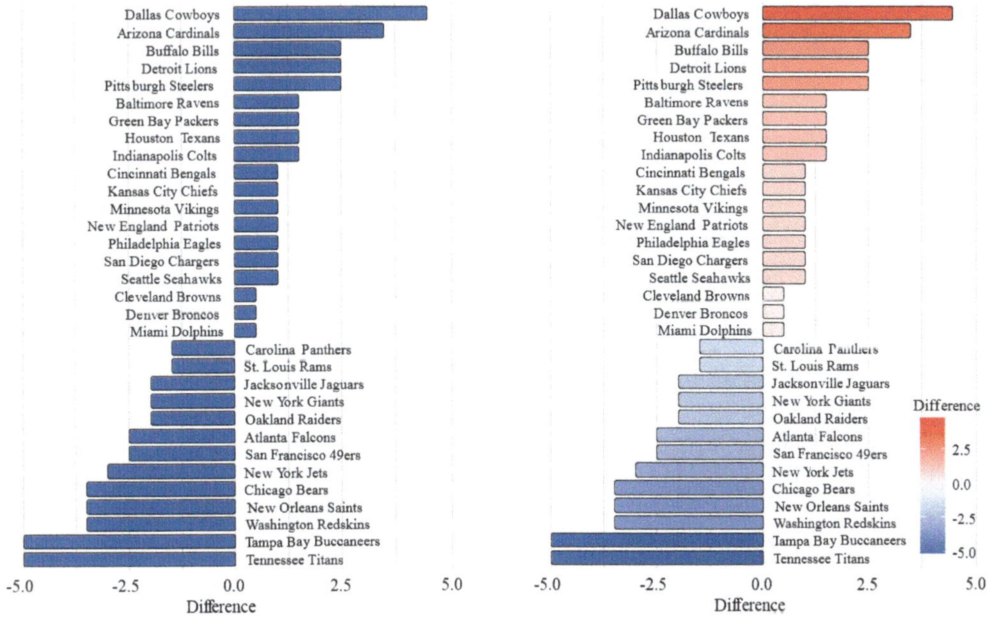

(a)　R 多色系颜色主题方案　　(b) 双色渐变系颜色主题方案

图 1-7-24　条形图的双色渐变系颜色主题方案的应用

我们平时绘制图表除了要注意颜色主题，同时还要注意颜色的透明度。颜色的透明度也是一个重要的设置参数，尤其在处理数据系列之间的遮挡问题时特别有效，如图 1-7-25 所示。绘图软件中基本都有颜色透明度的设定参数。颜色透明度的设定还适合于高密度散点图的绘制，通过颜色深浅可以观察数据的分布情况。

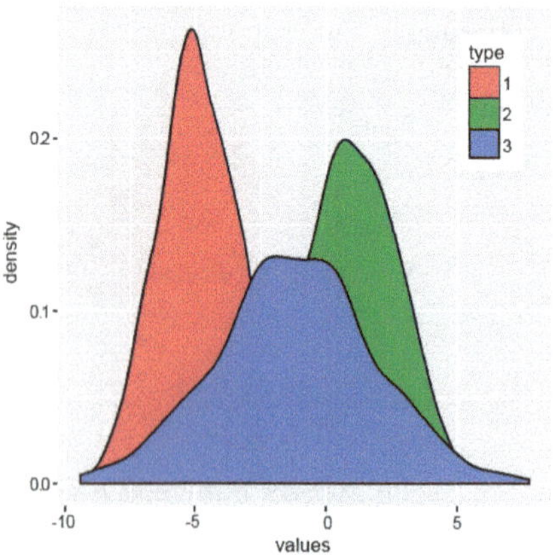

(a) 设置透明度前

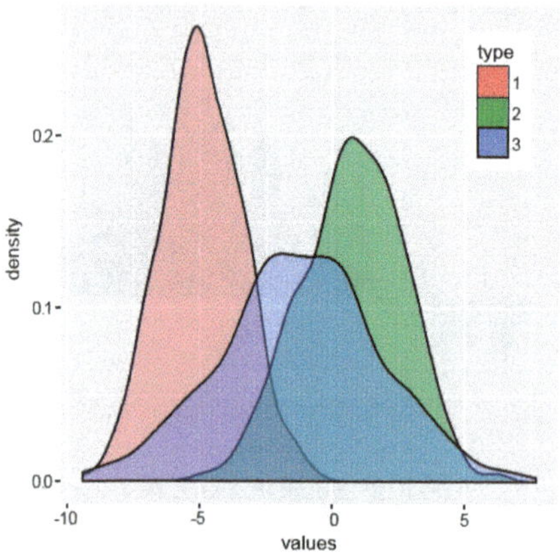

(b) 设置透明度后

图 1-7-25　颜色透明度的应用

1.8　图表的基本类型

Nathan Yau 将数据可视化的过程总结为 4 个步骤，如图 1-8-1 所示 [19]。不论是商业图表还是学术图表，要想得到完美的图表，在这 4 个步骤中都要反复进行思索。

- 你拥有什么样的数据（What data do you have）?
- 你想表达什么样的数据信息（What do you want to know about your data）?
- 你会什么样的数据可视化方法（What visualization methods should you use）?
- 你从图表中能获得什么样的数据信息（What do you see and does it makes sense）?

其中，你采用什么样的数据可视化方法尤为关键，所以我们需要了解有哪些图表类型。现暂时根据数据想侧重表达的内容，将图表类型分为六大类：类别比较、数据关系、数据分布、时间序列、局部整体和地理空间。注意：有些图表也可以归类于两种或多种图表类型。

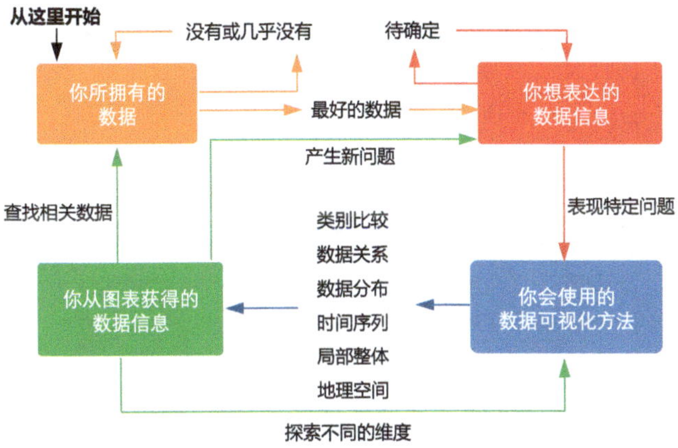

图 1-8-1　数据可视化的探索过程[19]

1.8.1　类别比较

类别比较型图表的数据一般包含数值型和类别型两种数据类型（见图 1-8-2），比如在柱形图中，*X* 轴为类别型数据，*Y* 轴为数值型数据，采用位置+长度两种视觉元素。类别型数据主要包括柱形图、条形图、雷达图、坡度图、词云图等，通常用来比较数据的规模。有可能是比较相对规模（显示出哪一个比较大），有可能是比较绝对规模（需要显示出精确的差异）。柱形图是用来比较规模的标准图表（注意：柱形图轴线的起始值必须为 0）。

1.8.2　数据关系

数据关系型图表分为数值关系型、层次关系型和网络关系型三种图表类型。（见图 1-8-3）。

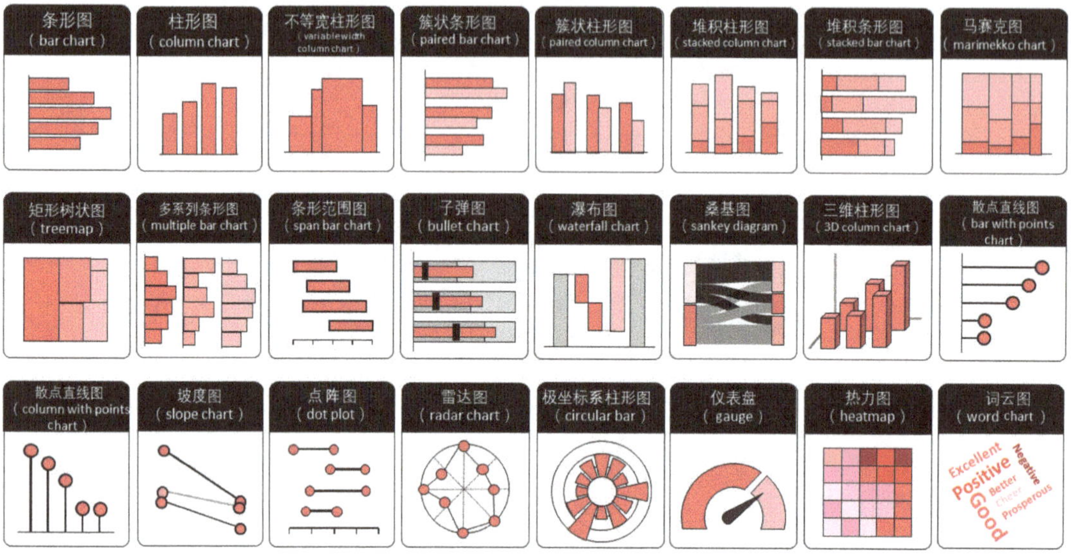

图 1-8-2　类别比较型图表

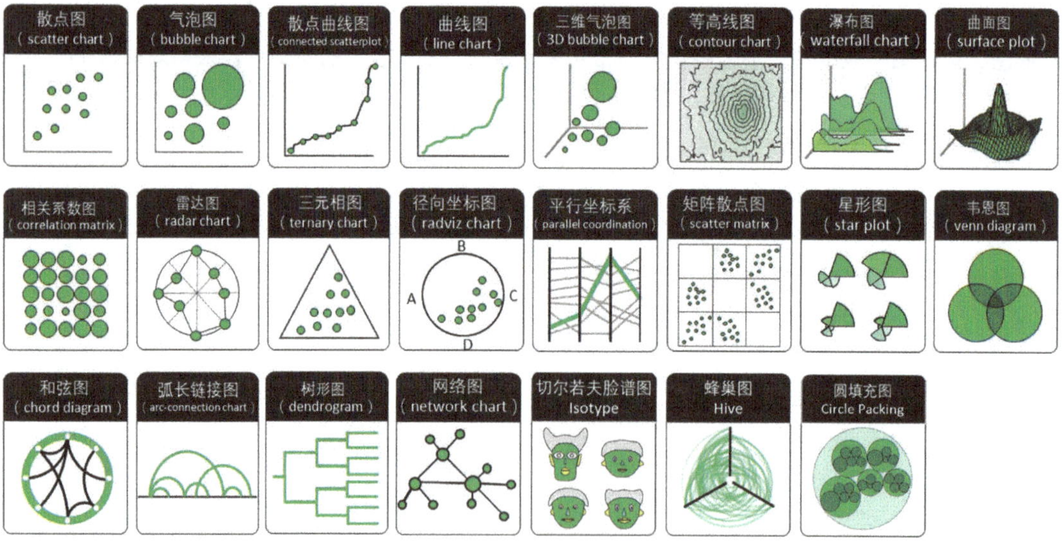

图 1-8-3　数据关系型图表

数值关系型图表主要展示两个或多个变量之间的关系，包括最常见的散点图、气泡图、曲面图、矩阵散点图等。该图表的变量一般都为数值型，当变量为 1~3 个时，可以采用散点图、气泡图、曲面图等；当变量多于 3 个时，可以采用高维数据可视化方法，如平行坐标系、矩阵散点图、径向坐标图、星形图和切尔若夫脸谱图等。

层次关系型数据着重表达数据个体之间的层次关系，主要包括包含和从属两种关系，比如公司不同部门的组织结构，不同洲的国家包含关系等，包括节点链接图、树形图、冰柱图、旭日图、圆填充图、矩形树状图等。

网络关系型图表是指那些不具备层次结构的关系数据的可视化。与层次关系型数据不同，网络关系型数据并不具备自底向上或者自顶向下的层次结构，表达的数据关系更加自由和复杂，其可视化的方法常包括：桑基图、和弦图、节点链接图、弧长链接图、蜂箱图等。

1.8.3　数据分布

数据分布型图表主要显示数据集中的数值及其出现的频率或者分布规律，包括统计直方图、核密度曲线图、箱形图、小提琴图等（见图 1-8-4）。其中，统计直方图最为简单与常见，又称质量分布图，由一系列高度不等的纵向条纹或线段表示数据分布的情况。 一般用横轴表示数据类型，纵轴表示分布情况。

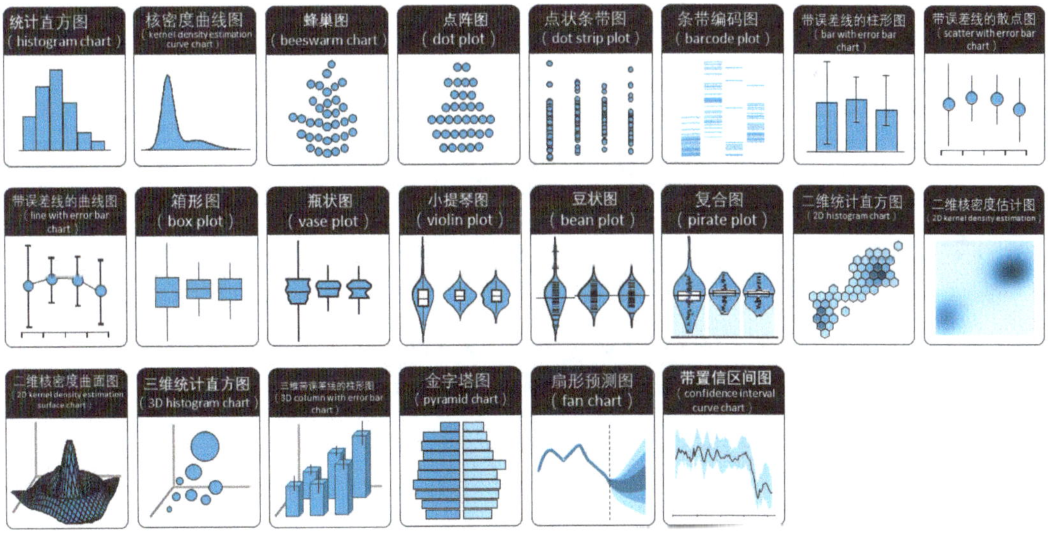

图 1-8-4　数据分布型图表

1.8.4 时间序列

时间序列型图表强调数据随时间的变化规律或者趋势，X 轴一般为时序数据，Y 轴为数值型数据，包括折线图、面积图、雷达图、日历图、柱形图等（见图 1-8-5）。其中，折线图是用来显示时间序列变化趋势的标准方式，非常适用于显示在相等时间间隔下数据的趋势。

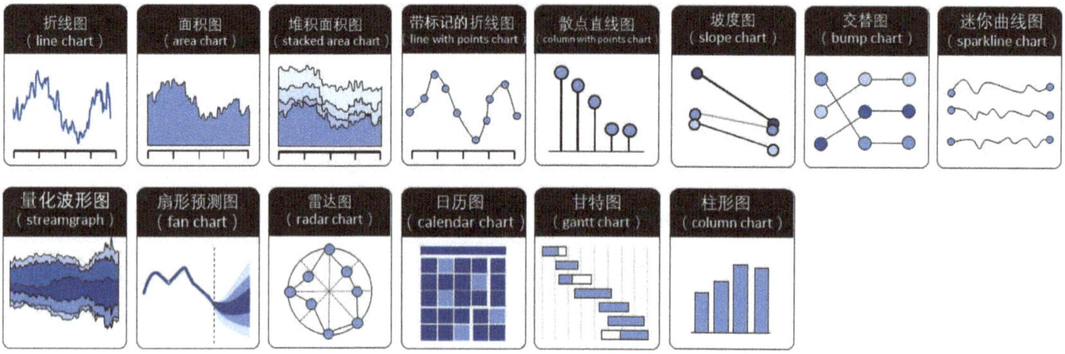

图 1-8-5 时间序列型图表

1.8.5 局部整体

局部整体型图表能显示出局部组成成分与整体的占比信息，主要包括饼图、圆环图、旭日图、华夫饼图、矩形树状图等（见图 1-8-6）。饼图是用来呈现部分和整体关系的常见方式，在饼图中，每个扇区的弧长（以及圆心角和面积）大小为其所表示的数量的比例。但要注意的是，这类图很难去精确比较不同组成的大小。

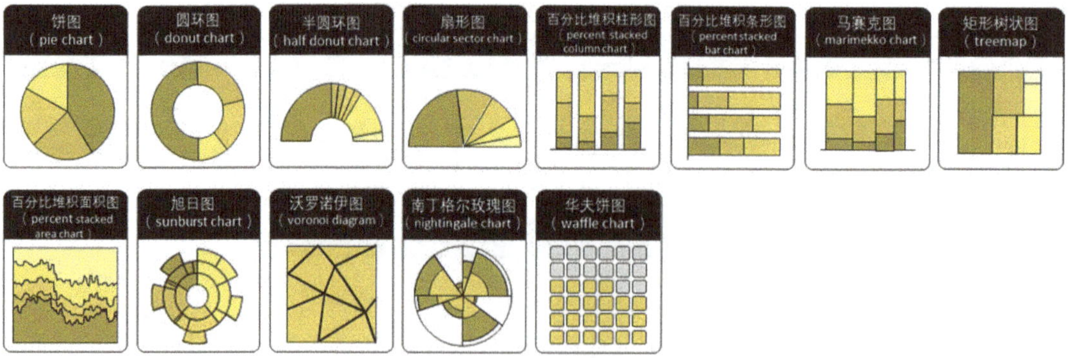

图 1-8-6 局部整体型图表

如需绘制这些不同类型的图表，我们主要使用 R ggplot2 及其拓展包 extension，比如 ggrepel、ggally、ggalluvial 等包；也还会使用 lattice、plot3D 等其他包。因为 ggplot2 包暂时不擅长三维图表的绘制，我们需要使用 lattice 包的 wireframe()和 cloud()等函数，plot3D 包的 persp3D()、hist3D()、scatter3D()、lines3D(), text3D()、surf3D()、polygon3D()等函数，绘制三维柱形图、散点图和曲面图等。这些图表的绘制方法在后面的章节都会进行详细的讲解。

1.8.6　地理空间

地理空间型图表主要展示数据中的精确位置和地理分布规律，包括等值区间地图、带气泡的地图、带散点的地图等。地图用地理坐标系可以映射位置数据。位置数据的形式有许多种，包括经度、纬度、邮编等，但通常都是用纬度和经度来描述的。

R 中 ggplot2 包的 geom_path()和 geom_polygon()等函数，结合地理空间坐标系可以使用 DataFrame 格式的数据，绘制不同投影下的世界与国家地图。Baidumap 包可以使用 getBaiduMap()函数下载百度局部地图，然后使用 ggmap 包的 ggmap()函数显示；也可以直接使用 ggmap 包的 get_map()函数下载 Google 局部地图等。另外，tmap 包使用 SpatialPointsDataFrame 和 SpatialPointsDataFrame 格式的地理数据信息，可以绘制不同的地图。其优势在于可以绘制二维插值地图。

《地图管理条例》第十五条规定："国家实行地图审核制度。向社会公开的地图，应当报送有审核权的测绘地理信息行政主管部门审核。但是，景区图、街区图、地铁线路图等内容简单的地图除外。"本书原计划用专门的章节讲解使用 R 语言如何绘制不同地理坐标投影下，从世界到不同国家与区域（包括中国）的实际地图，但是由于出版审核周期等原因已移除。所以以虚拟地图的数据为例讲解不同的地理空间型图表。读者需将绘图方法应用到实际的地理空间型图表。

第 2 章

R 语言数据处理基础

在 R 中有许多用于数据框基本操作的内置函数，比如 transform()、rbind()、cbind()等函数，都是基于 base 包的。base 包是安装 R 时会自带的包，无须加载包就可以直接使用。除此之外，还有如下几种常用的数据处理的包。

（1）dplyr 包：dplyr 包是 Hadley Wickham（ggplot2 包的作者，被称作“一个改变 R 的人”）的杰作，并自称 a grammar of data manipulation，他将原本 plyr 包中的 ddply()等函数进一步分离强化，专注接受 dataframe 对象，大幅提高了速度，并且提供了更稳健地与其他数据库对象间的接口。该包常用的函数包括：变量筛选函数 select()、记录筛选函数 filter()、排序函数 arrange()、变形（计算）函数 mutate()、汇总函数 summarize()、分组函数 group_by()、随机抽样函数 sample_n()和 sample_frac()，以及多步操作连接符 %>%等。

（2）tidyr 包：在具体应用中，tidyr 包经常与 dplyr 包共同使用，目前渐有取代 reshape2 包之势，是值得关注的一个 R 包。在 tidyr 包中，有 4 个常用的函数，分别是：gather()函数用于将宽数据转换为长数据；spread()函数用于将长数据转换为宽数据；unite()函数用于将多列数据合并为一列数据；separate()函数用于将一列数分离为多列数。

（3）reshape2 包：reshape2 包是由 Hadley Wickham 开发的用于数据重构的包，主要功能函数为 melt()、cast()，其实现了长数据和宽数据之间的转换，包中还包含 add_margin()等其他函数和 french_fries（三种不同的油对薯条口感的影响）等数据集。

（4）tidyverse 包：tidyverse 是由 Hadley Wickham 于 2017 年创建的 R 包的集合，它“分享整洁数据的基础设计理念、语法和数据结构”。核心软件包是 ggplot2、dplyr、tidyr、readr、purrr、tibble、stringr 和 forcats，它们提供了建模、转换和可视化数据的功能。更多内容可以见他出版的新书 *R for Data Science*。其中，readr 包用于读取数据，tidyr 包用于整理数据，dplyr 包用于数据转换，ggplot2 包用于数据可视化，purrr 包用于函数式编程。大家如对此有兴趣，可以更加深入地学习。

2.1　表格的转换

2.1.1　表格的变换

在使用 R ggplot2 绘图时，通常使用一维数据列表的数据框。但是如果导入的数据表格是二维数据列表，我们则需要使用 reshape2 包的 melt()函数或者 tidyr 包的 gather()函数，可以将二维数据列表的数据框转换成一维数据列表（见图 2-1-1）。我们首先构造数据框：

```
df<- data.frame(x=c('A','B','C'),'2010'=c(1,3,4),'2011'=c(3,5,2),check.names=FALSE)
```

（1）将宽数据转换为长数据，将多行聚集成列，从而将二维数据列表变成一维数据列表：

```
df_melt<- reshape2::melt(df, id.vars="x",variable.name="year",value.name = "value")
df_gather<- tidyr:: gather(df,year,value,-x)
```

其中，id.vars ("x")表示由标识变量构成的向量，用于标识观测的变量；variable.name ("year")表示用于保存原始变量名的变量的名称；value.name("value")表示用于保存原始值的名称。

（2）将长数据转换为宽数据，将一列根据变量展开为多行，从而将一维数据列表变成二维数据列表：

```
df_dcast<- reshape2:: dcast (df_melt,x~year,value.var="value")
df_spread <- tidyr::spread(df_gather,year, value)
```

其中，dcast 借助于公式来描述数据的形状 id.vars~variable.name，左边参数表示 id.vars ("x")，而右边的参数表示 variable.name ("year")。

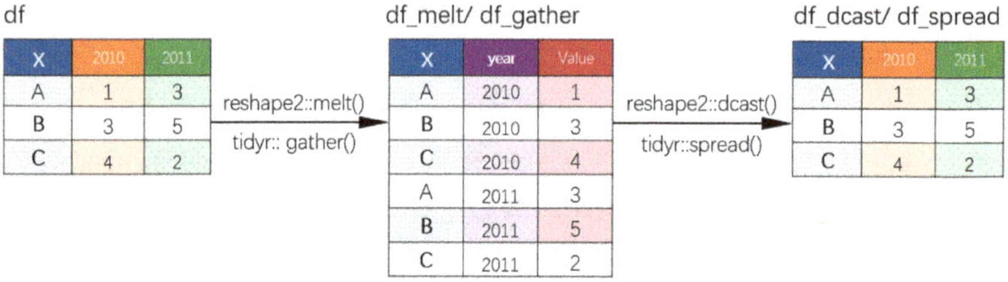

图 2-1-1　表格变换的示意案例

2.1.2　变量的变换

有时候，我们需要对数据框中某列的每个元素都进行运算处理，从而产生并添加新的列（见图 2-1-2）。我们可以使用 R 内置函数 transform()为原数据框添加新的列，可以改变原变量列的值，也可以赋值 NULL 删除列变量：

```
dat1<-transform(df_melt, value2=value*2)
```

我们也可以结合向量化的条件语句 ifelse()进行更加复杂的运算。另外，dplyr 包的 mutate()函数也能实现与 transform()函数相同的功能。但是 mutate()函数很好地解决了 transform()函数不能解决的问题，即 mutate()函数允许新列对刚刚建立起来的列进行计算。

```
dat2<- transform(df_melt, value2=ifelse(year=="2011", value*2, value))
dat2<- dplyr:: mutate(df_melt, value2=ifelse(year=="2011", value*2, value))
```

dat1

X	year	value	value2
A	2010	1	2
B	2010	3	6
C	2010	4	8
A	2011	3	6
B	2011	5	10
C	2011	2	4

dat2

X	year	value	Value2
A	2010	1	1
B	2010	3	3
C	2010	4	4
A	2011	3	6
B	2011	5	10
C	2011	2	4

图 2-1-2　变量变换的示意案例

2.1.3　表格的排序

我们可以使用 sort()函数对向量进行排序处理（见图 2-1-3）。对于数据框，我们也可以使用 dplyr 包的 arrange()函数，根据数据框的某列数值对整个表排序。其中 desc(value)表示根据 df 的 value 列做降序处理，如 dat_arrange2 数据框所示。

```
dat_arrange1<- dplyr:: arrange (df_melt, value)
dat_arrange2<- dplyr:: arrange (df_melt, desc(value))
```

dat_arrange1

X	year	Value
A	2010	1
C	2011	2
B	2010	3
A	2011	3
C	2010	4
B	2011	5

dat_arrange2

X	year	Value
B	2011	5
C	2010	4
A	2011	3
B	2010	3
C	2011	2
A	2010	1

图 2-1-3　表格排序的示意案例

2.2　表格的整理

2.2.1　表格的拼接

有时候，我们需要在已有数据框的基础上添加新的行/列，或者横向/纵向添加另外一个表格。此时需要使用 R 内置函数 cbind()和 rbind()，或者 dplyr 包的 bind_cols()函数和 bind_rows()函数实现该功能。先构造 3 个数据框如下：

```
df1<-data.frame(x= c("a","b","c"), y=1:3)
df2<- data.frame(z= c("B","D","H"), g =c(2,5,3))
df3<- data.frame(x= c("g","d"), y =c(2,5))
```

（1）数据框添加列或者横向添加表格：

```
dat_cbind<-cbind(df1,df2)
```

（2）数据框添加行或者纵向添加表格：

```
dat_rbind<-rbind(df1,df3)
```

效果如图 2-2-1 所示。

df1

x	y
a	1
b	2
c	3

df2

z	g
B	2
D	5
H	3

df3

x	y
g	2
d	5

dat_cbind

x	y	z	g
a	1	B	2
b	2	D	5
c	3	H	3

dat_rbind

x	y
a	1
b	2
c	3
g	2
d	5

图 2-2-1　表格拼接的示意案例

2.2.2　表格的融合

有时候，两个数据框并没有很好地保持一致，不能简单地使用 cbind()函数或 rbind()函数直接拼接。所以它们需要一个共同的列（common key）作为融合的依据。在表格的融合中，最常用的函数是 R 内置函数 merge()和 dplyr 包的*_join()系列函数。我们首先构造 4 个数据框，如下：

```
df1<-data.frame(x= c("a","b","c"), y=1:3)
df2<- data.frame(x= c("a","b","d"), z =c(2,5,3))
df3<- data.frame(g= c("a","b","d"), z =c(2,5,3))
df4<- data.frame(x= c("a","b","d"), y=c(1,4,2),z =c(2,5,3))
```

效果如图 2-2-2 所示。

df1

x	y
a	1
b	2
c	3

df2

x	z
a	2
b	5
d	3

df3

g	z
a	2
b	5
d	3

df4

x	y	z
a	1	2
b	4	5
d	2	3

图 2-2-2　表格融合的示意案例

（1）merge()函数

其优势在于对每个数据框可以指定不同的匹配列名；缺点在于运行速度比较慢。其中，by.x 是指左边数据框的匹配列，by.y 是指右边数据框的匹配列。

```
dat_merge1 <-merge(df1,df2,by="x", all = TRUE)
dat_merge2 <-merge(df1,df3,by.x="x",by.y="g")
dat_merge3 <-merge(df1,df4,by=c("x","y"), all = TRUE)
```

效果如图 2-2-3 所示。

dat_merge1

x	y	z
a	1	2
b	2	5
c	3	NA
d	NA	3

dat_merge2

x	y	z
a	1	2
b	2	5

dat_merge3

x	y	z
a	1	2
b	2	NA
b	4	5
c	3	NA
d	2	3

图 2-2-3　merge()函数融合表格的示意案例

（2）*_join()系列函数

dplyr 包提供了 left_join()、 right_join()、inner_join()和 full_ join()四个函数，可以实现不同的表格融合效果。其中，full_ join()函数主要用来生成两个集合的并集；inner_join()函数通常用来生成有效的数据；left_join()函数和 right_join()函数使用的场景偏少。另外，两个表格融合时会用 NA（缺失值）代替不存在的值。

- 只保留左表的所有数据：

```
dat_join1 <-dplyr::left_join (x=df1,y=df2,by="x")
```

- 只保留右表的所有数据：

```
dat_join2 <-dplyr::right_join (x=df1,y=df2,by= "x")
```

- 只保留两个表中公共部分的信息：

```
dat_join3 <-dplyr::inner_join (x=df1,y=df2,by="x")
```

- 保留两个表的所有信息：

```
dat_join4 <-dplyr:: full_join(x=df1,y=df2,by="x")
```

效果如图 2-2-4 所示。

dat_join1

x	y	z
a	1	2
b	2	5
c	3	NA

dat_join2

x	y	z
a	1	2
b	2	5
d	NA	3

dat_join3

x	y	z
a	1	2
b	2	5

dat_join4

x	y	z
a	1	2
b	2	5
c	3	NA
d	NA	3

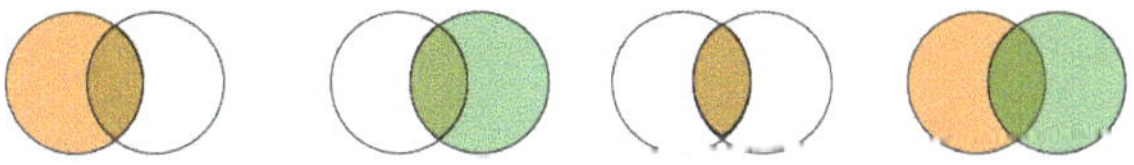

图 2-2-4　*_join()系列函数融合表格的示意案例

- by=c("x","y")表示多列匹配：

```
dat_join5 <-dplyr::left_join (x=df1,y=df4,by= c("x","y"))
```

- by=c("x"="g")可以根据两个表的不同列名合并：

```
dat_join6 <-dplyr::left_join (x=df1,y=df3,by= c("x"="g"))
```

- 如果与表合并的过程中遇到有一列在两个表中同名，但是值不同，合并的时候又都想保留下来，就可以用 suffix 给每个表的重复列名增加后缀：

```
dat_join7<-dplyr::left_join (x=df1,y=df4,by="x", suffix=c(".1",".2"))
```

效果如图 2-2-5 所示。

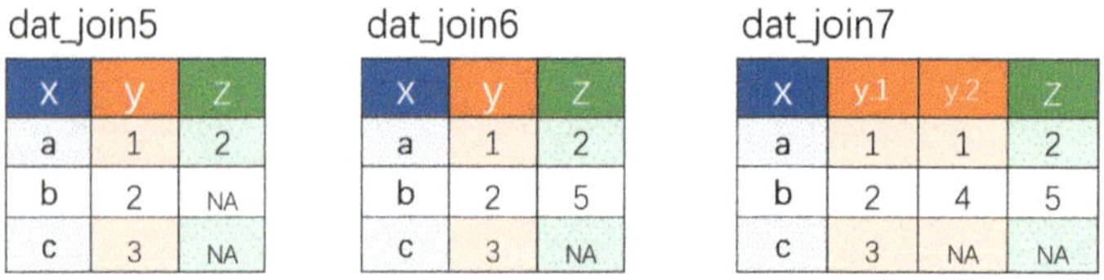

图 2-2-5　*_join()系列函数复杂融合表格的示意案例

2.2.3　表格的分组操作

数据框中往往存在某列包含多个类别的数据的情况，如 df$X 包含 A、B 和 C 三个不同类别的数据，df_melt$year 包含 2010 和 2011 两个类别的数据。我们有时候需要按数据框的列/行，或者按数据类别进行分类运算处理等，此时数据的分组操作就尤为重要。先构造两个数据框如下：

```
df<- data.frame(x=c('A','B','C', 'A', 'C'),'2010'=c(1,3,4,4,3), '2011'=c(3,5,2,8,9), check.names=FALSE)
df_melt<- reshape2::melt(df, id.vars='x', variable.name="year",value.name = "value")
```

效果如图 2-2-6 所示。

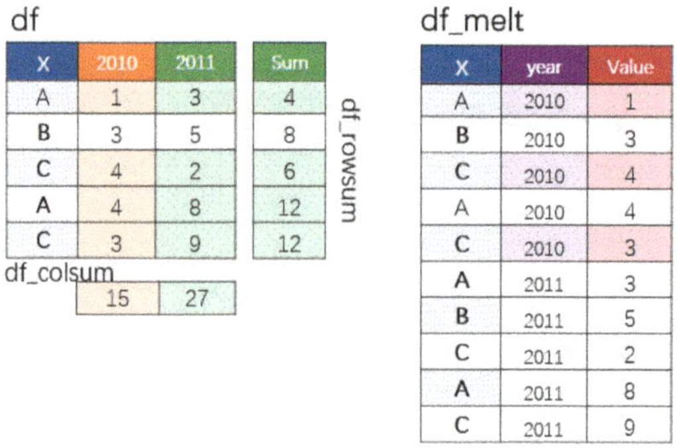

图 2-2-6　表格分组操作的案例数据框

（1）按行或列操作

可以使用 R 内置函数 apply()对数据框按行/列求和，也可以使用内置函数 rowSums()和 colSums()实现相同的结果：

```
df_rowsum<-apply(df[,2:3],1,sum)  #按行求和
df_colsum<-apply(df[,2:3],2,sum) #按列求和
```

（2）分组汇总操作

R 内置函数 aggregate()可以实现数据框的分组操作，“~”的左侧代表需要操作的变量，“~”的右侧代表以其为依据分组的一个或者多个变量。我们可以使用 mean()、median()、sum()等函数实现求取均值、中位数、求和等汇总运算。

- 只根据 year 分组操作：

```
df_group1<- aggregate(value~year,df_melt,mean)
```

- 同时根据 year 和 x 两个变量分组操作：

```
df_group2<- aggregate(value~year+x,df_melt,mean)
```

- 只根据 x 分组求取 year 和 value 的均值操作：

```
df_group3<- aggregate(cbind(value,year)~x,df_melt,mean)
```

（3）分组运算操作

dplyr 包的 group_by()函数可以先对数据框依据分组的一个或者多个变量分组，然后使用 dplyr 包的其他函数进行行分组操作，如 summarise()函数实现分组的汇总运算与 aggregate()函数实现的结果一致；arrange()函数实现分组的变量排序等。这就是使用 group_by()函数的优势，可以实现更多的分组运算操作。其中，不同的运算之间使用多步操作连接符%>%。

%>%是 dplyr 包里新引进的一个操作符。使用时把数据集名作为开头，然后依次对此数据进行多步操作。这种运算符的编写方式使得编程者可以按数据处理时的思路写代码，一步一步操作不断叠加，在程序上就可以非常清晰地体现数据处理的步骤与背后的逻辑。

- 只根据 year 分组操作，实现的结果与 aggregate(value~year,df_melt,mean)一致，图 2-2-7 所示为按 year 分组求均值：

```
df_groupmean1<-df_melt %>%
                dplyr ::group_by(year) %>%
                dplyr ::summarise(avg = mean(value))
```

- 同时根据 year 和 x 两个变量进行分组操作，实现的结果与 aggregate(value~year+x,df_melt,mean)一致，图 2-2-8 所示为按 year 和 x 两列变量分组求均值：

```
df_groupmean2<-df_melt %>%
            dplyr ::group_by(year,x) %>%
            dplyr::summarise(avg = mean(value))
```

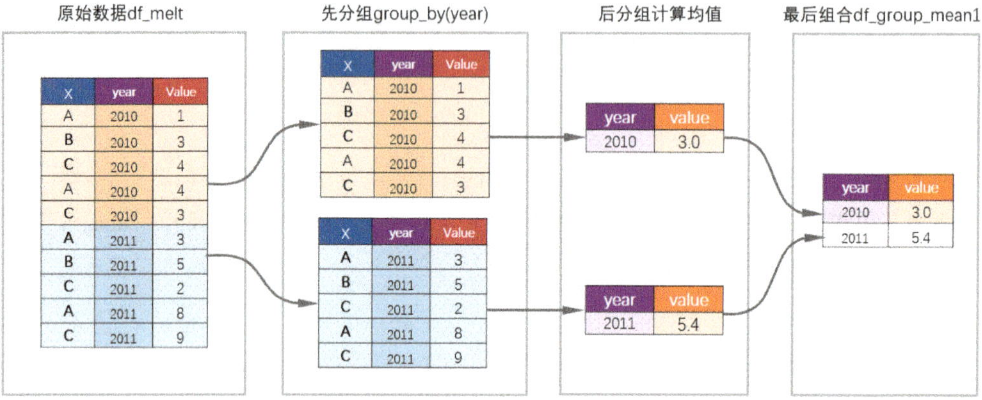

图 2-2-7　按 year 分组求均值

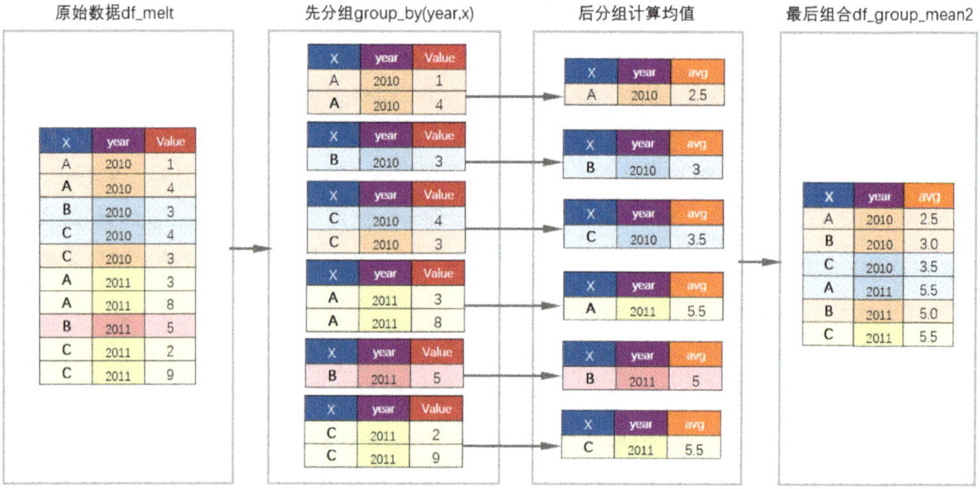

(a) 只根据 year 分组操作　　(b) 同时根据 year 和 x 两个变量分组操作

图 2-2-8　按 year 和 x 两列变量分组求均值

第 3 章

类别比较型图表

3.1 柱形图系列

柱形图用于显示一段时间内的数据变化或显示各项之间的比较情况。在柱形图中，类别型或序数型变量映射到横轴的位置，数值型变量映射到矩形的高度。柱形图控制柱形的两个重要参数是："设置系列数据格式" 中的 "系列重叠" 和 "分类间距"。"分类间距" 控制同一数据系列的柱形宽度，数值范围为[0.0，1.0]；"系列重叠" 控制不同数据系列之间的距离，数值范围为[-1.0, 1.0]。图 3-1-1 为使用 R 中 ggplot2 包的 geom_bar()函数直接绘制的一系列柱形图，包括单数据系列柱形图、多数据系列柱形图、堆积柱形图、百分比堆积柱形图 4 种常见类型。

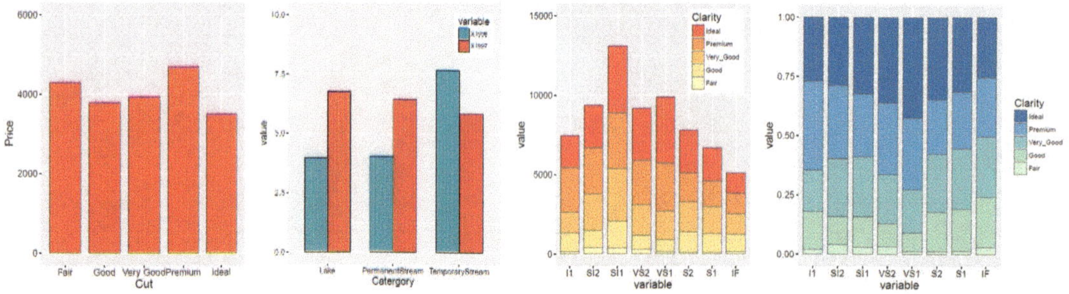

(a) 单数据系列柱形图　　(b) 多数据系列柱形图　　(c) 堆积柱形图　　(d) 百分比堆积柱形图

图 3-1-1　柱形图

用 R 语言绘制柱形图和条形图的最大潜在问题就是排序问题。我们在用 R 的 ggplot2 包绘制柱形图时，*X* 轴变量默认会按照输入的数据顺序绘制，*Y* 轴变量和图例变量默认按照字母顺序绘制。所以用 R 语言绘制柱形图系列图表时要注意：绘制图表前要对数据进行排序处理（见图 3-1-2）。使用 geom_bar()函数绘制柱形图时，position 的参数有 4 种。

（1）identity：不做任何位置调整，该情况在多分类柱形图中不可行，序列间会遮盖，但是在多序列散点图、折线图中即可行，不存在遮盖问题；

（2）stack：垂直堆叠放置（堆积柱形图）；

（3）dodge：水平抖动放置（簇状柱形图，position=position_dodge()）；

（4）fill：百分比化（垂直堆叠放置，如百分比堆积面积图、百分比堆积柱形图等）。

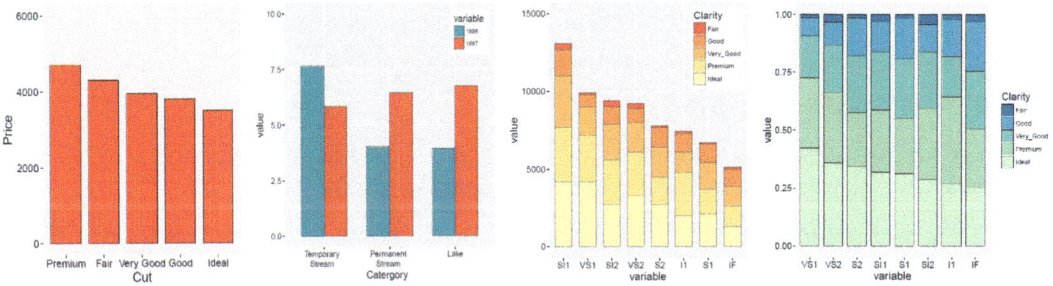

(a) 单数据系列柱形图　(b) 多数据系列柱形图　(c) 堆积柱形图　(d) 百分比堆积柱形图

图 3-1-2　排序调整后的柱形图

3.1.1　单数据系列柱形图

图 3-1-1(a)和图 3-1-2(a)分别对应排序调整前和调整后的单数据系列柱形图。如前面所说，数据类型大致可以分为：类别型、序数型和数值型。柱形图的 *X* 轴变量一般为类别型和序数型，*Y* 轴变量为数值型。对于 *X* 轴变量为序数型的情况，直接按顺序绘制柱形图即可，如图 3-1-1(a)的 *X* 轴为 Fair、Good、Very Good、Premium、Ideal（一般、好、非常好、超级好、完美）的顺序。最常见的序数型数据还包括时序数据，如年、月（January、February、March、April、May、June、July、August、September、October、November、December）、日等。

但是，如果 *X* 轴变量为类别型，则一般推荐对数据进行降序处理后，再展示图表，如图 3-1-2(a)所示（假定图 3-1-2(a)的 *X* 轴变量为类别型）。这样，更加方便观察数据规律，确定某个类别对应的数值在整个数据范围的位置。对于 *X* 轴变量为类别型的数据，使用 ggplot2 包绘图时，会默认将 *X* 轴类别按照字母顺序绘制柱形，如图 3-1-1(a)所示。这是因为绘图不是根据 *X* 轴变量的因子向量顺序排列展示的，而是根据因子向量的水平按顺序展示的。因子向量（factor）包括向量（vector）和水平（level）两个部分，比如：

```
Cut<- as.factor(c("Fair","Good","Very Good","Premium","Ideal"))
```

最终的输出结果 Cut 为：向量部分（Fair、Good、Very Good、Premium、Ideal）和水平部分（Fair、Good、Ideal、Premium、Very Good），其中水平部分会根据字母顺序自动排序。

需要注意的是：只排序数据框，而不改变 *X* 轴因子向量的水平顺序，并不会改变柱形图的绘制顺序。在 R 中表格的排序主要有两种方法：base 包的 order()函数（用于对向量排序）和 dplyr 包的 arrange()函数（用于对数据框根据某列数据排序），具体语句分别如下：

```
mydata<- mydata[order(mydata[,2],decreasing = TRUE),]
mydata<-dplyr::arrange(mydata, desc(Price))
```

可以得到图 3-1-3(b)所示的新表格，虽然对表格数据排序，但是并没有改变因子向量的水平顺序。在使用 geom_bar()函数绘制时，还是根据水平的原有顺序绘制柱形图的，如图 3-1-1(a)所示。

在 R 语言中，要实现 X 轴变量的降序展示（见图 3-1-2(a)），需要通过控制并改变因子向量的水平实现。我们一定要先对表格或因子向量排序后，再改变其水平顺序，才会使 X 轴的类别顺序根据 Y 轴变量的数值降序展示，具体语句如下：

```
order<-sort(mydata$Price,index.return=TRUE,decreasing = TRUE)
mydata$Cut <- factor(mydata$Cut, levels = mydata$Cut[order$ix])
```

在这里，mydata$Cut 中原来的水平顺序为（Fair、Good、Ideal、Premium、Very Good），而使用上面的语句处理后，新的水平顺序为（Premium、Fair、Very Good、Good、Ideal），然后绘制图表时会根据 mydata$Cut 中水平的顺序绘制柱形数据系列，如图 3-1-2(a)所示。

	Cut	Price
1	Fair	4300
2	Good	3800
3	Very Good	3950
4	Premium	4700
5	Ideal	3500

(a) 导入 R 的原始数据

	Cut	Price
4	Premium	4700
1	Fair	4300
3	Very Good	3950
2	Good	3800
5	Ideal	3500

(b) 直接对表格进行排序后的表格

图 3-1-3　R 语言中原始数据的展示

技能　绘制单数据系列柱形图

R 的 ggplot2 包中提供了绘制柱形图系列的函数：geom_bar()。其中 stat 和 position 的参数都为 identity，width 控制柱形的宽度，范围为（0，1）。其中，图 3-1-2(a)单数据系列柱形图的实现代码如下所示。在实际应用中，往往存在某些数值较大的情况，这个时候就需要截断 Y 坐标轴。gg.gap 包的 gg.gap()函数可以在 ggplot2 包绘制的柱形图基础上，实现指定单个或者多个数值的 Y 坐标轴截断。

```
library(ggplot2)
mydata<-data.frame(Cut=c("Fair","Good","Very Good","Premium","Ideal"),
                   Price=c(4300,3800,3950,4700,3500))
order<-sort(mydata$Price,index.return=TRUE,decreasing = TRUE)
mydata$Cut <- factor(mydata$Cut, levels = mydata$Cut[order$ix])
ggplot(data=mydata,aes(Cut,Price))+
  geom_bar(stat = "identity", width = 0.8,colour="black",size=0.25,fill="#FC4E07",alpha=1)
```

3.1.2　多数据系列柱形图

对于如图 3-1-1(b)和图 3-1-2(b)所示的多数据系列柱形图，图表绘制的关键在于将原始数据的二维表（见图 3-1-4(a)）转换成一维表（见图 3-1-4(b)）。在 R 语言中，使用 reshape2 包的 melt()函数或者 tidyr 包的 gather()函数可以把二维表转换成一维表。

对于多数据系列柱形图，最好将表格根据第 1 个数据系列的数值进行降序处理，然后再展示。图 3-1-4(b)所示为根据数据第 1 个系列“1996”降序展示表格，所以要使用 sort()和 factor()函数处理表格。

	Catergory	1996	1997
1	Temporary Stream	7.67	5.84
2	Permanent Stream	4.02	6.45
3	Lake	3.95	6.76

(a) 原始二维表

	Catergory	variable	value
1	Temporary Stream	1996	7.67
2	Permanent Stream	1996	4.02
3	Lake	1996	3.95
4	Temporary Stream	1997	5.84
5	Permanent Stream	1997	6.45
6	Lake	1997	6.76

(b) 数据处理后的二维表

图 3-1-4　表格类型的转换

技能　绘制多数据系列柱形图

R 中的 ggplot2 包提供了绘制柱形图系列的函数：geom_bar()，其中 width 控制柱形的宽度；position 设定为 position_dodge()，表示柱形并排展示。也可以通过设定 position_dodge(width =0.7)，再改变两个数据系列的间隔，图 3-1-2(b)多数据系列柱形图的具体实现代码如下所示。

另外，对于多数据系列柱形图，不仅可以使用颜色填充，还可以通过 svgpatternsimple 包的 scale_fill_pattern_simple()函数 和 svgpatternusgs 包 encode_pattern_params_as_hex_colour()函数实现各种纹理，甚至图片的填充。

```
library(reshape2)
mydata<-read.csv("MultiColumn_Data.csv",check.names=FALSE)
order<-sort(mydata$ "1996",index.return=TRUE,decreasing = TRUE) #根据“1996” 排序
mydata$Catergory<- factor(mydata$Catergory, levels = mydata$Catergory[order$ix])
#根据“1996”的排序结果设定因子向量的水平顺序
mydata<-melt(mydata,id.vars='Catergory')
ggplot(data=mydata,aes(Catergory,value,fill=variable))+
   geom_bar(stat="identity", color="black", position=position_dodge(),width=0.7,size=0.25)
```

3.1.3　堆积柱形图

堆积柱形图显示单个项目与整体之间的关系，它比较各个类别的每个数值所占总数值的大小。堆积柱形图以二维垂直堆积矩形显示数值。

在图 3-1-2(c)中，要注意两点：

（1）柱形图的 X 轴变量一般为类别型，Y 轴变量为数值型。所以要先求和得到每个类别的总和数值，然后对数据进行降序处理。

（2）如果图例的变量属于序数型，为 Fair、Good、Very Good、Premium、Ideal（一般、好、非常好、超级好、完美）的顺序，则需要按顺序显示图例。

（3）如果图例的变量属于无序型，就最好再根据其均值排序，使数值最大的类别放置在最底下，越靠近 X 轴，这样很容易观察每个堆积柱形内部的变量比例。

技能 绘制堆积柱形图

R 中的 ggplot2 包提供了绘制柱形图系列的函数：geom_bar()。其中 position 设定为"stack"。图 3-1-2(c)多数据系列柱形图的具体实现代码如下所示。

```
mydata<-read.csv("StackedColumn_Data.csv")
Order<-sort(colSums(mydata[,2:ncol(mydata)]),index.return=TRUE,decreasing = TRUE)
#根据列求和结果对数据排序
mydata<-mydata[,c(1,Order$ix+1)]
#根据列求和结果对表格排序
mydata$Clarity <- factor(mydata$Clarity, levels = mydata$Clarity[c(1:5)])
# 由于输入时就已经按顺序导入表格，所以只需要保持固有的排序即可
mydata<-melt(mydata,id.vars='Clarity')
ggplot(data=mydata,aes(variable,value,fill=Clarity))+
  geom_bar(stat="identity",position="stack", color="black", width=0.7,size=0.25)
```

3.1.4 百分比堆积柱形图

百分比堆积柱形图和三维百分比堆积柱形图表达相同的图表信息。这些类型的柱形图用于比较各个类别的数值所占总数值的百分比大小。百分比堆积柱形图以二维垂直百分比堆积矩形显示数值。在图 3-1-2(d)中，要注意两点：

（1）柱形图的 X 轴变量一般为类别型，Y 轴变量为数值型。所以要先求重点想展示类别的占比（如 Ideal 数据系列，一般推荐为占比最大的数据系列），然后对数据进行降序处理。

（2）如果图例的变量属于序数型，为 Fair、Good、Very Good、Premium、Ideal（一般、好、非常好、超级好、完美）的顺序，则需要按顺序显示图例。

（3）如果图例的变量属于无序型，就最好再根据其平均占比排序，使占比最大的类别放置在最底下，越靠近 X 轴，这样很容易观察每个类别间的变量占比变化。

技能 绘制百分比堆积柱形图

R 中的 ggplot2 包提供了柱形图系列绘制的函数：geom_bar()。其中 position 设定为"fill"。图 3-1-2(d)百分比堆积柱形图的具体实现代码如下所示。

```
mydata<-read.csv("StackedColumn_Data.csv")
Per<-(as.matrix(mydata[5,2:ncol(mydata)])) / t(as.matrix(colSums(mydata[,2:ncol(mydata)])))
Ideal<-sort(as.numeric(Per),index.return=TRUE,decreasing = TRUE)
mydata<-mydata[,c(1,Ideal$ix+1)]
mydata$Clarity <- factor(mydata$Clarity, levels = mydata$Clarity[c(1:5)])
mydata<-melt(mydata,id.vars='Clarity')
```

```
ggplot(data=mydata,aes(variable,value,fill=Clarity))+
   geom_bar(stat="identity", position="fill",color="black", width=0.8,size=0.25)
```

3.2　条形图系列

簇状条形图与簇状柱形图类似，几乎可以表达相同多的数据信息。在条形图中，类别型或序数型变量映射到纵轴的位置，数值型变量映射到矩形的宽度。条形图的柱形变为横向，与柱形图相比，条形图更加强调项目之间的大小。尤其在项目名称较长及数量较多时，采用条形图可视化数据会更加美观、清晰。

在使用 R 中的 ggplot2 包绘制的条形图中，*Y* 轴变量和图例变量默认按照字母顺序绘制，可以参照 3.1 节的代码实现。只需要添加 ggplot2 包的 coord_flip()语句，就可以将 *X-Y* 坐标轴旋转，从而将柱形图转换成条形图。但是也需要对数据做排序的预处理后再绘制图表，这样可以更好地展示数据规律。

ggchicklet 包的 geom_chicklet()函数可以替代 ggplot2 包的 geom_bar()函数绘制如图 3-2-1 所示的圆角型柱形图。

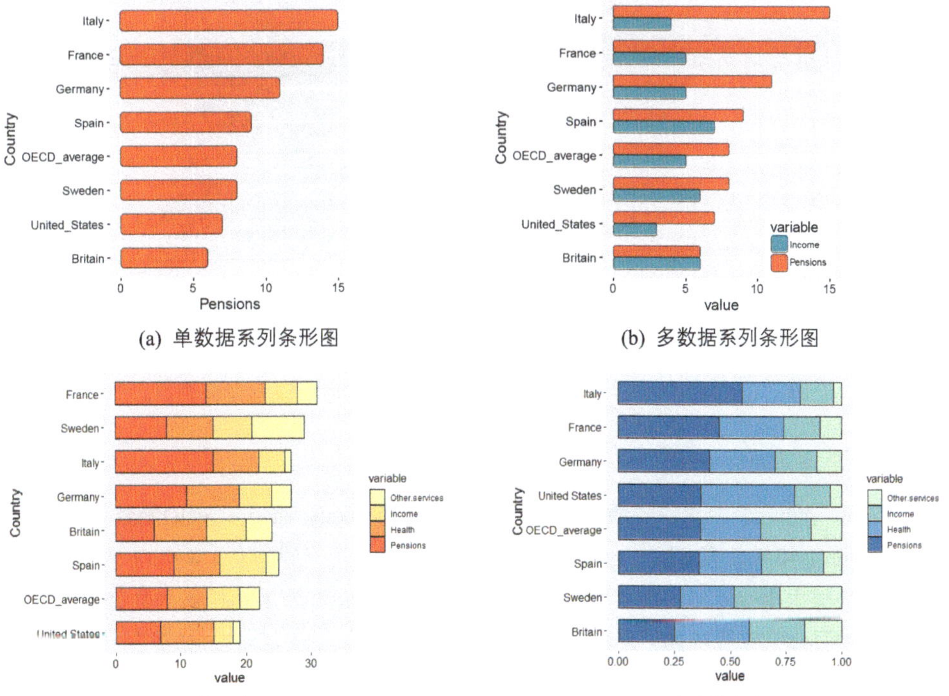

(a) 单数据系列条形图　(b) 多数据系列条形图

(c) 堆积条形图　(d) 百分比堆积条形图

图 3-2-1　条形图

3.3 不等宽柱形图

有的时候，我们需要在柱形图中同时表达两个维度的数据，除了每个柱形的高度表达了某个对象的数值大小（*Y* 轴纵坐标），还希望柱形的宽度也能表达该对象的另外一个数值大小（*X* 轴横坐标），以便直观地比较这两个维度。这时可以使用不等宽柱形图（variable width column chart）来展示数据，如图 3-3-1 所示。不等宽柱形图是常规柱形图的一种变化形式，它用柱形的高度反映一个数值的大小，同时用柱形的宽度反映另一个数值的大小，多用于市场调查研究、维度分析等方面。

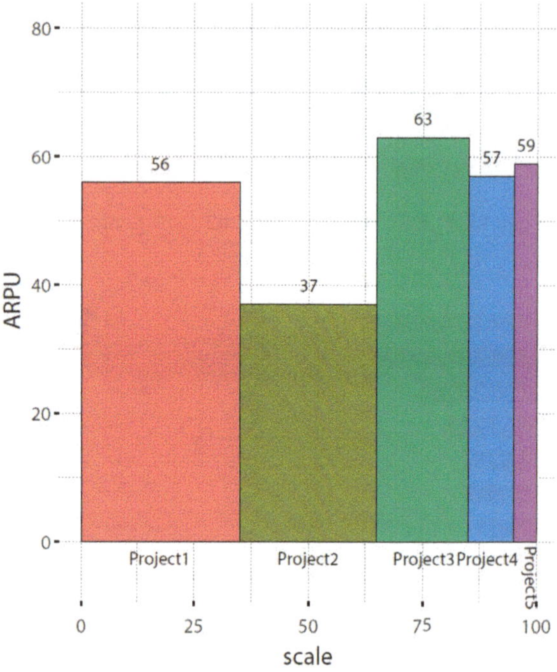

图 3-3-1　不等宽柱形图

技能　不等宽柱形图

R 中的 ggplot2 包提供了绘制矩形的函数：geom_rect()。geom_rect()函数可以根据右下角坐标（xmin, ymin）和左上角坐标（xmax, ymax）绘制矩形，矩形的宽度（width）为 max ~ xmin 对应 *X* 轴变量的数值大小；矩形的高度（height）为 ymax ~ ymin 对应 *Y* 轴变量的数值大小。图 3-3-1 不等宽柱形图的具体实现代码如下所示。

```
library(ggplot2)
mydata<-data.frame(Name=paste0("Project",1:5),Scale=c(35,30,20,10,5),ARPU=c(56,37,63,57,59))
#构造矩形 X 轴的起点（最小点）
mydata$xmin<-0
for (i in 2:5){
  mydata$xmin[i]<-sum(mydata$Scale[1:i-1])}
#构造矩形 X 轴的终点（最大点）
for (i in 1:5){
  mydata$xmax[i]<-sum(mydata$Scale[1:i])}
#构造数据标签的横坐标
for (i in 1:5){
  mydata$label[i]<-sum(mydata$Scale[1:i])-mydata$Scale[i]/2}
ggplot(mydata)+
  geom_rect(aes(xmin=xmin,xmax=xmax,ymin=0,ymax=ARPU,fill=Name),colour="black",size=0.25)+
geom_text(aes(x=label,y=ARPU+3,label=ARPU),size=4,col="black")+
  geom_text(aes(x=label,y=-2.5,label=Name),size=4,col="black")
```

3.4 克利夫兰点图系列

图 3-4-1 所示为三种不同类型的图表，但其在本质上都可以看成是克利夫兰点图，所以就归纳成同一类别。

棒棒糖图（lollipop chart）：棒棒糖图传达了与柱形图或者条形图相同的信息，只是将矩形转变成线条，这样可减少展示空间，重点放在数据点上，从而看起来更加简洁、美观。相对柱形图与条形图，棒棒糖图更加适合数据量比较多的情况。图 3-4-1(a)为横向棒棒糖图，对应条形图；而如果是纵向棒棒糖图则对应柱形图。

克利夫兰点图（Cleveland's dot plot）：也就是我们常用的滑珠散点图，非常类似棒棒糖图，只是没有连接的线条，重点强调数据的排序展示及互相之间的差距，如图 3-4-1(b)所示。克利夫兰点图一般都横向展示，所以 *Y* 轴变量一般为类别型变量。

哑铃图（dumbbell plot）：可以看成多数据系列的克利夫兰点图，只是使用直线连接了两个数据系列的数据点。哑铃图主要用于：①展示在同一时间段两个数据点的相对位置（增加或者减少）；②比较两个类别之间的数据值差别。图 3-4-1(c)是展示了男性（Male）和女性（Female）两个类别的数值差别，以女性数据系列的数值排序显示。

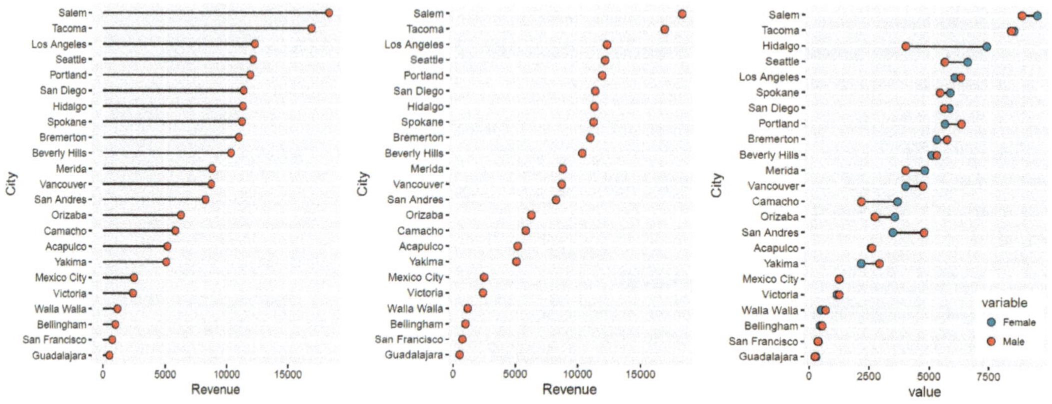

(a)棒棒糖图　(b) 克利夫兰点图　(c) 哑铃图

图 3-4-1　克利夫兰点图系列

技能　绘制棒棒糖图

R 中的 ggplot2 包提供了散点绘制函数 geom_point()及连接线函数 geom_segment()。其中 geom_segment()函数根据起点坐标（x,y）和终点坐标（xend,yend）绘制两者之间的连接线，棒棒糖图的连接线为平行于 *X* 轴水平绘制，其长度（length）对应 *X* 轴变量的数值。图 3-4-1(a)棒棒糖图的具体实现代码如下所示。而图 3-4-1(b)克利夫兰点图就是在棒棒糖图的基础上只保留散点实现的。

```
library(ggplot2)
mydata<-read.csv("DotPlots_Data.csv",sep=",",na.strings="NA",stringsAsFactors=FALSE)
mydata$sum<-rowSums(mydata[,2:3])
order<-sort(mydata$sum,index.return=TRUE,decreasing = FALSE)
mydata$City<- factor(mydata$City, levels = mydata$City[order$ix])

ggplot(mydata, aes(sum, City)) +
  geom_segment(aes(x=0, xend=sum, y=City, yend=City))+ #添加连接线
  geom_point(shape=21,size=3,colour="black",fill="#FC4E07")
```

技能　绘制哑铃图

R 中的 ggplot2 包提供了散点绘制函数 geom_point()及连接线函数 geom_segment()。其中 geom_segment()函数的起点和终点分别对应数据系列 1 数据点 P(x,y) 和数据系列 2 数据点 Q(x,y)。图 3-4-1(c)哑铃图的实现代码如下所示。

```
library(ggplot2)
library(reshape2)
mydata<-read.csv("DotPlots_Data.csv",sep=",",na.strings="NA",stringsAsFactors=FALSE)
mydata$City <- factor(mydata$City, levels = mydata$City[order(mydata$Female)])
mydata<-melt(mydata,id.vars='City')
ggplot(mydata, aes(value,City,fill=variable)) +
```

```
geom_line(aes(group = City)) +
geom_point(shape=21,size=3,colour="black")+
scale_fill_manual(values=c("#00AFBB", "#FC4E07","#36BED9"))+
theme(legend.position = c(0.85,0.12))
```

3.5 坡度图

坡度图（slope chart）可以看成是一种多数据系列的折线图，可以很好地用于比较在两个不同时间或者两个不同实验条件下，某些类别变量的数据变化关系。

图 3-5-1(a)展示了 1952 年和 1957 年两年的数据变化情况，直接使用直线连接这两个年份不同的国家或地区的数据点，同时用绿色和红色标注增长和降低的国家或地区的数据，这样可以很清晰地对比不同国家或地区的数值变化情况。

图 3-5-1(b)展示了 2007 年到 2013 年总共 7 年的数据变化情况，使用曲线将每个国家或地区 7 年的数据连接，但是重点展示第一年（2007 年）和最后一年（2013 年）的数据点，同时用绿色和红色标注增长和降低的国家或地区的数据，这样可以很清晰地对比不同国家或地区的数值变化情况。

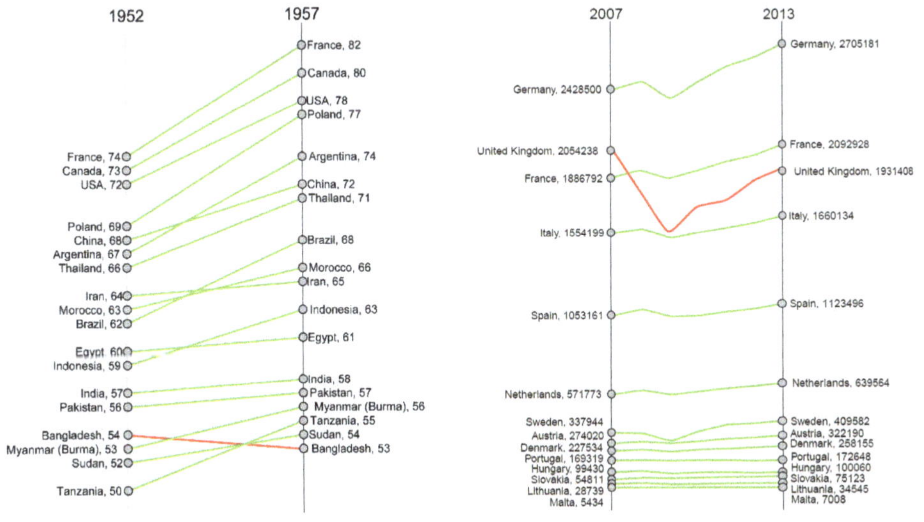

(a)两年份对比 (b)多年份对比

图 3-5-1 坡度图

技能 绘制坡度图

R 中的 ggplot2 包提供了 geom_segment()函数可以绘制两点之间的直线，geom_point()函数可以绘制两根直线上的数据点。图 3-5-1(a)坡度图的具体代码如下所示。

```
library(ggplot2)
library(reshape2)
df <- read.csv("Slopecharts_Data1.csv")
colnames(df) <- c("continent", "1952", "1957")
left_label <- paste(df$continent, round(df$`1952`),sep=", ")
right_label <- paste(df$continent, round(df$`1957`),sep=", ")
df$class <- ifelse((df$`1957` - df$`1952`) < 0, "red", "green")

p <- ggplot(df) +
  geom_segment(aes(x=1, xend=2, y=`1952`, yend=`1957`, col=class), size=.75, show.legend=F) +   #连接线
  geom_vline(xintercept=1, linetype="solid", size=.1) + # 1952 年的垂直直线
  geom_vline(xintercept=2, linetype="solid", size=.1) + # 1957 年的垂直直线
  geom_point(aes(x=1, y=`1952`), size=3,shape=21,fill="grey80",color="black") + # 1952 年的数据点
  geom_point(aes(x=2, y=`1957`), size=3,shape=21,fill="grey80",color="black") + # 1957 年的数据点
  scale_color_manual(labels = c("Up", "Down"), values = c("green"="#A6D854","red"="#FC4E07")) +
  xlim(.5, 2.5)

# 添加文本信息
p <- p + geom_text(label=left_label, y=df$`1952`, x=rep(1, NROW(df)), hjust=1.1, size=3.5)
p <- p + geom_text(label=right_label, y=df$`1957`, x=rep(2, NROW(df)), hjust=-0.1, size=3.5)
p <- p + geom_text(label="1952", x=1, y=1.02*(max(df$`1952`, df$`1957`)), hjust=1.2, size=5)
p <- p + geom_text(label="1957", x=2, y=1.02*(max(df$`1952`, df$`1957`)), hjust=-0.1, size=5)

p<-p+theme_void()
p
```

图 3-5-1(b)跟图 3-5-1(a)的实现代码的主要区别主要有两个：

（1）先把读入的数据框，使用 melt()函数根据“continent”列融合，再计算左标签（left_label）、右标签（right_label）和类别（class）;

（2）两点之前的连接线函数使用 ggalt 包的 geom_xspline()函数替代 geom_segment()函数，因为 geom_segment()函数只能使用直线连接两点，而 geom_xspline()函数可以使光滑的曲线连接多个数据点。

3.6 南丁格尔玫瑰图

南丁格尔玫瑰图（Nightingale rose chart，也被称为 coxcomb chart、polar area diagram）即极坐标柱形图，是一种圆形的柱形图。由弗罗伦斯·南丁格尔所发明，普通柱形图的坐标系是直角坐标系，

而南丁格尔玫瑰图的坐标系是极坐标系。南丁格尔玫瑰图是在极坐标下绘制的柱形图，使用圆弧的半径长短表示数据的大小（数量的多少）。每个数据类别或间隔在径向图上划分为相等分段，每个分段从中心延伸多远（与其所代表的数值成正比）取决于极坐标轴线。因此，从极坐标中心延伸出来的每一环可以当作标尺使用，用来表示分段大小并代表较高的数值，如图 3-6-1 所示。

（1）由于半径和面积是平方的关系，南丁格尔玫瑰图会将数据的比例大小夸大，所以适合对比大小相近的数值。

（2）由于圆形有周期的特性，所以南丁格尔玫瑰图特别适用于 X 轴变量是环状周期型序数的情况，比如月份、星期、日期等，这些都是具有周期性的序数型数据。

（3）南丁格尔玫瑰图是将数据以圆形排列展示，而柱形图是将数据横向排列展示。所以在数据量比较多时，使用南丁格尔玫瑰图更能节省绘图空间。

南丁格尔玫瑰图的主要缺点在于面积较大的外围部分会更加引人注目，这跟数值的增量成反比。

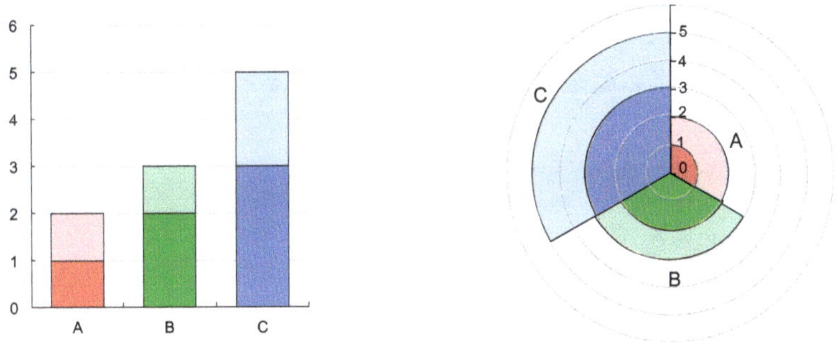

(a) 堆积柱形图　　(b) 南丁格尔玫瑰图

图 3-6-1　南丁格尔玫瑰图的映射

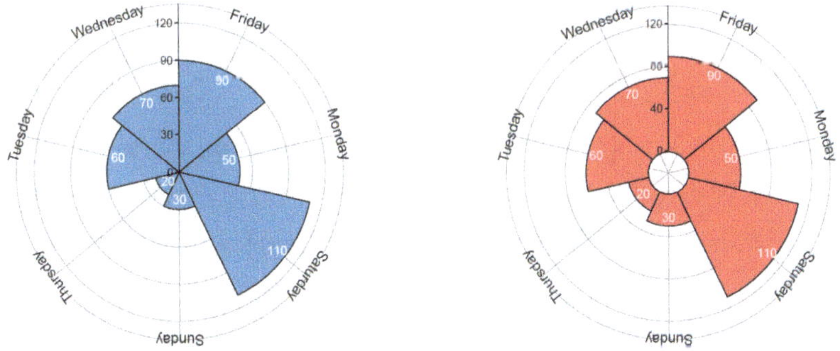

(a) 单数据系列　　(b) 单数据系列

图 3-6-2　南丁格尔玫瑰图系列

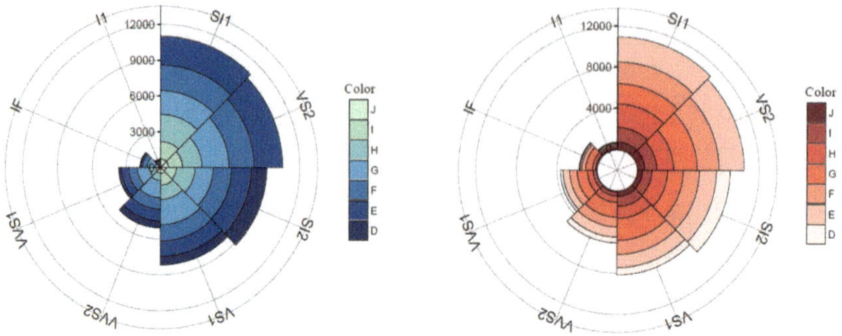

(c) 多数据系列　　(d) 多数据系列

图 3-6-2　南丁格尔玫瑰图系列（续）

技能　绘制单数据系列南丁格尔玫瑰图

在 R 中，从直角坐标系（图 3-6-1(a)）转到极坐标系（图 3-6-1(b)），只需要添加一条坐标系的语句：coord_polar(theta = "x",start=0)，其中 theta 表示是将 *X* 轴或 *Y* 轴映射到极坐标系。图 3-6-2(a) 的 *X* 轴坐标为时间序列型，所以就是根据 *X* 轴时间顺序展示数据的，其实现代码如下所示。

```
library(ggplot2)
mydata <- data.frame( a=c("Monday","Tuesday","Wednesday","Thursday","Friday","Saturday","Sunday"),
                      b=c(50, 60, 70, 20,90,110,30))
myAngle <-seq(-20,-340,length.out =7) #设定坐标轴标签的角度，使之垂直于中心线
ggplot(mydata, aes(x=a, y=b, fill=factor(b))) +
  geom_bar(width = 1,stat="identity",colour = "black",fill="#F8766D") +
  geom_text(aes(y = b-8,label = b),color="white") +
  coord_polar(theta = "x",start=0) +
  ylim(c(0,120))+
  theme_light()+
  theme(axis.text.x=element_text(size = 13,colour="black",angle = myAngle))
```

技能　绘制多数据系列南丁格尔玫瑰图

图 3-6-2(b)多数据系列南丁格尔玫瑰图的 *X* 轴坐标为类别型变量，所以就是根据 *Y* 轴数值排序后展示数据的，这个原理与堆积柱形图类似。根据处理后的数据绘制堆积柱形图后，添加语句 coord_polar(theta = "x",start=0)，就可以把直角坐标系转换成极坐标系，其实现代码如下所示。

```
library(ggplot2)
library(dplyr)
diamonds<-cbind(diamonds,Cou=rep(1,nrow(diamonds)))
sum_clarity<-aggregate(Cou~clarity,diamonds,sum)
sort_clarity<-arrange(sum_clarity,desc(Cou))    #对数据框 sum_clarity 根据 Cou 降序处理
diamonds$clarity<- factor(diamonds$clarity, levels = sort_clarity$clarity)
```

```
myAngle <-seq(-20,-340,length.out = 8)
ggplot(diamonds,aes(x=clarity,fill=color))+
  geom_bar(width=1.0,colour="black",size=0.25)+
  coord_polar(theta = "x",start=0)+   #把直角坐标系转换成极坐标系
  scale_fill_brewer(palette="Reds")+   #选择的离散型颜色主题方案为"Reds"
  guides(fill=guide_legend(reverse=TRUE,title="Color"))+
  ylim(c(-2000,12000))+
  theme_light()+
  theme(axis.text.x=element_text(size = 13,colour="black",angle = myAngle))
```

南丁格尔玫瑰图的故事

19 世纪 50 年代，英国、法国、奥斯曼帝国和俄罗斯帝国进行了克里米亚战争，英国的战地战士死亡率高达 42%。弗罗伦斯·南丁格尔主动申请，自愿担任战地护士。她率领 38 名护士抵达前线，在战地医院服务。当时的野战医院卫生条件极差，各种资源极度匮乏，她竭尽全力排除各种困难，为伤员解决必需的生活用品和食品问题，对他们进行认真的护理。仅仅半年左右，伤病员的死亡率就下降到 2.2%。每个夜晚，她都手执风灯巡视，伤病员们亲切地称她为“提灯女神”。战争结束后，南丁格尔回到英国，被人们推崇为民族英雄。

出于对资料统计的结果不受人重视的忧虑，她发展出一种色彩缤纷的图表形式，让数据能够更加让人印象深刻（见图 3-6-3）。这种图表形式有时也被称作“南丁格尔的玫瑰”，是一种圆形的直方图。南丁格尔自己常昵称这类图为鸡冠花（coxcomb）图，并且用以表达军队医院季节性的死亡率，对象是那些不太能理解传统统计报表的公务人员。她的方法打动了当时的高层，包括军方人士和维多利亚女王本人，于是医事改良的提案才得到支持。

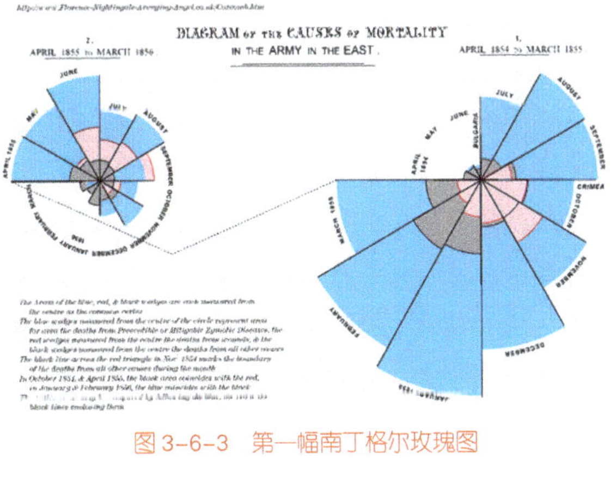

图 3-6-3　第一幅南丁格尔玫瑰图

3.7 径向柱形图

径向柱形图也被称为圆形柱形图或星图。这种图表使用同心圆网格来绘制条形图，如图 3-7-1 和图 3-7-2 所示。每个圆圈表示一个数值刻度，而径向分隔线（从中心延伸出来的线）则用作区分不同类别或间隔（如果是直方图）。刻度上较低的数值通常由中心点开始，然后数值会随着每个圆形往外增加，但也可以把任何外圆设为零值，这样里面的内圆就可用来显示负值。条形通常从中心点开始向外延伸，但也可以在别处为起点显示数值范围（如跨度图）。此外，条形也可以如堆叠式条形图般堆叠起来。

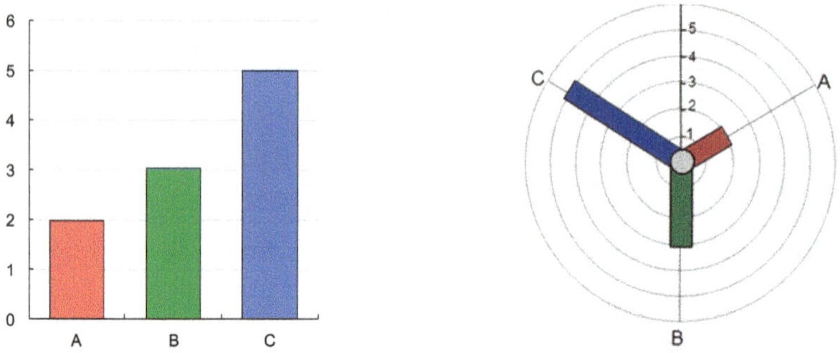

(a) 堆积柱形图　　　　(b) 径向柱形图

图 3-7-1　径向柱形图的映射

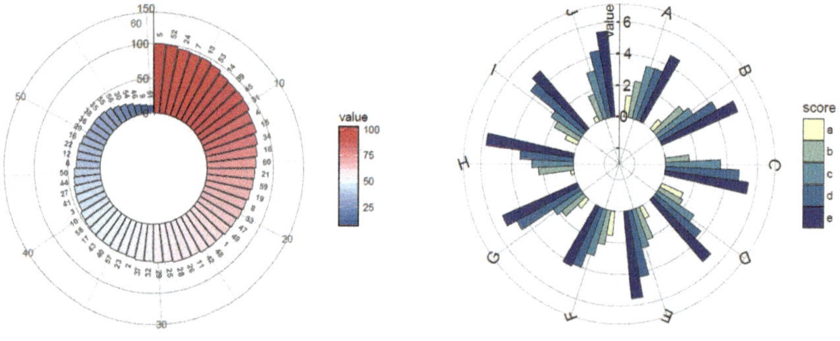

(a) 单数据系列　　　　(b)多数据系列

图 3-7-2　径向柱形图

技能　绘制径向柱形图

径向柱形图的绘制方法其实与极坐标柱形图的绘制方法基本类似，也是将直角坐标系转换成极坐标系，只是使 *Y* 轴坐标不从 0 开始，关键的语句在于设定 *Y* 轴的坐标范围 ylim(ymin, ymax)，ymin

和 ymax 分别表示 *Y* 轴的最小值和最大值。图 3-7-2(b)多数据系列的径向柱形图就是将直角坐标系转换成极坐标系，然后将 *Y* 轴设定从负值开始，其实现代码如下所示。

```
library(ggplot2)
library(RColorBrewer)
df <- data.frame(item=rep(LETTERS[1:10], 5),
                 score=rep(letters[1:5], each=10),
                 value=rep((1:5), each=10) + rnorm(50, 0, .5))
myAng <-seq(-20,-340,length.out =10)
ggplot(data=df,aes(item,value,fill=score))+
  geom_bar(stat="identity", color="black", position=position_dodge(),width=0.7,size=0.25)+
  coord_polar(theta = "x",start=0) +     #把直角坐标系转换成极坐标系
  ylim(c(-3,6))+   #Y 轴数值范围设定为(-3, 6)
  scale_fill_brewer(palette="YlGnBu")+ #选择的离散型颜色主题方案为" YlGnBu"
  theme_light()+
  theme(axis.text.x=element_text(size = 13,colour="black",angle = myAng))
```

极坐标跨度图

极坐标跨度图是一种常用的时间序列的波动范围图表，对于数据量较多的数据，可以使用线条（line）代替条形（bar）表示数据，可以用于表示价格、温度等随时间的波动变化，如图 3-7-3 所示。

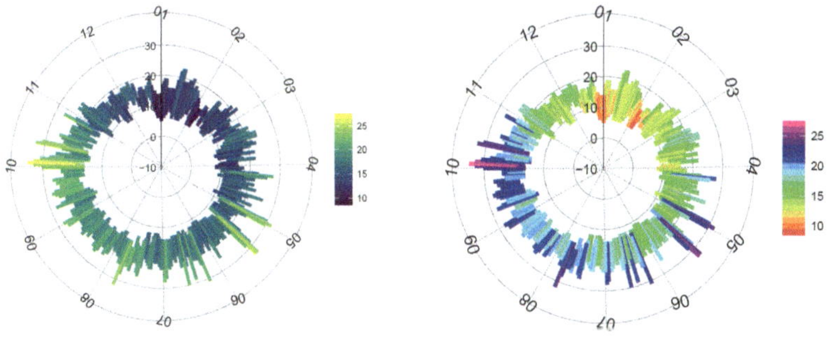

(a)　　　　　　　　(b)

图 3-7-3　极坐标跨度图

技能　绘制极坐标跨度图

R 中的 ggplot2 包提供了线性范围函数：geom_linerange()，主要包括三个参数(x,ymin,ymax)，分别对应 *X* 轴数值、*Y* 轴最小值和最大值。图 3-7-3(b)的具体实现代码如下所示。

```
library(ggplot2)
library(viridis)
df<-read.csv("PloarRange_Data.csv",sep=",",na.strings="NA",stringsAsFactors=FALSE)
df$date<-as.Date(df$date) #将数据框 df 的 date 列数据转换成日期型数据
```

```
myAngle <-seq(-20,-340,length.out = 12)
ggplot(df, aes(date, ymin = min.temperaturec, ymax = max.temperaturec, color = mean.temperaturec)) +
  geom_linerange(size = 1.3, alpha = 0.75) +
  scale_color_viridis("Temperature", option = "D") +   #使用 scale_color_viridis()函数设定颜色主题为连续型"D"
  scale_x_date(labels = date_format("%m"), breaks = date_breaks("month")) +
# scale_x_date()设定日期型 X 轴坐标的标签显示格式和间隔
  ylim(-10, 35) +
  coord_polar() +
  theme_light() +
  theme(axis.text.x=element_text(size = 13,colour="black",angle = myAngle))
```

3.8 雷达图

雷达图（radar chart），又被称为蜘蛛图、极地图或星图。雷达图是用来比较多个定量变量的方法，可用于查看哪些变量具有相似数值，或者每个变量中有没有任何异常值。此外，雷达图也可用于查看数据集中哪些变量得分较高/低，是显示性能表现的理想之选。

每个变量都具有自己的轴（从中心开始）。所有的轴都以径向排列，彼此之间的距离相等，所有轴都有相同的刻度。轴与轴之间的网格线通常只是作为指引用途。每个变量数值会画在其所属轴线之上，数据集内的所有变量将连在一起形成一个多边形。

然而，雷达图有一些重大缺点：

（1）在一个雷达图中使用多个多边形，会令图表难以阅读，而且相当混乱。特别是如果用颜色填满多边形，表面的多边形则会覆盖下面的其他多边形。

（2）过多变量也会导致出现太多的轴线，使图表变得复杂，难以阅读，故雷达图只能保持简单，因而限制了可用变量的数量。

（3）它未能很有效地比较每个变量的数值。即使借助蜘蛛网般的网格指引，也不如在直线轴上比较数值容易。

接下来以数据集 label_data 为例讲解雷达图的绘制方法：

```
label_data<-data.frame(car=c("Math" , "English" , "Biology" , "Music" , "R-Coding" ), value=c(12 , 2 ,14 ,20, 18), id=c(1:5) )
```

其中，car 和 vlaue 列是实际的 X 轴和 Y 轴变量，id 为辅助的绘图变量，为 1~N 的等差数列（N 为数据框的总行数）。

- 在 R 的直角坐标系下，直接使用 geom_path()函数绘制的折线图，或者使用 geom_polygon()函数绘制的多边形图，在将其转换成极坐标系时，得到的图表如图 3-8-1(a)所示。其出现的问题是起点和终点会绘制在同一 X 轴位置。其核心语句如下：

```
ggplot(data=mydata,aes(x=id, y=value)) +
geom_polygon(color = "black", fill= "#E41A1C",alpha=0.1)+
geom_point(size=5,shape=21,color = 'black', fill= "#E41A1C")+
coord_polar()
```

- 这时，可以在原始数据框的末尾添加第一行的数据：

```
AddRow<-c(NA,nrow(label_data)+1, label_data [1,ncol(label_data)])
mydata<-rbind(label_data,AddRow)
```

再使用相同的方法绘制，就可以得到如图 3-8-1(b)所示的带平滑线的雷达图。但是其存在的问题是 *X* 轴坐标标签并没有与实际的 *X* 轴的数据对应。

- 在图 3-8-1(b)的基础上，使用 scale_x_continuous()函数可以将 *X* 轴坐标标签替换成 car 列的数值，具体语句如下：

```
scale_x_continuous(breaks =label_data$id,labels=label_data$car)
```

这样，就可以得到如图 3-8-1(c)所示的带平滑曲线的雷达图。

- 如果要得到图 3-8-1(d)所示的直线连接的雷达图，则只需要将极坐标系的 coord_polar()函数修改成自定义的雷达坐标系的 coord_radar()函数即可。

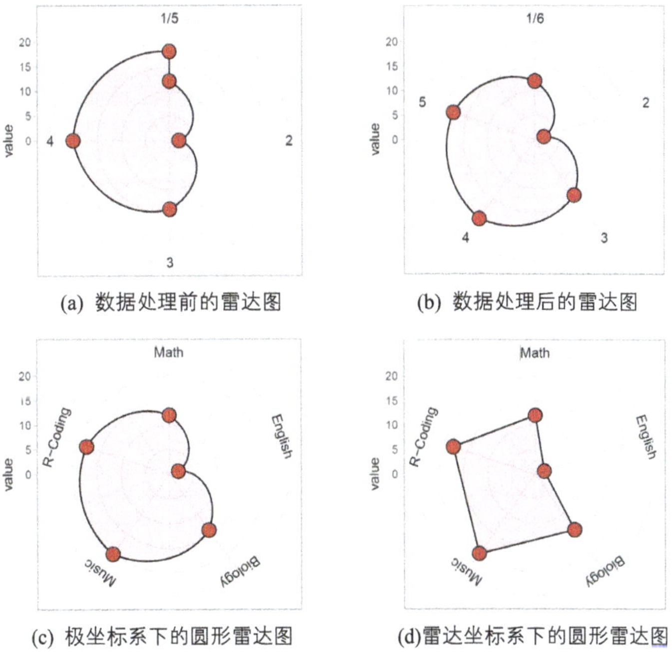

(a) 数据处理前的雷达图　(b) 数据处理后的雷达图

(c) 极坐标系下的圆形雷达图　(d)雷达坐标系下的圆形雷达图

图 3-8-1　雷达图的绘制演变过程

技能 雷达图系列

R 中的 fmsb 包提供了 radarchart()函数，可以绘制标准的雷达图；使用 ggplot2 包的 geom_polygon()函数或者 geom_path()函数，同时借助自制的辅助函数 coord_radar()[1]，可以实现图 3-8-1(c)所示的圆形雷达图，具体代码如下所示。但是使用 coord_polar() 函数替代 coord_radar()函数，可以实现图 3-8-2(b)所示的带平滑线的圆形雷达图。

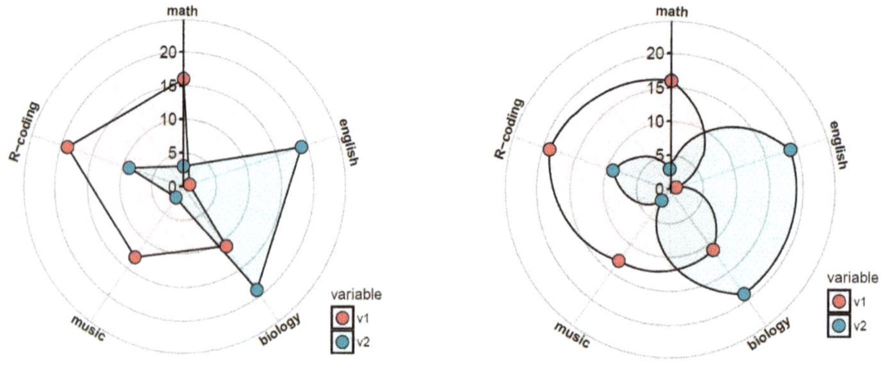

(a) 圆形雷达图　　(b) 带平滑线的圆形雷达图

图 3-8-2　多数据系列雷达图

其中，geom_polygon()函数是根据给定的数据点依次连接形成封闭的多边形，而 geom_path()函数则根据给定的数据点依次使用线条连接。

```
library(ggplot2)
#雷达坐标系的定义
coord_radar <- function (theta = "x", start = 0, direction = 1)
{   theta <- match.arg(theta, c("x", "y"))
r <- if (theta == "x")
   "y"
else "x"
ggproto("CoordRadar", CoordPolar, theta = theta, r = r, start = start,
          direction = sign(direction),
          is_linear = function(coord) TRUE)}

label_data<-data.frame(car=c("Math" , "English" , "Biology" , "Music" , "R-Coding" ),
                     id=c(1:5) ,
                     value=c(12 , 2 ,14 ,20, 18))
```

1 coord_radar()函数的来源：

https://github.com/cardiomoon/ggplot2new/tree/4e50b7dcfee3246a169702f88f7dd46cbf933f4b

```
#添加一行辅助数据到绘图数据
AddRow<-c(NA,nrow(label_data)+1, label_data [1,ncol(label_data)])
mydata<-rbind(label_data,AddRow)
#坐标轴标签的角度设定
angle0<-   360 * (label_data$id-1) /nrow(label_data)
myAngle<-ifelse(angle0 >angle0[1], 180-angle0, angle0)

ggplot(data=mydata,aes(x=id, y=value)) +
  geom_polygon(color = "black", fill= "#E41A1C",alpha=0.1)+
  geom_point(size=5,shape=21,color = 'black', fill= "#E41A1C")+
  #coord_polar() + #实现为图 3-8-1(c) 极坐标系下的圆形雷达图
  coord_radar()+   #实现为图 3-8-1(d) 雷达坐标系下的圆形雷达图
  scale_x_continuous(breaks =label_data$id,labels=label_data$car)+
  ylim(0,22)+
  theme_light()+
  theme(axis.text.x=element_text(size = 11,colour="black",angle = myAngle))
```

3.9　词云图

词云图（word cloud chart）是通过使每个字的大小与其出现频率成正比，显示不同单词在给定文本中的出现频率，然后将所有的字词排在一起，形成云状图案，可以以任何格式排列：水平线、垂直列或其他形状，如图 3-9-1 所示。其也可以用于显示获分配元数据的单词。在词云图上使用颜色通常都是毫无意义的，主要是为了美观，但我们可以用颜色对单词进行分类或显示另一个数据变量。词云图通常用于网站或博客上，以描述关键字或标签使用，也可用来比较两个不同的文本。

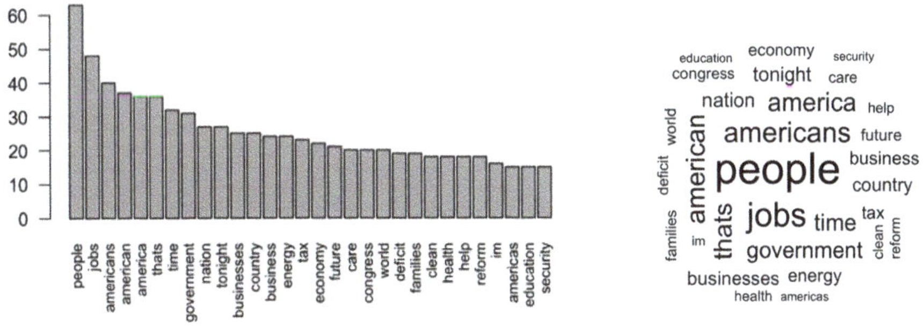

(a) 柱形图　　　　(b)词云图

图 3-9-1　词云图的映射

词云图虽然简单易懂，但有着一些重大缺点：

（1）较长的字词会更引人注意；

（2）字母含有很多升部/降部的单词可能会更受人关注；

（3）分析精度不足，主要是为了美观。

图 3-9-2 是两篇文章 Paper1 和 Paper2 的词汇文本及其对应的频率。图 3-9-3 分别是两篇文章的词云图，可以使用 wordcloud 包的 wordcloud()函数绘制，而图 3-9-4(a)是两篇文章独有的词汇文本展示，图 3-9-4(b)是两篇文章共有的词汇文本展示，分别可以使用 comparison.cloud()函数和 commonality.cloud()函数绘制。

	Paper1	Paper2
accounts	1	0
accuracy	1	0
across	2	2
activities	0	2
activity	2	0
affairs	0	1
age	0	5
ages	0	2
aggregate	1	0

图 3-9-2　词的频率数据

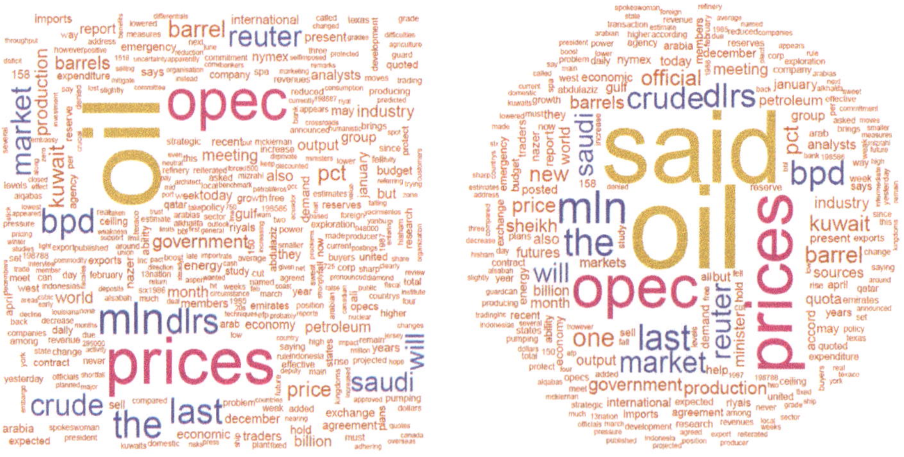

(a)　　(b)

图 3-9-3　单篇文章的词云图

(a) 独有部分　　(b) 共有部分

图 3-9-4　两篇文章的词云图

技能　绘制多数据系列词云图

R 中的 wordcloud 包提供了绘制词云图的函数：wordcloud()、comparison.cloud()和 commonality.cloud()。其中，用 wordcloud(words,freq)函数绘制词云图时，只需要提供文本（words）和对应的频率（frequency）；comparison.cloud(term.matrix)和 cpommonality.cloud(term.matrix)可以绘制对比词云图，term. matrix 是一个行名，代表文本，每列数值代表文本对应的频数的矩阵。图 3-9-3 单篇文章的词云图和图 3-9-4 两篇文章的词云图的具体代码如下所示。另外，ggplot2 拓展包 ggwordcloud 的 geom_text_wordcloud()函数也可以跟 ggplot2()函数结合绘制词云图。

```
library(tm)
library(wordcloud)
Paper1<-paste(scan("Paper1.txt", what = character(0),sep = ""), collapse = " ") #读入 TXT 文档 1
Paper2<-paste(scan("Paper2.txt", what = character(0),sep = ""), collapse = " ") #读入 TXT 文档 2
tmpText<- data.frame(c(Paper1, Paper2),row.names=c("Text1","Text2"))
df_title <- data.frame(doc_id=row.names(tmpText), text=tmpText$c.Paper1..Paper2.)
ds <- DataframeSource(df_title)
#创建一个数据框格式的数据源，首列是文档 id(doc_id),第二列是文档内容
corp <- VCorpus(ds)
#加载文档集中的文本并生成语料库文件
corp<- tm_map(corp,removePunctuation) #清除语料库内的标点符号
corp <- tm_map(corp,PlainTextDocument) #转换为纯文本
corp <- tm_map(corp,removeNumbers) #清除数字符号
corp <- tm_map(corp, function(x){removeWords(x,stopwords())}) #过滤停止词库
term.matrix <- TermDocumentMatrix(corp)
#利用 TermDocumentMatrix()函数将处理后的语料库进行断字处理，生成词频权重矩阵
```

```
term.matrix <- as.matrix(term.matrix) #频率
colnames(term.matrix) <- c("Paper1","paper2")
df<-data.frame(term.matrix)
```

write.csv(df,'term_matrix.csv') #导出两篇文章的频率分析结果导出的文本频率分析结果'term_matrix.csv'如图 3-9-2 所示，其中文本为索引行名，然后每列对应每篇文章的文本频率，然后我们使用一下语句就可以展示单篇和两篇文章的词云图：

```
df<-read.csv('term_matrix.csv',header=TRUE,row.names=1)
#图 3-9-3(a)：单篇文章 Paper1 数据的展示
wordcloud(row.names(df) , df$Paper1 , min.freq=10,col=brewer.pal(8, "Dark2"), rot.per=0.3 )
#图 3-9-3(b)：单篇文章 Paper2 数据的展示
wordcloud(row.names(df) , df$Paper2 , min.freq=10,col=brewer.pal(8, "Dark2"), rot.per=0.3 )

#两篇文章数据的对比
#图 3-9-4(a)：两篇文章的独有部分
comparison.cloud(df,max.words=300,random.order=FALSE,colors=c("#00B2FF", "red"))
#图 3-9-4(b)：两篇文章的共有部分
commonality.cloud(df,max.words=100,random.order=FALSE,color="#E7298A")
```

第4章

数值关系型图表

4.1 散点图系列

4.1.1 趋势显示的二维散点图

散点图（scatter graph、point graph、*X-Y* plot、scatter chart 或 scattergram）是科研绘图中最常见的图表类型之一，通常用于显示和比较数值。散点图是使用一系列的散点在直角坐标系中展示变量的数值分布。在二维散点图中，可以通过观察两个变量的数据变化，发现两者的关系与相关性，如图 4-1-1 所示。散点图可以提供三类关键信息：

（1）变量之间是否存在数量关联趋势；

（2）如果存在关联趋势，那么其是线性还是非线性的；

（3）观察是否有存在离群值，从而分析这些离群值对建模分析的影响。

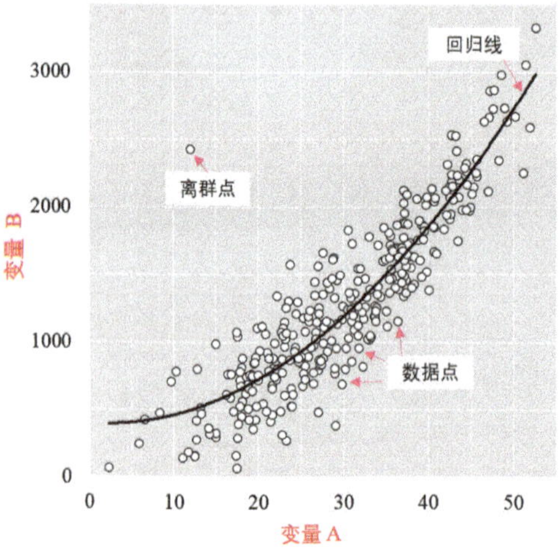

图 4-1-1 二维散点图

通过观察散点图上数据点的分布情况，我们可以推断出变量间的相关性。如果变量之间不存在相互关系，那么在散点图上就会表现为随机分布的离散的点；如果存在某种相关性，那么大部分的数据点就会相对密集并以某种趋势呈现。数据的相关关系主要分为正相关（两个变量值同时增加）、负相关（一个变量值增加另一个变量值下降）、无相关、线性相关、指数相关等，表现在散点图上的大致分布如图 4-1-2 所示。那些离集群较远的点我们称为离群点或者异常点（outlier）。

作为自变量的因素与作为因变量的预测对象是否有关、相关程度如何，以及判断这种相关程度的把握性多大，是进行回归分析必须要解决的问题。进行相关分析，一般要求出相关关系，以相关系数的大小来判断自变量和因变量的相关程度：强相关、弱相关和无相关等（见图 4-1-3）。

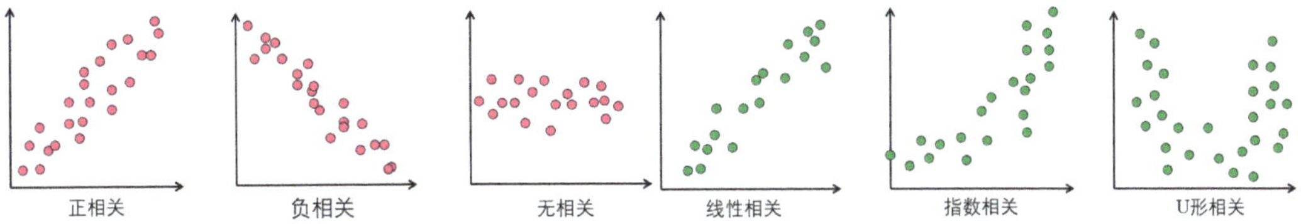

图 4-1-2　不同的相关性类型

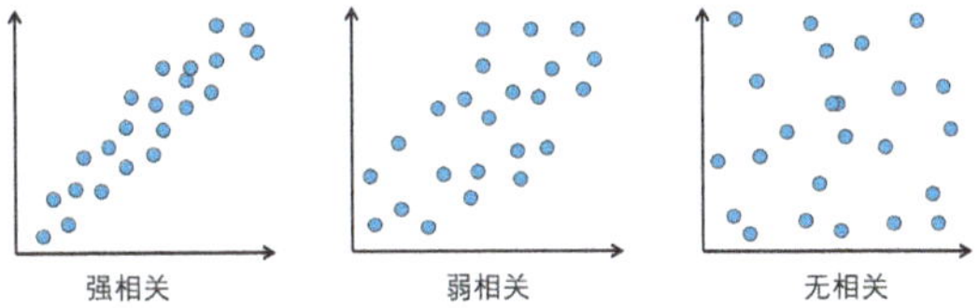

图 4-1-3　不同的相关性强度

$$\rho_{xy}=\frac{\mathrm{Cov}(X,Y)}{\sqrt{D(X)}\sqrt{D(Y)}}=\frac{\sum_{i=1}^{n}\left(x_i-\bar{x}\right)\left(y_i-\bar{y}\right)}{\sqrt{\sum_{i=1}^{n}\left(x_i-\bar{x}\right)^2\sum_{i=1}^{n}\left(y_i-\bar{y}\right)^2}}$$

上式中，$\mathrm{Cov}(X, Y)$为 X，Y 的协方差，$D(X)$、$D(Y)$分别为 X、Y 的方差。散点图经常与回归线（line of best fit，就是最准确地贯穿所有点的线）结合使用，归纳分析现有数据实现曲线拟合，以进行预测分析。对于那些变量之间存在密切关系，但是这些关系又不像数学公式和物理公式那样能够精确表达的情况，散点图是一种很好的图形工具。但是在分析过程中需要注意，这两个变量之间的相关性并不等同于确定的因果关系，也可能需要考虑其他的影响因素。

可以使用回归分析构建检验因变量与一个或多个自变量的关系的数学模型。这些模型可以用于预测自变量的未观察值和/或未来值的响应。在简单情况下，从属变量 y 和独立变量 x 都是标量变量，给定对于 $i=1, 2, \cdots, n$ 的观察值（x_i, y_i），f 是回归函数，e_i 具有共同方差 σ^2 的零均值独立随机误差。回归分析的目的是构建 f 的模型，并基于噪声数据进行估计。

1. 参数回归模型

参数回归模型假定 f 的形式是已知的。曲线拟合（curve fitting）是指选择适当的曲线类型来拟合观测数据，并用拟合的曲线方程分析两个变量间的关系。绘图软件一般使用最小二乘法（least square method）实现拟合曲线的计算求取。回归分析（regression analysis）是对具有因果关系的影响因素（自变量）和预测对象（因变量）所进行的数理统计分析处理。只有当自变量与因变量确实存在某种关系时，建立的回归方程才有意义。按照自变量的多少，可分为一元回归分析和多元回归分析；按照自变量和因变量之间的关系类型，可分为线性回归分析和非线性回归分析。比较常用的是多项式回归模型、线性回归模型和指数回归模型。

（1）指数回归模型：$y=ae^{bx}$，如图 4-1-4(a)所示；

（2）线性回归模型：$y=ax+b$，如图 4-1-4(b)所示；

（3）对数回归模型：$y=\ln x+b$，如图 4-1-4(c)所示；

（4）幂回归模型：$y=ax^b$，如图 4-1-4(d)所示；

（5）多项式回归模型：$y=a_1x+a_2x^2+\cdots+a_nx^n+b$，其中 n 表示多项式的最高次项，如图 4-1-4(e)所示。

2. 非参数回归模型

非参数回归模型不采用预定义形式。相反，它对 f 的定性性质做出假设。例如，可以假设 f 是“平滑的”，其不会减少到具有有限数量的参数的特定形式。因此，非参数方法通常更灵活。它们可以揭示数据中可能被遗漏的结构。数据平滑（data smoothimg）通过建立近似函数尝试抓住数据中的主要模式，去除噪声、结构细节或瞬时现象，来平滑一个数据集。在平滑过程中，信号数据点被修改，由噪声产生的单独数据点被降低，低于毗邻数据点的点被提升，从而得到一个更平滑的信号。平滑有两种重要形式用于数据分析：①若平滑的假设是合理的，则可以从数据中获得更多信息；②提供灵活而且稳健的分析。

数据平滑的方法主要有：局部加权回归（Locally Weighted Scatterplot Smoothing，LOWESS 或 LOESS）、广义可加模型（Generalised Additive Model，GAM）、Savitzky-Golay、样条（spline）数据平滑。

（1）LOESS 数据平滑，主要思想是取一定比例的局部数据，在这部分子集中拟合多项式回归曲线，这样就可以观察到数据在局部展现出来的规律和趋势。曲线的光滑程度与选取数据比例有关：比例越少，拟合越不光滑，反之越光滑，如图 4-1-4(f)所示。

（2）GAM 数据平滑，在 R 中调用 mgcv 包拟合数据得到 GAM 模型。GAM 模型的拟合是通过一个迭代过程（向后拟合算法）对每个预测变量进行样条平滑的。其算法要在拟合误差和自由度之间进行权衡最终达到最优，如图 4-1-4(g)所示。

（3）样条数据平滑，如图 4-1-4(h)所示。

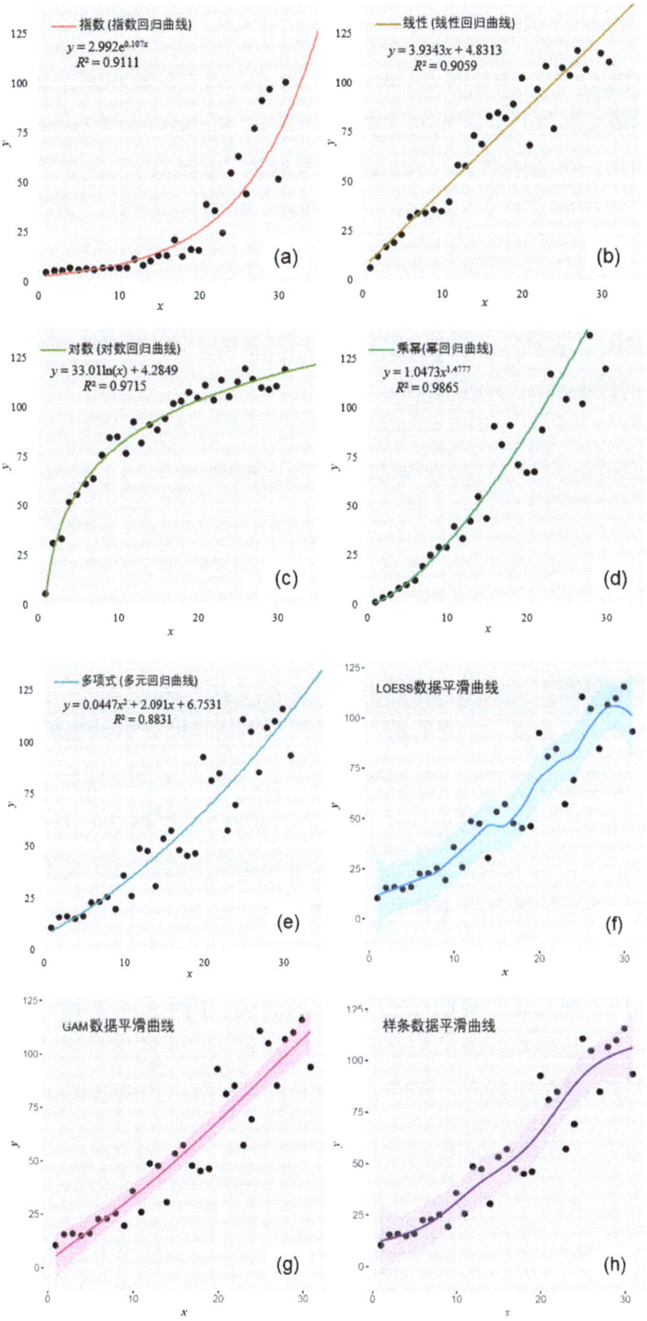

图 4-1-4 二维散点图的不同曲线类型

技能 带趋势曲线的二维散点图的绘制方法

（1）回归曲线：Excel 可以实现图 4-1-4(a)~图 4-1-4(e)的五种数据回归类型，具体方法可以参考《Excel 数据之美：科学图表与商业图表的绘制》，Origin、SigmaPlot 和 Graphad Prism 也可以先根据数据绘制二维散点图后，再通过数据“分析(A)”模块的“拟合(F)”命令添加回归线。MATLAB、Python 和 R 可以使用相应的函数（function）拟合数据。总的来说，给二维散点图添加回归曲线，使用 Excel 是最简单的方法。

（2）平滑曲线：平滑曲线的算法有很多，而且还要设定相应的平滑参数。R 中 ggplot2 包的 geom_smooth()函数提供了图 4-1-4(f)~图 4-1-4(h)等平滑算法，基本能满足平时的实验数据处理要求，使用 LOESS 方法平滑数据的核心代码如下：

```
library(ggplot2)
mydata<-read.csv("Scatter_Data.csv",stringsAsFactors=FALSE) # mydata 为 x 和 y 两列数据组成
ggplot(data = mydata, aes(x,y)) +
geom_point(fill="black",colour="black",size=3,shape=21) +#  绘制二维散点
geom_smooth(method = 'loess',span=0.4,se=TRUE,colour="#00A5FF",fill="#00A5FF",alpha=0.2)
#使用 LOESS 方法平滑数据，添加平滑曲线
```

拟合的数值和实际数值就是残差（residual）。残差分析（residual analysis）就是通过残差所提供的信息，分析出数据的可靠性、周期性或其他干扰。用于分析模型的假定正确与否的方法。所谓残差是指观测值与预测值（拟合值）之间的差，即实际观察值与回归估计值的差。

在回归分析中，测定值与按回归方程预测的值之差，用 δ 表示。残差 δ 遵从正态分布 $N(0,\sigma^2)$。（δ-残差的均值）/残差的标准差，称为标准化残差，用 δ^*表示。δ^*遵从标准正态分布 $N(0,1)$。实验点的标准化残差落在(-2,2)区间以外的概率≤0.05。若某一实验点的标准化残差落在(-2,2)区间以外，可在 95%置信度将其判为异常实验点，不参与回归线拟合。

图 4-1-5 为使用 R 绘制的残差分析图，分别对应图 4-1-4(b)和图 4-1-4(e)。采用黑色到红色渐变颜色和气泡面积大小两个视觉暗示对应残差的绝对值大小，用于实际数据点的表示；而拟合数据点则用小空心圆圈表示，并放置在灰色的拟合曲线上。用直线连接实际数据点和拟合数据点。残差的绝对值越大，颜色越红、气泡也越大，连接直线越长，这样可以很清晰地观察数据的拟合效果。

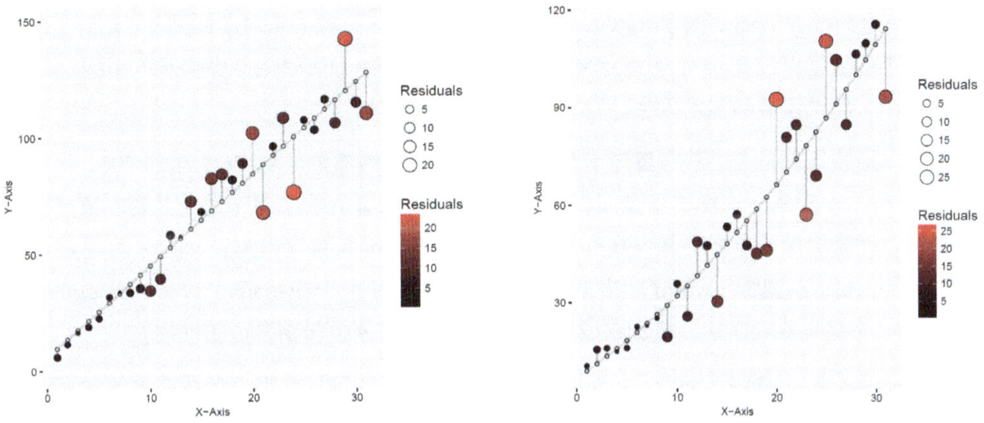

(a) 线性回归　　　　(b)二次回归

图 4-1-5　残差分析图

技能　残差分析图的绘制方法

如果省去气泡颜色和面积大小两个视觉特征，直接使用实际和拟合数据点的连接线表示残差，则可以使用 Excel、Origin 等软件。在 R 中，先根据拟合曲线计算预测值和残差，再使用实际值与预测值绘制散点图，最后使用残差作为实际值的误差线长度，添加误差线，这样就可以实现实际值与预测值的连接，同时将实际值的气泡面积大小与颜色映射到该点的残差数值，图 4-1-5(a)的核心代码如下：

```
library(ggplot2)
mydata<-read.csv("Residual_Analysis_Data.csv",stringsAsFactors=FALSE)
fit <- lm(y2 ~ x, data = mydata)        #线性拟合，mydata 的 x 和 2y 两列数据
mydata$predicted <- predict(fit)        #保存预测值
mydata$residuals <- residuals(fit)      #保存残差(有正有负)
mydata$Abs_Residuals<-abs(mydata$residuals)   #保存残差的绝对值
#mydata 包含 x、y2、predicted、residuals、Abs_Residuals 共 5 列数值
ggplot(mydata, aes(x = x, y = y2)) +
  geom_point(aes(fill =Abs_Residuals, size = Abs_Residuals),shape=21,colour="black") +
# 使用实际值绘制气泡图，并将气泡的颜色和面积映射到残差的绝对值 Abs_Residuals
  geom_smooth(method = "lm", se = FALSE, color = "lightgrey") + #  添加灰色的线性拟合曲线
  geom_point(aes(y = predicted), shape = 1) + #添加空心圆圈的预测值
  geom_segment(aes(xend = x, yend = predicted), alpha = .2) +#添加实际值和预测值的连接线
scale_fill_continuous(low = "black", high = "red") + #填充颜色映射到 red 单色渐变系
  guides(fill = guide_legend((title="Rresidual")),
         size = guide_legend((title="Rresidual")))
```

图片类型散点图，就是使用图片置换数据点○，有时候可以更加形象化地表达数据内容。一般

来说，数据信息为(x, y, image)或者(x, y, z, image)，其中 image 为数据点对应的图片，x 和 y 分别定义直角坐标系中的数据点位置，z 也可以定义数据点所展示的图片面积大小，类似于气泡图，如图 4-1-6 所示的梅丽尔·斯特里普的艺术人生。

梅丽尔·斯特里普是史上获得奥斯卡奖项提名次数最多的演员，从 1929 年到 2017 年，达到了难以置信的 17 次，更是 3 次捧得小金人，仅次于凯特林·赫本，和杰克·尼克儿森、英格丽·褒曼等并驾齐驱。在她多年的电影生涯中演过的角色不计其数，而且跨度很大。vulture 网站把这些角色按照从冷酷（cold）到温情（warm）、从严肃（serious）和随性（frivolous）分类，绘制成了图片类型散点图。29 个角色尽收眼底，看起来温情的比较多，严肃的也稍稍多过随性的。

R 中的 ggimage 包[1]提供了 geom_image()函数可以将对应的圆形数据点使用图片替代展示。但是需要预先借助图像处理软件把图片处理成圆形状。

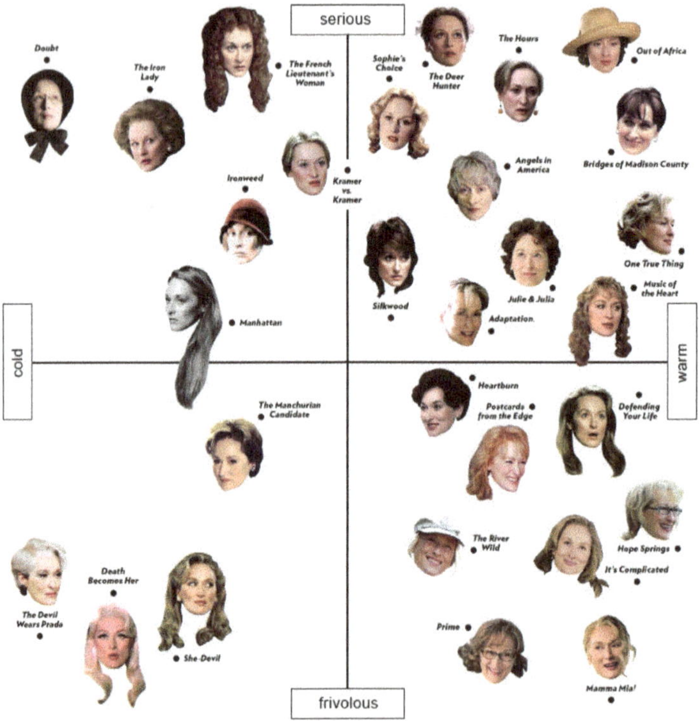

图 4-1-6　梅丽尔·斯特里普的艺术人生（图片来源：Vulture 网站）

1 ggimage 包的参考手册：https://cran.r-project.org/web/packages/ggimage/vignettes/ggimage.html

4.1.2 分布显示的二维散点图

1. 单数据系列

（1）Q-Q 图和 P-P 图

关于统计分布的检验方法有很多种，例如 *K-S* 检验、卡方检验等，从图形的角度来说，我们也可以使用 Q-Q 图或 P-P 图来检查数据是否服从某种分布。P-P 图（或 Q-Q 图）可检验的分布包括：贝塔分布（beta distribution）、*t* 分布（t-distribution）、卡方分布（chi-square）、伽马分布（gamma distribution）、正态分布（normal distribution）、均匀分布（uniform distribution）、帕累托分布（Pareto distribution）、逻辑斯谛分布（logistic distribution）等。

- Q-Q 图（Quantile-Quantile plot）是一种通过画出分位数来比较两个概率分布的图形方法。首先选定区间长度，点(x,y)对应于第一个分布（X 轴）的分位数和第二个分布（Y 轴）相同的分位数。因此画出的是一条含参数的曲线，参数为区间个数。对应于正态分布的 Q-Q 图，就是以标准正态分布的分位数为横坐标、样本值为纵坐标的散点图。要利用 Q-Q 图鉴别样本数据是否近似于正态分布，只需看 Q-Q 图上的点是否近似地在一条直线附近，而且该直线的斜率为标准差，截距为均值，如图 4-1-7(b2)所示。原始数据服从正态分布如图 4-1-7(a2)所示，且标准差为 1.0，均值为 10.0。

  Q-Q 图的用途不仅在于检查数据是否服从某种特定理论分布，它也可以推广到检查数据是否来自某个位置参数的分布族。如果被比较的两个分布比较相似，则其 Q-Q 图近似地位于 $y=x$ 上。如果两个分布线性相关，则 Q-Q 图上的点近似地落在一条直线上，但并不一定是 $y = x$ 这条线。Q-Q 图可以比较概率分布的形状，从图形上显示两个分布的位置、尺度和偏度等性质是否相似或不同。一般来说，当比较两组样本时，Q-Q 图是一种比直方图更加有效的方法，但是理解 Q-Q 图则需要更多的背景知识。

- P-P 图（Probability–Probability plot 或 Percent–Percent plot）是根据变量的累积比例与指定分布的累积比例之间的关系所绘制的图形。通过 P-P 图可以检验数据是否符合指定的分布。当数据符合指定分布时，P-P 图中各点近似地呈一条直线。如果 P-P 图中各点不呈直线，但有一定规律，则可以对变量数据进行转换，使转换后的数据更接近指定分布。P-P 图和 Q-Q 图的用途完全相同，只是检验方法存在差异[22]。

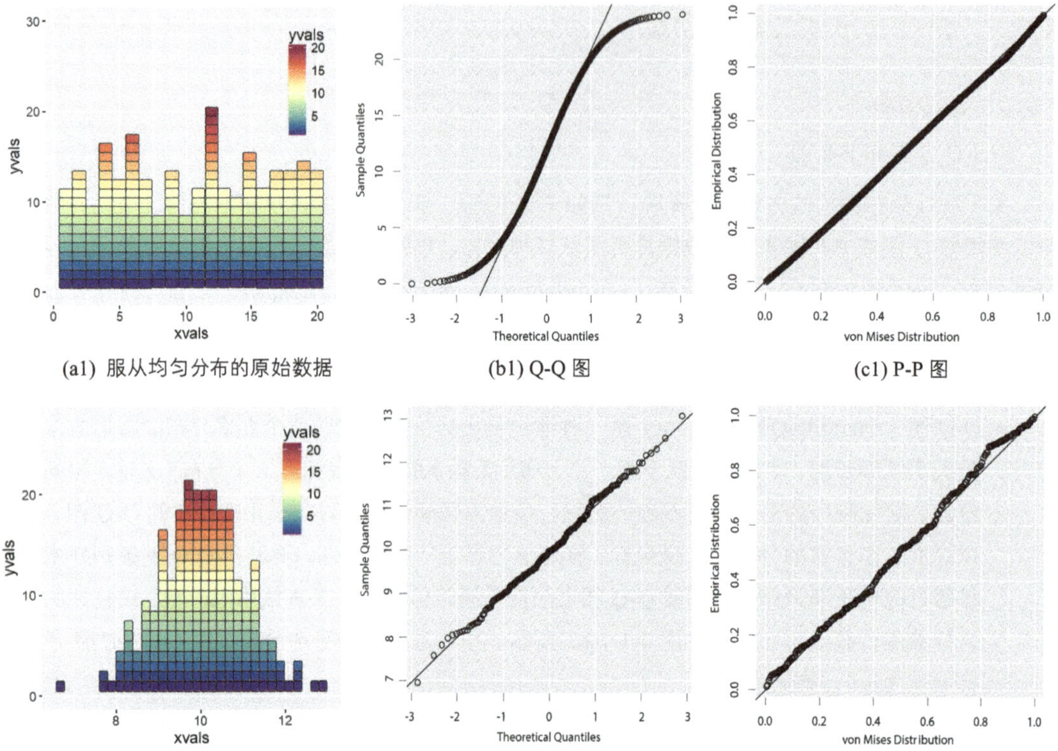

(a1) 服从均匀分布的原始数据　(b1) Q-Q 图　(c1) P-P 图

(a2) 服从正态分布的原始数据　(b2) Q-Q 图　(c2) P-P 图

图 4-1-7　Q-Q 图和 P-P 图的对比分析

技能　Q-Q 图的绘制方法

在 R 中可以使用 CircStats 包的 pp.plot()函数绘制 P-P 图；ggplot2 包的 geom_qq()函数和 geom_qq_line()函数结合可以绘制 Q-Q 图；另外，ggplot2 包结合 ggpubr 包可以绘制如图 4-1-7 所示的 Q-Q 图，其核心代码如下所示。

```
library(ggpubr)
x <- rnorm(250 , mean=10 , sd=1)
ggqqplot(x,
shape=21,fill="white",colour="black", #使用白色填充、黑色边框的圆圈绘制数据点
          ggtheme = ggplot2::theme_grey()) #采用 ggplot2 包的灰色风格
```

（2）散点图

散点图通常用于显示和比较数值，不仅可以显示趋势，还能显示数据集群的形状，以及在数据云团中各数据点的关系。这类散点图很适合用于聚类分析，根据二维特征对数据进行类别区分。常用的聚类分析方法包括 k-means、FCM、KFCM、DBSCAN、MeanShift 等[23]。Python 的 scikit-learn

包中专门对多种聚类（clustering）算法进行实现与对比[1]。同时也向读者推荐一本关于 R 语言聚类算法的书籍：*Alboukadel Kassambara. Practical Guide to Cluster Analysis in R* [24]，里面有对各种聚类算法的详细说明。对于高密度的散点图可以利用数据点的透明度观察数据的形状和密度，如图 4-1-8 所示。

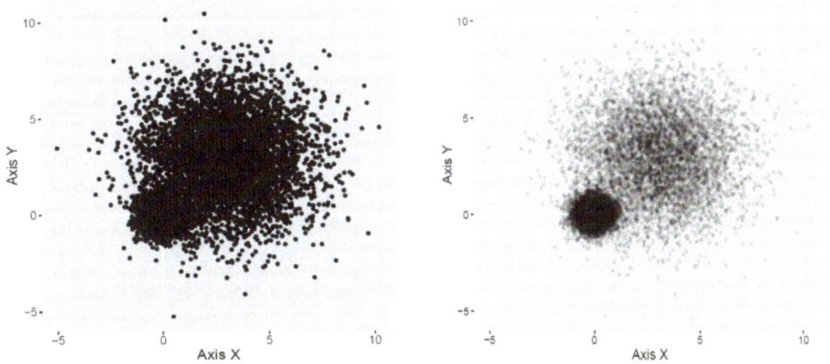

(a) 原始数据的散点分布图　　(b) 带透明度设置的散点图

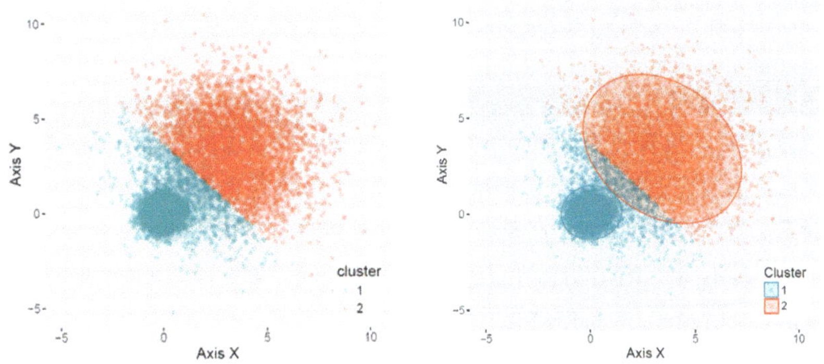

(c) k-means 聚类散点图　　(d) 带椭圆标定的聚类散点图

图 4-1-8　高密度散点图

技能　高密度散点图的绘制方法

使用 ggplot2 包的 geom_point()函数可以绘制散点图：先根据数据(x,y)映射到散点，如图 4-1-8(a)所示，然后设置数据点的透明度，就可以实现如图 4-1-8(b)所示的效果。

算法的实现：k-means（k-均值聚类）算法是很常见的聚类算法，是一种基于距离的聚类算法，属于非监督学习方法，是很常见的一种聚类算法[25]。它用质心（centroid）到属于该质心的点距离这

1 scikit-learn 包聚类算法的对比：http://scikit-learn.org/stable/modules/clustering.html#clustering

个度量来实现聚类，通常可以用于 N 维空间的对象。k-means 算法接受输入参数 k；然后将 n 个数据对象划分为 k 个聚类以便使所获得的聚类满足：同一聚类中的对象相似度较高；而不同聚类中的对象相似度较小。聚类相似度是利用各聚类中对象的均值获得一个“中心对象”（引力中心）来进行计算的。MATLAB、Python 和 R 可以通过 k-means 相关函数实现，R 中的 stats 包实现 k-means 算法的核心代码如下。

```
library(ggplot2)
mydata<-read.csv("HighDensity_Scatter_Data.csv",stringsAsFactors=FALSE)
kmeansResult<- kmeans(mydata, 2, nstart =20)
# mydata 为 x 和 y 两列数据组成，k-means 算法
   mydata$cluster <- as.factor(kmeansResult$cluster)
#将分类结果转变成类别变量(categorical variables)
   ggplot(data = mydata, aes(x,y,color=cluster)) +
   geom_point (alpha=0.2)+
  # 绘制透明度为 0.2 的散点图
  stat_ellipse(aes(x=x,y=y,fill= cluster), geom="polygon", level=0.95, alpha=0.2) +
  #绘制椭圆标定不同类别，如果省略该语句，则绘制图 4-1-7(c1)和图 4-1-7(c2)
  scale_color_manual(values=c("#00AFBB","#FC4E07")) +#使用不同颜色标定不同数据类别
  scale_fill_manual(values=c("#00AFBB","#FC4E07"))  #使用不同颜色标定不同的类别
```

2. 多数据系列

多数据系列的散点图需要使用不同的填充颜色和数据点形状这两个视觉特征来表示数据系列。图 4-1-9(a)只使用不同的填充颜色区分数据系列，图 4-1-9(b)就是使用不同填充颜色和不同形状两个视觉特征，同时区分数据系列的，即使在黑白印刷时也能保证读者清晰地区分数据系列。R 中 ggplot2 包可供选择总共 20 种不同类型的形状。Excel、Origin、Python 等软件中也存在不同的形状，最常用就是圆形○、菱形◇、方形□、三角形△等。

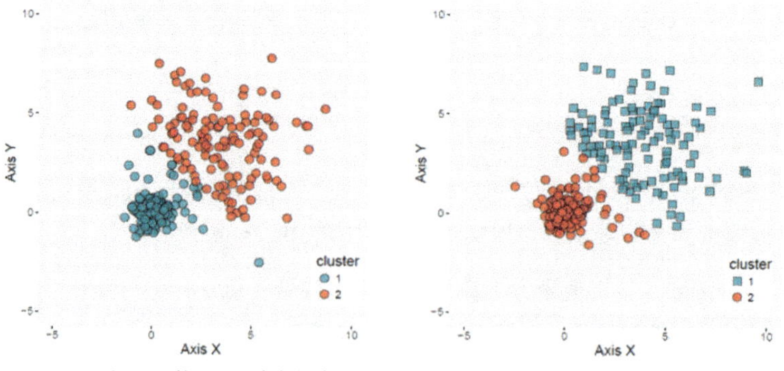

(a) 相同形状+不同填充颜色　　(b) 不同形状+不同填充颜色

图 4-1-9　多数据系列散点图

技能 多数据系列散点图的绘制方法

多数据系列散点图只是在单数据系列上添加新的数据系列，使用不同的填充颜色或形状区分数据系列，R 中 ggplot2 包的 geom_point()函数可以根据数据类别映射到不同的填充颜色与形状，以及边框颜色，实现图 4-1-9(b)多数据系列散点图的核心代码如下所示。

```
ggplot(data = mydata, aes(x,y,fill=cluster,shape=cluster)) +
# mydata 为 x、y 和 cluster 三列数据组成，cluster 表示类别
  geom_point(size=4,colour="black",alpha=0.7)+   # 绘制透明度为 0.7 的散点图
  scale_shape_manual(values=c(21,23))+ #使用不同的形状标定不同数据类别
  scale_fill_manual(values=c("#00AFBB",  "#FC4E07")) #使用的不同颜色标定不同数据类别
```

4.1.3 气泡图

气泡图是一种多变量图表，是散点图的变体，也可以认为是散点图和百分比区域图的组合。气泡图最基本的用法是使用三个值来确定每个数据序列，和散点图一样，气泡图将两个维度的数据值分别映射为笛卡儿坐标系上的坐标点，其中 X 轴和 Y 轴分别代表不同的两个维度的数据，但是不同于散点图的是，每个气泡的面积代表第三个维度的数据。气泡图通过气泡的位置及面积大小，可分析数据之间的相关性。

需要注意的是，圆圈状气泡的大小是映射到面积（circle area）而不是半径（circle radius）或者直径（circle diameter）绘制的。因为如果是基于半径或者直径，那么圆的大小不仅会呈指数级变化，而且还会导致视觉误差。

$$\text{Circle Area}=\pi\times(\text{Circle Diameter}/2)^2$$

$$\text{Circle Diameter}=(\text{SQRT}(\text{Area}/\pi))\times 2$$

图 4-1-10(a)只使用面积大小（1 个视觉特征）来表示气泡图，为了避免数据的重叠遮挡，一般设置气泡的透明度。添加填充颜色渐变的气泡图（两个视觉特征），如图 4-1-10(b)所示，第三维变量“disp”不仅映射到气泡大小，而且还映射到填充颜色，这样能使读者更加清晰地观察数据的变化关系。在图 4-1-10(b)气泡图的基础上添加数据标签（第三维变量“disp”，即气泡的面积大小），如图 4-1-10(c)所示；但是需要注意，不要出现太严重的数据标签的重叠（overlap）。图 4-1-10(d)只是在图 4-1-10(b)的基础上把圆圈状的气泡换成方块状，给人的视觉感受与图 4-1-10(b)截然不同。图 4-1-10(b)和图 4-1-10(d)并不能判断谁更好看，“萝卜白菜，各有所爱”，你喜欢使用哪种类型，就可以绘制哪种类型。

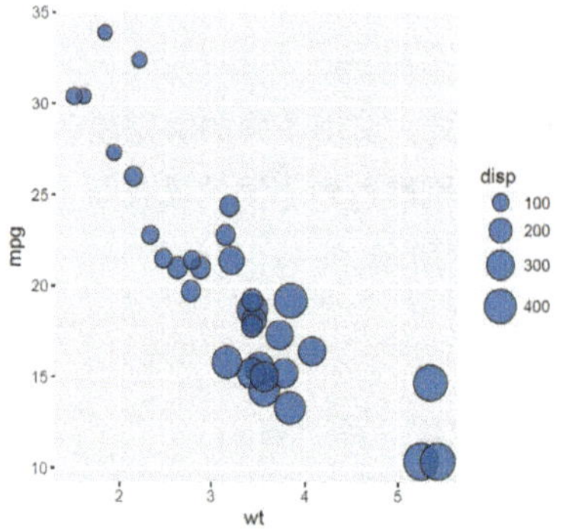

(a) 圆圈状的气泡图

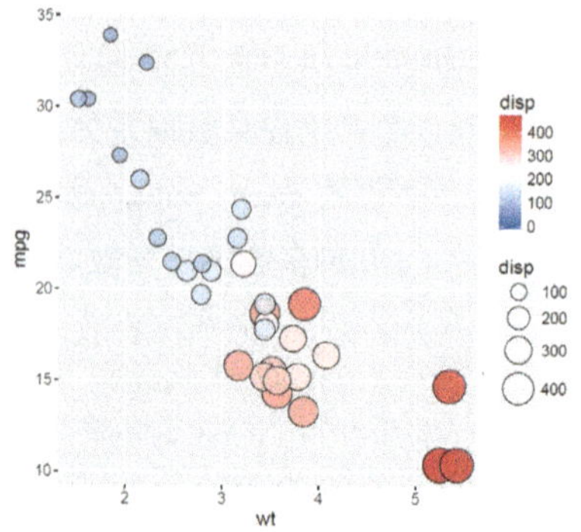

(b) 带填充颜色渐变的气泡图

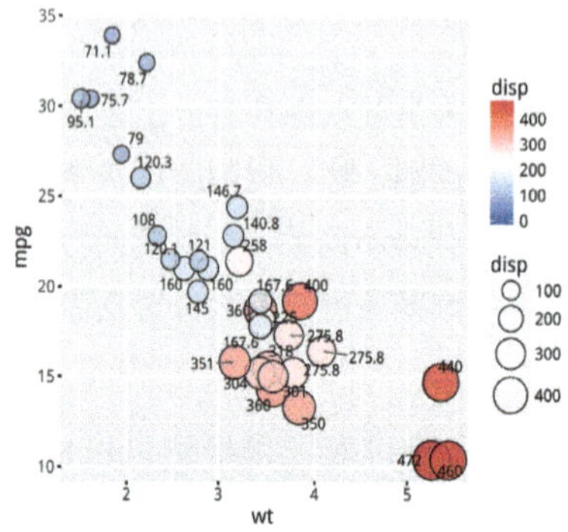

(c) 带数据标签的气泡图

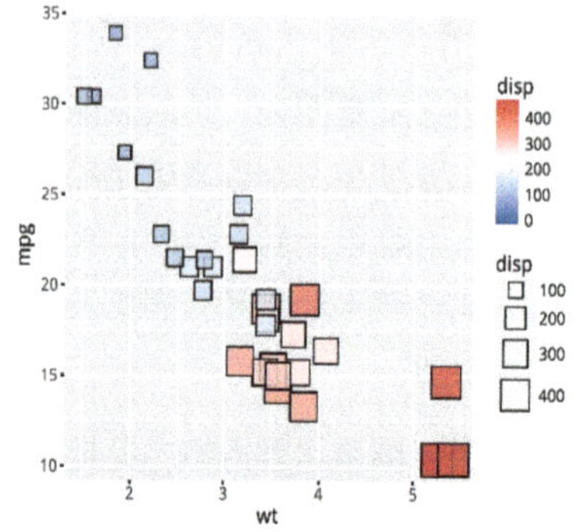

(d) 方块状的气泡图

图 4-1-10　气泡图系列

技能　气泡图的绘制方法

图 4-1-10(a)圆圈状的气泡图可以使用 Excel 绘制，但是其最大的一个问题是没有图例。使用 R 中 ggplot2 包实现图 4-1-10(c)所示带数据标签的气泡图的核心代码如下所示，但是 ggplot2 包自带的添加数据标签函数 geom_text()容易出现数据标签重叠的情况，所以使用 ggrepel 包的 geom_text_repel()函数设置数据标签。

```
library(ggrepel)
library(ggplot2)
ggplot(data=mtcars, aes(x=wt,y=mpg))+
    geom_point(aes(size=disp,fill=disp),shape=21,colour="black",alpha=0.8)+
# 绘制气泡图，填充颜色和面积大小都映射到"disp"
    scale_fill_gradient2(low="#377EB8",high="#E41A1C",limits = c(0,max(mtcars$ disp)),
midpoint = mean(mtcars$disp))+ #设置填充颜色映射主题（colormap）
scale_size_area(max_size=12)+ # 设置显示的气泡图气泡最大面积
 geom_text_repel(label = disp ) # 添加数据标签"disp"
```

气泡图的数据大小容量有限，气泡太多会使图表难以阅读。静态的气泡图最好只表达三个维度的数据：X 轴和 Y 轴分别代表不同的两个维度的数据；同时使用气泡的面积和颜色，或者只使用气泡面积，代表第三个维度的数据。

多数据系列气泡图（第四个维度为数据类别），虽然可以使用不同的颜色区分不同类别，但是推荐使用后面章节讲解的栅栏图展示数据。使用交互可视化的气泡图，可以通过鼠标点击或者悬浮时显示气泡信息，或者添加选项控件用于重组或者过滤分组类别，但是使用交互可视化方法制作的图表几乎不应用在学术图表中。

对于时间维度的气泡图可以结合动画来表现数据随着时间的变化情况。Hans Rosling 把气泡图用得神乎其技，他是瑞典卡罗琳学院全球公共卫生专业的教授。有关他利用数据可视化显示 200 多个国家或地区 200 年来的人均寿命和经济发展的 TED 视频非常火，其中图 4-1-11 就是他制作的不同国家或地区的人均收入气泡图。

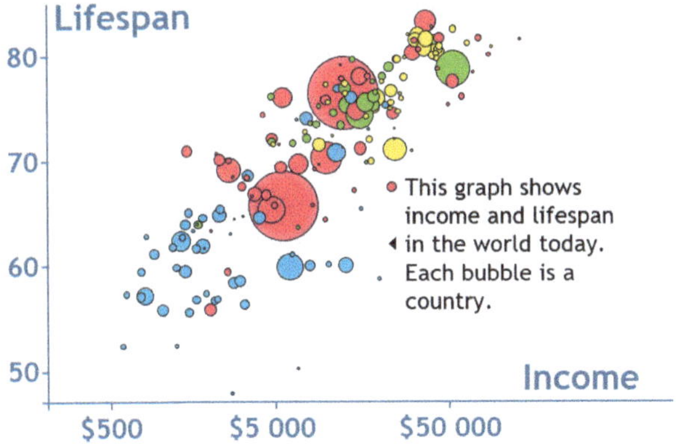

图 4-1-11　不同国家的人均收入气泡图

圆堆积气泡图，其实是对大量数据的柱形图展示的一种替代方案，能够很好地节省图表的展示面积，以气泡的大小和颜色两个视觉通道映射数值，如图 4-1-12 所示。

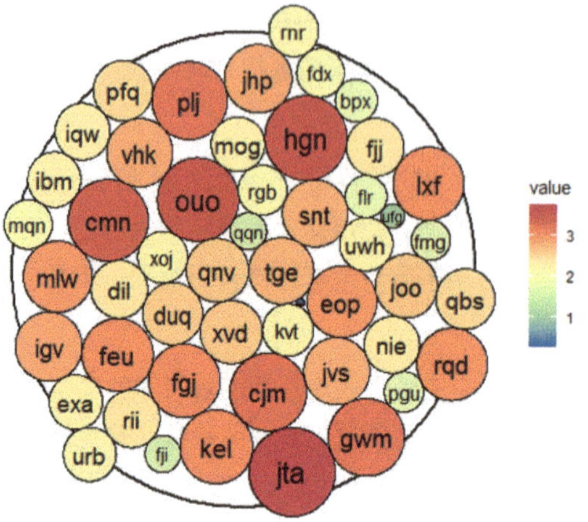

图 4-1-12　圆堆积气泡图

技能　圆堆积气泡图的绘制方法

使用 ggraph 包的 pack_circles()函数可以根据气泡数值构造气泡的位置（position）数据，然后使用 ggforce 包的 geom_circle()函数就可以绘制气泡，具体代码如下所示：

```
library(ggraph)
library(ggforce)
set.seed(123)
sizes <-rnorm(50, mean = 20, sd = 10)
position <- pack_circles(sizes)
data <- data.frame(x = position[,1], y = position[,2], r = sqrt(sizes/pi),value=sizes,
  label=paste(sample(letters[1:24], 50, TRUE), sample(letters[1:24], 50, TRUE), sample(letters[1:24], 50, TRUE),sep = ""))

ggplot(data) +
  geom_circle(aes(x0 = 0, y0 = 0, r = attr(position, 'enclosing_radius')*0.88),size=1) +
  geom_circle(aes(x0 = x, y0 = y, r = r,fill=r), data = data) +
  geom_text(aes(x=x,y=y,label=label,size=r))+
  scale_fill_distiller(palette='Spectral',name='value')+
  guides(size=FALSE)+
  coord_fixed()+
  theme_void()
```

4.1.4　三维散点图

我们也可以将气泡图的三维数据绘制到三维坐标系中，这就是通常所称的三维散点图，即用在三维 *X-Y-Z* 图上针对一个或多个数据序列绘出三个度量的一种图表。

图 4-1-13 所示为不同类型的三维散点图。图 4-1-13(a)是普通的三维散点图，*X*、*Y* 和 *Z* 轴分别对应三个不同的变量。图 4-1-13(b)是在图 4-1-13(a)的基础上，将 *Z* 轴变量数据“Power(KW)”映射到数据点颜色，这样可以更加清晰地观察 *Z* 轴变量与 *X*、*Y* 轴变量数据的变化关系。

需要注意的是：图 4-1-13 中的三维图表的投影方式都为正交投影（orthographic projection）。

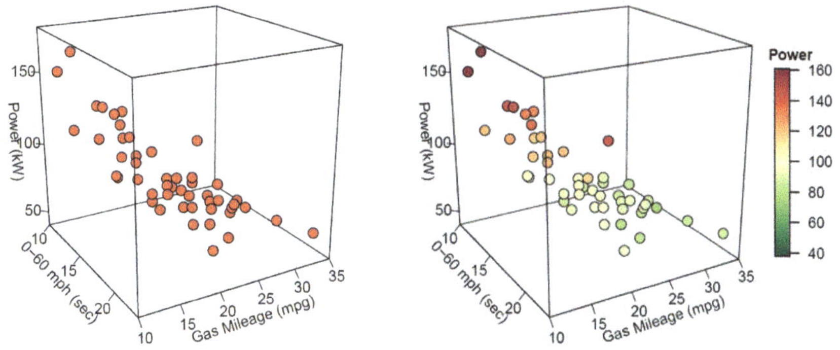

(a)　　(b)

图 4-1-13　不同类型的三维散点图

技能　三维散点图的绘制方法

在编程语言方面，R 中 scatterplot3d 包的 scatterplot3d()函数、rgl 包的 plot3d()函数、plot3D 包的 scatter3D()函数[1]等都可以绘制三维散点图。在 R 中，三维图表的绘制只能通过函数编程实现，比较难控制到每个图表元素，比如 *X-Y-Z* 坐标轴标题的位置、网格线等。rgl 包的 plot3d()函数绘制的三维图表可以实现图表的旋转，能供用户从不同视角（view）去观察数据关系。使用 R 中 plot3D 包的 scatter3D()函数可以实现图 4-1-13(a)所示效果，具体代码如下所示。

```
library(plot3D)
df<-read.csv("ThreeD_Scatter_Data.csv",header=T)
pmar <- par(mar = c(5.1, 4.1, 4.1, 6.1))
with(df, scatter3D(x = mph, y = Gas_Mileage, z = Power, #bgvar = mag,
                   pch = 21, cex = 1.5,col="black",bg="#F57446",
                   xlab = "0-60 mph (sec)",
                   ylab = "Gas Mileage (mpg)",
                   zlab = "Power (kW)",
                   zlim=c(40,180),
                   ticktype = "detailed",bty = "f",box = TRUE,
                   #panel.first = panelfirst,
                   theta = 60, phi = 20, d=3,
```

1 R 中 plot3D 包的更多三维图表可以参考：http://www.rforscience.com/rpackages/visualisation/oceanview

```
                    colkey = FALSE)#list(length = 0.5, width = 0.5, cex.clab = 0.75))
)
```

相对来说，图 4-1-13(b)比较复杂一些，需要将数据点映射到颜色。我们先自己构造一个颜色映射的颜色条 RdYlGn，再绘制三维散点图，然后根据映射的数值添加图例颜色条，代码如下所示。

```
library(RColorBrewer)
library(fields)
#构造颜色映射
colormap <- colorRampPalette(rev(brewer.pal(11,'RdYlGn')))(100)
index <- ceiling(((prc <- 0.7 * df$Power/ diff(range(df$Power))) - min(prc) + 0.3)*100)
for (i in seq(1,length(index)) ){
  prc[i]=colormap[index[i]]
}
pmar <- par(mar = c(5.1, 4.1, 4.1, 6.1))
with(df, scatter3D(x = mph, y = Gas_Mileage, z = Power, #bgvar = mag,
                       pch = 21, cex = 1.5,col="black",bg=prc,
                   xlab = "0-60 mph (sec)",
                   ylab = "Gas Mileage (mpg)",
                   zlab = "Power (kW)",
                   zlim=c(40,180),
                       ticktype = "detailed",bty = "f",box = TRUE,
                       #panel.first = panelfirst,
                       theta = 60, phi = 20, d=3,
                       colkey = FALSE)#list(length = 0.5, width = 0.5, cex.clab = 0.75))
)
colkey (col=colormap,clim=range(df$Power),clab = "Power", add=TRUE, length=0.5,side = 4)
```

三维散点图可以展示三维数据，如果添加一维数据，则使图表展示四维数据。第 1 种方法就是将图 4-1-14(c)的填充颜色渐变映射到第四维数据，而不是原来的第三维数据，如图 4-1-14(a)所示。第 2 种方法就是将第四维数据映射到数据点的大小上，即三维气泡图，如图 4-1-14(b)所示。第 3 种方法就是结合图 4-1-14(a)和图 4-1-14(b)，绘制带颜色渐变映射的三维气泡图，将第四维数据映射到数据点的大小和颜色上，如图 4-1-14(c)所示。从本质上讲，图 4-1-14(b)和图 4-1-14(c)属于三维气泡图类型。图 4-1-14(d)是多数据系列的三维散点图，用不同颜色表示不同的数据系列。

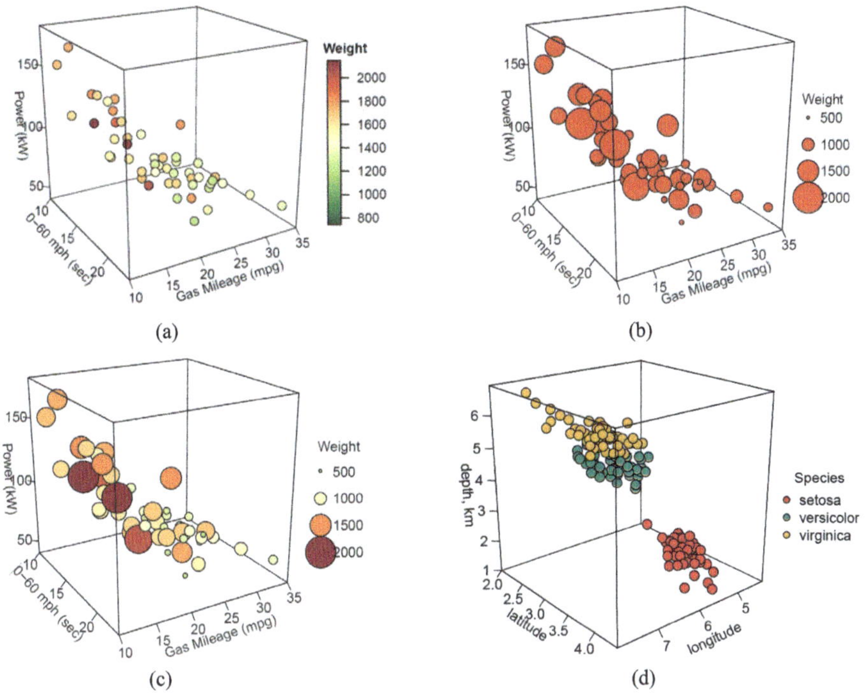

图 4-1-14　不同类型的四维数据可视化

技能　三维气泡图的绘制方法

R 中 scatterplot3d 包的 scatterplot3d()函数或者 plot3D 包的 scatter3D()函数可以实现图 4-1-14(c)所示的效果，具体代码如下所示。其主要存在两个关键问题：①气泡图例的添加；②颜色映射图例的添加，需要使用 beg end()函数自定义生成图例。

```
library(plot3D)
library(RColorBrewer)
library(fields)
library(scales)
colormap <- colorRampPalette(rev(brewer.pal(11,'RdYlGn')))(100)
index <- ceiling(((prc <- 0.7 * df$Weight/ diff(range(df$Weight))) - min(prc) + 0.3)*100)
for (i in seq(1,length(index)) ){
  prc[i]=colormap[index[i]]
}
pmar <- par(mar = c(5.1, 4.1, 4.1, 6.1))
with(df, scatter3D(x = mph, y = Gas_Mileage, z = Power,
                   pch = 21, cex = rescale(df$Weight, c(.5, 5)),col="black",bg=prc,
                   xlab = "0-60 mph (sec)",
                   ylab = "Gas Mileage (mpg)",
```

```
                         zlab = "Power (kW)",
                         zlim=c(40,180),
                         ticktype = "detailed",bty = "f",box = TRUE,
                         theta = 60, phi = 20, d=3,
                         colkey = FALSE)
)
breaks<-round(seq(500,2000,length.out=4),3) # df$Weight 的范围为 739~2152
legend_index <- ceiling(((legend_prc <- 0.7 *breaks/ diff(range(breaks))) - min(legend_prc) + 0.3)*100)
for (i in seq(1,length(legend_index)) ){
  legend_prc[i]=colormap[legend_index[i]]
}
legend("right",title = "Weight",legend=breaks,pch=21,
         pt.cex=rescale(breaks, c(.5, 5)),y.intersp=1.6, pt.bg = legend_prc,bg="white",bty="n")
```

图 4-1-14(d)所示的多数据系列的三维散点图，需要把类别变量 iris$Species 映射到不同的颜色，然后赋值给数据点的填充参数 bg。最后使用 legend()函数构造图例，具体代码如下所示。

```
library(plot3D)
library(wesanderson)
pmar <- par(mar = c(5.1, 4.1, 4.1, 7.1))
colors0 <-wes_palette(n=3, name="Darjeeling1")
colors <- colors0[as.numeric(iris$Species)]
with(iris, scatter3D(x = Sepal.Length, y = Sepal.Width, z = Petal.Length,
                         pch = 21, cex = 1.5,col="black",bg=colors,
                         xlab = "longitude", ylab = "latitude",
                         zlab = "depth, km",
                         ticktype = "detailed",bty = "f",box = TRUE,
                         theta = 140, phi = 20, d=3,
                         colkey = FALSE))
legend("right",title =  "Species",legend=c("setosa", "versicolor", "virginica"),pch=21,
         cex=1,y.intersp=1,pt.bg = colors0,bg="white",bty="n")
```

4.2 曲面拟合图

通常，曲线拟合法只适用于单一变量与目标函数之间的关系分析，而曲面拟合则多用于二维变量与目标函数之间关系的分析。所谓曲面拟合，就是根据实验测试数据，求取函数 $f(x,y)$与变量 x 及 y 之间的解析式，使其通过或近似通过所有的实验测试点。也就是说，使所有实验数据点能近似地分布在函数 $f(x,y)$所表示的空间曲面上。

曲面拟合通常采用两种方式，即插值方式和逼近方式来实现。两者的共同点是均利用曲面上或接近曲面的一组离散点寻求良好的曲面方程。两者主要的区别是：插值方式得到的方程所表示的曲面全部通过这组数据点，比如 LOESS 曲面拟合；而逼近方式，只要求在某种准则下其方程表示的曲面与这组数据点接近即可，比如多项式曲面拟合。逼近方式一般使用最小二乘法实现。最小二乘法是一种逼近理论，也是采样数据进行拟合时最常用的一种方法。曲面一般不通过已知数据点，而是根据拟合的曲面在取样处的数值与实际值之差的平均和达到最小时求得，它的主旨思想就是使拟合数值与实际数值之间的偏平方和达到最小 [26]。

图 4-2-1 所示为相同数据、不同曲面拟合方法所示的结果图，图 4-2-1(a)和图 4-2-1(b)为三维散点与曲面拟合组合图，分别为多项式曲面拟合和 LOESS 曲面拟合。其中，三维散点展示了实际数值 (x, y, z)，拟合曲面映射到的颜色渐变主题方案为 RdYlGn。二元二次多项式拟合的方程为：$z=f(x, y)=a+bx+cy+dx^2+ey^2$，其中 x 和 y 为自变量，z 为因变量，a、b、c、d、e 为拟合参数。

图 4-2-2 为二维散点与等高线组合图，二维散点图展示了实际数值(x, y)，z 变量数值映射到渐变颜色；曲面拟合使用二维等高线表示，拟合的 $f(x, y)$数值映射到相同的渐变颜色，这样就可以使用二维图表展示三维的曲面拟合结果。图 4-2-2 与图 4-2-1 的主要区别在于使用颜色视觉特征表示第三维 z 变量。具体绘制方法可以参照 4.3 节。

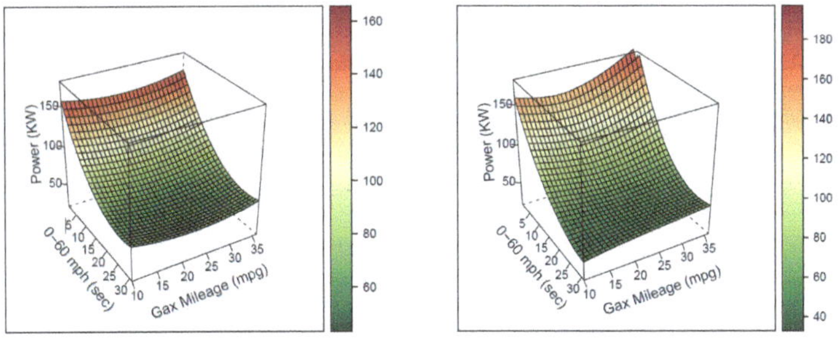

(a) 多项式曲面拟合图　　(b) LOESS 曲面拟合图

图 4-2-1　曲面拟合方法

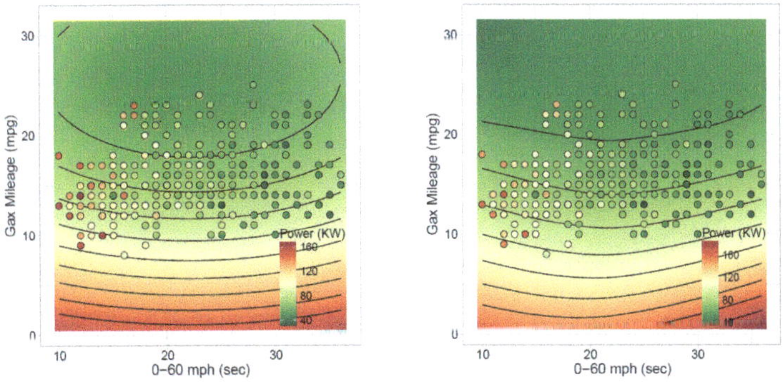

(a) 多项式曲面拟合图　　(b) LOESS 曲面拟合图

图 4-2-2　等高线分布图

技能 绘制曲面拟合图

MATLAB 和 Origin 都提供了交互操作的曲面拟合工具箱，如 MATLAB 的 Curve Fitting，MATLAB 提供的 fit ()函数能拟合数据，再使用 surf()函数绘制如图 4-2-1 所示的图表。

在 R 中，rgl 包的 surface3d()函数、scatterplot3d 包的 plane3d ()函数、lattice 包的 wireframe()函数，或者 plot3D 包的 persp3D()函数都可以绘制曲面拟合图。本节推荐使用 lattice 包的 wireframe()函数绘制曲面拟合图：先使用 lm()或 loess()函数根据已有的(x, y, z)数据求取拟合方程；再根据自定义的网格数据(x,y)，求取每个数据点的 z 数值；最后使用 persp3D()函数绘制生成的(x, y, z)数据。图 4-2-1(a)所示的多项式曲面拟合图的具体代码如下所示。

```
library(plot3D)
library(reshape2)
library(RColorBrewer)
mydata <- read.csv("Surface_Data.csv", sep= ",", header=T)
#多项式拟合 z=f(x, y)=a+bx+cy+dx2+ey2
x <- mydata$x
y <- mydata$y
z <- mydata$z
x2<-x*x
y2<-y*y
poly_z <- lm(z ~ x + y +x2+y2)
#设定为 30X30 的网格数据(x, y)，并根据拟合方程求其数值
N<-30
xmar <- seq(min(x),max(x),(max(x)-min(x))/N)
ymar <- seq(min(y),max(y),(max(y)-min(y))/N)
Grid_xy<-expand.grid(list(x=xmar,y=ymar))
Grid_xy$x2<-Grid_xy$x*Grid_xy$x
Grid_xy$y2<-Grid_xy$y*Grid_xy$y
Grid_z <- predict.lm(poly_z, newdata=Grid_xy)

pred_z<-matrix(Grid_z, length(xmar), length(ymar))
persp3D (xmar, ymar, pred_z,
        theta = 150, phi = 40, d=3,
        col = colormap,
        scale = TRUE, border = "black",
         bty = "f",box = TRUE,ticktype = "detailed",
        ylab = "0-60 mph (sec)",
        xlab = "Gax Mileage (mpg)",
        zlab="Power (KW)",
        clab="Power (KW)",
        zlim=c(20,180),
        colkey = list(length = 0.5, width = 1))
```

4.3　等高线图

等高线图（contour map）是可视化二维空间标量场的基本方法，可以将三维数据使用二维的方法可视化，同时用颜色视觉特征表示第三维数据，如地图上的等高线、天气预报中的等压线和等温线等。假设 $f(x, y)$是在点(x, y)处的数值，等值线是在二维数据场中满足 $f(x, y)=c$ 的空间点集按一定的顺序连接而成的线。数值为 c 的等值线可以将二维空间标量场分为两部分：如果 $f(x, y)<c$，则该点在等值线内；如果 $f(x, y)>c$，则该点在等值线外。

图 4-3-1(a)为热力分布图，只是将三维数据(x, y, z)中(x, y)表示位置信息，z 映射到颜色。图 4-3-1(b)是在图 4-3-1(a)的基础上添加等高线，同一轮廓上的数值相同。图 4-3-1(c)是在图 4-3-1(b)的基础上添加等高线的具体数值，从而不需要颜色映射的图例，同一轮廓上的数值相同。在二维屏幕上，等高线可以有效地表达相同数值的区域，揭示走势和陡峭程度及两者之间的关系，寻找坡、峰、谷等形状。

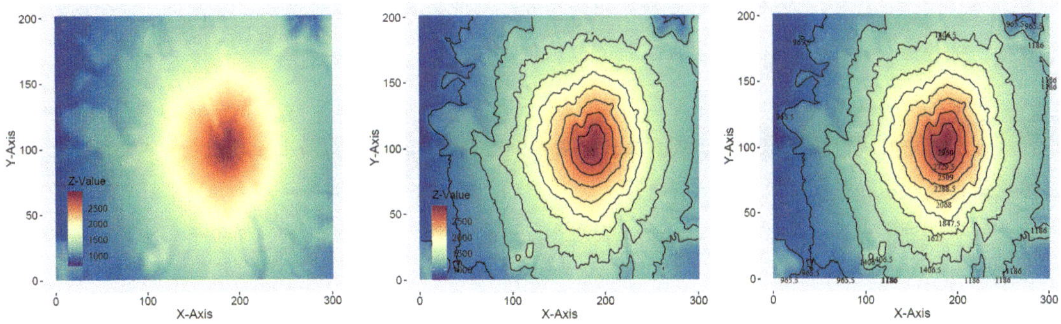

(a) 热力分布图　　(b) 等高线图　　(c) 带标签的等高线图

图 4-3-1　等高线图

技能　绘制等高线图

R 中的 ggplot2 包提供的 geom_tile()函数和 geom_raster()函数都可以绘制如图 4-3-1(a)所示的热力分布图，其主要区别在于 geom_raster()函数中存在 interpolate=TRUE/FALSE 这个参数，决定是否对热力图进行平滑处理。添加 geom_contour()函数，从而可以添加如图 4-3-1(b)所示的等高线。使用 directlabels 包的 direct.label()函数可以添加等高线的数值标签，如图 4-3-1(c)所示，其核心代码如下所示。

```
Library(reshape2)
library(ggplot2)
library( directlabels)
library(RColorBrewer)
z<-as.matrix(read.table("等高线.txt",header=TRUE))
```

```
colnames(z)<-seq(1,ncol(z),by=1)
max_z<-max(z)
min_z<-min(z)
breaks_lines<-seq(min(z),max(z),by=(max_z-min_z)/10)
map<-melt(z)
colnames(map)<-c("Var1","Var2","value")
Contour<-ggplot(map,aes(x=Var1,y=Var2,z=value))+
          geom_tile(aes(fill=value))+          #根据高度填充
         scale_fill_gradientn(colours= colorRampPalette(rev(brewer.pal(11,'Spectral')))(32))+
geom_contour(aes(colour= ..level..),breaks=breaks_lines,color="black")
#添加等高线的标签
direct.label(Contour, list("bottom.pieces", cex=0.8, fontface="plain", fontfamily="serif", colour='black'))
```

标量场的基本概念

当研究物理系统中温度、压力、密度等在一定空间内的分布状态时，数学上只需用一个代数量来描绘，这些代数量（即标量函数）所定出的场就称为数量场，也称标量场。最常用的标量场有温度场、电势场、密度场、浓度场等。

一个标量场 u 可以用一个标量函数来表示。在直角坐标系中，可将 u 表示为 $u=u(x, y, z)$。令 $u=u(x, y, z)=C$，其中 C 是任意常数，则该式在几何上表示一个曲面，在这个曲面上的各点，虽然坐标(x, y, z)不同，但函数值相等，称此曲面为标量场 u 的等值面。随着 C 的取值不同，得到一系列不同的等值面。同理，对于由二维函数 $v=v(x, y)$所给定的平面标量场，可按 $v=v(x, y)=C$ 得到一系列不同值的等值线。

标量场的等值面或等值线，可以直观地帮助我们了解标量场在空间中的分布情况。例如，根据地形图上等高线及其所标出的高度，我们就能了解到该地区的高低情况，根据等高线分布的疏密程度可以判断该地区各个方向上地势的陡度。与标量不同，矢量除了要指明其大小还要指明其方向的物理量，如速度、力、电场强度等；矢量的严格定义是建立在坐标系的旋转变换基础上的。常见的矢量场包括 Maxwell 场、重矢量场。而在一定的单位制下，用一个实数就足以表示的物理量是标量，如时间、质量、温度等；在这里，实数表示的是这些物理量的大小。

4.4 切面图

切面图(slice chart)可以展示四维数据 $v=f(x, y, z)$，将前三维数据展现在三维直角坐标系 $f(x, y, z)$，通过对图形的线型、立面、色彩、渲染、光线、视角等的控制，可形象地表现数据四维特性 v。任何一个在三维坐标系中绘制的数据体，都可以使用分割得到平行于 *X-Y*、*X-Z* 和 *Y-Z* 的三个切面。然后每个切面上的数据点都可以通过 3-D 插值获得，如图 4-4-1 所示。

在切面图中，$v=f(x, y, z)$ 这个函数对于每一个给定的(x, y, z)都对应一个 v，然后映射到渐变颜色，那么 $v=f(x, y, z)$就可以得到一个有颜色变化（其颜色分布按给定的函数表达式变化）的立体图形。给定(x, y, z)中的某个值，就可以得到某一个切面上的颜色分布，根据颜色映射大致可以看出其函数值的变化。在图 4-4-1 中，展示了 x=0，y=(-4, 0, 4)的 4 个切面颜色变化情况。

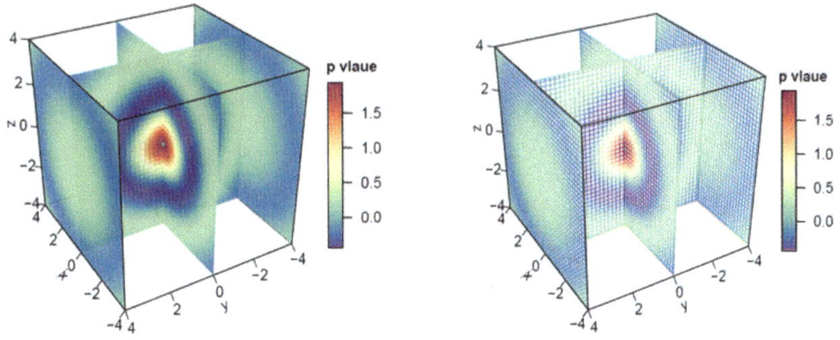

(a)　　(b)

图 4-4-1　切面图

技能　绘制切面图

在 R 中可以使用 plot3D 包的 slice3D()函数绘制切面图，其中 facets 参数 TRUE 绘制的效果如图 4-4-1 (b)所示，FALSE 绘制的效果如图 4-4-1 (a)所示，其核心代码如下：

```
library(plot3D)
library(RColorBrewer)
x <- y <- z <- seq(-4, 4, by = 0.2)
M <- mesh(x, y, z)
R <- with (M, sqrt(x^2 + y^2 + z^2))
p <- sin(2*R) /(R+1e-3)
colormap <- colorRampPalette(rev(brewer.pal(11,'Spectral')),alpha = TRUE)(32)
slice3D(x, y, z, colvar = p, facets = FALSE,
        col = ramp.col(colormap,alpha = 0.9),
        clab="p vlaue",
        xs = 0, ys = c(-4, 0, 4), zs = NULL,
        ticktype = "detailed",bty = "f",box = TRUE,
        theta = -120, phi = 30, d=3,
        colkey = list(length = 0.5, width = 1, cex.clab = 1))
```

4.5 三元相图

三元相图（ternary phase diagram）指独立组分数为 3 的体系，该体系最多可能有 4 个自由度。三元相图成分通常用浓度（或成分）三角形（concentration/composition triangle）表示。常用的成分三角形有等边成分三角形、等腰成分三角形或直角成分三角形。

其中，在等边成分三角形中（见图 4-5-1），三角形的三个顶点分别代表三个组元 *A*、*B*、*C*，三角形的三个边的长度定为 0 ~ 100%，分别表示三个二元系（*A-B* 系、*B-C* 系、*C-A* 系）的成分坐标，则三角形内任一点都代表三元系的某一成分。其成分确定方法如下：由三角形所给定点 *s*，分别向 *A*、*B*、*C* 顶点所对应的边 *BC*、*CA*、*AB* 绘制平行线（*sa*、*sb*、*sc*），相交于三边的 *c*、*a*、*b* 点，则 *A*、*B*、*C* 组元的比例数值 *W* 分别为：$W_A = sc = Ca$，$W_B = sa = Ab$，$W_C = sb = Bc$，其中：$sa + sb + sc = 1$，$Ca + Ab + Bc = 1$。

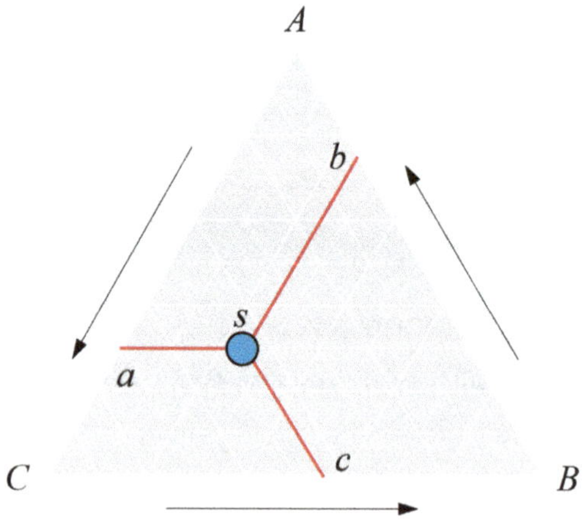

图 4-5-1　三元相图示意

图 4-5-2(a)和图 4-5-2 (b)分别为三元相散点图和三元相等高线图，与直角坐标系的散点图和等高线图类似，只是表达的是三维数据信息。

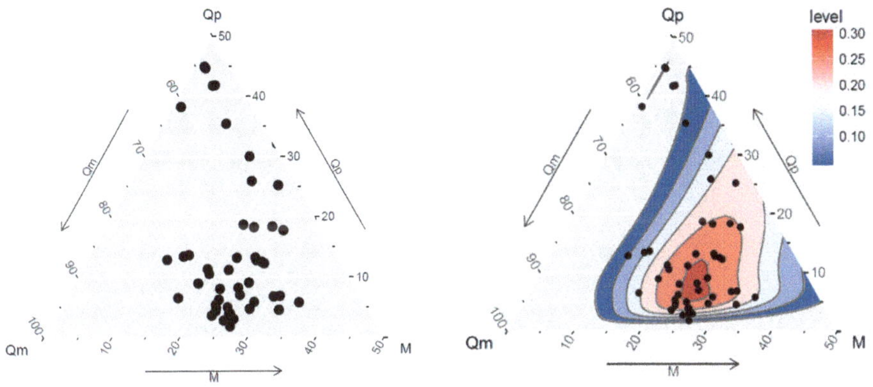

(a) 三元相散点图　　(b) 三元相等高线图

图 4-5-2　三元相图

技能 绘制三元相图

在 R 中可以使用 ggtern 包的 ggtern()函数，结合 ggplot2 包的 geom_point()函数可以绘制如图 4-5-2(a)所示的三元相散点图。使用 ggtern()函数和 stat_density_tern ()函数，以及 ggplot2 包的 geom_point()函数，可以绘制如图 4-5-2 (b)所示的三元相等高线图，其核心代码如下所示。

```
library(ggplot2)
library(ggtern)
library(rcolorbrewer)
data(fragments)
arrangement = list()
for(base in c('ilr')){
  x = ggtern(fragments,aes(qm,qp,m)) +
geom_point() +
    stat_density_tern(geom='polygon', aes(fill=..level..), base=base, colour='grey50') +
scale_fill_gradientn(colours=c(brewer.pal(7,"set1")[2],"white",brewer.pal(7,"set1")[1]),na.value=na)+
    theme_showarrows()+
    limit_tern(.5,1,.5)
   arrangement[[length(arrangement) + 1]] = x
}
grid.arrange(grobs = arrangement,nrow=1)
```

4.6 散点曲线图系列

带曲线的散点图就是使用平滑的曲线将散点依次连接，重点体现数据的趋势，如图 4-6-1(a)所示。曲线图就是不带数据标记而只带平滑曲线的散点图，如图 4-6-1(b)所示。带面积填充的曲线图就是在图 4-6-1(b)的基础上在曲线下面的部分使用颜色填充，使图表能更好地展示数据的变化趋势，如图 4-6-1(c)所示。图 4-6-1(d)是在图 4-6-1 (a)的基础上在曲线下面的部分使用颜色填充。

对于这几种图表的应用情况，图 4-6-1(a)和图 4-6-1(b)同时适用于单数据系列和多数据系列；图 4-6-1(c)和图 4-6-1(d)更适用于单数据系列，因为使用面积填充的多数据系列会存在遮挡效果，从而降低数据的可读性。

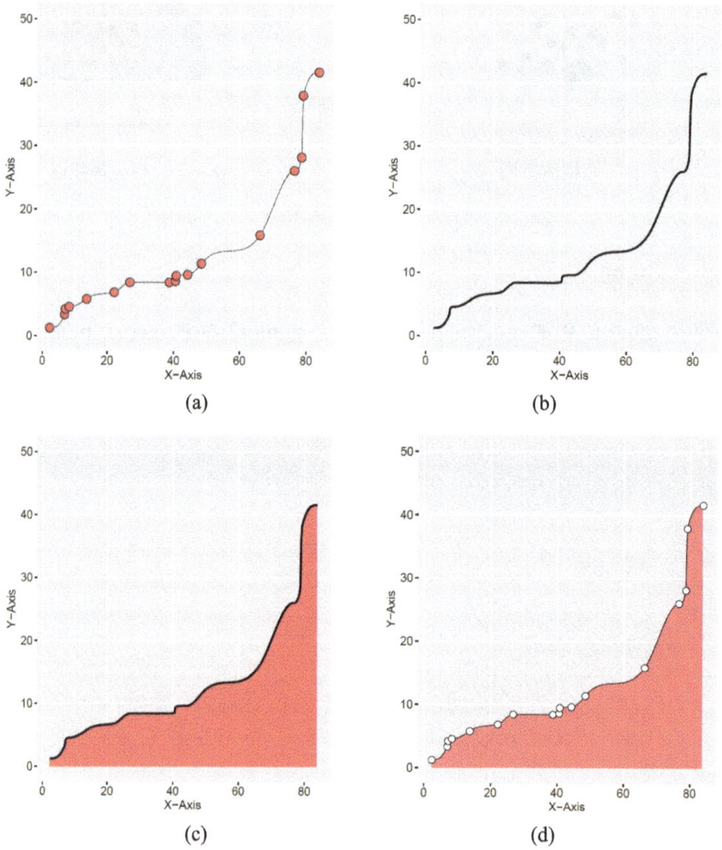

图 4-6-1　散点曲线图系列

技能　绘制散点曲线图

由于 R 中 ggplot2 包的 geom_line()函数只能绘制折线图，但是 R 中 ggalt 包提供的 geom_xspline()函数可以绘制带光滑曲线的散点图，图 4-6-1(a)和图 4-6-1(b)的核心代码如下所示。

需要注意的是：geom_line()函数是先对数据根据 X 轴变量的数值排序，然后使用直线依次连接，常用于直角坐标系中。geom_path()函数是直接根据给定的数据点顺序，使用直线将各点连接，常用于地理空间坐标系中。

```
library(ggplot2)
library(ggalt)
mydata<-read.csv("Line_Data.csv",header=T)
ggplot(mydata, aes(x, y) )+
geom_xspline(spline_shape=-0.5, size=0.25)+
geom_point(shape=21,size=4,color="black",fill="#F78179") +
theme_gray()
```

对于图 4-6-1 (c)和图 4-6-1(d)带填充颜色的散点曲线图，可以使用数据预处理的方法先用算法平滑曲线，然后根据平滑数据绘制面积图，再添加散点曲线。R 中 splines 包的 spline()函数可以使用样条函数实现曲线的光滑与插值（interpolation），其核心代码如下所示。其中，spline()函数的 method 方法参数有"fmm"、"natural"、"periodic"、"monoH.FC"和"hyman"四种类型。"hyman"只适应于单调递增或递减的数据插值，"natural"使用自然样条插值方法，"periodic"使用周期样条插值方法，在使用该函数时，读者自己可以根据数据，尝试或者选择不同的数据平滑差值方法。

```
library(ggplot2)
library(splines)
mydata<-read.csv("Line_Data.csv",header=T)
newdata <- data.frame(spline(mydata$x,mydata$y,n=300,method="hyman" ))
ggplot(newdata, aes(x, y) )+
geom_line(size=0.25)+
geom_area(fill="#F78179",alpha=0.7)+
geom_point(data=mydata,aes(x,y),shape=21,size=4,color="black",fill="white")
```

4.7 瀑布图

瀑布图（waterfall plot）用于展示拥有相同的 *X* 轴变量数据（如相同的时间序列）、不同的 *Y* 轴离散型变量（如不同的类别变量）和 *Z* 轴数值变量，可以清晰地展示不同变量之间的数据变化关系。如图 4-7-1 所示为三维瀑布图。三维瀑布图可以看成是多数据系列三维面积图。

使用分面图的可视化方法也可以展示瀑布图的数据信息，关于分面图可视化方法的具体讲解请见第 8 章。如图 4-7-2 所示的行分面的带填充的曲线图，所有数据共用 *X* 轴坐标，每个数据类别拥有自己的 *Y* 轴坐标，数据类别显示在最右边。相对三维瀑布图，分面瀑布图可以更好地展示数据信息，避免不同类别之间数据重叠引起的遮挡问题，但是不能很直接地比较不同类别之间的数据差异。图 4-7-2(b)在图 4-7-2(a)的基础上将每个数据的 *Z* 变量进行颜色映射，这样有利于比较不同类别之间的数据差异。

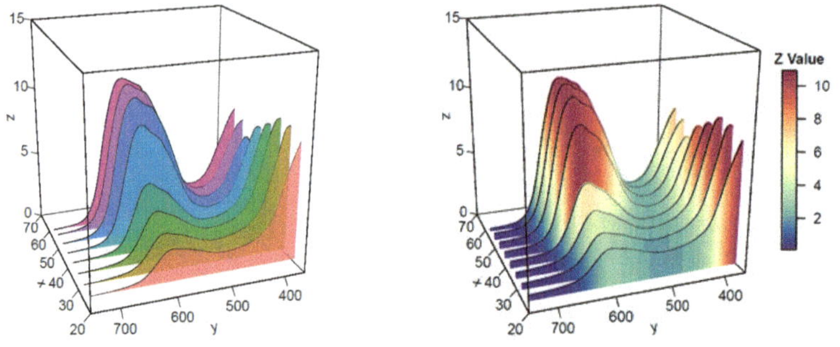

(a) (b)

图 4-7-1 瀑布图

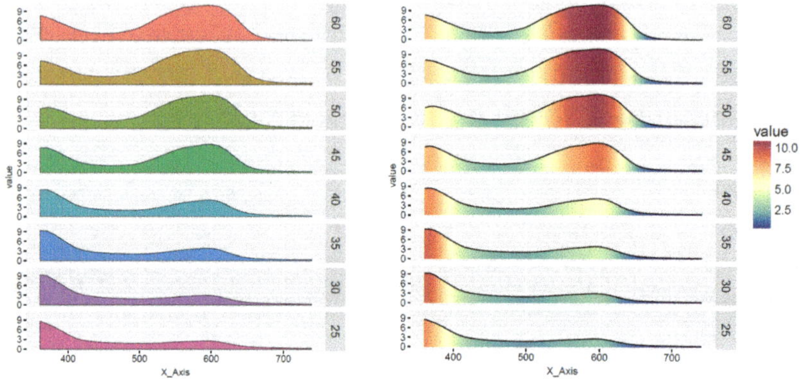

(a) (b)

图 4-7-2 行分面的带填充的曲线图

使用峰峦图也可以很好地展示瀑布图的数据信息，如图 4-7-3 所示。图 4-7-3 可以看成是在图 4-7-2(b)的基础上将 *Y* 轴坐标移除，并缩小数据类别之间的距离，这样可以有效地缩小图表的占有面积，同时可以很好地展示数据的完整信息，包括不同类别之间的数据差异比较。

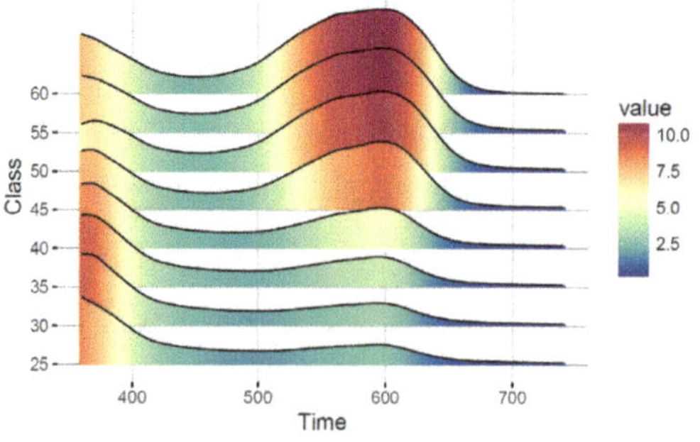

图 4-7-3 峰峦图

技能 绘制瀑布图

R 中 plot3D 包的 polygon3D()函数和 segments3D()函数可以绘制三维面积图，lines3D()函数可以绘制三维曲线图，所以，综合这几个函数可以绘制三维瀑布图，其中图 4-7-1(a)的具体代码如下所示。

```
library(plot3D)
mydata0<-read.csv("Facting_Data.csv",check.names =FALSE)
N<-ncol(mydata0)-1
mydata<-data.frame(x=numeric(),y=numeric(),variable=character())

for (i in 1:N){
  newdata<-data.frame(spline(mydata0[,1],mydata0[,i+1],n=300,method= "natural"))
  newdata$variable<-colnames(mydata0)[i+1]
  mydata<-rbind(mydata,newdata)
}
mydata$variable<-as.numeric(mydata$variable)
group<-unique(mydata$variable)
M<-length(group)

#获取 ggplot2 包默认的颜色方案
gg_color_hue <- function(n) {
  hues = seq(15, 375, length = n + 1)
  hcl(h = hues, l = 65, c = 100)[1:n]}
colormap <- rev(gg_color_hue(M))

pmar <- par(mar = c(5.1, 4.1, 4.1, 6.1))

perspbox(z=as.vector(0),xlim=c(20,70),ylim=c(360,750),zlim=c(0,15),
          ticktype = "detailed",bty = "f",box = TRUE,colkey = FALSE,
          theta = -110, phi = 20, d=3)

for (i in 1:M){
  df0<-mydata[mydata$variable==group[i],]
  Ndf<-nrow(df0)
  df<-rbind(df0,c(df0$x[1],df0$y[Ndf],df0$variable[Ndf]))
  with(df,polygon3D(x=variable,y=x, z=y, alpha=0.6, col=colormap[i],lwd = 3,add=TRUE,colkey = FALSE))

  with(df0,lines3D(x=variable,y=x, z=y, lwd = 0.5,col="black",add=TRUE))
}
```

R 中的 ggplot2 包提供的 facet_grid()函数可以绘制如图 4-7-2 所示的行分面的带填充的曲线图。ggplot2 包中的 facet_grid ()函数可以根据数据框的变量分行或者分列，以并排子图的形式绘制图表。图 4-7-2(a)所示的行分面的带填充的曲线图具体代码如下所示。

```
library(ggplot2)
library(RColorBrewer)
library(reshape2)
mydata0<-read.csv("Facting_Data.csv",stringsAsFactors=FALSE)
colnames(mydata0)<-c("X_Axis",seq(60,25,-5))
mydata<-melt(mydata0,id.vars = "X_Axis")
ggplot(mydata,aes(X_Axis,value,fill=variable))+
  geom_area(color="black",size=0.25)+
  facet_grid(variable~.)
```

可以使用 geom_linerange()函数或者 geom_ribbon()函数绘制实现时间序列的峰峦图。其中 geom_linerange()函数的参数(x,y,ymax)，表示用直线连接(x,y)和(x,ymax)两点；geom_ribbon()函数的参数(x,y,ymax)，表示用直线连接数据系列的(x,y)和(x,ymax)上所有的点，并使用颜色填充。图 4-7-3 所示的峰峦图使用 geom_linerange()函数实现绘制，其中关键是使用 spline()函数对每条曲线插值得到 *N* 个数据点，其实现代码如下所示。

```
library(ggplot2)
library(RColorBrewer)
colormap <- colorRampPalette(rev(brewer.pal(11,'Spectral')))(32)
mydata0<-read.csv("Facting_Data.csv",check.names =FALSE)
N<-ncol(mydata0)-1
labels_Y<-colnames(mydata0)[1:N+1]   # 保留原有的列名作为 Y 轴数据标签
colnames(mydata0)<-c("x",seq(1,N,1))   # 自定义新的列名依次为 1 到 N 的等差数列
mydata<-data.frame(x=numeric(),y=numeric(),variable=character()) #创建空的 Data.Frame
#spline()函数对每条曲线插值得到 300 个数据点
for (i in 1:N){
  newdata<-data.frame(spline(mydata0[,1],mydata0[,i+1],n=300,method= "natural"))
  newdata$variable<-colnames(mydata0)[i+1]
  mydata<-rbind(mydata,newdata)
}
#设定两条曲线的间隔 Step 为 5
Step<-5
mydata$offest<--as.numeric(mydata$variable)*Step
mydata$V1_density_offest<-mydata$y+mydata$offest

p<-ggplot()
for (i in 1:N){
  p<-p+ geom_linerange(data=mydata[mydata$variable==i,],
aes(x=x,ymin=offest,ymax=V1_density_offest,group=variable,color=y),size =1, alpha =1) +
    geom_line(data=mydata[mydata$variable==i,],aes(x=x, y=V1_density_offest),color="black",size=0.5)}
p+scale_color_gradientn(colours=colormap)+
#将 Y 轴坐标标签置换成原始的数据列名 labels_Y
  scale_y_continuous(breaks=seq(-Step*N,-Step,Step),labels= rev(labels_Y))+
```

```
    xlab("Time")+
    ylab("Class")+
    theme_light()
```

峰峦图的故事

1979 年，英国乐队快乐小分队（Joy Division）发行了自己的首张唱片 *Unknown Pleasures*，这张专辑发行两周内就售出 5000 份，但问题是……印了 10000 份。然而，当乐队的单曲 *Transmission* 发布后，这张后朋克唱片很快销售一空。有意思的是，这个专辑在 2017 年又重新流行了，因为那个设计极为特殊的封面（见图 4-7-4）。

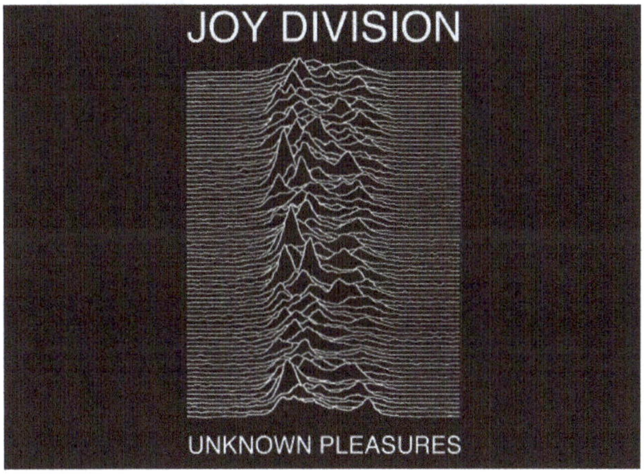

图 4-7-4　*Unknown Pleasures* 封面

这里说的封面流行是指在数据可视化领域，其实它在流行文化里本就很流行。很多人用这个类似波谱的图来指征一种波动、起伏的感受，恰恰应和 *Unknown Pleasueres* 中那种迷茫而强烈的情感，同时封面设计师又开放了版权，所以我们可以看到其在很多场景中的再现。例如 3D 打印版、服装版、电影版等。甚至有人制作了一个网站来用鼠标生成类似风格的图。不过这个图仔细看是很有问题的：坐标轴是什么？线的间隔是固定的吗？有什么意义？这图又是怎么做出来的？

《科学美国人》曾经对这张封面的源头进行过探索，据封面设计师 Peter Saville 的说法，这张图是从 1977 年出版的 *The Cambridge Encyclopaedia of Astronomy* 里面的一幅关于脉冲星 CP1919 所发出的脉冲波叠加图（不是山峰，也不是波浪）上获取灵感进行的创作，但这所谓的“创作”实质上就是把颜色做了反转还去掉了坐标轴。不过这就说明源头是这本书吗？不，顺着这本书，有人追溯到了 1974 年出版的 *Graphis diagrams: The graphic visualization of abstract data* 一书。进一步追溯，会发现更早出版的《科学美国人》（1971 年 1 月刊）上也使用了这幅图。也就是《科学美国人》的“考古队”出门绕了个圈，又回到起点了。

那么，《科学美国人》又是从哪里搞到这幅图的呢？事实上，1971 年的文章之所以要用这幅图，是因为要介绍脉冲星这个 20 世纪 60 年代的重大发现，而这个发现的确切时间是 1967 年，也就是说这个图的出生日期就在 1967 年到 1971 年之间。然后我们就找到了 Harold D. Craft, Jr.在康奈尔大学的博士论文 *Radio Observations of the Pulse Profiles and Dispersion Measures of Twelve Pulsars*，到这个时候，真正的源头才出现（见图 4-7-5）。

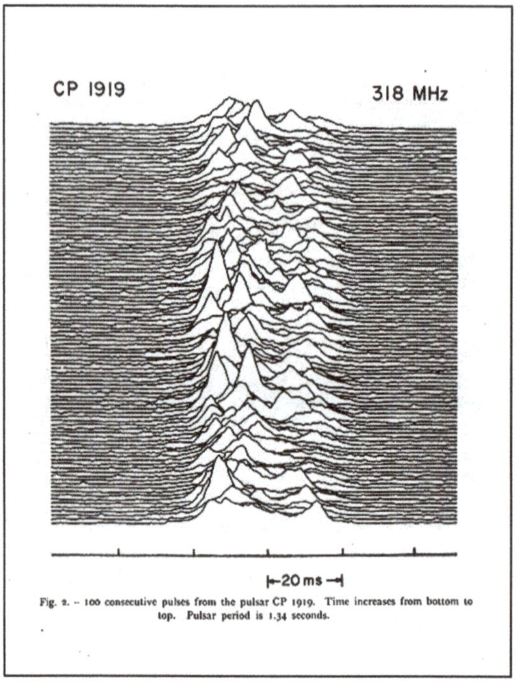

图 4-7-5 *Unknown Pleasuers* 封面的源头，Harold D. Craft, Jr. 的博士论文插图[1]

当《科学美国人》联系到 Harold D. Craft, Jr.时，他也顺道说了这幅图背后的故事。刚开始脉冲星在剑桥大学被发现后，他所在的团队就意识到自己其实拥有当时世界上最好的测量脉冲星的设备，也就是电子设备。然后，从测量结果上他们很快就发现脉冲星的脉冲存在一些漂移，也就是大脉冲里有小脉冲，这个结果发表在《自然》杂志上。但他们觉得需要一个更直观的方式来观察这些脉冲的模式，然后就做了一些叠加图，很快就发现这种图前后的遮挡太过严重。作为一个程序员，遮挡

1 Radio Observations of the Pulse Profiles and Dispersion Measures of Twelve Pulsars, Harold D. Craft, Jr [27]. (PhD Thesis, September 1970 pages 214-216), Cornell University

问题其实就是一个漂移问题，所以他操起键盘（也可能是打孔卡）做出了一个漂移版，这样，当峰强度足够时才会出现遮挡，而这类峰正是我们想看的模式。不过不要高估那个年代的技术，他还得再找人用墨水重新勾描一遍才能清晰地放到博士论文里。不过他显然不是流行文化爱好者，因为直到他同事有天闲逛时发现后告诉他，他才发现自己的图这么流行，然后他毫不犹豫地买下了有这张图的专辑与海报：

it's my image, and I ought to have a copy of it.

4.8　相关系数图

相关系数图就是相关系数矩阵的可视化。相关系数矩阵（correlation matrix）也叫相关矩阵，是由矩阵各列间的相关系数构成的。也就是说，相关矩阵第 i 行第 j 列的元素是原矩阵第 i 列和第 j 列的相关系数。如果一个数据集有 P 个相关变量，求两变量之间的相关系数，共可得到 $C_P^2=P(P-1)/2$ 个相关系数。如按变量的编号顺序，依次将它们排列成一数字方阵，此方阵就称为相关矩阵。常用字母 $\boldsymbol{R}$ 表示。

$$\boldsymbol{R}_{P\times P}=\begin{bmatrix} r_{11} & r_{12} & \cdots & r_{1P} \\ r_{21} & r_{22} & \cdots & r_{2P} \\ \vdots & \vdots & & \vdots \\ r_{P1} & r_{P2} & \cdots & r_{PP} \end{bmatrix}$$

从左上到右下方向的对角线上，均是两个相同变量的相关，其数值均是 1，对角线以上部分的相关系数与以下部分的相关系数是对称的。

在概率论和统计学中，相关也称相关系数或关联系数，显示两个随机变量之间线性关系的强度和方向。在统计学中，相关的意义是用来衡量两个变量相对于其相互独立的距离。在这个广义的定义下，有许多根据数据特点而定义的用来衡量数据相关的系数。对于不同数据特点，可以使用不同的系数。最常用的是皮尔逊积差相关系数。其定义是两个变量协方差除以两个变量的标准差（方差）。相关系数矩阵的可视化图表类型如图 4-8-1 所示，主要包括热力图、气泡图或方块图、椭圆图。

（1）热力图。热力图就是将一个网格矩阵映射到指定的颜色序列上，恰当地选取颜色来展示数据，如图 4-8-1(a)所示。在相关矩阵中，所有的数据都在 −1 到 1 之间，我们不仅要关注相关系数的绝对值大小，同时更加看重它们的正负号。因此，相关矩阵的颜色图和一般矩阵的颜色图应该有所区别：即应当选取两种色差较大的颜色序列来展示不同符号的相关系数。其中，红色表示正相关系数，蓝色表示负相关系数。也可以在图 4-8-1(a)热力图的基础上添加数据标签（相关系数的数值），如图 4-8-1(f)所示。这样可以使读者更加清晰地观察数据。

（2）气泡图。气泡图是将一个网格矩阵映射到气泡的面积大小和颜色序列上，这样使用两个视觉特征表示数据，可以让读者更加清晰地观察数据，如图 4-8-1(b)所示。具体做法是：①用气泡的面积来表示相关矩阵的绝对值大小。②两种色差较大的颜色序列来展示不同符号的相关系数，其中，红色表示正相关系数，蓝色表示负相关系数。也可以将圆圈换成方块，如图 4-8-1(c)所示。或者在上半部分使用气泡图显示相关系数，而下半部分使用相关系数数值展示结果，这样也可以比较清晰、全面地表达数据，如图 4-8-1(e)所示。

（3）椭圆图。椭圆图是利用椭圆的形状来表示相关系数：离心率越大，椭圆越扁，对应绝对值较大的相关系数；离心率越小，椭圆越圆，对应绝对值较小的相关系数。椭圆长轴的方向来表示相关系数的正负：右上—左下方向对应正值，左上—右下方向对应负值，如图 4-8-1(d)所示。观察图 4-8-1(d)可以发现：椭圆图比较失败，因为它将最大的面积留给了相关性最弱的数据，给其他信息的获取造成了干扰。所以不建议大家使用椭圆图表示相关系数矩阵。

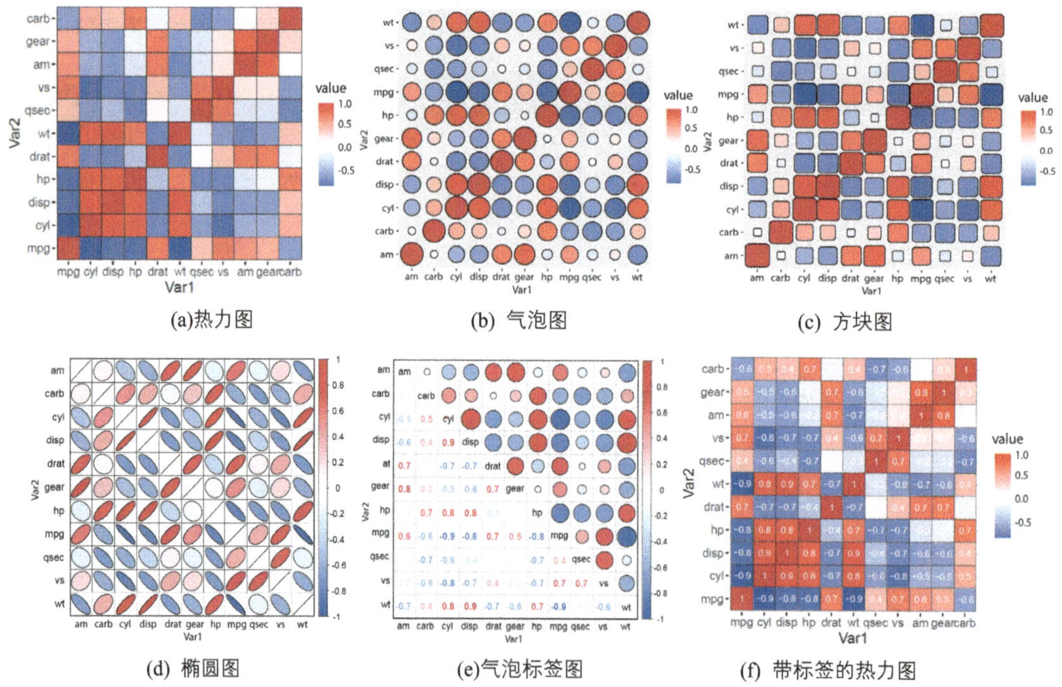

(a)热力图　(b) 气泡图　(c) 方块图

(d) 椭圆图　(e)气泡标签图　(f) 带标签的热力图

图 4-8-1　不同类型的相关系数图

技能　绘制相关系数图

R 中 ggplot2 包提供的 geom_tile()函数和 geom_point()函数可以绘制图 4-8-1(a)、图 4-8-1(b)、图 4-8-1(c)和图 4-8-1(f)，使用 corrplot 包[1]提供的 corrplot()函数可以绘制图 4-8-1(d)和图 4-8-1(e)，其中图 4-8-1(f)和图 4-8-1(b)的核心代码如下所示。

```
library(ggplot2)
library(RColorBrewer)
library(reshape2)
data("mtcars")
mat <- round(cor(mtcars), 1)
mydata <- melt(mat)
colnames(mydata)<-c("Var1","Var2","value")
#绘制图 4-8-1 (f)相关系数热力图
ggplot(mydata, aes(x = Var1, y = Var2, fill = value,label=value)) +
geom_tile(colour="black") +
geom_text(size=3,colour="white")+
coord_equal()+
scale_fill_gradientn(colours=c(brewer.pal(7,"Set1")[2],"white",brewer.pal(7,"Set1")[1]),na.value=NA)

#绘制图 4-8-1 (b)相关系数气泡图
mydata$AbsValue<-abs(mydata$value)
ggplot(mydata, aes(x= Var1 , y=Var2)) +
  geom_point(aes(size=AbsValue,fill = value), shape=21, colour="black") +
scale_fill_gradientn(colours=c(brewer.pal(7,"Set1")[2],"white",brewer.pal(7,"Set1")[1]),na.value=NA)+
   scale_size_area(max_size=12, guide=FALSE) )
```

4.9　韦恩图

韦恩图（venn diagram），也叫温氏图、维恩图、范氏图，用于显示元素集合重叠区域的图表（见图 4-9-1）。韦恩图是关系型图表，通过图形与图形之间的层叠关系，来表示集合与集合之间的相交关系。每个集合通常以一个圆圈表示。每个集合都是一组具有共同之处的物件或数据。当多个圆圈（集）相互重叠时，称为交集（intersection），里面的数据同时具有重叠集中的所有属性。

一个完整的韦恩图包含以下构成元素：①若干个圆表示集合；②若干个圆的层叠部分表示公有集合；③内部文本标签。一般来说，超过 5 个集合的场景，不适合使用韦恩图。

1　corrplot 的参考网址：https://cran.r-project.org/web/packages/corrplot/vignettes/corrplot-intro.html

适合场景 1：表示两个集合相交关系，有一个集合 *A*，有一个集合 *B*，相交集合为 *C*。有两个维度数据，其中，分类数据映射集合名，关系数据映射集合关系。

适合场景 2：表示 3 个集合相交关系，有集合 *A*、*B*、*C*。有两个维度数据，其中，分类数据映射集合名，关系数据映射集合关系。

适合场景 3：表示 4 个集合相交关系，有集合 *A*、*B*、*C*、*D*。有两个维度数据，其中，分类数据映射集合名，关系数据映射集合关系。

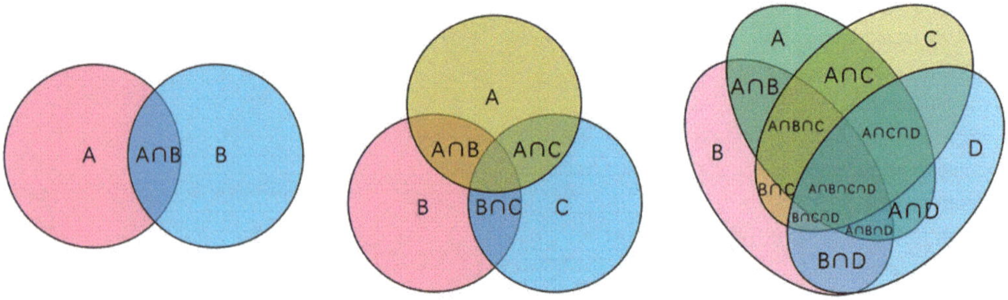

图 4-9-1　不同场景的韦恩图

技能　绘制韦恩图

R 中 VennDiagram 包的 venn.Diagram()函数、gplots 包的 venn()函数、limma 包的 vennDiagram()函数、venneuler 包的 venneuler()函数都可以绘制韦恩图，但是以 VennDiagram 包的 venn.Diagram()函数绘制的韦恩图效果最佳，具体实现代码如下所示。

```
library(VennDiagram)
library(RColorBrewer)
venn.diagram(list(B = 1:1800, A = 1571:2020,c=500:1100),fill = c(brewer.pal(7,"Set1")[1:3]),
                    alpha = c(0.5, 0.5,0.5), cex = 2,
cat.cex=3,cat.fontface = 4,lty =2, fontfamily =3,
                    resolution =300, filename = "trial2.tiff")
```

第 5 章

数据分布型图表

本章我们先从正态分布开始说起。正态分布（normal distribution）又名高斯分布（gaussian distribution）。若随机变量 X 服从一个数学期望为 μ、标准方差为 σ^2 的高斯分布，记为：$X\sim N(\mu,\sigma^2)$，则其概率密度函数为：

$$f(x)=\frac{1}{\sigma\sqrt{2\pi}}\mathrm{e}^{-\frac{(x-u)^2}{2\sigma^2}}$$

正态分布的期望值 μ 决定了其位置，其标准差 σ 决定了分布的幅度。因其曲线呈钟形，因此人们又经常称之为钟形曲线。我们通常所说的标准正态分布是 $\mu=0$、$\sigma=1$ 的正态分布。现实生活中很多数据分布都符合正态分布。我们使用 R 语言中的 rnorm()函数生成 100 个服从 $\mu=3$、$\sigma=1$ 正态分布的数据，使用不同的方法展示数据分布，如图 5-0-1 所示。其总共使用了 14 种不同的图表类型展示数据，在本章中会详细讲解这些图表类型。

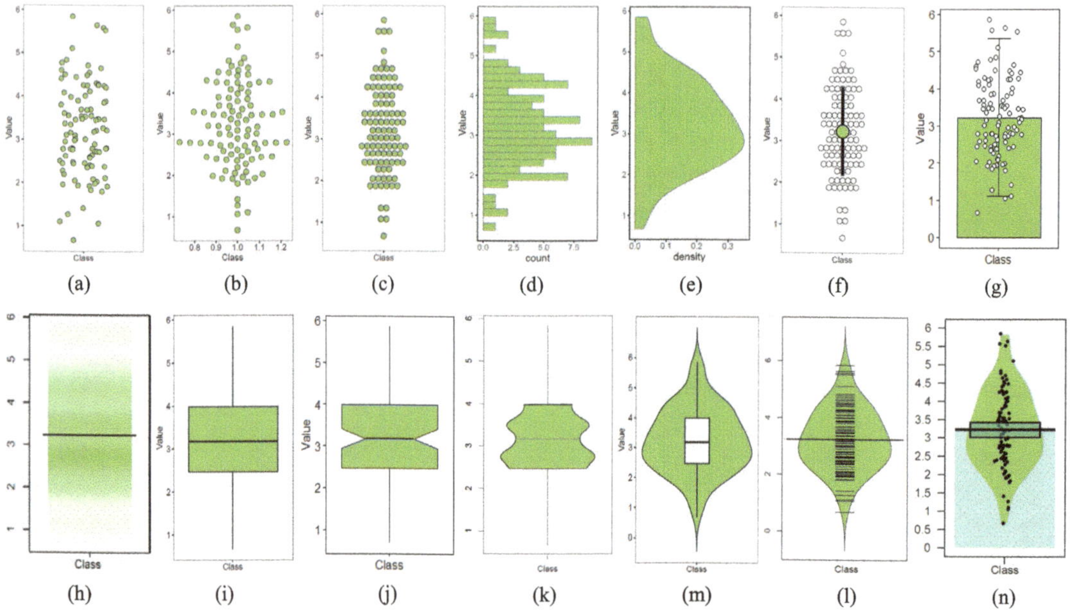

图 5-0-1　不同类型的数据分布型图表

(a) 抖动散点图；(b) 蜂巢图；(c) 点阵图；(d) 统计直方图；(e) 核密度估计图；(f) 带误差线的散点图；(g) 带误差线的柱形图；(h) 梯度图；(i) 箱形图；(j) 带凹槽的箱形图；(k) 瓶状图；(m) 小提琴图；(l) 豆状图；(n) 海盗图

5.1　统计直方图和核密度估计图

5.1.1　统计直方图

统计直方图（histogram），形状类似柱形图却有着与柱形图完全不同的含义。统计直方图涉及统计学的概念，首先要从数据中找出它的最大值和最小值，然后确定一个区间，使其包含全部测量数据，将区间分成若干小区间，统计测量结果出现在各小区间的频数 M，以测量数据为横坐标，以频数 M 为纵坐标，划出各小区间及其对应的频数。在平面直角坐标系中，横轴标出每个组的端点，纵轴表示频数，每个矩形的高代表对应的频数，我们也称这样的统计直方图为频数分布直方图。

所以统计直方图的主要作用如下所示。

（1）能够显示各组频数或数量分布的情况。

（2）易于显示各组之间频数或数量的差别。通过统计直方图还可以观察和估计哪些数据比较集中，异常或者孤立的数据分布在何处。

统计直方图的基本参数如下所示。

（1）组数：在统计数据时，我们把数据按照不同的范围分成几个组，组的个数称为组数。

（2）组距：每一组两个端点的差。

（3）频数：分组内的数据元的数量除以组距。

5.1.2　核密度估计图

核密度估计图（kernel density plot）用于显示数据在 X 轴连续数据段内的分布状况。这种图表是直方图的变种，使用平滑曲线来绘制水平数值，从而得出更平滑的分布。核密度估计图比直方图优胜的地方是，它们不受所使用分组数量的影响，所以能更好地界定分布形状。

核密度估计（kernel density estimation）是在概率论中用来估计未知的密度函数，属于非参数检验方法之一，由 Rosenblatt（1955）和 Emanuel Parzen（1962）[30]提出，又名 Parzen 窗（Parzen window）。所谓核密度估计，就是采用平滑的峰值函数（核）来拟合观察到的数据点，从而对真实的概率分布曲线进行模拟。核密度估计，是一种用于估计概率密度函数的非参数方法，$x_1,x_2,\ldots,x_n$ 为独立同分布 F 的 n 个样本点，设其概率密度函数为 f，核密度估计为以下：

$$f_h(x)=\frac{1}{n}\sum_{i=1}^{n}K_h(x-x_i)=\frac{1}{nh}\sum_{i=1}^{n}K_h\left(\frac{x-x_i}{h}\right)$$

其中，$K()$为核函数（非负、积分为 1，符合概率密度性质，并且均值为 0）。有很多种核函数，比如高斯函数（gaussian function, $f(x)=ae^{-\frac{(x-b)^2}{2c^2}}$，其中 a、b 和 c 都为常数），uniform()、triangular()、biweight()、triweight()、Epanechnikov()、normal()等。当 h>0 时，为一个平滑参数，称作带宽(bandwidth)。

不同的带宽得到的估计结果差别很大，那么如何选择 h？显然是选择可以使误差最小的。我们用平均积分平方误差（MeanIntergrated Squared Error，MISE）的大小来衡量 h 的优劣。

$$\mathrm{MISE}(h)=E\int\left(\hat{f}_h(x)-f(x)\right)^2dx$$

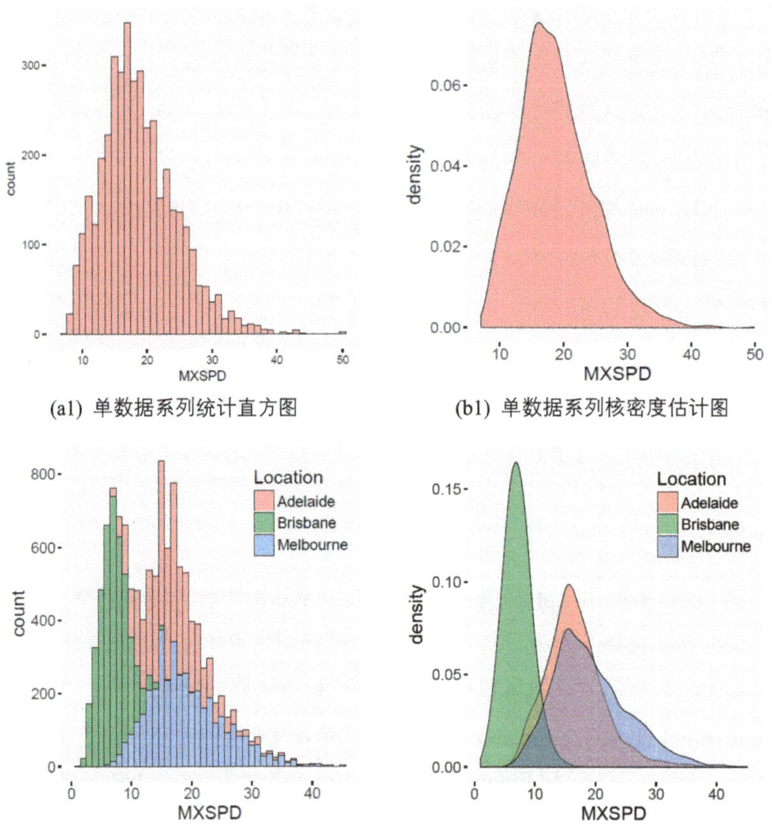

(a1) 单数据系列统计直方图　　(b1) 单数据系列核密度估计图

(a2) 多数据系列统计直方图　　(b2) 多数据系列核密度估计图

图 5-1-1　统计直方图和核密度估计图

技能　绘制统计直方图和核密度估计图

R 中的 ggplot2 包提供了 geom_histogram()函数和 geom_density()函数，可以分别绘制统计直方图和核密度估计图，图 5-1-1(a2)和图 5-1-1 (b2)的具体实现代码如下所示。其中 geom_histogram()函数主要由两个参数控制统计分析结果：binwidth（箱形宽度）和 bins（箱形总数）；geom_density()函数的主要参数是 bw（带宽）和 kernel（核函数），核函数默认为高斯核函数"gaussian"，还有其他核函数包括 "epanechnikov", "rectangular","triangular", "biweight","cosine", "optcosine"。

```
library(ggplot2)
df<-read.csv("Hist_Density_Data.csv",stringsAsFactors=FALSE)
#统计直方图
ggplot(df, aes(x=MXSPD, fill=Location))+
    geom_histogram(binwidth = 1,alpha=0.55,colour="black",size=0.25)
#核密度估计图
ggplot(df, aes(x=MXSPD,   fill=Location))+
   geom_density(alpha=0.55,bw=1,colour="black",size=0.25)
```

峰峦图，这是最近很火的图表，在 Twitter 上颇受欢迎。峰峦图也可以应用于多数据系列的核密度估计的可视化，如图 5-1-2 所示。*X* 轴对应平均温度的数值范围，*Y* 轴对应不同的月份，每个月份的核密度估计数值映射到颜色，这样就可以很好地展示多数据系列的核密度估计结果。

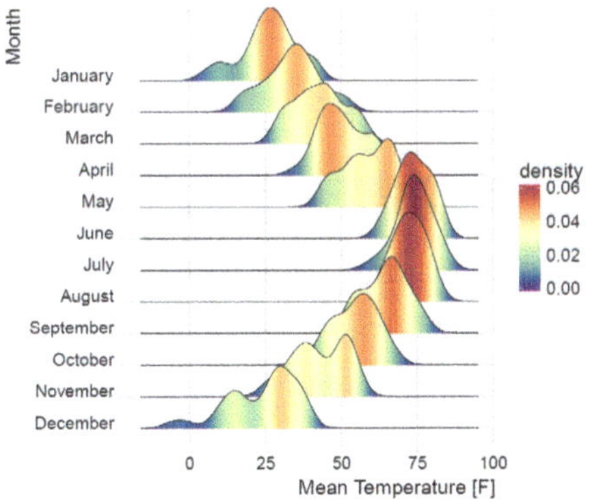

图 5-1-2　核密度估计峰峦图

技能　绘制核密度估计峰峦图

R 中的 ggridges 包[1]提供了 geom_density_ridges_gradient()函数，可以结合 ggplot2 包的 ggplot()函数绘制核密度估计峰峦图，图 5-1-2 的实现代码如下所示。建议将核密度估计峰峦图的数值映射到颜色条。

```
library(ggplot2)
library(ggridges)
library(RColorBrewer)
ggplot(lincoln_weather, aes(x = `Mean Temperature [F]`, y = `Month`, fill = ..density..)) +
```

1 ggridges 包的参考手册：https://cran.r-project.org/web/packages/ggridges/vignettes/introduction.html

```
    geom_density_ridges_gradient(scale = 3, rel_min_height = 0.00,size = 0.3) +
    scale_fill_gradientn(colours = colorRampPalette(rev(brewer.pal(11,'Spectral')))(32))
```

有时候为了更好地发现数据规律或者展示数据分析结果，可以使用二维散点图与统计直方图或核密度估计图的组合图表，如图 5-1-3 所示。

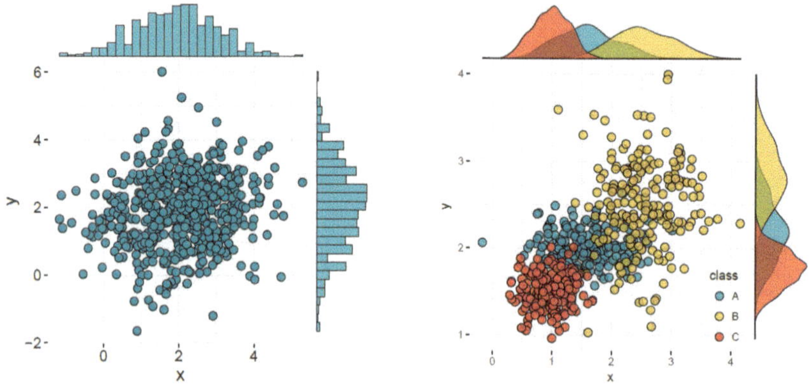

(a) 二维散点图与统计直方图　　(b) 二维散点图与核密度估计图

图 5-1-3　二维散点图与统计直方图组合

技能　二维散点图与统计直方图组合

R 中 ggpubr 包的 ggscatterhist()函数（选择"density"参数绘制核密度估计图，选择 "histogram"参数绘制统计直方图，选择"boxplot"参数绘制箱形图，共三种类型），ggExtra 包的 ggMarginal()函数（选择"density"参数绘制核密度估计图，选择"histogram"参数绘制统计直方图，选择"boxplot"参数绘制箱形图，选择"violin"参数绘制小提琴图，共 4 种类型），gridExtra 包的 grid.arrange()函数实现 ggplot2 包绘制的散点图和统计直方图的组合，这三种方法都可以实现二维散点图与统计直方图组合，其中以 ggscatterhist()函数最为简单，grid.arrange()函数的可控性最好，也最为复杂。图 5-1-3(b)二维散点与核密度估计图的实现代码如下所示。

```
library(ggplot2)
library(ggpubr)
N<-200
x1 <- rnorm(mean=1.5, sd=0.5,N)
y1 <- rnorm(mean=2,sd=0.2, N)
x2 <- rnorm(mean=2.5,sd=0.5, N)
y2 <- rnorm(mean=2.5,sd=0.5, N)
x3 <- rnorm(mean=1, sd=0.3,N)
y3 <- rnorm(mean=1.5,sd=0.2, N)
data2 <- data.frame(x=c(x1,x2,x3),y=c(y1,y2,y3),class=rep(c("A","B","C"),each=200))
ggscatterhist(
```

```
    data2,  x ='x', y = 'y',
    shape=21,color ="black",fill= "class", size =3, alpha = 0.8,
    palette = c("#00AFBB", "#E7B800", "#FC4E07"),
    margin.plot =  "density",
    margin.params = list(fill = "class", color = "black", size = 0.2),
    legend = c(0.9,0.15),
  ggtheme = theme_minimal()))
```

5.2 数据分布型图表系列

图 5-2-1 至图 5-2-4 使用了 4 种不同数据的分布型数据，每个类别的数据总数分布为 100 个，其中类别 n 的数据服从正态分布（normal distribution：均值 $\mu = 3$,方差 $\sigma = 1$）；类别 s 的数据为在 n 数据的基础上右倾斜分布（skew-right distribution：Johnson 分布的偏斜度 2.0 和峰度 13.1）；类别 k 的数据在 n 数据的基础上尖峰态分布（leptikurtic distribution：Johnson 分布的偏斜度 2.2 和峰度 20.0）；类别 mm 为双峰分布（bimodal distribution：两个峰的均值 μ_1、μ_2 分别为 1.89 和 3.79，方差 $\sigma_1 = \sigma_2$ =0.31）

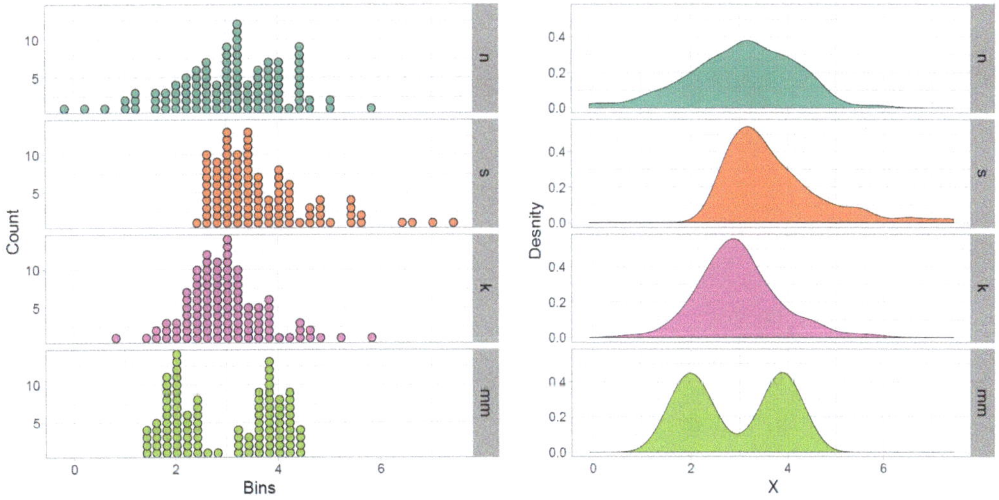

(a) 统计直方图 (b) 核密度估计曲线图

图 5-2-1 4 种不同数据的分布型图表

技能 辅助数据的构造

使用 R 自带的 rnorm()函数可以构造符合高斯分布的单峰或者多峰数据，使用 SuppDists 包的 rJohnson()函数可以构造符合 Johnson 分布的数据，然后使用 ggplot2 包的核密度估计曲线函数 geom_density()与分面函数 facet_grid()实现如图 5-2-1(b)所示的图表，具体代码如下所示。

```
library(ggplot2)
library(RColorBrewer)
library(SuppDists) #提供 rJohnson()函数
set.seed(141079)
#生成数据
findParams <- function(mu, sigma, skew, kurt) {
  value <- .C("JohnsonMomentFitR", as.double(mu), as.double(sigma),
              as.double(skew), as.double(kurt - 3), gamma = double(1),
              delta = double(1), xi = double(1), lambda = double(1),
              type = integer(1), PACKAGE = "SuppDists")
  list(gamma = value$gamma, delta = value$delta,
       xi = value$xi, lambda = value$lambda,
       type = c("SN", "SL", "SU", "SB")[value$type])
}
n <- rnorm(100,3,1) # 均值为 3、标准差为 1 的正态分布
s <- rJohnson(100, findParams(3, 1, 2., 13.1))  # Johnson 分布的偏斜度 2.0 和峰度 13.1
k <- rJohnson(100, findParams(3, 1, 2.2, 20))   # Johnson 分布的偏斜度 2.2 和峰度 20.0
mm <- rnorm(100, rep(c(2, 4), each = 50) * sqrt(0.9), sqrt(0.1))  # 两个峰的均值μ1、μ2分别为 1.89 和 3.79，方差σ1
= σ2 =0.31
mydata <- data.frame( Class = factor(rep(c("n", "s", "k", "mm"), each = 100), c("n", "s", "k", "mm")), Value = c(n, s, k,
mm))

#构造的数据集 mydata 可见"Statstic_Data.csv"文件
ggplot(mydata, aes(Value,fill=Class))+
  geom_density(alpha=1,bw=0.3,colour="black",size=0.25)+
  scale_fill_manual(values=brewer.pal(7,"Set2")[c(1,2,4,5)])+
  facet_grid(Class~.)+
theme_light()
```

5.2.1 散点分布图系列

散点分布图是指使用散点图的方式展示数据的分布规律，有时可以借助误差线或者连接曲线。图 5-2-2 所示为 6 种不同形式的散点分布图。

图 5-2-2(a)为抖动散点图（jitter chart），每个类别数据点的 *Y* 轴数值保持不变，数据点 *X* 轴数值沿着 *X* 轴类别标签中心线在一定范围内随机生成，然后绘制成散点图。所以，抖动散点图的主要绘制参数就是数据点的抖动范围。由于随机生成数据点的 *X* 轴数值，所以很容易存在数据点重合叠加的情况，不利于观察数据的分布规律。ggplot2 包的 geom_jitter()函数可以绘制抖动散点图，其关键参数是 position = position_jitter (width = NULL)，width 表示水平方向左右抖动的范围。

图 5-2-2(b)为蜂巢图（beeswarm chart），每个类别数据点沿着 *X* 轴类别标签中心线向两侧，同时逐步向上均匀而对称的展开，整体较为美观，也方便读者观察数据的分布规律。可以借助 ggplot2 的

拓展包 ggbeeswarm 中的 geom_beeswarm()函数，主要参数包括散点的形状（shape）、大小（size）和间隙（cex）。

图 5-2-2(c)为点阵图（dot plot），每个类别数据点沿着 X 轴类别标签中心线向两侧均匀而对称地展开，整体较为美观，很方便读者观察数据的分布规律。ggplot2 包的 geom_dotplot()函数可以绘制点阵图，主要参数包括 binwidth（箱形宽度）、binaxis（箱形的排布方向）（沿 X 轴或 Y 轴）、stackdir（散点的排布方式）（默认为"up"，还有 "down"、"center"）、dotsize（散点大小）等。

图 5-2-2(d)为抖动散点图+带误差线的散点图，先根据每个类别数据直接绘制散点图，然后添加每个类别数据的均值与误差线（标准差）: average+standard deviation。如果只使用带误差线的散点图，就无法观察数据的分布情况，所以使用抖动散点图作为背景，可以很好地显示数据分布情况。数据均值与误差线的添加可以使用 stat_summary() 函数实现。具体地说，即 stat_summary(fun.data="mean_sdl",geom="pointrange")函数可以绘制带均值点的误差线图。

图 5-2-2(e)为点阵图+带误差线的散点图，先根据每个类别的数据直接绘制散点图，然后添加每个类别数据的均值与误差线（标准差）: average+standard deviation。如果只使用带误差线的散点图，就无法观察数据的分布情况，所以使用点阵图作为背景，可以很好地显示数据分布情况，与图 5-2-1(d)表达的信息类似。

图 5-2-2(f)为带连接线的带误差线散点图，使用曲线连接散点，但是这时的 X 轴变量为连续型的时间变量，而不是图 5-2-2(a)～图 5-2-2(e)的类别变量。用曲线连接数据点可以表示数据的变化关系与趋势，与第 4 章 4.6 节中的散点曲线图系列基本类似，但此处是添加误差线表示数据的分布情况。我们可以先借助 dplyr 包的 group_by()函数和 summarise()函数分组计算不同类别的均值与标准差；然后使用 ggplot2 包的 geom_point()函数和 geom_errorbar()函数分别绘制均值点和对应的误差线；最后使用 ggalt 包的 geom_xspline()函数用光滑的曲线连接各点。

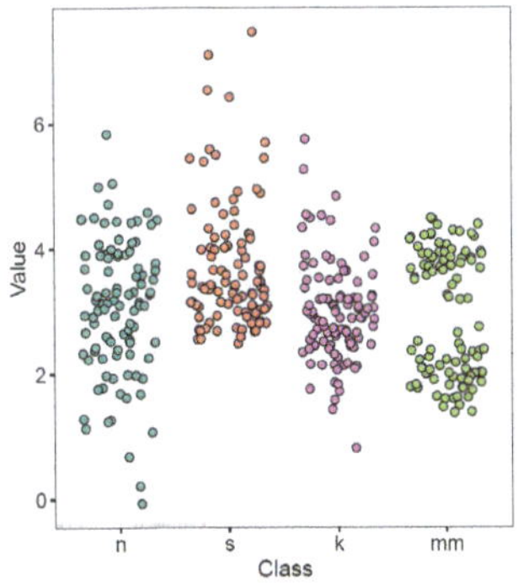

(a) 抖动散点图

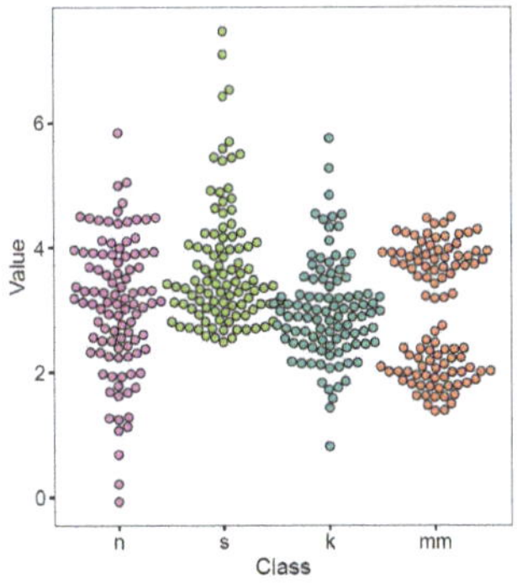

(b) 蜂巢图

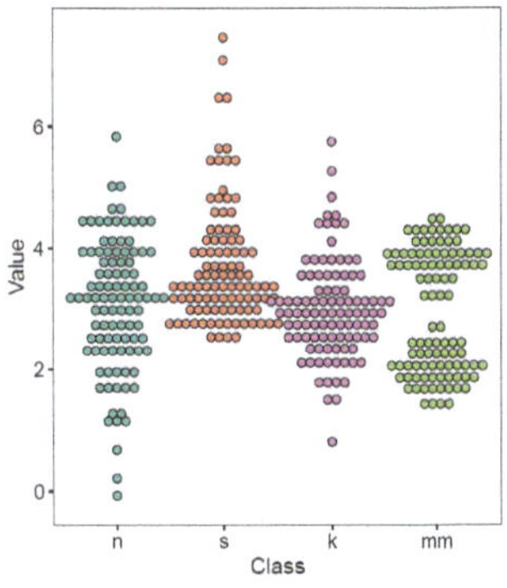

(c) 点阵图

图 5-2-2　散点分布图系列

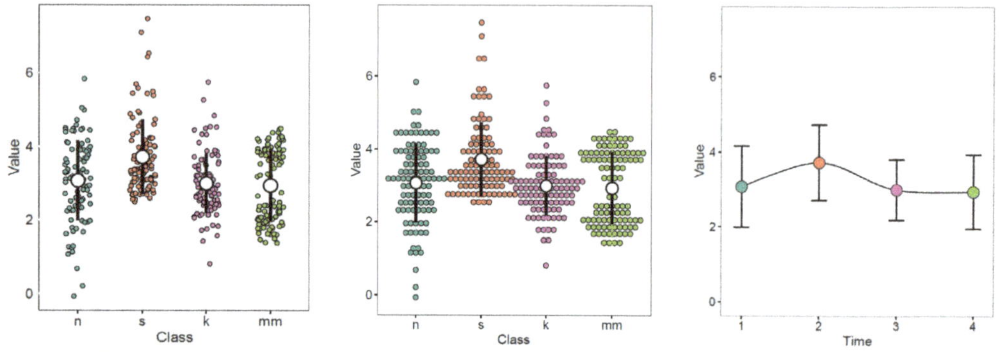

(d) 带误差线的抖动散点图　(e) 带误差线散点与点阵组合图　(f) 带连接线的带误差线散点图

图 5-2-2　散点分布图系列（续）

技能　散点分布图系列的绘制方法

图5-2-2(d)和图5-2-2(e)类似，都是带误差线的散点图与分布类散点图的组合，就是使用 geom_jitter()函数或者 geom_dotplot()函数绘制点阵图或抖动散点图，再添加误差线和均值点。其中图 5-2-2 (d)的实现代码如下所示。

```
ggplot(mydata, aes(Class, Value))+
#添加抖动散点
  geom_jitter(aes(fill = Class),position = position_jitter(0.3),shape=21, size = 2,color="black")+
  scale_fill_manual(values=c(brewer.pal(7,"Set2")[c(1,2,4,5)]))+
  #添加误差线
  stat_summary(fun.data="mean_sdl", fun.args = list(mult=1), geom="pointrange", color = "black",size = 1.2)+
  #添加均值散点
  stat_summary(fun.y="mean", fun.args = list(mult=1), geom="point", color = "white",size = 4)+
  theme_light()
```

5.2.2　柱形分布图系列

柱形分布图系列是指使用柱形图的方式展示数据的分布规律，有时可以借助误差线或者散点图。如图 5-2-3 所示。带误差线的柱形图就是使用每个类别的均值作为柱形的高度，再根据每个类别的标准差绘制误差线，如图 5-2-3(a)所示。

但是如果只使用图 5-2-3(a)展示数据，那么就会与带误差线的散点图存在同样的问题：无法显示数据的分布情况。图 5-2-3(a)的类别 mm 为双峰分布，但是其与其他三个类别的均值与标准差基本相同，没有较大区别。

所以可以在带误差线的柱形图的基础上，添加抖动散点图，这样可以方便观察数据分布规律。

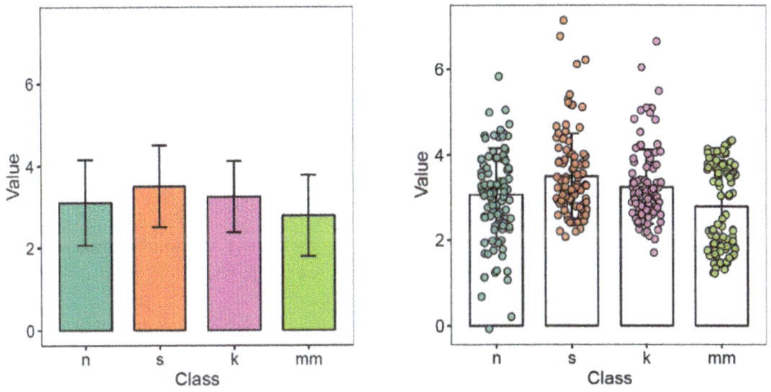

(a) 带误差线的柱形图　　(b) 带误差线的柱形与抖动组合图

图 5-2-3　柱形分布图系列

技能　柱形分布图系列的绘制方法

图 5-2-3(b)带误差线柱形与抖动组合图就是在带误差线柱形图的基础上，再使用 geom_jitter()函数添加抖动散点图。其中，带误差线的柱形图使用 stat_summary(fun.y=mean, geom='bar')实现柱形图，而使用 stat_summary(fun.data = mean_sdl, geom='errorbar')实现误差线的绘制。

```
ggplot(mydata, aes(Class, Value))+
  #添加柱形图
  stat_summary(fun.y=mean, geom='bar', fun.args = list(mult=1),colour="black",fill="white",width=.7) +
#添加误差线
  stat_summary(fun.data = mean_sdl, fun.args = list(mult=1),geom='errorbar', color='black',width=.2) +
  #添加抖动散点图
  geom_jitter(aes(fill = Class),position = position_jitter(0.2),shape=21, size = 2,alpha=0.9)+
  scale_fill_manual(values=c(brewer.pal(7,"Set2")[c(1,2,4,5)]))+
theme_light()
```

5.2.3　箱形图系列

箱形图（box plot）也称箱须图（box-whisker plot）、箱线图、盒图，能显示出一组数据的最大值、最小值、中位数，以及上下四分位数，可以用来反映一组或多组连续型定量数据分布的中心位置和散布范围，因形状如箱子而得名。1977 年，箱形图首先出现在美国著名数学家 John W. Tukey 的著作 *Exploratory Data Analysis* 中[31]。它能方便显示数字数据组的四分位数。从盒子两端延伸出来的线条称为“晶须”（whisker），用来表示上、下四分位数以外的变量。异常值（outlier）有时会以与晶须处于同一水平的单一数据点表示。这种箱形图以垂直或水平的形式出现，如图 5-2-4 所示。

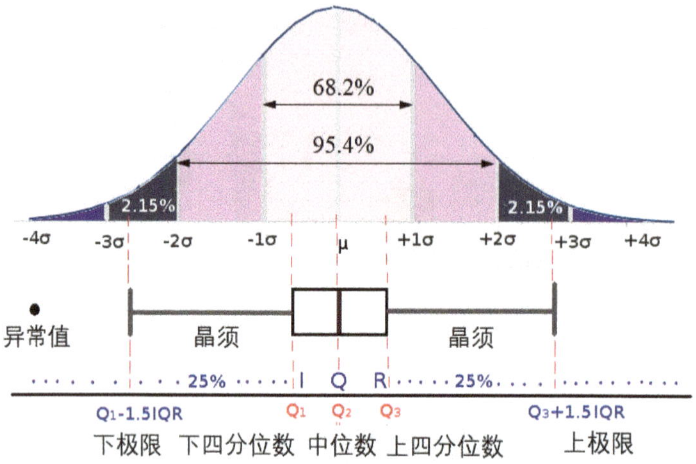

图 5-2-4　箱形图示意

其中，四分位数（quartile）是指在统计学中把所有数值由小到大排列并分成四等份，处于三个分割点位置的数值。分位数是将总体的全部数据按大小顺序排列后，处于各等分位置的变量值。如果将全部数据分成相等的两部分，它就是中位数；如果分成四等分，就是四分位数；八等分就是八分位数等。四分位数也被称为四分位点，它是将全部数据分成相等的四部分，其中每部分包括 25%的数据，处在各分位点的数值就是四分位数。四分位数有三个，第一个四分位数就是通常所说的四分位数，也被称为下四分位数，第二个四分位数就是中位数，第三个四分位数称为上四分位数，分别用 Q_1、Q_2、Q_3 表示。

第一个四分位数（Q_1），又被称为“较小四分位数”，等于该样本中所有数值由小到大排列后第 25%的数字。

第二个四分位数（Q_2），又被称为“中位数”，等于该样本中所有数值由小到大排列后第 50%的数字。

第三个四分位数（Q_3），又被称为“较大四分位数”，等于该样本中所有数值由小到大排列后第 75%的数字。

第三个四分位数与第一个四分位数的差距又被称为四分位距（Inter Quartile Range，IQR），是上四分位值 Q_3 与下四分位值 Q_1 之间的差，即 $IQR= Q_3-Q_1$。IQR 乘以因子 0.7413 得到标准化四分位距（Norm IQR），它是稳健统计技术处理中用于表示数据分散程度的一个量，其值相当于正态分布中的标准偏差（SD）。

图 5-2-5 所示为箱形图系列。从箱形图可以得出的观察结果主要体现在 5 个方面：①关键数值，例如平均值、中位数和上下四分位数等；②任何异常值（以及它们的数值）；③数据分布是否对称；

④数据分组有多紧密；⑤数据分布是否出现偏斜（如果是，那么往什么方向偏斜）。

箱形图通常用于描述性统计，是以图形方式快速查看一个或多个数据集的好方法。虽然与直方图或密度图相比似乎有点原始，但它们占用较少空间，当要比较很多组或数据集之间的分布时便相当有用。箱形图在数据显示方面会受到限制，简单的设计往往隐藏了有关数据分布的重要细节，例如在使用箱形图时，我们不能了解数据分布是双模还是多模的。

箱形图作为描述统计的工具之一，其功能有独特之处，主要有以下几点。

（1）直观明了地识别批量数据中的异常值。一批数据中的异常值值得关注，忽视异常值的存在是十分危险的，不加剔除地把异常值包括在数据的计算分析过程中，会给结果带来不良影响；重视异常值的出现，分析其产生的原因，常常成为发现问题进而改进决策的契机。箱形图为我们提供了一个识别异常值的标准：异常值被定义为小于 $Q_1 - 1.5\mathrm{IQR}$ 或大于 $Q_3 + 1.5\mathrm{IQR}$ 的值。虽然这种标准有点任意性，但它来源于经验判断，经验表明它在处理需要特别注意的数据方面表现不错。这与识别异常值的经典方法有些不同。众所周知，基于正态分布的 3σ 法则或 z 分数方法是以假定数据服从正态分布为前提的，但实际数据往往并不严格服从正态分布。它们判断异常值的标准是以计算批量数据的均值和标准差为基础的，而均值和标准差的耐抗性极小，异常值本身会对它们产生较大影响，这样产生的异常值个数不会多于总数的 0.7%。显然，应用这种方法于非正态分布数据中判断异常值，其有效性是有限的。而箱形图有两方面优势：一方面，其绘制依靠实际数据，不需要事先假定数据服从特定的分布形式，没有对数据做任何限制性要求，它只是真实直观地表现数据形状的本来面貌；另一方面，箱形图判断异常值的标准以四分位数和四分位距为基础，四分位数具有一定的耐抗性，多达 25%的数据可以变得任意远而不会很大地干扰四分位数，所以异常值不能对这个标准施加影响，箱形图识别异常值的结果比较客观。由此可见，箱形图在识别异常值方面有一定的优越性。

（2）利用箱形图判断批量数据的偏态和尾重。比较标准正态分布、不同自由度的 t 分布和非对称分布数据的箱形图的特征，可以发现：对于标准正态分布的大样本，只有 0.7%的值是异常值，中位数位于上、下四分位数的中央，箱形图的方盒关于中位线对称。选取不同自由度的 t 分布的大样本，代表对称重尾分布，当 t 分布的自由度越小时，尾部越重，就有越大的概率观察到异常值。以卡方分布作为非对称分布的例子进行分析，我们发现当卡方分布的自由度越小时，异常值出现于一侧的概率越大，中位数也越偏离上、下四分位数的中心位置，分布偏态性越强。若异常值集中在较小值一侧，则分布呈现左偏态；若异常值集中在较大值一侧，则分布呈现右偏态。

箱形图可以很好地用于观察数据的分布，但是无法适用于双峰及多峰分布的数据，如图 5-2-5 所示类别 mm（数据服从双峰分布），可以准确获得数据的分布情况，所以在箱形图的基础上添加抖动散点图或者点阵图，可以方便读者观察原始数据的分布情况，如图 5-2-5(b)所示 。

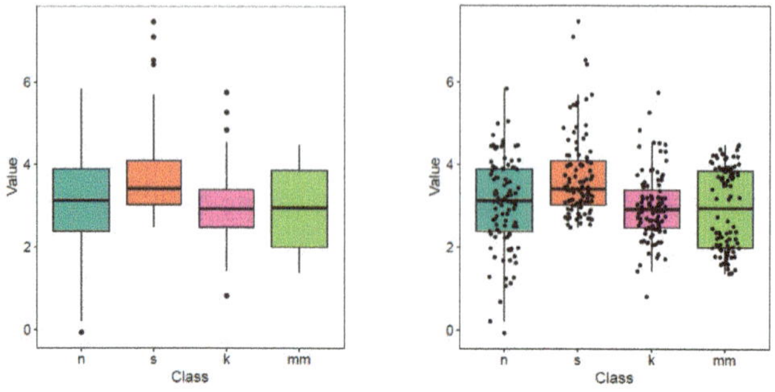

(a) 带误差线的箱形图　　(b) 箱形与抖动散点组合图

图 5-2-5　箱形图系列

技能　箱形图系列的绘制方法 1

R 中 ggplot2 包的 geom_boxplot()函数可以绘制箱形图，geom_jitter()函数可以绘制抖动散点图，具体代码如下所示。

```
ggplot(mydata, aes(Class, Value))+
  geom_boxplot(aes(fill = Class),notch = FALSE)+
  geom_jitter(binaxis = "y", position = position_jitter(0.3),stackdir = "center",dotsize = 0.4)+
  scale_fill_manual(values=c(brewer.pal(7,"Set2")[c(1,2,4,5)]))+
theme_light()
```

最常用的两种箱形图：可变宽度(variable-width)和带凹槽(notched)的箱形图 [32, 33]，如图 5-2-6(a)和图 5-2-6(b)所示。箱形图的另外一个变量：箱形图的宽度，就是为了解决箱形图每个类别的数据量大小不同的问题 [32, 33]。图 5-2-6(a)的类别 a、b、c 和 d 都服从正态分布，其数据量大小分别为 10、100、1000 和 10000，箱形的宽度依次增加。在图 5-2-6(b)所示带凹槽的箱形图中，中位数的置信区间 (confidence interval) 可以由凹槽对应表示。因此，不考虑数据的分布情况，如果凹槽不重合，表示中位数在 95%的置信区间内就可以认为显著不同。

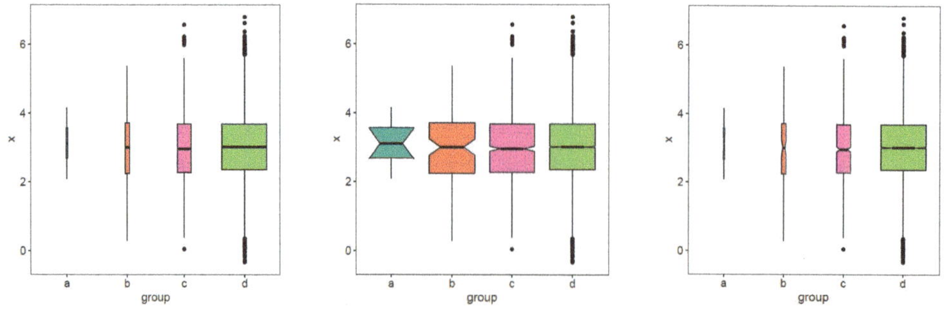

(a) 可变宽度的箱形图　　(b) 带凹槽的箱形图　　(c) 可变宽度的带凹槽箱形图

图 5-2-6　箱形图系列

技能　箱形图系列的绘制方法 2

图 5-2-6(c)可变宽度的带凹槽箱形图可以将 geom_boxplot()函数的参数 notch 设置为是否带凹槽（TRUE/FALSE），参数 varwidth 可以设置为是否根据数据量的多少映射到箱形的宽度（TRUE/FALSE），具体代码如下所示。

```
library(ggplot2)
library(RColorBrewer)
freq <- 10 ^ ((1:4))
df <- data.frame(group = rep(letters[seq_along(freq)], freq), x = rnorm(sum(freq),3,1))
ggplot(df, aes(group,x))+
   geom_boxplot (aes(fill = group),notch = TRUE, varwidth = TRUE) +
   scale_fill_manual(values=c(brewer.pal(7,"Set2")[c(1,2,4,5)]))
theme_light()
```

传统的箱形图（见图 5-2-4 和图 5-2-5）能有效地展示数据的分布情况与异常值。但是对于中等数据集（$n < 1000$），对四分位数之外数据的估计可能不可靠，所以箱形图所提供的信息在四分位数之外的情况下是相当模糊的，而对于一个数据集大小为 n 的高斯样本来说，异常值（outlier）和远外值（far-out value）通常小于 10[34]。

而我们希望使用大数据集（$n \approx 10,000 - 100,000$）可以提供更加精准的四分位数之外的数据估计，同时可以展示大量的异常值（约 $0.4 + 0.007n$）。letter-value 箱形图就能满足我们的需求，它不仅能展示四分位数之外的数据分布信息，还能显示异常值的分布情况。letter-value 箱形图在箱形图的中值（median (M)）和四分位数（fourths (F)）的基础上，往两端延伸，增加箱形的个数：1/8 eigths (E), 1/16 sixteenths (D), ……直到估计误差增大到一定的阈值。如图 5-2-7 所示，由一系列的小箱子堆积而成，展示数据的分布情况。但是它与传统箱形图存在一个同样的问题，即无法识别多峰分布的情况 [35, 36]。

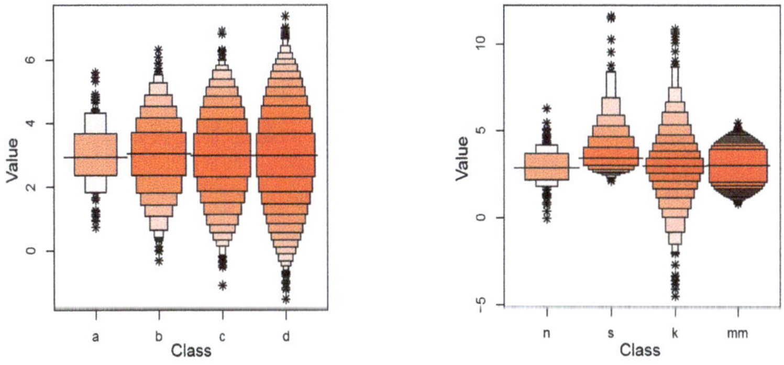

(a) 不同数据量的正态分布　　(b) 相同大数据的不同数据分布

图 5-2-7　大数据的箱形图系列[36]

在图 5-2-7(a)中，类别 a、b、c 和 d 都服从正态分布，其数据量大小分别为 100、1000、10000 和 100000。在图 5-2-7(b)中，类别 n、s、k 和 mm 服从不同的数据分布，其数据量大小分别为 100、1000、10000 和 100000，其中 mm 数据服从双峰分布，但是仅仅从图中无法识别，这就是箱形图的局限性所在。

对于实验数据的分析与展示，很多人会使用常见的带误差线的柱形图，因为这使用 Excel 就可以直接绘制。但是这样展示数据，信息量是非常低的。而使用箱形图能够提供更多的数据分布信息，能更好地展示数据（Excel 2016 版本也提供了箱形图的绘制功能）。在期刊 *Nature Methods* 2013 年的文章中有 100 个带误差线的柱形图，而只有 20 个箱形图，从这里就可以看出来，用箱形图的人远远没有使用带误差线的柱形图的人多。于是自然出版集团（Nature Publishing Group）写了两篇专栏文章 *Points of View: Bar charts and box plots*[37]和 *Points of Significance: Visualizing samples with box plots*[38]，并且还发表了一篇文章 *BoxPlotR: a web tool for generation of box plots*[39]，专门对比箱形图与带误差线的柱形图在数据分布展示方面的差异，最后得出的结论是：箱形图能够比带误差线的柱形图更好地展示数据的分布情况。

5.2.4 其他图表

瓶状图（vase plot）就是使用核密度估计箱形部分的数据，从而得到核密度估计曲线，替代原有的箱形部分，主要用来显示数据的分布形状[40]（见图 5-2-8(a)）。绘图时需要设定核密度估计的带宽（bandwidth）。

小提琴图（violin plot）用于显示数据分布及其概率密度（见图 5-2-8(b)）。这种图表结合了箱形图和密度图的特征，主要用来显示数据的分布形状。中间的黑色粗条表示四分位数范围，从其中延伸出的幼细黑线代表 95%置信区间，而黑色横线则为中位数[41]。虽然小提琴图可以比箱形图显示更多详情，但它们也可能包含较多干扰信息，而且绘图时需要设定核密度估计的带宽。小提琴图可以使用 ggplot2 包的 geom_violin()函数，主要参数与核密度估计曲线一样，也是 bw（带宽）。

豆状图（bean plot）是在小提琴密度部分的基础上，用短横条表示每个数据的数值，用长横线表示类别数据的均值（见图 5-2-8(c)）。它看起来就是豌豆，而里面的短横条看起来像里面的种子[42]。豆状图可以使用 beanplot 包的 beanplot()函数实现。

海盗图（pirate plot），中文名是笔者给起的，因为它算是综合了抖动散点图（原始数据）、柱形图（均值）、小提琴图（核密度估计）和方块图——95%的高密度区间（High Density Interval，HDI）或置信区间（Confidence Interval，CI），虽然能完整地表达数据的所有信息，但是过于复杂[43]（见图 5-2-8(d)）。建议将该图表用于前期数据分布的探索，再具体确定选择合适的图表类型展示数据。海盗图可以使用 yarrr 包的 pirateplot()函数实现。

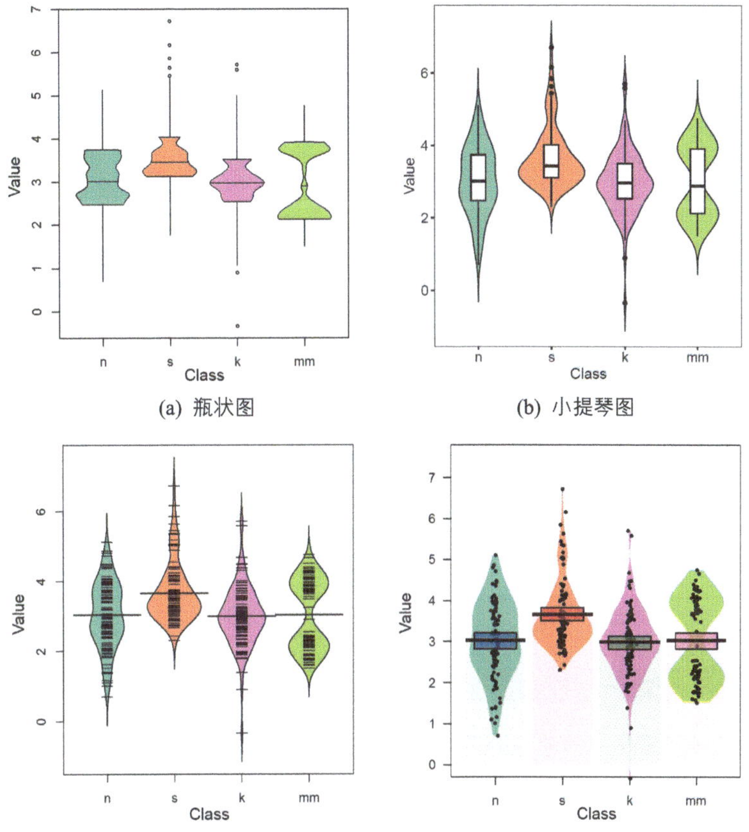

(a) 瓶状图　(b) 小提琴图

(c) 豆状图　(d) 海盗图

图 5-2-8　其他数据分布型的图表

梯度图（gradient plot，如图 5-0-1(h)所示），也可以表示数据分布情况，彩色的条带对应数据的核密度估计，黑色长条代表数据的均值或者中位数，表达的数据信息与小提琴图类似[44]。梯度图可以使用 denstrip 包的 denstrip()函数实现。

技能　绘制小提琴图

图 5-2-8(b)所示的小提琴图也是很常见的图表，可以使用 ggplot2 包的 geom_violin()函数实现。一般我们还可以在小提琴图里添加箱形图，这样能更加全面地展示数据，其核心代码如下所示。

```
ggplot(mydata, aes(Class, Value))+
  geom_violin(aes(fill = Class),trim = FALSE)+
  geom_boxplot(width = 0.2)+
  scale_fill_manual(values=c(brewer.pal(7,"Set2")[c(1,2,4,5)]))+
  theme_light()
```

云雨图，除以上图表外，推荐大家使用云雨图，云雨图可以看成核密度估计曲线图、箱形图和抖动散点图的组合图表，清晰、完整、美观地展示了所有数据信息，如图 5-2-9 所示。相比于图 5-2-8(d)的海盗图，它显得没那么冗余。相比于图 5-2-8(b)的小提琴图，它又在省却多余的核密度估计曲线的同时，增加了抖动散点图。

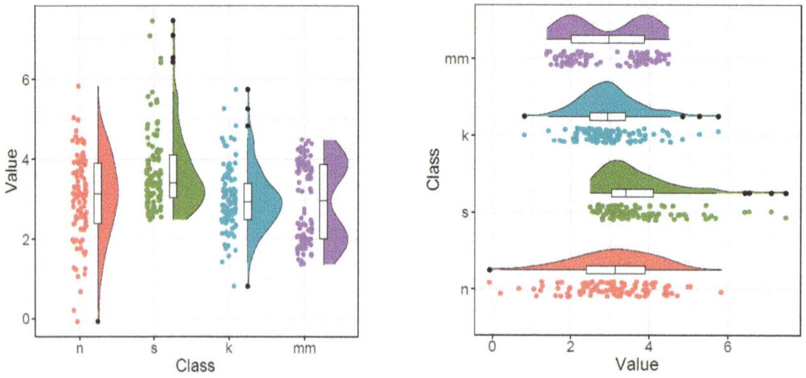

(a) (b)

图 5-2-9 云雨图

技能 绘制云雨图

云雨图可以看成核密度估计曲线图、箱形图和抖动散点图的组合图表，那么就可以使用自定义的半小提琴函数 geom_flat_violin()[1]、箱形图函数 geom_boxplot()和抖动散点图函数 geom_jitter()分别叠加实现。其中只需要将半小提琴（即核密度估计曲线）和箱形图，通过设定参数 position= position_nudge(x)，将其移动到左边或上边距离 X 轴类别中心线的 x 位置，具体代码如下所示。读者也可以使用 gghalves 包的 geom_half_violin()或者 gglayer 包的 geom_flat_violin()函数绘制半小提琴图。gghalves 包还提供了 geom_half_boxplot()和 geom_half_point()函数绘制半箱型图与半散点抖动图。

```
ggplot(mydata, aes(x=Class, y=Value))  +
  geom_flat_violin(aes(fill=Class),position=position_nudge(x=.25),color="black") +
  geom_jitter(aes(color=Class), width=0.1) +
  geom_boxplot(width=.1,position=position_nudge(x=0.25),fill="white",size=0.5) +
  coord_flip() +
  theme_light()
```

双数据系列的箱形图、小提琴图和豆状图如图 5-2-10 所示。双数据系列的箱形图可以使用 geom_boxplot()函数，只需要将两组的变量映射到箱形的填充颜色（fill），另外可以使用 position = position_dodge(width)控制箱形之间的间隔，如图 5-2-10 (a)所示。在图 5-2-10 (a)基础上，可以再使用

1 geom_flat_violin()函数的来源：https://github.com/hadley/ggplot2/blob/master/R/geom-violin.r

geom_jitter()函数添加抖动散点图，可以通过 position=position_jitter(width,height)语句使散点沿着箱形图的中心线分布，如图 5-2-10 (b)所示。

图 5-2-10 (c)是双数据系列的小提琴图，它并非像双数据系列的箱形图一样，同一个类别下，两个小提琴图。这是因为小提琴图本身就是由两个左右对称的核密度估计曲线图构成的。所以对于双数据系列小提琴图，我们只需要保留两个小提琴图的各一半，使左边为一个数据的核密度估计曲线图，右边为另一个数据的核密度估计曲线图。由于 ggplot2 包并未提供这样的函数，所以我们可以通过自定义双数据系列小提琴图的绘制函数 geom_split_violin()[1]来实现。在此基础上，再使用 geom_jitter()函数添加抖动散点图。

图 5-2-10(d)是双数据系列的豆状图，使用 beanplot 包的 beanplot()函数就可以直接实现。与图 5-2-10 (c)小提琴图表达的数据信息基本一致。

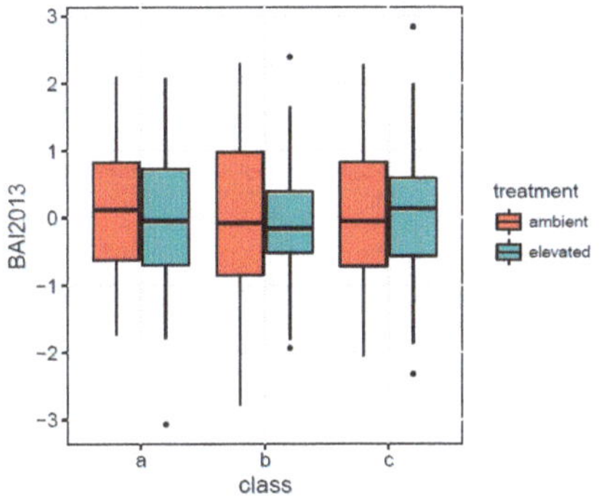

(a) 双数据系列的箱形图

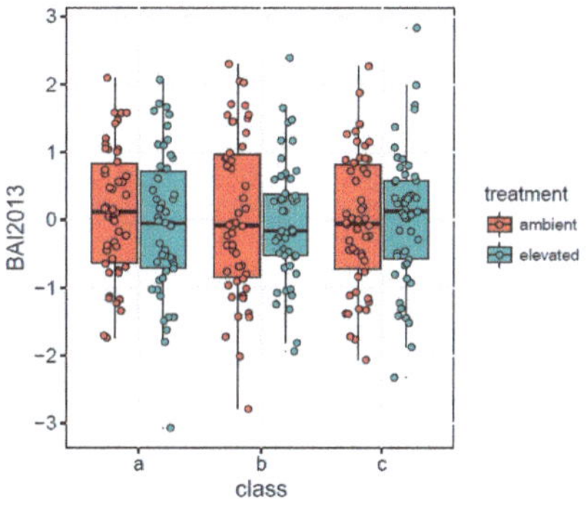

(b) 带抖动散点的双数据系列箱形图

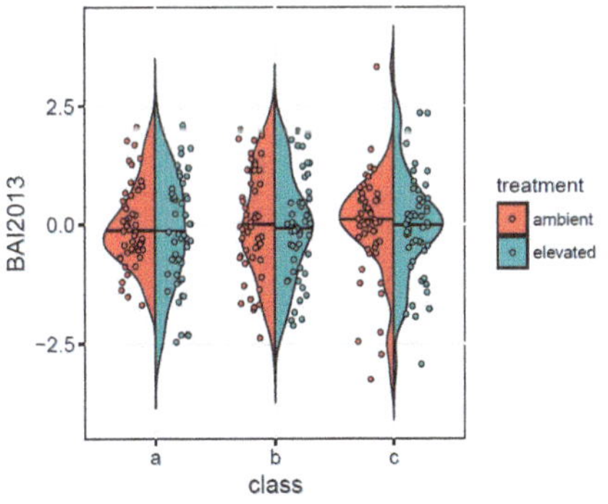

(c) 带抖动散点的双数据系列小提琴图

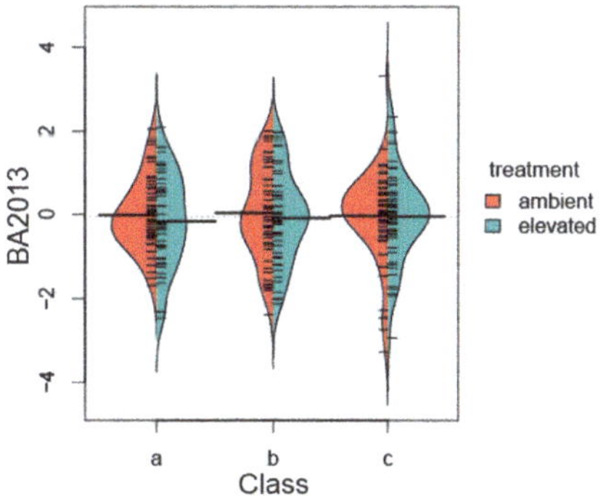

(d) 双数据系列的豆状图

图 5-2-10　双数据系列的分布型图表

1 geom_split_violin()函数的来源：https://gist.github.com/Karel-Kroeze/746685f5613e01ba820a31e57f87ec87

技能 绘制双数据系列的箱形图

双数据系列的箱形图的核心代码如下所示。

```
library(ggplot2)
set.seed(141079)
data <- data.frame(BAI2013 = rnorm(300), class = rep(letters[1:3], 100),
                   treatment = rep(c("elevated","ambient"),150))
#图 5-2-10 (a)双数据系列的箱形图
ggplot(data, aes(x = class, y = BAI2013))+
  geom_boxplot(outlier.size = 1, aes(fill=factor(treatment)), position = position_dodge(0.8),size=0.5) +
  guides(fill=guide_legend(title="treatment"))+
  theme_light()
#图 5-2-10 (b)带抖动散点的多数据系列箱形图
data<-transform(data,dist_cat_n=as.numeric(class), scat_adj=ifelse(treatment == "ambient",-0.2,0.2))
ggplot(data, aes(x =class, y = BAI2013))+
    geom_boxplot(outlier.size = 0, aes(fill=factor(treatment)), position = position_dodge(0.8),size=0.4) +
    geom_jitter(aes(scat_adj+dist_cat_n, BAI2013,fill = factor(treatment)), position=position_jitter(width=0.1,height=0),
shape=21, size = 1.5)+
  guides(fill=guide_legend(title="treatment"))+
  theme_light()
```

图 5-2-10 (c)为带抖动散点的双数据系列小提琴图，需要使用自定义的函数 geom_split_violin()[1]实现，它可以将两个小提琴图各取一半，并拼接在一起，具体实现代码如下所示。

```
data<-transform(data,dist_cat_n=as.numeric(class), scat_adj=ifelse(treatment == "ambient",-0.15,0.15))
ggplot(data, aes(x = class, y = BAI2013,fill=factor(treatment)))+
  geom_split_violin(draw_quantiles = 0.5,trim = FALSE)+
# geom_split_violin()为构造的双数据系列小提琴图，具体请见源代码文件
  geom_jitter(aes(scat_adj+dist_cat_n, BAI2013,fill = factor(treatment)),
              position=position_jitter(width=0.1,height=0), shape=21, size = 1)+
  guides(fill=guide_legend(title="treatment"))+
  theme_light()
```

二维散点图除了可以与统计直方图、核密度估计曲线图组合，还可以与箱形图组合，使用 ggpubr 包的 ggscatterhist()函数实现。除此之外，还有一种新的组合图表：子母图（见图 5-2-11(b)）。它与图 5-2-11(a)所示组合图表类似，但不完全相同。子母图是在主图的基础上，再添加子图。

1 geom_split_violin()函数的来源：https://gist.github.com/Karel-Kroeze/746685f5613e01ba820a31e57f87ec87

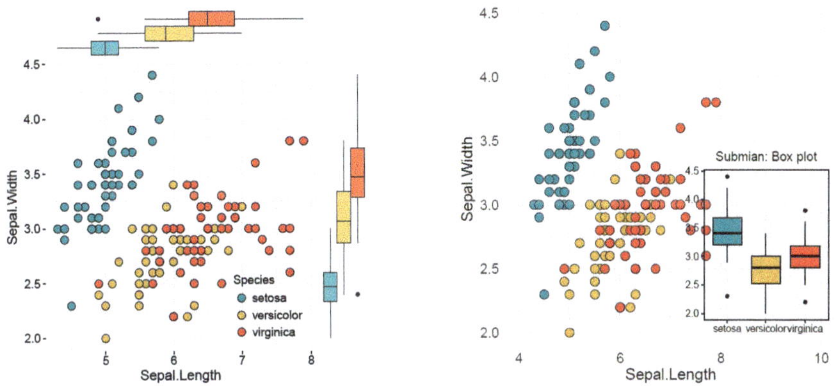

(a) 二维散点图与箱形图的组合图表　　(b) 子母图

图 5-2-11　不同类型的组合图表

技能　绘制子母图

ggplot2 包也可以实现绘制子母图，通过 viewport()函数来实现，viewport()是 grid 绘图体系用于排版的函数（ggplot2 包是基于 grid 绘图原理设计的）：viewport()函数主要的参数有 4 个，*x* 和 *y* 设置中心位点相对于父图层的位置，width 和 height 设置子图形的大小，如图 5-2-12 所示。图 5-2-11(b) 所示的子母图的具体实现代码如下所示。

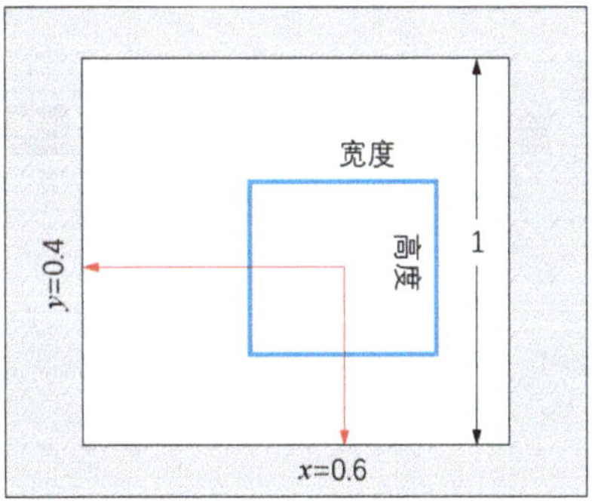

图 5-2-12　子母图示意

```
library(ggplot2)
library(grid)
p1 <- ggplot(iris, aes(Sepal.Length, Sepal.Width, fill = Species)) +
  geom_point(size = 4,shape=21,color="black") +
  theme_bw() +
  xlim(4, 10) +
  theme_light()
p2 <- ggplot(iris, aes(Species, Sepal.Width, fill = Species)) +
```

```
    geom_boxplot() +
    theme_bw() +
    ggtitle("Submian: Box plot") +
    theme_light()
subvp <- viewport(x = 0.78, y = 0.38, width = 0.4, height = 0.5)
p1
print(p2, vp = subvp)
```

有时候，我们需要对箱形图进一步添加显著性标签，如图 5-2-13 所示。R 中常用的比较方法主要如表 5-2-1 所示。

表 5-2-1　R 中常用的比较方法

方法	R 函数	描述
T-test	t.test()	*t* 检验，比较两组（参数）
Wilcoxon test	wilcox.test()	Wilcoxon 符号秩检验，比较两组（非参数）
ANOVA	aov()或 anova()	方差检验，比较多组（参数）
Kruskal-Wallis	kruskal.test()	Kruskal-Wallis 检验，比较多组（非参数）

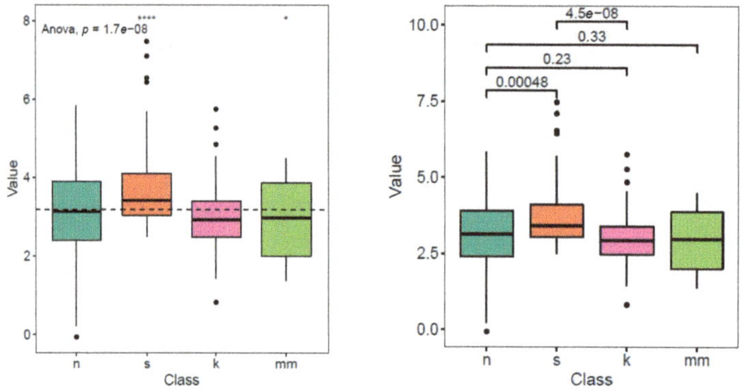

(a)　(b)

图 5-2-13　带显著性标签的箱形图

技能　绘制带显著性标签的箱形图

ggpubr 包中的两个函数：compare_means()可以进行一组或多组间的比较；stat_compare_mean()自动添加 p-value、显著性标签到 ggplot2 绘制的图表。图 5-2-13 带显著性标签的箱形图的具体代码如下所示。

ggpubr 包主要用于出版物图表的绘制。Hadley Wickham 创建的可视化包 ggplot2 可以流畅地进行优美的可视化，但是如果要通过 ggplot2 定制一套图形，尤其是适用于期刊等出版物的图形，对于那些没有深入了解 ggplot2 的人来说就有点困难了，ggplot2 的部分语法是很晦涩的。为此 Alboukadel

Kassambara 创建了基于 ggplot2 的可视化包 ggpubr，用于绘制符合出版物要求的图表。

```
library(ggpubr)
palette<-c(brewer.pal(7,"Set2")[c(1,2,4,5)])
#图 5-2-13 (a)带显著性标签的箱形图
ggboxplot(mydata, x = "Class", y = "Value",fill = "Class", palette = palette,
          add = "none",size=0.5,add.params = list(size = 0.25))+
  geom_hline(yintercept = mean(mydata$Value), linetype = 2)+
#添加均值线
  stat_compare_means(method = "anova", label.x=0.8,label.y = 7.8)+
#添加全部数据的 annova 方法的 p-value
  stat_compare_means(label = "p.signif", method = "t.test",ref.group = ".all.", hide.ns = TRUE,label.y = 8) +
#添加每组变量与全部数据的显著性
  theme_light()

#图 5-2-13 (b)带显著性标签的箱形图
compaired <- list(c("n", "s"), c("n","k"), c("n","mm"), c("s","k"))
ggboxplot(mydata, x = "Class", y = "Value",fill = "Class", palette = palette, add = "jitter",size=0.5)+
stat_compare_means(comparisons = compaired,method = "wilcox.test")
  theme_light()
```

有时候，我们还需要比较两个成对样本（paired sample），比如在对高血压的研究中，在研究开始会测量所有病人的血压，在治疗之后再次测量血压。这样，每个主体有两个测量值，它们通常称为之前测量值和之后测量值，这就是成对样本。成对样本 t 检验一般是比较单独一组的两个变量的平均值。此过程计算每个个案的两个变量的值之间的差值，并检验平均差值是否非 0（见图 5-2-14）。

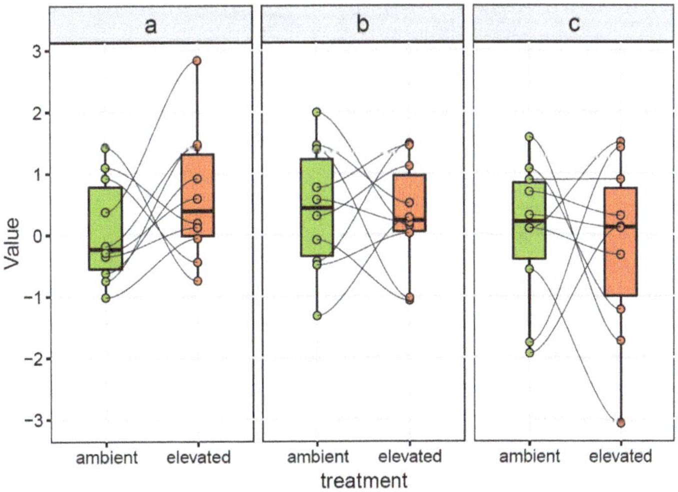

图 5-2-14　带连接线的双箱形图

技能 绘制带连接线的双箱形图

对于成对样本，我们可以使用 ggpubr 包的 ggpaired()函数实现可视化，但是每对样本数据之间是使用直线连接的，这就导致数据可视化效果并不美观，所以我们可以自定义绘图，使用 ggforce 包的 geom_bezier()函数，从而用光滑的贝塞尔曲线连接两点，如图 5-2-14 所示。其关键在于构造贝塞尔连接曲线的数据集，具体代码如下所示。

```
library(RColorBrewer)
library(ggplot2)
library(reshape2)
library(ggforce)
library(dplyr)
set.seed(141079)
df_point <- data.frame(BAI2013 = rnorm(60),
                       class = rep(rep(letters[1:3], each=10),2),
                       treatment = rep(c("elevated","ambient"),each=30),
                       index=rep(seq(1,30),2))
#构造贝塞尔曲线连接线的数据集 df_bezier
type<-as.character(unique(df_point$class))
df_bezier<-data.frame(matrix(ncol = 4, nrow = 0))
colnames(df_bezier)<-c("index","treatment","class","value")
for (i in 1:length(type)){
  data0<-df_point[df_point$class==type[i],]
  data1<-split(data0,data0$treatment)
  data2<-data.frame(ambient=data1$ambient[,1],
                    elevated=data1$elevated[,1],
                    index=data1$ambient[,4])
  colnames(data2)<-c(1,2,"index")
  data2$'1.3'<-data2$'1'
  data2$'1.7'<-data2$'2'
  data3<-melt(data2,id="index",variable.name ="treatment")
  data3$treatment<-as.numeric((as.character(data3$treatment)))
  data4<-arrange(data3,index,treatment)
  data4$class<-type[i]
  df_bezier<-rbind(df_bezier,data4)
}

ggplot()+
   #使用数据框 df_point 绘制箱形图
    geom_boxplot(data=df_point,aes(x = factor(treatment), y = BAI2013,fill=factor(treatment)),
                 width=0.35,position = position_dodge(0),size=0.5,outlier.size = 0) +
   #使用数据框 df_point 绘制散点图
    geom_point(data=df_point,aes(x = factor(treatment), y = BAI2013,fill=factor(treatment)),
```

```
                  shape=21,colour="black",size=2)+
      #使用数据框 df_bezier 绘制贝塞尔连接线
      geom_bezier(data= df_bezier,aes(x= treatment, y = value, group = index,linetype = 'cubic'),
                   size=0.25,colour="grey20") +
      scale_fill_manual(values=brewer.pal(7,"Set2")[c(5,2)])+
      facet_grid(.~class)+
      labs(x="treatment",y="Value")+
      theme_light()
```

箱形图的水平显示：使用 ggplot2 包的 geom_box()函数，结合 coord_flip()函数可以实现箱形图的水平翻转，如图 5-2-15(a)所示。虽然箱形图部分实现了水平翻转，但是右边的图例（legend）部分还是竖直的。这时，我们只需要把 ggplot2 包的 geom_box()函数替换成 ggstance 包的 geom_boxploth()函数，就可以实现如图 5-2-15(b)所示的效果。

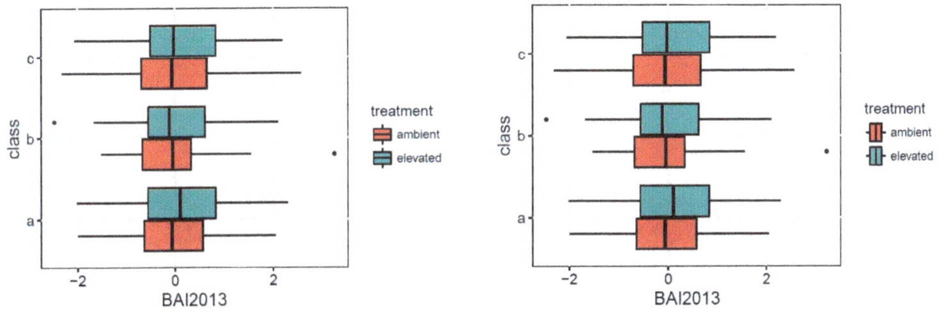

(a)　　(b)

图 5-2-15　水平显示的箱形图

箱形图的中值排序显示：排序显示数据对更快地发现数据规律和获取数据信息尤为重要。对应 X 轴为类别向量时，最好将箱形图按中值降序后显示，如图 5-2-16(b)所示。

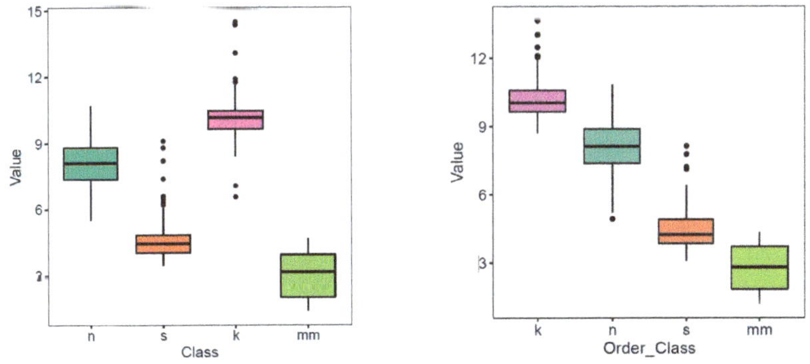

图 5-2-16　中值排序显示的箱形图

技能 绘制中值排序显示的箱形图

先使用 reorder()函数根据中值（median）对数据框 mydata 排序，然后改变因子向量的顺序，使因子向量的水平（level）按其中值的降序排列，最后使用 ggplot2 包的 geom_boxplot()函数绘制即可，具体代码如下所示。

```
Order_Class<-with(mydata,reorder(Class,Value,median))
Order_Class<-factor(Order_Class,levels=rev(levels(Order_Class)))
ggplot(mydata, aes(Order_Class,Value))+
  geom_boxplot(aes(fill = Class),notch = FALSE,outlier.alpha=1) +
  scale_fill_manual(values=c(brewer.pal(7,"Set2")[c(1,2,4,5)]))+
  scale_y_continuous(breaks=seq(0,15,3))+wo
  theme_light()
```

5.3 二维统计直方图和二维核密度估计图

5.3.1 二维统计直方图

二维统计直方图主要针对二维数据的统计分析，*X-Y* 轴变量为数值型。首先要从 *X* 轴和 *Y* 轴变量数据分别找出它的最大值和最小值，然后确定一个区间，使其包含全部测量数据，将区间分成若干小区间$[X_n:X_n+w, Y_n:Y_n+w]$（其中，w 为最小区间的大小，(X_n, Y_n)为第 n 个区间的始点），统计测量结果出现在各小区间的频数 M。在平面直角坐标系中，*X* 轴和 *Y* 轴分别标出每个组的端点，每个方块（bin）的颜色代表对应的频数，一般我们也称这样的统计图为二维频数分布直方图（见图 5-3-1）。

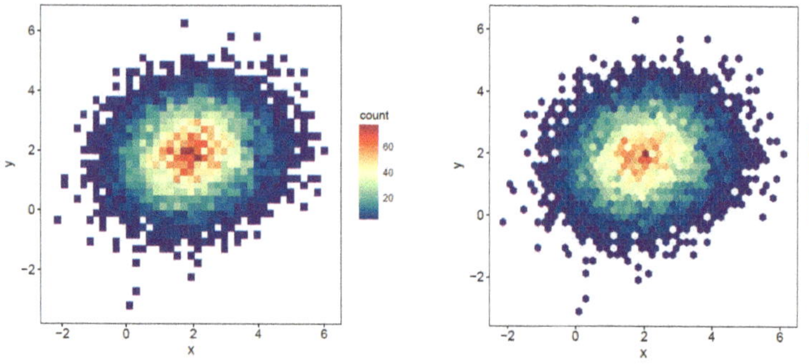

(a) 方块形　　(b) 六方形

图 5-3-1　不同类型的二维统计直方图

5.3.2 二维核密度估计图

关于核密度估计，我们在 5.1.2 节有过介绍，此处不再赘述。二维核密度估计图如图 5-3-2 所示。

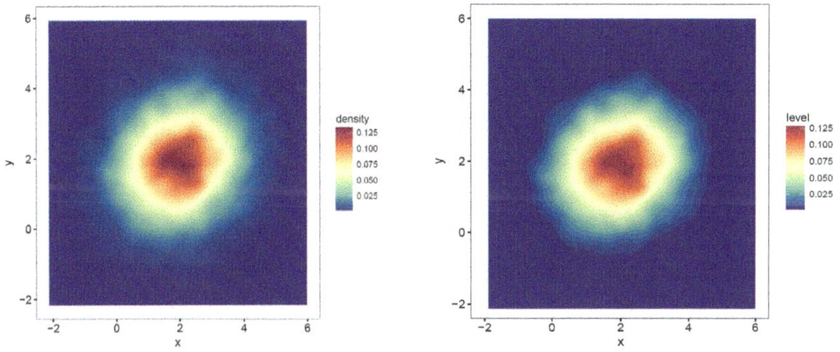

(a) 栅格形　　(b) 多边形

图 5-3-2　不同类型的二维核密度估计图

技能　绘制二维统计直方图和二维核密度估计图

对于二维统计直方图，R 中 ggplot2 包的 geom_bin2d()函数和 geom_hex()函数分别可以绘制图 5-3-1(a)和图 5-3-1(b)，参数 bins 为在 *X* 轴和 *Y* 轴变量分别设定的区间数目。

对于二维核密度估计图，R 中 ggplot2 包的 stat_density_2d()函数可以绘制，其中 geom ="raster" 或者"polygon"分别对应图 5-3-2(a)和图 5-3-2 (b)，具体代码如下所示。

```
library(RColorBrewer)
library(ggplot2)
colormap<- rev(brewer.pal(11,'Spectral'))
# 构造正态分布的数据集
x1 <- rnorm(mean=1.5, 5000)
y1 <- rnorm(mean=1.6, 5000)
x2 <- rnorm(mean=2.5, 5000)
y2 <- rnorm(mean=2.2, 5000)
df <- data.frame(x=c(x1,x2),y=c(y1,y2))
ggplot(df, aes(x,y)) +
    #geom_hex(bins = 40,na.rm=TRUE)+   #对应图 5-3-1(b)
geom_bin2d (bins=40,na.rm=TRUE) +   #对应图 5-3-1(a)
    scale_fill_gradientn(colours=colormap)+
    theme_classic()

ggplot(df, aes(x,y))+
  stat_density_2d (geom ="raster",aes(fill = ..density..),contour = F)+   #对应图 5-3-2(a)
# stat_density_2d (geom ="polygon",aes(fill = ..level..),bins=30 )+      #对应图 5-3-2(b)
  scale_fill_gradientn(colours= colormap)+
  theme_classic()
```

技能 绘制三维统计分布图

对于图 5-3-3(a)所示的三维统计直方图，其绘制方法是先使用 gplots 包的 hist2d()函数求二维统计直方图数值，其中 bins 表示 *X* 轴和 *Y* 轴方向的箱形总数，最后使用 plot3D 包的 hist3D()函数绘制三维柱形图。

对于图 5-3-3(b)所示的三维核密度估计图，其绘制方法是先使用 MASS 包的 kde2d()函数计算二维核密度估计，其中 h 为 *X* 和 *Y* 轴方向的带宽，最后使用 plot3D 包的 persp3D()函数绘制三维曲面图。

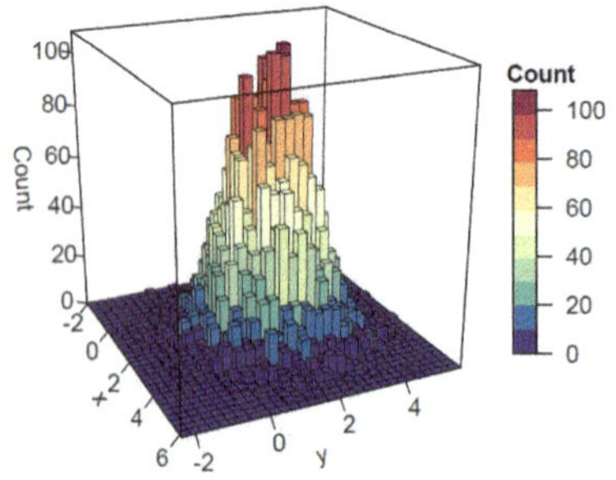

(a) 三维统计直方图

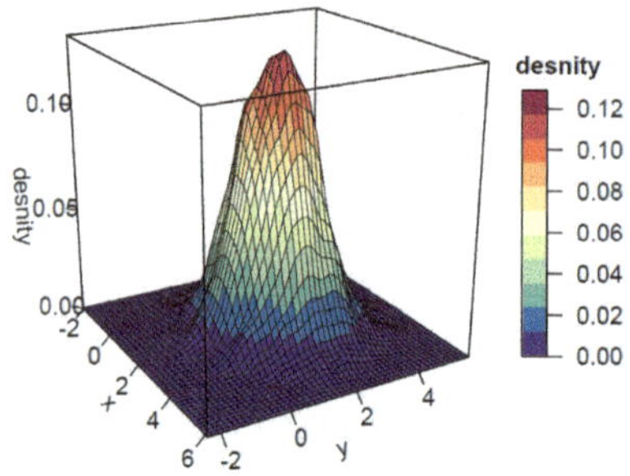

(b) 三维核密度估计图

图 5-3-3 三维统计分布图

图 5-3-3 所示图表的实现代码如下所示。

```
library(plot3D)
#图 5-3-3 (a) 三维统计直方图
library(gplots) #提供 hist2d()函数
df_hist<-hist2d(df$x,df$y, nbins=30)

pmar <- par(mar = c(5.1, 4.1, 4.1, 6.1))
hist3D(x=df_hist$x,y=df_hist$y,z=df_hist$counts,
          col = colormap, border = "black",space=0,alpha = 1,lwd=0.1,
          xlab = "x", ylab = "y",zlab = "Count", clab="Count",
          ticktype = "detailed",bty = "f",box = TRUE,#cex.axis= 1e-09,
          theta = 65, phi = 20, d=3,
          colkey = list(length = 0.5, width = 1))

#图 5-3-3 (b) 三维核密度估计图
library(MASS) #提供 kde2d ()函数
df_density <- kde2d(df$x,df$y, n = 50, h = c(width.SJ(df$x), width.SJ(df$y)))
pmar <- par(mar = c(5.1, 4.1, 4.1, 6.1))
persp3D (df_density$x, df_density$y, df_density$z,
           theta = 60, phi = 20, d=3,
           col = colormap, border = "black", lwd=0.1,
```

```
            bty = "f",box = TRUE,ticktype = "detailed",
            xlab = "x", ylab = "y",zlab = "desnity",clab="desnity",
            colkey = list(length = 0.5, width = 1))
```

二维与一维统计分布组合图：我们还可以将二维统计直方图和二维核密度估计图，结合一维的统计分布图表一起展示，更加详细地揭示数据的分布情况，如图 5-3-4 所示。

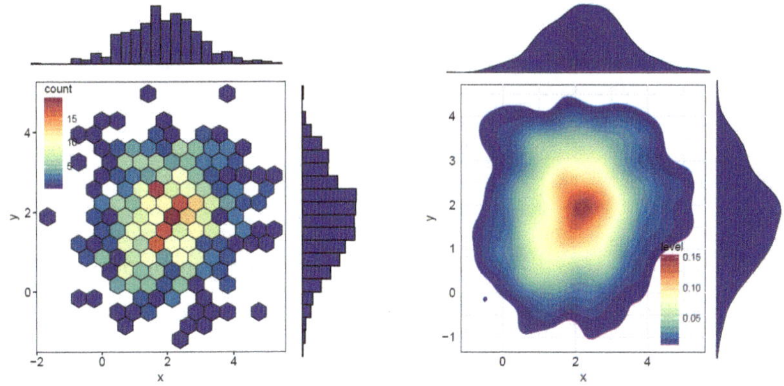

(a) 二维与一维统计直方图　　(b) 二维与一维核密度估计图

图 5-3-4　二维与一维统计分布组合图

技能　绘制二维与一维统计分布组合图

R 中 gridExtra 包的 grid.arrange()函数可以实现 ggplot2 包绘制的一维和二维统计分布图的组合，具体实现代码如下所示。

```
library(ggplot2)
library(gridExtra)
library(RColorBrewer)
Colormap <- rev(brewer.pal(11,'Spectral'))
#构造正态分布的数据集
N<-300
x1 <- rnorm(mean=1.5, N)
y1 <- rnorm(mean=1.6, N)
x2 <- rnorm(mean=2.5, N)
y2 <- rnorm(mean=2.2, N)
data <- data.frame(x=c(x1,x2),y=c(y1,y2))
hist_top <- ggplot(data, aes(x)) +
  geom_density(colour="black",fill='#5E4FA2',size=0.25)+
  theme_void()
# 同样绘制右边的直方图
hist_right <- ggplot(data, aes(y)) +
  geom_density(colour="black",fill='#5E4FA2',size=0.25)+
```

```
   theme_void()+
   coord_flip()
scatter<-ggplot(data, aes(x, y)) +
   #stat_density2d(geom ="polygon",aes(fill = ..level..),bins=30 )+
stat_binhex(bins = 15,na.rm=TRUE,color="black")+#
    scale_fill_gradientn(colours=Colormap)+
      theme_minimal()
# 最终的组合
grid.arrange(hist_top, empty, scatter, hist_right, ncol=2, nrow=2, widths=c(4,1), heights=c(1,4))
```

5.4 金字塔图和镜面图

金字塔图通常用来理解人口结构，也被称为人口金字塔（population pyramid）图，是彼此背靠背的一对直方图，通常用于显示所有年龄组和男女人口的分布情况。*X* 轴表示人口数量，*Y* 轴列出年龄组别。人口金字塔图最适合用来检测人口模式的变化或差异。多个人口金字塔图放在一起可用于比较各国或不同群体之间的人口模式。

举个例子，底部较宽、顶部狭窄的人口金字塔图表示该群体具有很高的生育率和死亡率；相反，顶部较宽、底部狭窄的人口金字塔图代表出现人口老龄化，而且生育率低。

除此之外，人口金字塔图也可用来推测人口的未来发展。如果人口出现老龄化，而且生育率低，则最终会导致因没有足够后代照顾老人的社会问题。其他理论包括“青年膨胀”，即若社会存在大量16~30 岁的青年（特别是男性），则容易导致社会动荡、战争和恐怖主义。因此，人口金字塔图对生态学、社会学和经济学等领域都相当有用。

技能 绘制金字塔图

图 5-4-1(a1)和图 5-4-1(a2)其实就是由两个不同数据系列的柱形图组成的，R 中 ggplot2 包的 geom_bar()函数可以绘制基于柱形的镜面图和金字塔图；而图 5-4-1(b1)和图 5-4-1(b2)就是由两个不同数据系列的面积图组成的， R 中 ggplot2 包的 geom_area()函数可以绘制基于面积的镜面图和金字塔图，只是由于面积图的 *X* 轴只能为数值型，所以需要构造 *X* 轴辅助数据，然后将 *X* 轴坐标标签替换成年龄分段。图 5-4-1(a1)和图 5-4-1(b1)所示图表的实现代码如下所示。

```
library(ggplot2)
df<-read.csv("Population_Pyramid_Data.csv",header=TRUE)
df[df$gender == "female",]$pop<--df[df$gender == "female",]$pop
df$age<-factor(df$age,levels=df$age[seq(1,nrow(df)/2,1)])

#图 5-4-1 (a1) 直方图类型的金字塔图
```

```
ggplot(data = df, aes(x =age , y = pop, fill = gender)) +
  geom_bar(stat = "identity",position = "identity",color="black",size=0.25) +
  scale_y_continuous(labels = abs, limits = c(-400, 400), breaks = seq(-400, 400, 100)) +
  coord_flip() +
  theme_light()

#图 5-4-1 (b1) 面积图类型的金字塔图
df$age_x<-rep(seq(0, 100,5),2)
ggplot(data = df, aes(x =age_x , y = pop, fill = gender)) +
  geom_area(stat = "identity", position = "identity",color="black",size=0.25) +
  scale_fill_manual(values=c("#36BED9","#FBAD01"))+
  scale_y_continuous(labels = abs, limits = c(-400, 400), breaks = seq(-400, 400, 100)) +
  scale_x_continuous(breaks = seq(0, 100, 5),labels=df$age[seq(1,nrow(df)/2,1)])+
coord_flip() +
  theme_light()
```

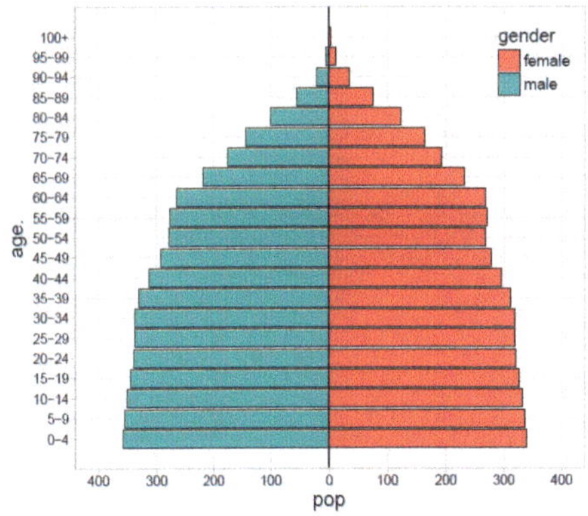

(a1) 直方图类型的金字塔图

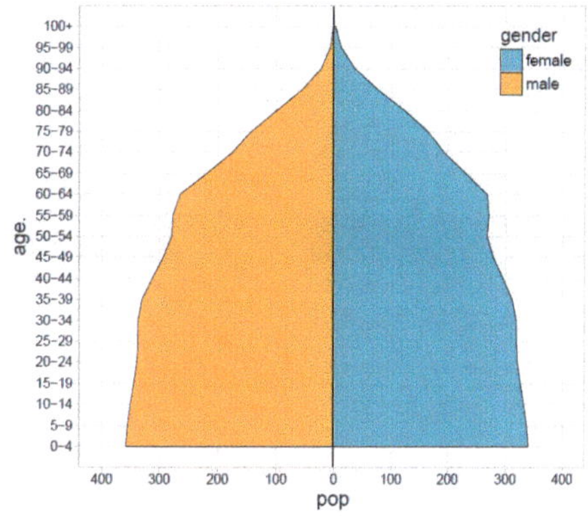

(b1) 面积图类型的金字塔图

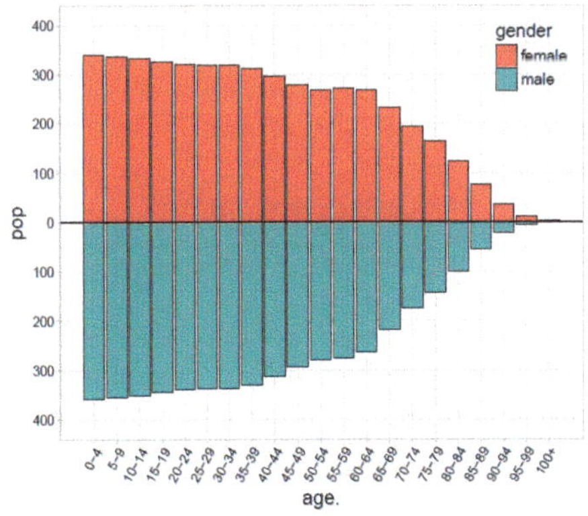

(a2) 直方图类型的镜面图

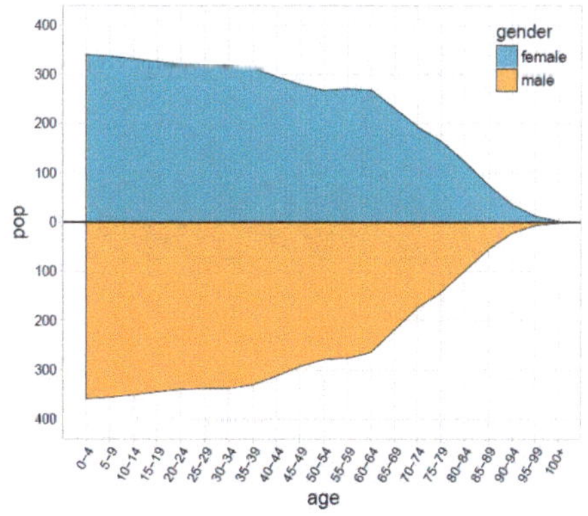

(b2) 面积图类型的镜面图

图 5-4-1　不同类型的金字塔图和镜面图

第 6 章

时间序列型图表

6.1　折线图与面积图系列

6.1.1　折线图

折线图（line chart）用于在连续间隔或时间跨度上显示定量数值，最常用来显示趋势和关系（与其他折线组合起来）。此外，折线图也能给出某时间段内的整体概览，看看数据在这段时间内的发展情况。要绘制折线图，可以先在笛卡儿坐标上定出数据点，然后用直线把这些点连接起来。

在折线图中，X 轴包括类别型或者序数型变量，分别对应文本坐标轴和序数坐标轴（如日期坐标轴）两种类型；Y 轴为数值型变量。折线图主要应用于时间序列数据的可视化。图 6-1-1(a)为多数据系列折线图，X 轴变量为时序数据。

在散点图系列中，曲线图（带直线而没有数据标记的散点图）与折线图的图像显示效果类似。在曲线图中，X 轴也表示时间变量，但是必须为数值格式，这是两者之间最大的区别。所以，如果 X 轴变量为数值格式，则应该使用曲线图来显示数据，而不是折线图。

在折线图系列中，标准的折线图和带数据标记的折线图可以很好地将数据可视化。因为图表的三维透视效果很容易让读者误解数据，所以不推荐使用三维折线图。另外，堆积折线图和百分比堆积折线图等推荐使用相应的面积图，例如，堆积折线图的数据可以使用堆积面积图绘制，展示的效果将会更加清晰和美观。

6.1.2　面积图

面积图（area graph）又叫区域图，是在折线图的基础之上形成的，它将折线图中的折线与自变量坐标轴之间的区域使用颜色或者纹理填充（填充区域称为“面积”），这样可以更好地突出趋势信息，同时让图表更加美观。跟折线图一样，面积图可显示某时间段内量化数值的变化和发展，最常用来显示趋势，而非表示具体数值，图 6-1-2(a)所示为单数据系列的面积图。

多数据系列的面积图如果使用得当，那么效果可以比多数据系列的折线图美观很多。需要注意的是，颜色要带有一定的透明度，透明度可以很好地帮助使用者观察不同数据系列之间的重叠关系，避免数据系列之间的遮挡（见图 6-1-1(b)）。但是，数据系列最好不要超过 3 个，不然图表看起来会比较混乱，反而不利于数据信息的准确和美观表达。当数据系列较多时，建议使用折线图、分面面积图或者峰峦图展示数据。

颜色映射填充的面积图：如图 6-1-2(b)所示，填充面积不是如图 6-1-2(a)所示的纯色填充，而是将折线部分的数据点(x_i, y_i)根据y_i值颜色映射到颜色渐变主题，这样可以更好地促进数据信息的表达，但是这种图表只适用于单数据系列的面积图。多数据系列的面积图由于存在互相遮挡的情况，所以会导致数据表达过于冗余，反而影响数据的清晰表达。

两条折线间填充面积图：两条折线之间可以使用面积填充，这样可以很清晰地观察数据之间的差异变化，这种图表只适用于双数据系列的数值差异比较展示，如图 6-1-3 所示为三种不同类型的两条折线间的填充面积图。图 6-1-3(a)就是直接使用单色填充两条折线之间的面积；图 6-1-3(b)是分段填充，当变量“AMZN”大于变量“AAPL”时，使用蓝色填充，反之则使用红色填充；图 6-1-3(c)是使用颜色映射填充的面积图，将图 6-1-2(b)的颜色映射方法映射到面积填充，这样可以更加清晰地对比每个时间点的差异。这个可以借助 ggridges 包的 geom_ridgeline_gradient()函数实现。

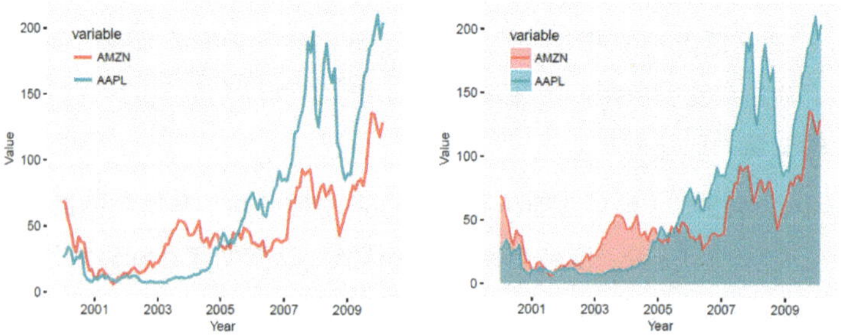

(a) 折线图　　(b) 面积图

图 6-1-1　多数据系列图

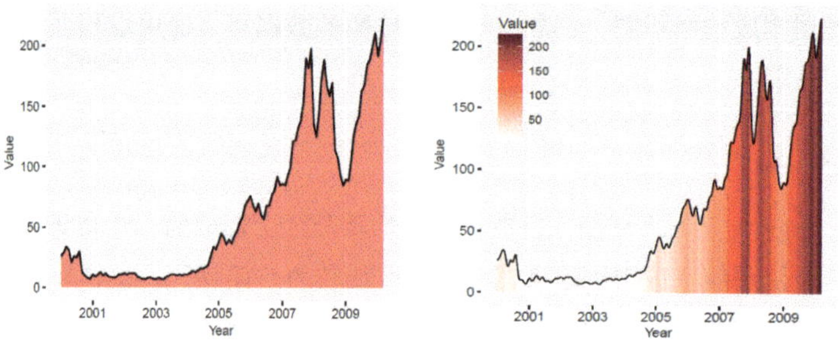

(a) 纯色填充　　(b) 颜色映射填充

图 6-1-2　填充面积折线图

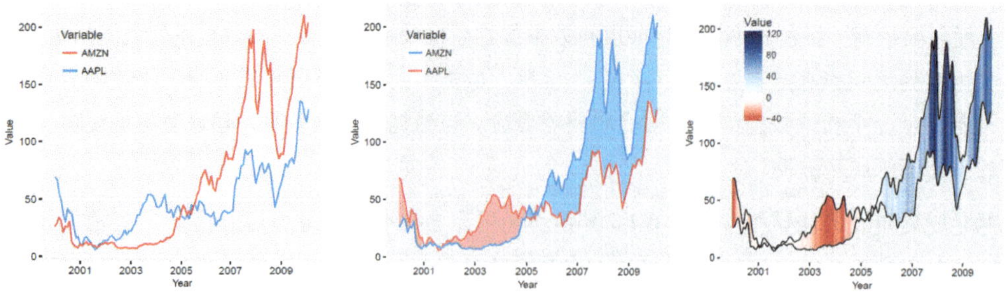

(a) 单色　　(b) 多色　　(c) 颜色映射填充

图 6-1-3　夹层填充面积图

技能　折线图和面积图系列的绘制方法

R 中 ggplot2 包的 geom_line()函数可以绘制折线图，如图 6-1-1(a)所示；geom_area()函数可以绘制面积图，如图 6-1-1(b)和图 6-1-2(a)所示；使用 geom_bar()函数结合 geom_line()函数可以绘制颜色映射填充的面积图，如图 6-1-2(b)所示。其核心代码如下所示。

```
library(ggplot2)
library(RColorBrewer)
mydata<-read.csv("Area.csv",stringsAsFactors=FALSE)
mydata$date<-as.Date(mydata$date)
newdata<-data.frame(spline(as.numeric(mydata$date),mydata$value,n=1000,method= "natural"))
newdata$date<-as.Date(newdata$x,origin = "1970-01-01")
ggplot(newdata, aes(x =date, y = y) )+
  geom_bar(aes(fill=y,colour=y),stat = "identity",alpha=1,width = 1)+
  geom_line(color="black",size=0.5)+
  scale_color_gradientn(colours= brewer.pal(9,'Reds'),name = "Value")+
  scale_x_date(date_labels = "%Y",date_breaks = "2 year")
```

折线图的故事

William Playfair（1759—1823）是苏格兰的工程师，政治经济学家以及统计图形方法的奠基人之一，他创造了我们今日习以为常的几种基本图形。

在 *The Commercial and Political Atlas*（Playfair, 1786）[45]一书中，他用折线图展示了英格兰从 1700 年至 1780 年间的进出口数据，从图中可以很清楚地看出对英格兰有利和不利（即顺差、逆差）的年份，左边表明了对外贸易对英格兰不利，而随着时间发展，大约 1752 年后，对外贸易逐渐变得有利（见图 6-1-4）。

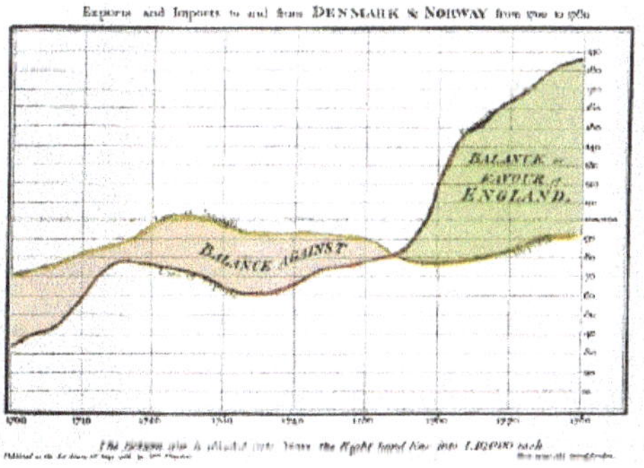

图 6-1-4　Playfair（1786）绘制的折线图[1]

1 图片来源：http:// en. wikipedia. org/ wiki/ William_ Playfair

另外，他还在 *The Statistical Breviary*（Playfair, 1801）[46]一书中，第一次使用了饼图来展示一些欧洲国家的领土比例。事实上，除了这两种图表，他还发明了条形图和圆环图。

堆积面积图（stacked area graph）的原理与多数据系列面积图相同，但它能同时显示多个数据系列，每一个系列的开始点是先前数据系列的结束点，如图 6-1-5(a)所示。堆积面积图上的最大面积代表了所有数据量的总和，是一个整体。各个堆积起来的面积表示各个数据量的大小，这些堆积起来的面积图在表现大数据的总量分量的变化情况时格外有用，所以层叠面积图不适用于表示带有负值的数据集。总的来说，它们适合用来比较同一间隔内多个变量的变化。

在堆积面积图的基础之上，将各个面积的因变量的数据加和后的总量进行归一化就形成了百分比堆积面积图，如图 6-1-5(b)所示。该图并不能反映总量的变化，但是可以清晰地反映每个数值所占百分比随时间或类别变化的趋势线，对于分析各个指标分量占比极为有用。

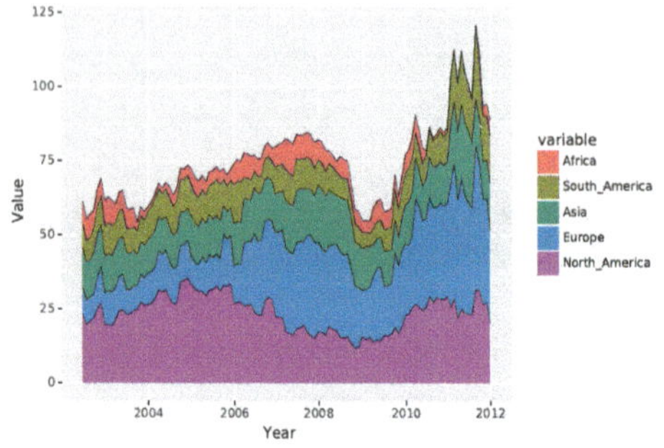

(a) 堆积面积图

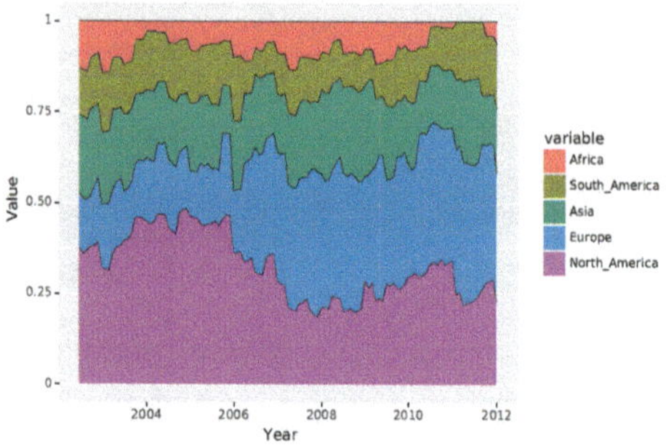

(b) 百分比堆积面积图

图 6-1-5 堆积面积图

堆积面积图侧重于表现不同时间段（数据区间）的多个分类累加值之间的趋势。百分比堆积面积图表现不同时间段（数据区间）的多个分类占比的变化趋势。而堆积柱形图和堆积面积图的差别在于，堆积面积图的 X 轴上只能表示连续数据（时间或者数值），堆积柱形图的 X 轴上只能表示分类数据。

技能 绘制堆积面积图

R 中 ggplot2 包的 geom_area()函数可以绘制面积图系列。其中，position="stack"表示多数据系列的堆叠，可以绘制如图 6-1-5(a)所示的堆积面积图；position="full"表示多数据系列以百分比的形式堆叠，可以绘制如图 6-1-5(b)所示的百分比堆积面积图。

对于如图 6-1-5(a)所示的堆积面积图，为了更好地展示数据信息，最好先对每个数据系列求和再进行降序处理，使数据总和最大的类别最贴近 X 轴。这样，可以很好地比较不同数据系列之间的数值大小。其具体代码如下所示。

```
library(ggplot2)
df<-read.csv("StackedArea_Data.csv",stringsAsFactors=FALSE)
df$Date<-as.Date(df$Date)
Sum_df<-sort(apply(df[,2:ncol(df)],2,sum))
mydata<-melt(df,id="Date")
mydata$variable<-factor(mydata$variable,levels=names(Sum_df),ordered=FALSE)
ggplot(mydata, aes(x =Date, y = value,fill=variable) )+
  geom_area(position="stack",alpha=1)+
  geom_line(position="stack",size=0.25,color="black")+
  scale_x_date(date_labels = "%Y",date_breaks = "2 year")
```

对于如图 6-1-5(b)所示的百分比堆积面积图，为了更好地展示数据信息，最好先对每个数据系列按列计算其百分比后，再进行求和与降序处理，使数据总和最大的类别最贴近 X 轴。这样，可以很好地比较不同数据系列之间的占比关系。其具体代码如下所示。

```
df<-read.csv("StackedArea_Data.csv",stringsAsFactors=FALSE)
df$Date<-as.Date(df$Date)
SumRow_df<-apply(df[,2:ncol(df)],1,sum)
myfun <- function(x){
  x/SumRow_df}
Per_df<-apply(df[,2:ncol(df)],2,myfun)
SumCol_df<-sort(apply(Per_df,2,sum))
mydata<-melt(df,id="Date")
mydata$variable<-factor(mydata$variable,levels=names(SumCol_df),ordered=FALSE)
ggplot(mydata, aes(x =Date, y = value,fill=variable) )+
  geom_area(position="fill",alpha=1)+
  geom_line(position="fill",size=0.25,color="black")+
  scale_x_date(date_labels = "%Y",date_breaks = "2 year")
```

6.2　日历图

我们平常的日历也可以当作可视化工具，适用于显示不同时间段，以及活动事件的组织情况。时间段通常以不同单位显示，例如日、周、月和年。今天我们最常用的日历形式是公历，每个月份的月历由 7 个垂直列组成（代表每周 7 天），如图 6-2-1 所示。

图 6-2-1　日历图示意

日历图的主要可视化形式有如图 6-2-2 所示的两种：以年为单位的日历图（见图 6-2-2 (a)）和以月为单位的日历图（见图 6-2-2 (b)）。日历图的数据结构一般为(Date,Value)，将 Value 按照 Date（日期）在日历上展示，其中 Value 映射到颜色。

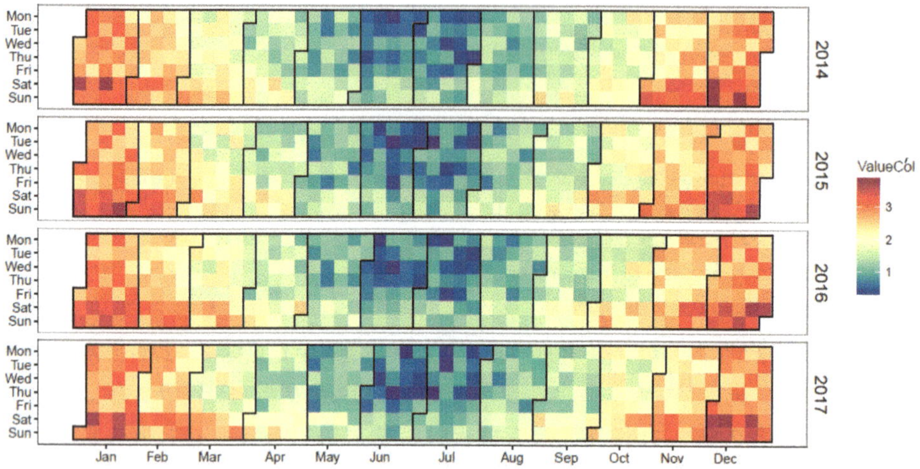

(a) 以年为单位

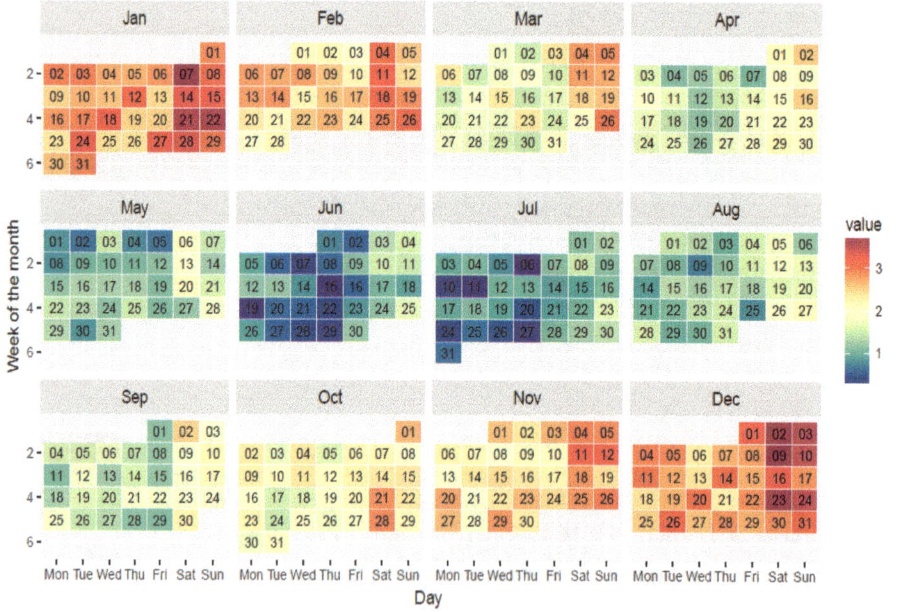

(b) 以月为单位

图 6-2-2　不同基本单位的日历图

技能　绘制日历图 1

R 中 ggTimeSeries 包[1]的 ggplot_calendar_heatmap()函数可以绘制如图 6-2-2(a)所示的日历图，但是不能设定日历图每个时间单元的边框格式。

使用 stat_calendar_heatmap()函数和 ggplot2 包的 ggplot()函数可以调整日历图每个时间单元的边框格式，具体代码如下所示。其关键是使用 as.integer(strftime())日期型处理组合函数获取某天对应所在的年份、月份、周数等数据信息。

```
library(ggplot2)
library(data.table) #提供 data.table()函数
library(ggTimeSeries)
library(RColorBrewer)
#构造 2014-01-01 到 2017-12-31 的数据集
set.seed(1234)
dat <- data.table(
  date = seq(as.Date("1/01/2014", "%d/%m/%Y"),as.Date("31/12/2017", "%d/%m/%Y"),"days"),
  ValueCol = runif(1461)
)
dat[, ValueCol := ValueCol + (strftime(date,"%u") %in% c(6,7) * runif(1) * 0.75), .I]
dat[, ValueCol := ValueCol + (abs(as.numeric(strftime(date,"%m")) - 6.5)) * runif(1) * 0.75, .I]

dat$Year<- as.integer(strftime(dat$date, '%Y'))     #年份
dat$month <- as.integer(strftime(dat$date, '%m')) #月份
dat$week<- as.integer(strftime(dat$date, '%W'))   #周数

MonthLabels <- dat[,list(meanWkofYr = mean(week)), by = c('month') ]
MonthLabels$month <-month.abb[MonthLabels$month]

ggplot(data=dat,aes(date=date,fill=ValueCol))+
  stat_calendar_heatmap()+
  scale_fill_gradientn(colours= rev(brewer.pal(11,'Spectral')))+
  facet_wrap(~Year, ncol = 1,strip.position = "right")+
  scale_y_continuous(breaks=seq(7, 1, -1),labels=c("Mon","Tue","Wed","Thu","Fri","Sat","Sun"))+
  scale_x_continuous(breaks = MonthLabels[,meanWkofYr], labels = MonthLabels[, month],expand = c(0, 0)) +
  xlab(NULL)+
  ylab(NULL)+
  theme( panel.background = element_blank(),
         panel.border = element_rect(colour="grey60",fill=NA),
         strip.background = element_blank(),
         strip.text = element_text(size=13,face="plain",color="black"),
```

---

1 ggTimeSeries 包的参考网址：http://www.ggplot2-exts.org/ggTimeSeries.html

```
        axis.line=element_line(colour="black",size=0.25),
        axis.title=element_text(size=10,face="plain",color="black"),
        axis.text = element_text(size=10,face="plain",color="black"))
```

技能 绘制日历图 2

使用 R 中 ggplot2 包的 geom_tile()函数，借助 facet_wrap()函数分面，就可以绘制如图 6-2-2(b)所示的以月为单位的日历图，具体代码如下所示。

```
library(dplyr)
dat17 <- filter(dat,Year==2017)[,c(1,2)]

dat17$month <- as.integer(strftime(dat17$date, '%m'))  #月份
dat17$monthf<-factor(dat17$month,levels=as.character(1:12),
labels=c("Jan","Feb","Mar","Apr","May","Jun","Jul","Aug","Sep","Oct","Nov","Dec"),ordered=TRUE)
dat17$weekday<-as.integer(strftime(dat17$date, '%u'))#周数
dat17$weekdayf<-factor(dat17$weekday,levels=(1:7),
labels=(c("Mon","Tue","Wed","Thu","Fri","Sat","Sun")),ordered=TRUE)
dat17$yearmonth<- strftime(dat17$date, '%m%Y')    #月份
dat17$yearmonthf<-factor(dat17$yearmonth)
dat17$week<- as.integer(strftime(dat17$date, '%W'))#周数

dat17<-dat17 %>% group_by(monthf)%>%mutate(monthweek=1+week-min(week))
dat17$day<-strftime(dat17$date, "%d")

ggplot(dat17, aes(weekdayf, monthweek, fill=ValueCol)) +
  geom_tile(colour = "white") +
  scale_fill_gradientn(colours=colormap)+
  geom_text(aes(label=day),size=3)+
  facet_wrap(~monthf ,nrow=3) +
  scale_y_reverse()+
  xlab("Day") + ylab("Week of the month") +
  theme(strip.text = element_text(size=11,face="plain",color="black"))
```

6.3 螺旋图

螺旋图（spiral chart）也被称为时间系列螺旋图。这种图表沿阿基米德螺旋线（Archimedes spiral，见图 6-3-1）画上基于时间的数据[47, 48]。图表从螺旋形的中心点开始向外发展。螺旋图十分多变，可使用条形、线条或数据点，沿着螺旋路径显示螺旋图有两大好处。

（1）显示大型数据集：螺旋图能大幅度地节省空间，可用于显示大时间段数据的变化趋势；

（2）绘制周期性数据：螺旋图每一圈的刻度差相同，当每一圈的刻度差是数据周期的倍数时，能够直观地表达数据的周期性。

图 6-3-1　阿基米德螺旋线

螺旋柱形图如图 6-3-2(a)所示。螺旋柱形图的数据结构一般为(Date,Value)，将 Date 沿着阿基米德螺旋线展开，然后将 Value 同时映射到柱形高度和色带（colorbar）。

螺旋热力图如图 6-3-2(b)所示，将 Date 沿着阿基米德螺旋线展开，然后将 Value 对应到方块的颜色，再映射到色带。

在螺旋图的基础上进行拓展，将 Date 从螺旋排布转换成径向排布，就可以得到径向柱形图和径向热力图，分别如图 6-3-3(a)和图 6-3-3(b)所示。径向柱形图的数据 Value 同时映射到柱形高度和色带；而径向热力图只映射到颜色。

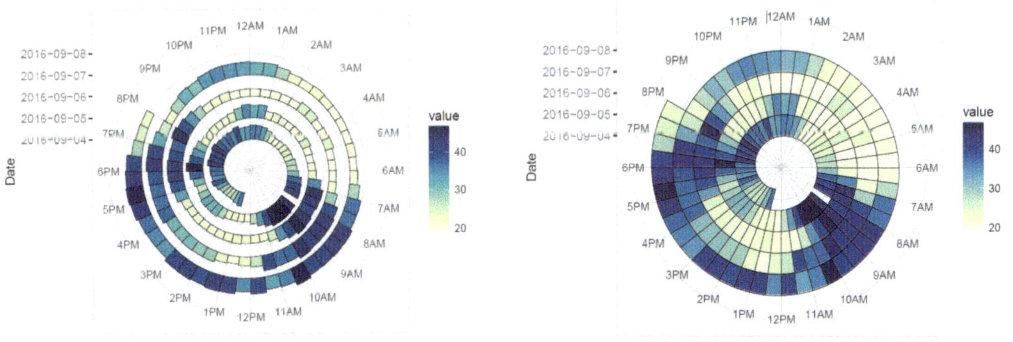

(a) 螺旋柱形图　　(b) 螺旋热力图

图 6-3-2　不同形式的螺旋图

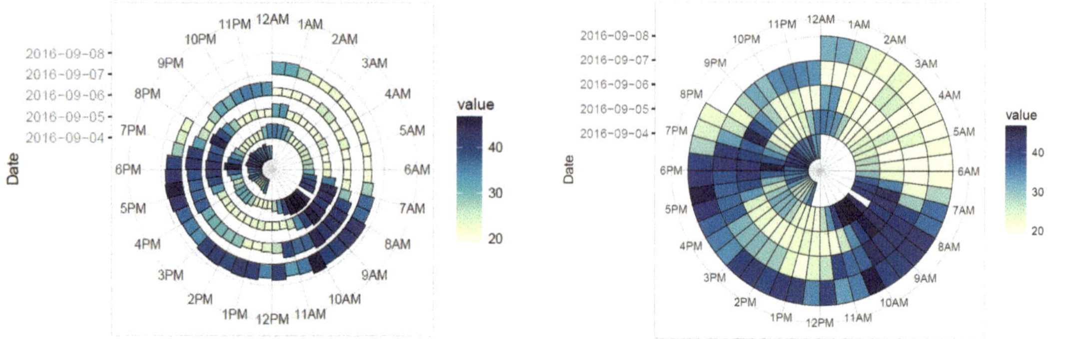

(a) 径向柱形图　　(b) 径向热力图

图 6-3-3　不同形式的径向柱形图

总的来说，螺旋柱形图和径向柱形图都是使用柱形高度和颜色两个视觉特征展示数据的，这样可以更加清晰地表达数据信息与数据变化规律。

技能　绘制螺旋柱形图

R 中 ggplot2 包的 geom_polygon()函数可以自定义 4 个顶点：(x,y)，(x,y+width)，(x+width), (x+width, y+width)，从而绘制四边形，其中 width 为多边形的高度与宽度数值。直角坐标系下的图 6-3-2(a)和图 6-3-3(a) 的螺旋柱形图如图 6-3-4 所示。图 6-3-2(a)所示的螺旋柱形图的实现代码如下所示。

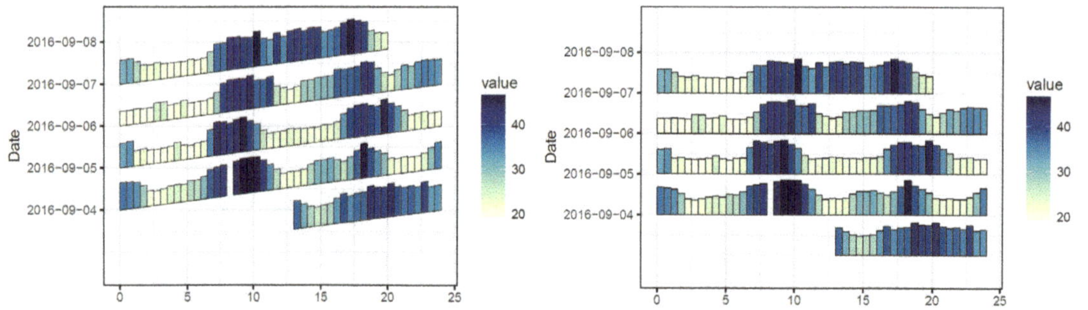

(a) 直角坐标系下的图 6-3-2(a)　　(b) 直角坐标系下的图 6-3-3(a)

图 6-3-4　直角坐标系下的螺旋图和径向柱形图

```
library(dplyr)
library(ggplot2)
library(readxl) #提供 read_excel()函数，读取 Excel 文档
library(RColorBrewer)
#dat 为 3732 × 3 的表格数据，三列分别为"Date","Time"  "Value"
dat <- read_excel("SpiralChart_Data.xlsx")
```

```
dat$time <-   with(dat, as.POSIXct(paste(Date, Time), tz="GMT"))  #把日期转换成 POSIXct 格式
dat$hour <-   as.numeric(dat$time) %% (24*60*60) / 3600 #时刻
dat$day <- as.Date(dat$time)    #把天数转换成日期型
dat$datt<-as.numeric(strftime(dat$day , "%d"))   #把天数转换成数值型
dat$datt<-dat$datt-min(dat$datt)
dat$Value <- as.numeric(dat$Value)
dat$Value2<-dat$Value/max(dat$Value)

N<-24 #对应一天 24 个小时
width<-0.5
bars <- dat %>%
  mutate(hour.group = cut(hour, breaks=seq(0,24,width), labels=seq(0,23.75,width),include.lowest=TRUE),
         hour.group = as.numeric(as.character(hour.group))) %>%
  group_by(datt, hour.group) %>%
  summarise(meanTT = mean(Value2))   %>%
  mutate(value=meanTT*max(dat$Value),
         xmin=   hour.group, xmax = hour.group + width,
         ymin = datt*N + hour.group, ymax = datt*N + hour.group + meanTT*N*1.1)

poly <- bars %>%
  rowwise() %>%
  do(with(., data_frame(day=datt, date=day, hour=hour.group, value=value,
                        x = c(xmin, xmax, xmax, xmin),
                        y = c(ymin , ymin + width, ymax + width, ymax ))))

ggplot(poly, aes(x, y, group = interaction(hour, day),fill=value)) +
  geom_polygon(colour="black",size=0.25) +
  coord_polar() +
  scale_x_continuous(limits=c(0,N), breaks=seq(0,N-1,1), minor_breaks=0:N,
                     labels=paste0(rep(c(12,1:11),1), rep(c("AM","PM"),each=12))) +
  scale_y_continuous(limits=c(-N/2, max(poly$y)), breaks=seq(N,max(poly$y),N),
                     labels=unique(dat$day) )+
   scale_fill_gradientn(colours= brewer.pal(9,'YlGnBu'))+
  ylab("Date")+
  xlab("")+
  theme_bw()
```

螺旋面积图：螺旋图还可以包括螺旋面积图，如图 6-3-5 所示。只是将图 6-3-2(a)的柱形展示换成面积展示，这样更加适合连续的时序数据的可视化。图 6-3-5(b)是将螺旋颜色映射填充面积图，将每个数值映射到色带。

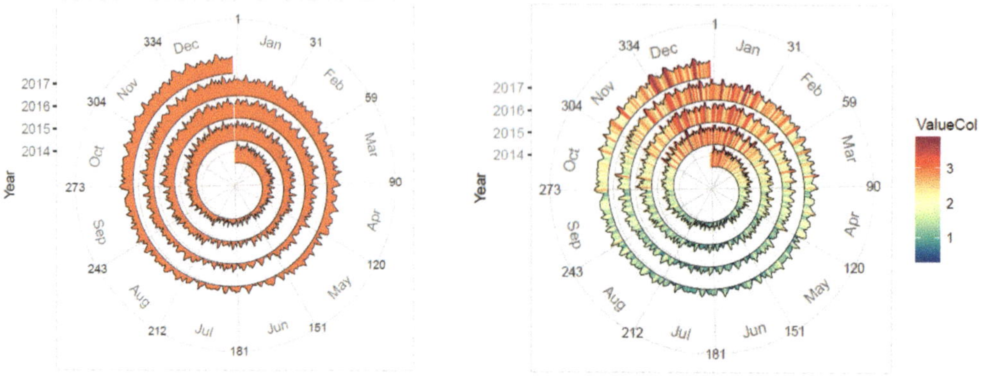

(a) 纯色填充　　(b) 颜色映射填充

图 6-3-5　不同形式的螺旋面积图

技能　绘制螺旋面积图

R 中 ggplot2 包的 geom_ribbon()函数可以绘制如图 6-3-5(a)所示的纯色填充螺旋面积图，而使用 geom_linerange()函数和 geom_line()函数可以绘制图 6-3-5(b)所示的颜色映射填充螺旋面积图，具体代码如下所示。

```
library(ggplot2)
library(data.table)
library(RColorBrewer)
set.seed(123542)
dtData <- data.table(
   date = seq(as.Date("1/01/2014", "%d/%m/%Y"),as.Date("31/12/2017", "%d/%m/%Y"),"days"),
   ValueCol = runif(1461))
dtData[, ValueCol := ValueCol + (strftime(date,"%u") %in% c(6,7) * runif(1) * 0.75), .I]
dtData[, ValueCol := ValueCol + (abs(as.numeric(strftime(date,"%m")) - 6.5)) * runif(1) * 0.75, .I]
dtData$Year<- as.integer(strftime(dtData$date, '%Y'))    #年份
#将日期转换成 1,2,3…,364,365 的形式，并保存 DateNum
dtData$DateNum<-as.numeric(dtData$date)-
as.numeric(as.Date(paste(as.character(strftime(dtData$date, "%Y")),"-01-01", sep = "")))
#构造间隔为 5 的阿基米德螺旋线
Step<-5
dtData$Asst<-rep(Step,nrow(dtData))
YearRange<-unique(dtData$Year)
for(i in 1:length(YearRange)){
   dtData$Asst[dtData$Year==YearRange[i]]<-seq(i*Step, (i+1)*Step,
length.out = length(dtData$Asst[dtData$Year==YearRange[i]]))}

#将数字 ValueCol 归一化到[0, 4.8]
```

```
Height<-4.8
dtData$Valueht<-(dtData$ValueCol-min(dtData$ValueCol))/
(max(dtData$ValueCol)-min(dtData$ValueCol))*Height

circlelabel<-c("Jan","Feb","Mar","Apr","May","Jun","Jul","Aug","Sep","Oct","Nov","Dec") #构造月份向量
circlemonth<-seq(15,345,length=12) #设定月份标签位置的 X 轴数值
circlebj<-rep(c(-circlemonth[1:3],rev(circlemonth[1:3])),2)   #设定月份标签位置的旋转角度

ggplot()+
  geom_linerange(data=dtData,aes(x=DateNum,
ymin=Asst- Step,ymax=Asst+Valueht- Step,color=ValueCol),size =1)+
   geom_line(data=dtData,aes(x=DateNum,y=Asst+Valueht- Step,group=Year),size =0.25,color="black")+
   geom_line(data=dtData,aes(x=DateNum,y=Asst- Step,group=Year),size =0.25,color="grey20")+
geom_text(data=NULL,aes(x=circlemonth,y=28,label= circlelabel, angle=circlebj),size=4,color="grey50")+
   coord_polar(theta="x",start=0)+
   scale_x_continuous(breaks=c(1,31,59,90,120,151,181,212,243,273,304,334))+
   scale_y_continuous(limits=c(-Step,28),breaks=c(2.5,7.5,12.5,17.5),labels=c("2014","2015","2016","2017"))+
   scale_color_gradientn(colours= rev(brewer.pal(11,'Spectral')))+
ylab("Year")+
   theme_bw()
```

6.4　量化波形图

量化波形图（stream graph），有时候也被称为“河流图”或者“主题河流图”（theme river chart），是堆积面积图的一种变形，通过“流动”的形状来展示不同类别的数据随时间的变化情况。但其不同于堆积面积图，量化波形图并不是将数据描绘在一个固定的、笔直的轴上（堆积图的基准线就是 X 轴），而是将数据分散到一个变化的中心基准线上（该基准线不一定是笔直的）。通过使用流动的有机形状，量化波形图可显示不同类别的数据随着时间的变化，这些有机形状有点像河流，因此量化波形图看起来相当美观。

从图 6-4-1 所示的量化波形图示意可以看出，它是用颜色区分不同的类别，或每个类别的附加定量，流向则与表示时间的 X 轴平行。每个类别的对应数值则是与波浪的宽度成比例从而展示出来的。由于每个类别的数值变化形同一条粗细不一的小河，汇集、扭结在一起，因此而得名为河流图。

量化波形图很适合用来显示大容量的数据集，以便查找各种不同类别随着时间推移的趋势和模式。比如，波浪形状中的季节性峰值和谷值可以代表周期性模式。量化波形图也可以用来显示大量资产在一段时间内的波动率。

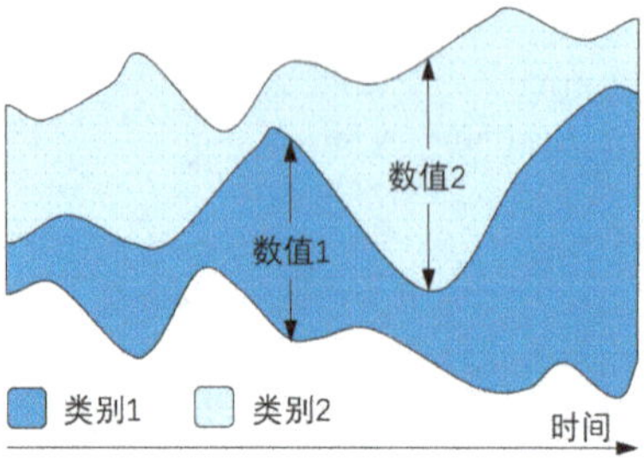

图 6-4-1　量化波形图示意

量化波形图的缺点在于它们存在不易读的问题，当显示大型数据集时，这类图就显得特别混乱。具有较小数值的类别经常会被“淹没”，以让出空间来显示具有更大数值的类别，使我们不能看到所有数据。此外，我们也不可能读取到量化波形图中所显示的精确数值。

因此，量化波形图还是比较适合不想花太多时间深入解读图表和探索数据的人，它适合用来显示一般表面的数据趋势。我们需要注意的是，除非使用交互技术，否则量化波形图无法精准地表达数据。但不可否认的是，在面对巨大数据量，且数值波动幅度大的情况时，量化波形图拥有优雅的视觉结构，能很好地吸引读者的注意力，同时凸显变化大的数据。

在展示量化波形图前，最好先根据数据系列最大值进行排序处理。如图 6-4-2(a)所示的量化波形图，由于没有使用交互技术，而只是静态图表，从而导致数据系列太多时，很难将图例与图表中的波形数据系列一一对应。而先求取每个数据系列的最大数值，然后根据数值排序后，再进行展示的量化波形图（见图 6-4-2(b)），能很好地与图 6-4-2(a)的量化波形图对应起来，波形最大值越大，越位于图 6-4-2(a)所示量化波形图的外围，也越排列在图例的上方。

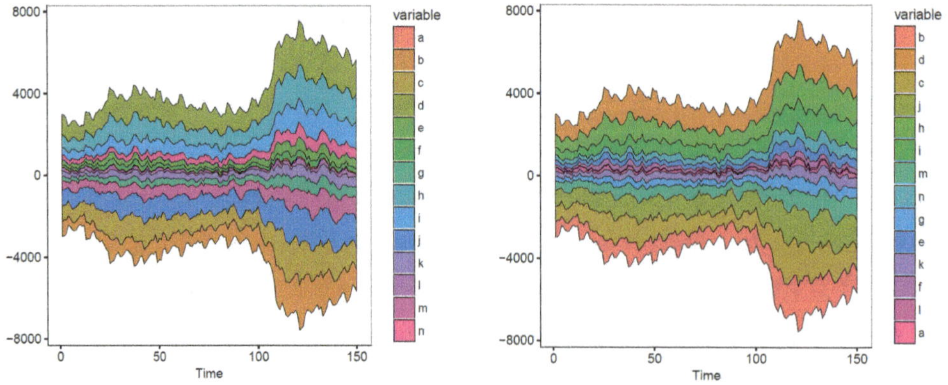

(a) 排序前　　(b) 排序后

图 6-4-2　根据数据系列最大值排序处理的量化波形图

其实，量化波形图是多个时间序列的数据系列对称堆叠而成的，无法精准地表达数据的具体数值。所以，我们也可以使用时间序列的峰峦图展示数据，如图 6-4-3 所示。图 6-4-3 (b)将数值映射到渐变颜色条，这样可以清晰地表示每个数值的具体数值，更好地观察每个数据系列随时间的变化规律，同时可以更好地比较不同数据系列之间的数值。

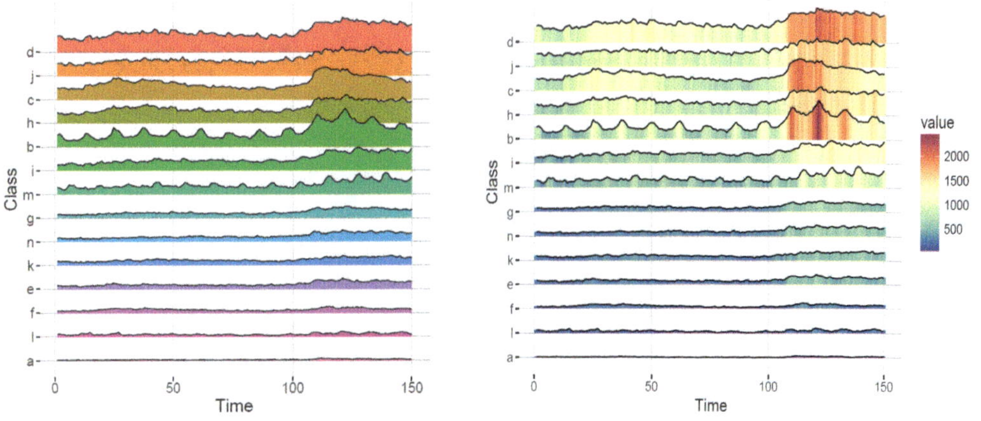

(a) 多色离散主题　　　　(b) 多色渐变主题

图 6-4-3　时间序列峰峦图

技能　绘制量化波形图

R 中 ggTimeSeries 包的 stat_steamgraph()函数或者 ggstream 包的 geom_stream()函数可以绘制量化波形图。其关键在于要根据数据系列最大值排序处理，可以先使用 apply()函数求取每个数据系列的最大值，然后使用 sort()函数对所有数据系列的最大值进行排序。图 6-4-2(b)所示的量化波形图的实现代码如下所示。

```
library(ggplot2)
library(reshape2)
library(ggTimeSeries)
df<-read.csv("StreamGraph_Data.csv",header=TRUE)
df_series<-df[,2:ncol(df)]
Col_Max<-apply(df_series,2,max)
Col_Sort<-sort(Col_Max,index.return=TRUE,decreasing = TRUE)
mydata<-melt(df,id="time")
mydata$variable<-factor(mydata$variable,levels=colnames(df_series)[Col_Sort$ix])
ggplot(mydata, aes(x = time, y = value, group = variable, fill = variable)) +
  stat_steamgraph(colour="black",size=0.25)+
  xlab('Time') +
  ylab('') +
  theme_light()
```

量化波形图的故事

量化波形图最早出现在 2000 年 Susan Havre、Beth Hetzler 和 Lucy Nowell 发表的文章 *ThemeRiver: In Search of Trends, Patterns, and Relationships*[49] 中。

这篇文章描述了一个名为“ThemeRiver”的互动系统的开发过程，其中使用了一个文本分析引擎，对 1959 年 11 月到 1961 年 6 月期间，菲德尔・卡斯特罗的演讲、访谈及其他文章的文本内容进行分析。量化波形图呈现出他在不同的时期使用的词语及次数（见图 6-4-4）。

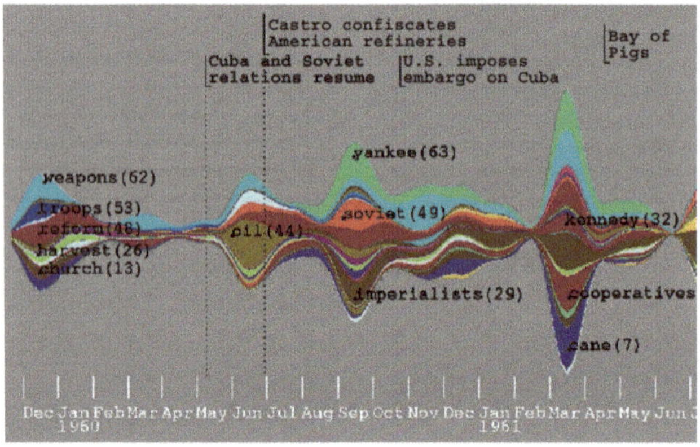

图 6-4-4　菲德尔・卡斯特罗话语分析

6.5　地平线图

地平线图（horizon graph）是在 Panopticon 软件开发时提出的一种时序数据可视化方法，如图 6-5-1 所示。最开始的时候，地平线图被金融投资经理用来展示同一时间的股票数据 [3, 50]。现在地平线图主要用于如下三个方面。

（1）辨识异常数据、异常变化和主要的数据规律；

（2）在合理的精度范围内观察每个数据系列（股票）随时间的变化；

（3）比较不同数据系列（股票）的数值情况。

平常的股票时序数据包括某一年的每一天的股票价格，其常见的数据可视化方法主要是折线图或者面积图，但是这样无法观察到异常的数据，且对于大数据集的图表占用面积较大，所以这才有了地平线图。如图 6-5-2 所示，从普通的折线图发展到地平线图，主要包括如下步骤。

（1）时序数据使用基于起始日期数值的百分比，替代实际股票价格，得到如图 6-5-2(a)所示的百分比数值的折线图。这样可以保证不同的数据系列有相同的高度，同时可以增强不同数据系列之间的对比。

（2）为了让读者更好地观察异常数据、异常变化和主要模式，双向渐变颜色主题（因为股票数据系列既有正值，又有负值）可以用于颜色条带（color band）上，如图 6-5-2(b)所示，图表的高饱和度颜色部分可以明显地展示，这有点类似平常的热力图。由于颜色条带可以清晰地展示数据间的差异，这样可以让读者更加简单地观察数据的变化情况。在图表中，每个颜色条带的高度都对应到数据变化的比例（图 6-5-2(b)中颜色条带的高度代表 10% 的数据变化），这样也可以让读者更加精准地观察数据。在颜色条带中，蓝色代表正值，红色代表负值。

（3）由于希望图表能够以尽可能小的图表面积展示大数据集的数据信息，所以可以将红色部分的条带依旧对应表示数据的负值部分，如图 6-5-2(c)所示，这样就能有效地降低图表的高度。

（4）为了进一步降低图表的高度，我们可以将每个颜色条带平移到 X 轴，同时保持颜色条带的颜色信息，这种技术被称为双伪色调着色技术（two-tone pseudo colourig），如图 6-5-2(d)所示，如此，可以将图表高度降低 2/3。这样可以将图表的颜色限制在三种不同的颜色条带上，方便读者观察数据，但是这样依旧可以准确地保留数据信息。

（5）最后为了展示大量不同数据系列的信息，可以采用分面展示技术（small multiple），将不同数据系列的小图表纵向排列展示。

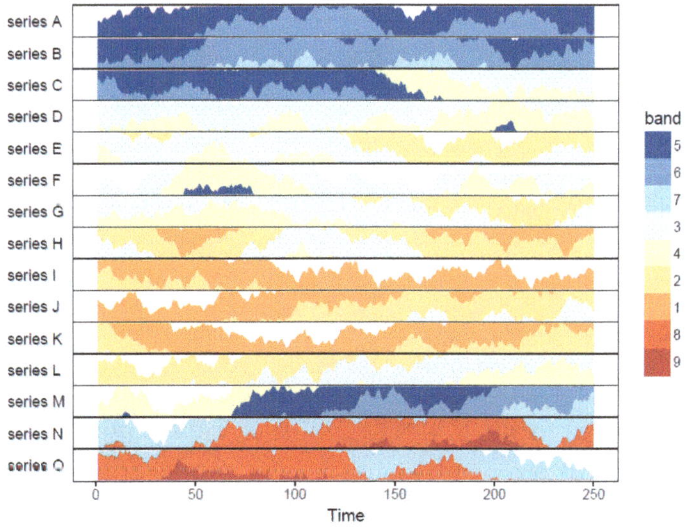

图 6-5-1　地平线图

(a) (b) (c) (d)

图 6-5-2 地平线图的发展设计

技能 绘制地平线图

R 中 latticeExtra 包的 latticeExtra ()函数和 ggalt 包的 geom_horizon()函数都可以绘制地平线图，其中使用 ggalt 包的 geom_horizon()函数绘制图 6-5-1 所示地平线图的具体代码如下所示。

```
library(ggplot2)
library(RColorBrewer)
library(reshape2)
library(ggalt) # ggalt 的下载语句：devtools::install_github("hrbrmstr/ggalt")

colormap <- colorRampPalette(rev(brewer.pal(11,'RdYlBu')))(15) #构造颜色主题
#构造数据集
df<-as.data.frame(matrix(cumsum(rnorm(250 * 15)), ncol = 15))
colnames(df) <- paste("series", LETTERS[1:15])
df$x<-rownames(df)
dfData<-melt(df,id='x')

ggplot(dfData, aes(x =as.numeric(x), y = value) )+
  geom_horizon(colour=NA,size=0.25,bandwidth=10)+
  facet_wrap(~variable, ncol = 1,strip.position = "left")+
  scale_fill_manual(values=colormap)+
  xlab('Time') +
  ylab('') +
  theme_bw()+
  theme(strip.background = element_blank(),
        strip.text.y = element_text(hjust=0, angle=180,size=10),
        axis.text.y=element_blank(),
        panel.grid = element_blank(),
        panel.spacing.y=unit(-0.05, "lines"),
        panel.grid.major.y=element_blank(),
        panel.grid.minor.y =element_blank(),
        axis.ticks.y = element_blank())
```

第 7 章

局部整体型图表

7.1 饼状图系列

7.1.1 饼图

饼图（pie chart）被广泛地应用于各个领域，用于表示不同分类的占比情况，通过弧度大小来对比各种分类。饼图通过将一个圆饼按照分类的占比划分成多个切片，整个圆饼代表数据的总量，每个切片（圆弧）表示该分类占总体的比例，所有切片（圆弧）的加和等于100%。

饼图可以很好地帮助用户快速了解数据的占比分配。它的主要缺点是：

（1）饼图不适用于多分类的数据，原则上一张饼图不可多于 9 个分类。因为随着分类的增多，每个切片就会变小，最后导致大小区分不明显，每个切片看上去都差不多大，这样对于数据的对比是没有什么意义的。

（2）相对具备同样功能的其他图表（比如百分比堆积柱形图、圆环图），饼图需要占据更大的画布空间，所以饼图不适合用于数据量大的场景。

（3）很难在多个饼图之间进行数值比较，此时可以使用百分比堆积柱形图或者百分比堆积条形图替代。

（4）饼图不适合多变量的连续数据的占比可视化，此时应该使用百分比堆积面积图展示数据，比如多变量的时序数据。

排序问题

在绘制饼图前一定注意要把多个类别按一定的规则排序，但不是简单地升序或者降序。人在阅读材料时一般都是从上往下，按顺时针方向的，所以千万不要将饼图的类别数据按从小到大、顺时针方向展示。因为如果按顺时针的顺序由小到大排列饼图的数据类别，那么最不重要的部分就会占据图表最显著的位置。

阅读饼图就如同阅读钟表一样，人会潜意识地从而 12 点开始顺时针往下阅读内容。因此，如果最大占比类别超过 50%，推荐将饼图的最大部分放置在 12 点指针的右边，以强调其重要性。再将第二大占比的类别设置在 12 点指针的左边，剩余的类别则按逆时针方向放置。这样的话，最小占比的类别就会放置在最不重要的位置，即靠近图表底部，如图 7-1-1(a)所示。如果最大占比类别不是很大，一般小于 50%时，则可以将数据从 12 点指针的右边开始，按从小到大、顺时针方向放置类别，如图 7-1-1(b)所示。另外，我们可以以图 7-1-1(c)和图 7-1-1(d)与图 7-1-1(a)和图 7-1-1(b)作为对比，看两者的数据表达效果。

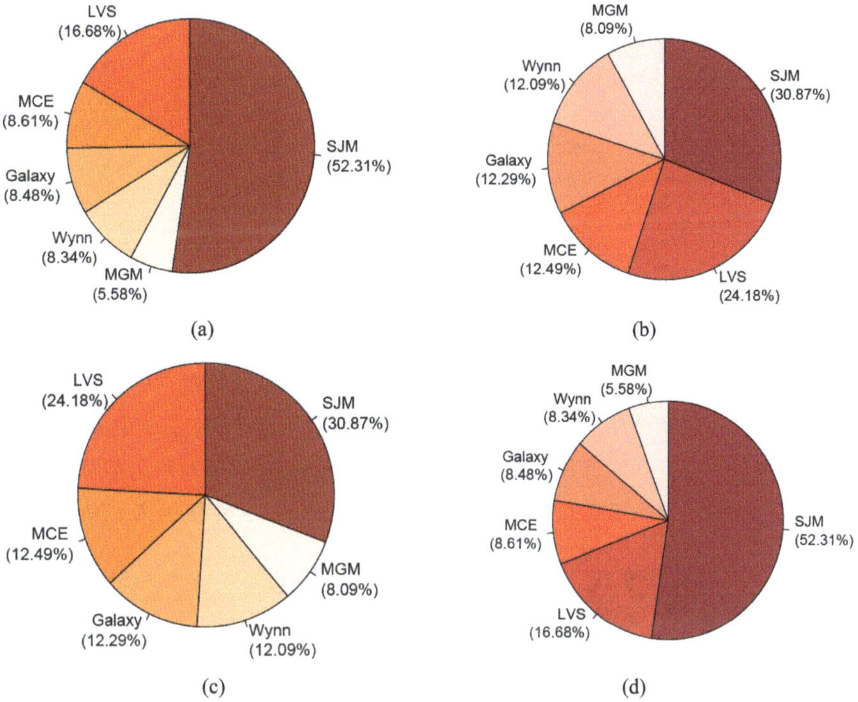

图 7-1-1　不同排布形式的饼图

技能　绘制饼图

使用 R 中 ggplot2 包的 geom_bar()函数绘制堆积柱形图，然后将直角坐标系转换成极坐标系，就可以显示为饼图，但还是需要使用 geom_text()函数添加数据标签。由于缺乏饼图与数据标签之间的引导线，总感觉美观度不够，所以推荐使用 graphics 包的 pie()函数绘制饼图，其中图 7-1-1(a)和图 7-1-1(b)的具体实现代码如下所示。

```
library(RColorBrewer)
library(dplyr)
library(graphics)
#图 7-1-1 (a)
df <- data.frame(value = c(24.20,75.90,12.50,12.30,8.10,12.10),
                 group = c('LVS','SJM','MCE','Galaxy','MGM','Wynn'))
df <-arrange(df,desc(value))
df$color<-rev(brewer.pal(nrow(df), "Oranges"))
df<-df[c(2:nrow(df),1),]
labs <- paste0(df$group," \n(", round(df$value/sum(df$value)*100,2), "%)")
pie(df$value,labels=labs, init.angle=90,col = df$color,
border="black")
```

```
#图 7-1-1 (b)
df <- data.frame(value = c(24.20,30.90,12.50,12.30,8.10,12.10),
                 group = c('LVS','SJM','MCE','Galaxy','MGM','Wynn'))
df <-arrange(df,value)
labs <- paste0(df$group," \n(", round(df$value/sum(df$value)*100,2), "%)")
pie(df$value,labels=labs, init.angle=90,col =  brewer.pal(nrow(df), "Reds"),
    border="black")
```

7.1.2 圆环图

圆环图（又叫作甜甜圈图，donut chart），其本质是将饼图的中间区域挖空。虽然如此，圆环图还是有其优点的。饼图的整体性太强，会让我们将注意力集中在比较饼图内各个扇形之间占整体比重的关系。但如果我们将两个饼图放在一起，则很难同时对比两个图。圆环图在解决上述问题时，采用了让我们更关注长度而不是面积的做法。这样我们就能相对简单地对比不同的圆环图。同时圆环图相对于饼图空间的利用率更高，比如我们可以使用它的空心区域显示文本信息（标题等）。

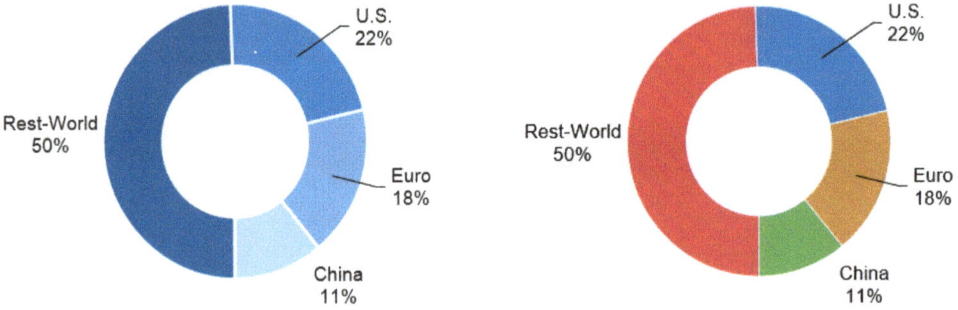

(a) (b)

图 7-1-2 圆环图

7.1.3 复合饼图系列

散点复合饼图（compound scatter and pie chart）可以展示三个数据变量的信息：(x, y, P)，其中 x 和 y 决定气泡在直角坐标系中的位置，P 表示饼图的数据信息，决定饼图中各个类别的占比情况，如图 7-1-3(a)所示。

气泡复合饼图（compound bubble and pie chart）可以展示四个数据变量的信息：(x, y, z, P)，其中 x 和 y 决定气泡在直角坐标系中的位置，z 决定气泡的大小，P 表示饼图的数据信息，决定饼图中各个类别的占比情况，如图 7-1-3(b)所示。

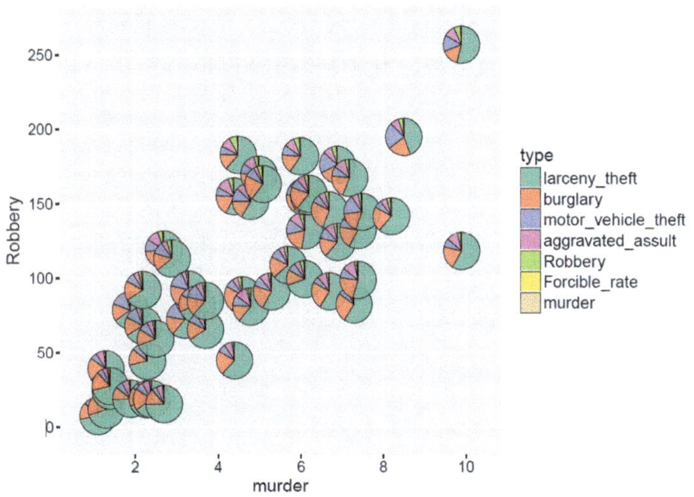

(a) 散点复合饼图

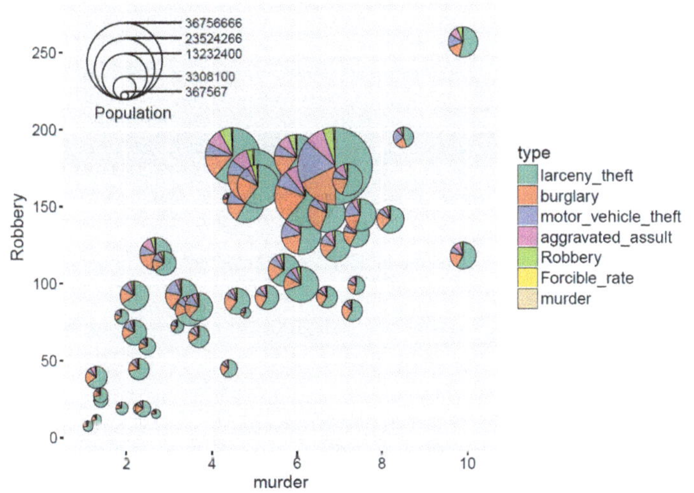

(b) 气泡复合饼图

图 7-1-3 复合饼图系列

技能 绘制气泡复合饼图

R 中 scatterpie 包[1]的 geom_scatterpie ()函数可以绘制散点复合饼图。但是该函数只能结合 ggplot2 包的 coord_fixed()函数，保证 X 轴与 Y 轴坐标使用了同一最小单位（unit）。另外，推荐根据数据集

---

1 scatterpie 包的教程：https://cran.r-project.org/web/packages/scatterpie/vignettes/scatterpie.html

每个数据系列的均值做排序处理后，再绘制饼图展示数据，使读者能更好地发现数据规律与获取数据信息。绘制图 7-1-3(b)所示的气泡复合饼图的具体代码如下所示。

```
library(ggplot2)
library(scatterpie)
library(RColorBrewer)
colormap <- colorRampPalette(brewer.pal(7, "Set2"))(7)
crime <- read.csv("crimeRatesByState2005.tsv",header = TRUE, sep = "\t", stringsAsFactors = F)
radius <- sqrt(crime$population / pi)
Max_radius<-max(radius)
Bubble_Scale<-0.1
crime$radius <- Bubble_Scale * radius/Max_radius

mydata<-crime[,c(2,4,3,5:8)]   #数据集的选择与排序处理
Col_Mean<-apply(mydata,2,mean)
Col_Sort<-sort(Col_Mean,index.return=TRUE,decreasing = TRUE)
mydata<-mydata[,Col_Sort$ix]

#对 X 轴和 Y 轴变量数值做归一化处理至[0, 1]区间
x<-(mydata$murder-min(mydata$murder))/(max(mydata$murder)-min(mydata$murder))+0.00001
y<-(mydata$Robbery-min(mydata$Robbery))/(max(mydata$Robbery)-min(mydata$Robbery))+0.00001
#设置 X 和 Y 轴的刻度标签
xlabel<-seq(0,10,2)
xbreak<-(xlabel-min(mydata$murder))/(max(mydata$murder)-min(mydata$murder))+0.00001
ylabel<-seq(0,260,50)
ybreak<-(ylabel-min(mydata$Robbery))/(max(mydata$Robbery)-min(mydata$Robbery))+0.00001

mydata1<-data.frame(x,y,radius=crime$radius) # mydata1 为 X 轴和 Y 轴绘制数值变量和饼图绘制半径
mydata2<-cbind(mydata1,mydata)

Legnd_label<-colnames(mydata2)[4:10] #保存图例的数据系列名称
colnames(mydata2)[4:10]<-LETTERS[1:7] #按字母顺序重新命名数据系列的列名

ggplot() +
  geom_scatterpie(aes(x=x, y=y,r=radius), data=mydata2, cols=colnames(mydata2)[4:10],alpha=0.9,size=0.25) +
  scale_fill_manual(values=colormap,labels=Legnd_label)+
  geom_scatterpie_legend(mydata2$radius, x=0.1, y=0.95, n=5,labeller=function(x) round((x* Max_radius/Bubble_Scale)^2*pi))+
  scale_x_continuous(breaks=xbreak, labels=xlabel)+
  scale_y_continuous(breaks=ybreak, labels=ylabel)+
  xlab("murder")+
  ylab("Robbery")+
  coord_fixed()
```

7.2 马赛克图

马赛克图（mosaic plot，又名 marimekko chart），显示分类数据中一对变量之间的关系，原理类似双向的100%堆叠式条形图，但其中所有条形在数值/标尺轴上具有相等长度，并会被划分成段。可以通过这两个变量来检测类别与其子类别之间的关系。马赛克图的主要缺点在于难以阅读，特别是当含有大量分段的时候。此外，我们也很难准确地对每个分段进行比较，因为它们并非沿着共同基线排列在一起。因此，马赛克图比较适合提供数据概览。

非坐标轴非均匀的马赛克图也是统计学领域标准的马赛克图，一个非均匀的马赛克图包含以下构成元素：①非均匀的分类坐标轴；②面积、颜色均有含义的矩形块；③图例。对于非均匀的马赛克图，关注的数据维度非常多，一般的用户很难直观理解，在多数情况下可以被拆解成多个不同的图表。

图 7-2-1(a)为原始数据，包括 segment（A, B, C, D）和 variable（Alpha, Beta, Gamma, Detal）两组变量的对应数值。先按行分别求每个 variable（变量）的占比，结果如图 7-2-1(b)所示。根据该数据可以使用 geom_bar()函数，绘制堆积百分比柱形图，如图 7-2-2(a)所示。再对每行求和并求其百分比占比为(40,30,20,10)，其累积的百分比的 xmax（最大值）与 xmin（最小值），如图 7-2-1(b)所示。使用 geom_rect()函数可以绘制非均匀的马赛克图，如图 7-2-2(b)所示。

	segment	Alpha	Beta	Gamma	Delta
1	A	2400	1000	400	200
2	B	1200	900	600	300
3	C	600	600	400	400
4	D	250	250	250	250

(a) 原始数据

	segment	Alpha	Beta	Gamma	Delta	xmax	xmin
1	A	60	25	10	5	40	0
2	B	40	30	20	10	70	40
3	C	30	30	20	20	90	70
4	D	25	25	25	25	100	90

(b) 计算转换得到的百分比占比数据

图 7-2-1　马赛克图的数据计算

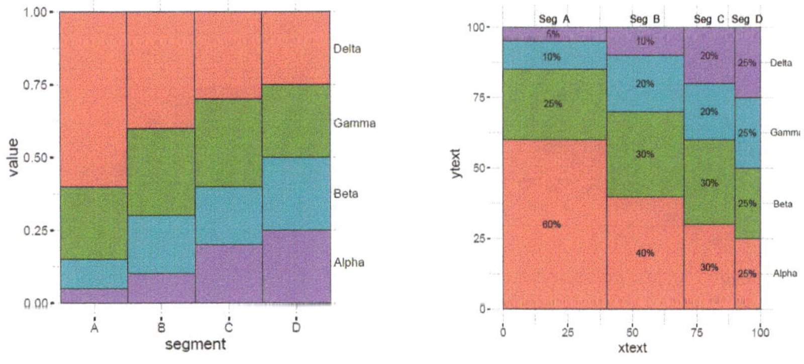

(a) 百分比堆积柱形图　　　(b) 非均匀的马赛克图

图 7-2-2　百分比堆积柱形图与非均匀的马赛克图

技能 绘制马赛克图

在 R 中，可以使用 ggplot2 包的 geom_rect()函数、ggmosaic 包的 geom_mosai()函数、graphics 包的 mosaicplot()函数，或者 vcd 包的 mosaic()函数绘制马赛克图。但是笔者推荐使用 geom_rect()函数绘制，虽然代码比其他三种方法稍微复杂，但是可以绘制得更加美观，其实现代码如下所示。

```
library(ggplot2)
library(RColorBrewer)
library(reshape2)  #提供 melt()函数
library(plyr)         #提供 ddply()函数,join()函数
df <- data.frame(segment = c("A", "B", "C","D"),
                              Alpha = c(2400,1200,600,250),
                              Beta = c(1000,900,      600,  250),
                              Gamma = c(400,600,400,250),
                              Delta = c(200,300,400,250))
melt_df<-melt(df,id="segment")
segpct<-rowSums(df[,2:ncol(df)])
for (i in 1:nrow(df)){
  for (j in 2:ncol(df)){
    df[i,j]<-df[i,j]/segpct[i]*100  #将数字转换成百分比
  }
}
segpct<-segpct/sum(segpct)*100
df$xmax <- cumsum(segpct)
df$xmin <- (df$xmax - segpct)

dfm <- melt(df, id = c("segment", "xmin", "xmax"),value.name="percentage")
colnames(dfm)[ncol(dfm)]<-"percentage"
#ddply()函数使用自定义统计函数，对 data.frame 分组计算
dfm1 <- ddply(dfm, .(segment), transform, ymax = cumsum(percentage))
dfm1 <- ddply(dfm1, .(segment), transform,ymin = ymax - percentage)
dfm1$xtext <- with(dfm1, xmin + (xmax - xmin)/2)
dfm1$ytext <- with(dfm1, ymin + (ymax - ymin)/2)

#join()函数，连接两个表格 data.frame
dfm2<-join(melt_df, dfm1, by = c("segment", "variable"), type = "left", match = "all")

ggplot()+
 geom_rect(aes(ymin = ymin, ymax = ymax, xmin = xmin, xmax = xmax, fill = variable),dfm2,colour = "black") +
 geom_text(aes(x = xtext, y = ytext,  label = value),dfm2 ,size = 4)+
 geom_text(aes(x = xtext, y = 103, label = paste("Seg ", segment)),dfm2 ,size = 4)+
 geom_text(aes(x = 102, y = seq(12.5,100,25), label = c("Alpha","Beta","Gamma","Delta")), size = 4,hjust = 0)+
 scale_x_continuous(breaks=seq(0,100,25),limits=c(0,110))+
```

```
    theme(panel.background=element_rect(fill="white",colour=NA),
          panel.grid.major = element_line(colour = "grey60",size=.25,linetype ="dotted" ),
          panel.grid.minor = element_line(colour = "grey60",size=.25,linetype ="dotted" ),
          text=element_text(size=15),
          legend.position="none"
    )
```

类别数据具有层次结构，能使读者从不同的层次与角度去观察数据。类别数据的可视化主要包括矩形树状图和马赛克图两种类型。矩形树状图能结合矩形块的颜色展示一个紧致的类别空间；马赛克图能按行或按列展示多个类别的比较关系。矩形树状图用于展示树形数据，是关系型数据。马赛克图用于分析列表数据，是非关系型数据，如图 7-2-3 所示。

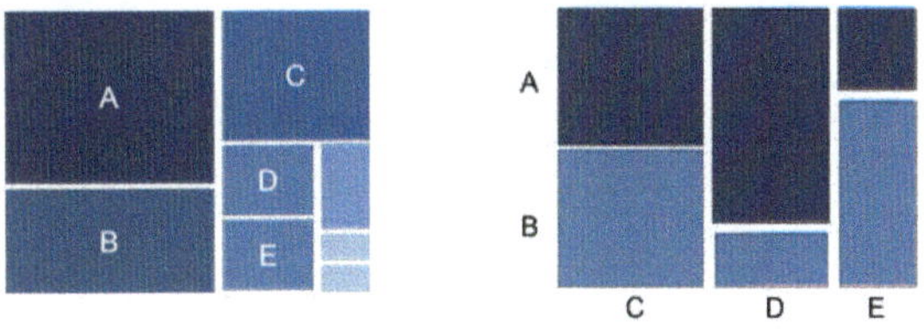

矩形树状图　　　马赛克图

图 7-2-3　矩形树状图与马赛克图的对比

马赛克图的故事

1844 年，Minard 绘制了一幅名为“Tableau Graphique”的图形，显示了运输货物和工作人员的不同成本。在这幅图中，他创新地使用了分块的条形图，其宽度对应路程，高度对应旅客或货物种类的比例。这幅图是当代马赛克图的先驱，如图 7-2-4 所示。

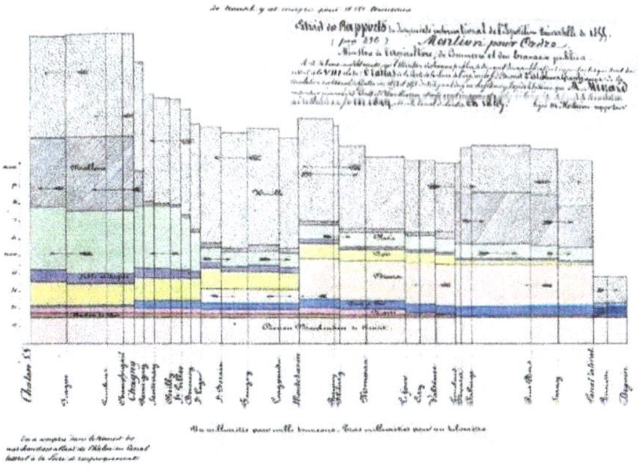

图 7-2-4　世界上第一幅马赛克图

7.3 华夫饼图

华夫饼图分为块状华夫饼图和点状华夫饼图。

块状华夫饼图（waffle chart）是展示总数据的组类别情况的一种有效图表。华夫饼是西方的一种由小方格组成的面包，所以这种图表因此得名为华夫饼图。块状华夫饼图的小方格用不同颜色表示不同类别，适合用来快速检视数据集中不同类别的分布和比例，并与其他数据集的分布和比例进行比较，让人更容易找出当中模式。块状华夫饼图主要包括侧重展示类别数值的堆积型块状华夫饼图和侧重展示类别占比的百分百堆积型块状华夫饼图，如图 7-3-1 所示。

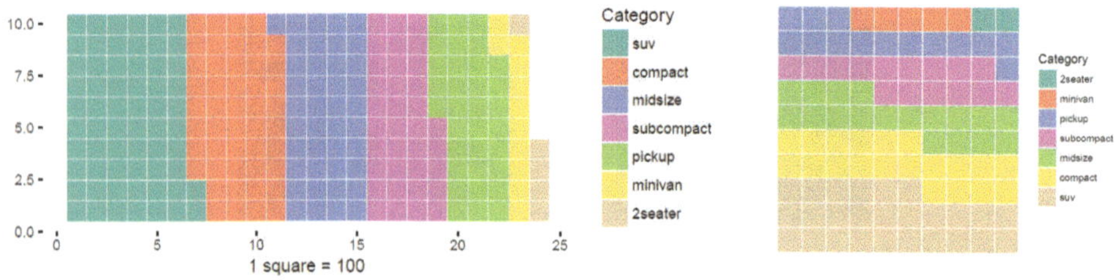

(a) 堆积型　　(b) 百分比堆积型

图 7-3-1　块状华夫饼图

点状华夫饼图（dot matrix chart）以点为单位显示离散数据，每种颜色的点表示一个特定类别，并以矩阵形式组合在一起，适合用来快速检视数据集中不同类别的分布和比例，并与其他数据集的分布和比例进行比较，让人更容易找出当中模式。当只有一个变量/类别时（所有点都是相同颜色），点状华夫饼图相当于比例面积图，如图 7-3-2 所示。

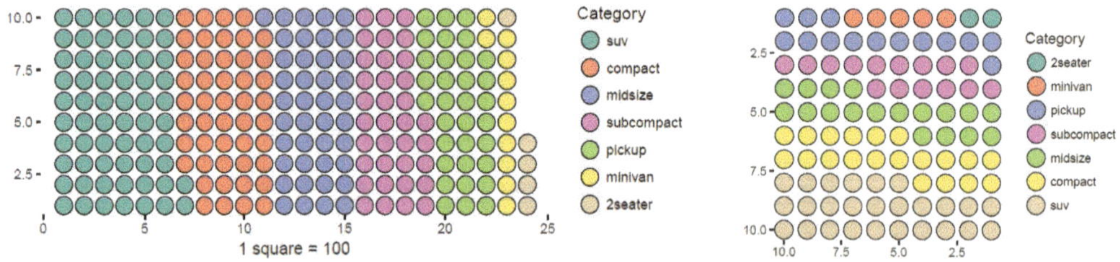

(a) 堆积型　　(b) 百分比堆积型

图 7-3-2　点状华夫饼图

技能　绘制华夫饼图

R 中 waffle 包[1]的 geom_waffle()函数可以绘制百分比堆积型的块状华夫饼图，也可以使用 ggplot2

1　waffle 包的教程：https://github.com/hrbrmstr/waffle

包的 geom_tile()函数绘制块状华夫饼图，还可以使用 geom_point()函数绘制点状华夫饼图。其中百分比堆积型块状华夫饼图的具体实现代码如下所示。

```
library(ggplot2)
library(RColorBrewer)
library(reshape2)
nrows <- 10
categ_table <- round(table(mpg$class ) * ((nrows*nrows)/(length(mpg$class))))
sort_table<-sort(categ_table,index.return=TRUE,decreasing = FALSE)
Order<-sort(as.data.frame(categ_table)$Freq,index.return=TRUE,decreasing = FALSE)
df <- expand.grid(y = 1:nrows, x = 1:nrows)
df$category<-factor(rep(names(sort_table),sort_table), levels=names(sort_table))
Colormap<-brewer.pal(length(sort_table), "Set2")
ggplot(df, aes(x = y, y = x, fill = category)) +
  geom_tile(color = "white", size = 0.25) +   #图 7-3-1(b)块状百分比堆积型华夫饼图
  #geom_point(color = "black",shape=21,size=6) + #图 7-3-2(b) 点状百分比堆积型华夫饼图
  coord_fixed(ratio = 1)+
  scale_x_continuous(trans = 'reverse') +
  scale_y_continuous(trans = 'reverse') +
scale_fill_manual(name = "Category", values = Colormap)+
  theme(panel.background   = element_blank(),
        plot.title = element_text(size = rel(1.2)),
    legend.position = "right")
```

我们利用这种点状华夫饼图，可以拓展到点状堆积柱形图和点状百分比堆积柱形图，如图 7-3-3 所示。这种图的实现方法就是使用 ggplot2 的 facet_wrap()函数按列分面绘制每个年段的点状华夫饼图。其中绘制点状华夫饼图可以使用 waffle 包的 geom_waffle()函数。

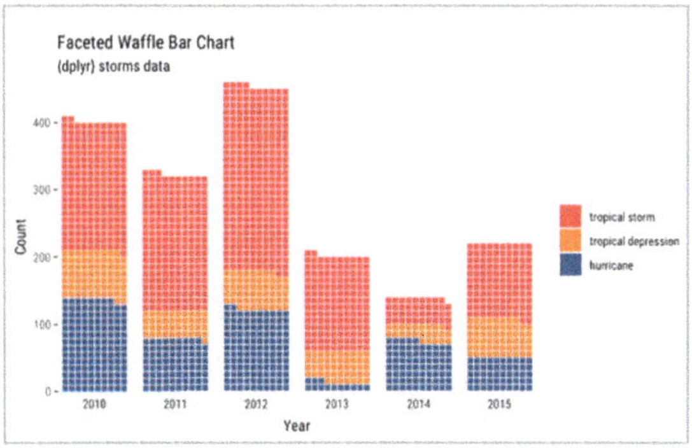

图 7-3-3　点状堆积柱形图[1]

1　图片来源：https://github.com/hrbrmstr/waffle

第 8 章

高维数据可视化

高维数据在这里泛指高维（multidimensional）和多变量（multivariate）数据，高维非空间数据中蕴含的数据特征与二维、三维的空间数据并不相同。其中，高维是指数据具有多个独立属性；多变量是指数据具有多个相关属性。

因此，往往不能使用空间数据的可视化方法处理高维数据。与常规的低维数据可视化方法相比，高维数据可视化面临的挑战是如何呈现单个数据点的各属性的数据值分布，以及比较多个高维数据点之间的属性关系，从而提升高维数据的分类、聚类、关联、异常点检测、属性选择、属性关联分析和属性简化等任务的效率。[52]因此，必须采用专用的可视化技术。

常用的高维数据可视化方法如图 8-0-1 所示。这四类高维数据可视化方法的特点比较如表 8-0-1 所示。

（1）基于点的方法：以点为基础展现单个数据点与其他数据点之间的关系（相似性、距离、聚类等信息）。

（2）基于线的方法：采用轴坐标编码各个维度的数据属性值，将体现各个数据属性间的关联。

（3）基于区域的方法：将全部数据点的全部属性，以区域填充的方式在二维平面布局，并采用颜色等视觉通道呈现数据属性的具体值。

（4）基于样本的方法：采用图标或者基本的统计图表方法编码单个高维数据点，并将所有数据点在空间中布局排列，方便用户进行对比分析。

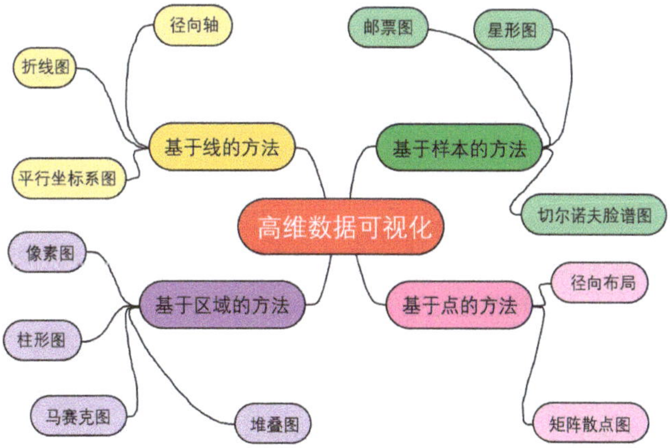

图 8-0-1　高维数据可视化的分类

表 8-0-1 四类高维数据可视化方法的特点比较[52]

编码对象/方法	基 于 点	基 于 线	基 于 区 域	基 于 样 本
单属性值	无	轴坐标	带颜色的点	基本可视化元素
全属性值	无	轴坐标的链接	填充颜色块	可视化元素组合
多属性关系	无	轴坐标的对比	以属性为索引的填充颜色块对比	无
多数据点关系	散点布局	折线段的相似性	以数据序号为索引填充颜色块对比	样本的排列对比
适应范围	分析数据点的关系	分析各数据属性的关系	大规模数据集的全属性的同步比较	少量数据点的全属性的同步比较

8.1 高维数据的变换展示

人眼一般能感知的空间为二维和三维。高维数据可视化的重要目标就是将高维数据呈现于二维或三维空间中。高维数据变换就是使用降维度的方法，使用线性或非线性变换把高维数据投影到低维空间，去掉冗余属性，但同时尽可能地保留高维空间的重要信息和特征。

从具体的降维方法来分类，主要可分为线性和非线性两大类。其中，线性方法包括主成分分析（Principal Components Analysis，PCA）、多维尺度分析（Multi Dimensional Scaling，MDS）、非矩阵分解（Non-negative Matrix Factorization，NMF）等，非线性方法包括等距特征映射（Isometric Feature Mapping，ISOMAP）、局部线性嵌套（Locally Linear Embedding，LLE）等[53]。

8.1.1 主成分分析法

主成分分析法，也被称为主分量分析法，是很常用的一种数据降维方法[54]。主成分分析法采用一个线性变换将数据变换到一个新的坐标系统，使得任何数据点投影到第一个坐标（成为第一主成分）的方差最大，在第二个坐标（第二主成分）的方差为第二大，以此类推。因此，主成分分析可以减少数据的维数，并保持对方差贡献最大的特征，相当于保留低阶主成分，忽略高阶主成分。如图 8-1-1 所示，一组二维数据（见图 8-1-1 (a)），采用主成分分析法检测到的前两位综合指标，正好指出数据点的两个主要方向 v_1 和 v_2（两个正交的箭头），提取的前两位综合指标，如图 8-1-1 (b)所示。

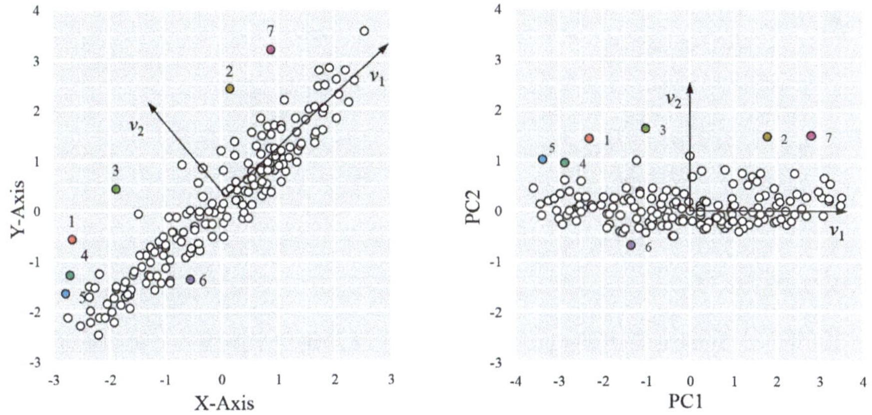

(a) 原始二维数据散点图　　(b) 第一和第二主成分的散点图

图 8-1-1　主成分分析法应用于二维数据点的分析结果

技能　绘制主成分分析图

R 中 FactoMineR 包的主成分分析函数 PCA()可以进行数据降维处理，使用 factoextra 包的 fviz_pca_ind()函数可以以散点的形式展示数据分析结果，如图 8-1-2 所示，其中图 8-1-2(a)四维数据的 iris 数据集的具体代码如下所示。

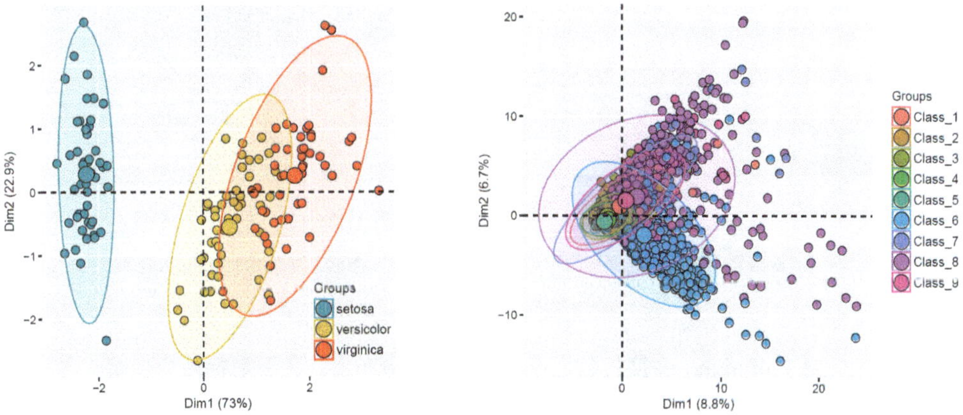

(a) 四维数据的 iris 数据集　　(b) 93 维数据的 train 数据集

图 8-1-2　主成分分析图

```
library(ggplot2)
library(factoextra)
library(FactoMineR)
df <- iris[c(1, 2, 3, 4)]
iris.pca<- PCA(df, graph = FALSE)
```

```
fviz_pca_ind(iris.pca,
             geom.ind = "point",
             pointsize =3,pointshape = 21,fill.ind = iris$Species, # color by groups
             palette = c("#00AFBB", "#E7B800", "#FC4E07"),
             addEllipses = TRUE, # Concentration ellipses
             legend.title = "Groups",
             title="")+theme_grey()
```

8.1.2 t-SNE 算法

t-SNE（t-distributed Stochastic Neighbor Embedding）算法是用于降维的一种机器学习算法，由 Laurens van der Maaten 和 Geoffrey Hinton 在 2008 年提出来[55]。t-SNE 是一种用于探索高维数据的非线性降维算法，非常适用于将高维数据降维到二维或者三维，再使用散点图等基本图表进行可视化。PCA 是一种线性算法，它不能解释特征之间的复杂多项式关系；而 t-SNE 基于在邻域图上随机游走的概率分布来找到数据内的结构（见图 8-1-3）。

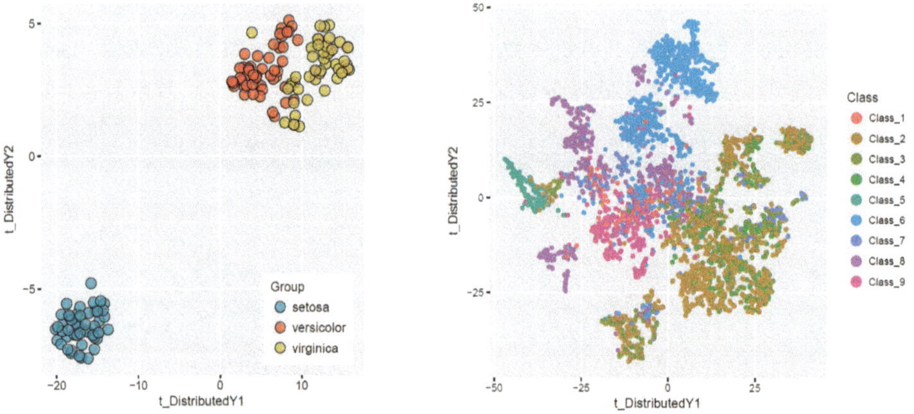

(a) 四维数据的 iris 数据集　　(b) 93 维数据的 train 数据集

图 8-1-3　t-SNE 图

SNE 通过仿射（affinitie）变换将数据点映射到概率分布上，主要包括两个步骤。

（1）SNE 构建一个高维对象之间的概率分布，使得相似的对象有更高的概率被选择，而不相似的对象有较低的概率被选择。

（2）SNE 在低维空间里构建这些点的概率分布，使得这两个概率分布之间尽可能地相似。

t-SNE 作为新兴的降维算法，也并非万能。其中，t-SNE 的不足之处有如下几点。

（1）t-SNE 倾向于保存局部特征，对于本征维数（intrinsic dimensionality）本身就很高的数据集，是不可能完整地映射到二到三维空间的。

（2）t-SNE 没有唯一最优解，且没有预估部分。如果想要做预估，则可以考虑在降维之后构建一个回归方程之类的模型。但是要注意，在 t-SNE 中，距离本身是没有意义的，都是概率分布问题。

技能　绘制 t-SNE 图

R 中的 Rtsne 包的 Rtsne ()函数可对数据进行降维处理，使用 ggplot2 包的 geom_point()函数绘制如图 8-1-2(a)所示的图表，其实现代码如下所示。

```
library(Rtsne)
library(ggplot2)
iris_unique <- unique(iris) # 去除重复数据
set.seed(42)
tsne_out <- Rtsne(as.matrix(iris_unique[,1:4]))
mydata<-data.frame(tsne_out$Y,iris_unique$Species)
colnames(mydata)<-c("t_DistributedY1","t_DistributedY2","Group")
ggplot(data=mydata,aes(t_DistributedY1,t_DistributedY2,fill=Group))+
  geom_point(size=4,colour="black",alpha=0.7,shape=21)+
scale_fill_manual(values=c("#00AFBB",   "#FC4E07","#E7B800","#2E9FDF"))
```

8.2　分面图

当我们用三维图表表示三维或者四维数据的时候，其实就已经有点不容易清晰地观察数据规律与展示数据信息了，如图 8-2-1 所示。其中图 8-2-1(a)以三维散点图的形式，展示了三维数据信息 tau、SOD 和 Class（Control、Impaired 和 Uncertain）；图 8-2-1(b)在图 8-2-1(a)的基础上，以气泡的形式再添加了一维数据变量 Age，总共展示了四维数据信息。但是此时，已经很难观察数据的变化关系。所以，可以引入分面图的形式展示数据。

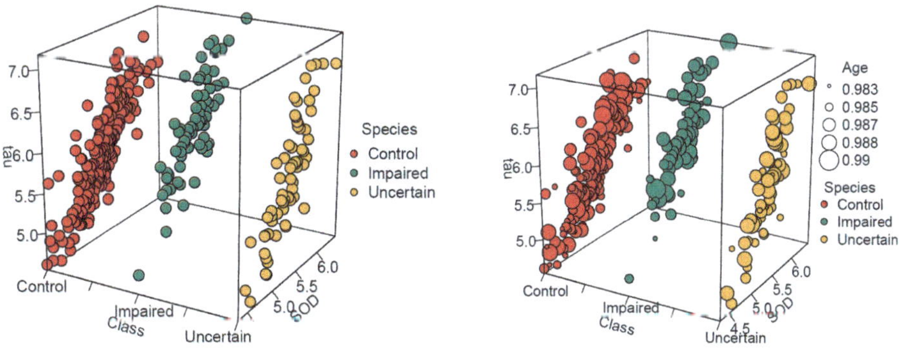

(a) 三维散点图　　(b) 三维气泡图图

8-2-1　高维数据可视化

R 中的 ggplot2 包有两个很有意思的函数：facet_wrap()和 facet_grid()，这两个函数可以根据类别属性绘制一系列子图，类似于邮票图（small multiples），其大致可以被分为：矩阵分面图（图 8-2-4 所示的矩阵分面的气泡图）、行分面图（图 4-7-2 所示的行分面的带填充的曲线图）、列分面图（图 8-2-2 所示的列分面的散点图和如图 8-2-3 所示的列分面的气泡图）。其他分面图，比如树形分面图、圆形分面图等。分面图就是根据数据类别按行或者列，使用散点图、气泡图、柱形图或者曲线图等基础图表展示数据，揭示数据之间的关系，可以适用于四到五维的数据结构类型。这两个函数的具体讲解如下：

```
facet_grid(rows = NULL, cols = NULL, scales = "fixed", labeller = "label_value", facets)
facet_wrap(facets, nrow = NULL, labeller = "label_value",strip_position = "top")
```

其中，rows 表示要进行行分面的变量，如 rows = vars(drv)表示将变量 drv 作为维度进行行分面，可以使用多个分类变量；cols 表示要进行列分面的变量，如 cols = vars(drv)表示将变量 drv 作为维度进行列分面，可以使用多个分类变量；scales 表示分面后的坐标轴适应规则，其中，"free"表示 X 轴和 Y 轴调整，"free_x"表示 X 轴调整，"free_y"表示 Y 轴调整，“fixed” 表示 X 轴和 Y 轴的取值范围统一；facets 表示将哪些变量作为维度进行分面，在网格分面中，尽量不使用 facets，而使用 rows 和 cols。ggplot2 分面系统的说明如表 8-2-1 所示。

```
t<-ggplot(mpg, aes(cty, hwy,fill=fl))
+ geom_point(size=3,stroke=0.3,alpha=0.8)
```

表 8-2-1　ggplot2 分面系统的说明

ID	代　码	示 意 图	效 果 图
1	t + facet_grid(.~ fl) #根据变量按列排布		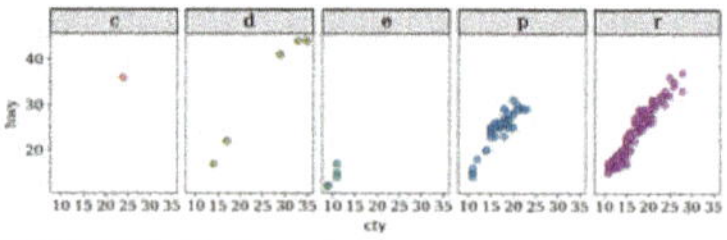
2	t + facet_grid(year ~ .) #根据变量按行排布		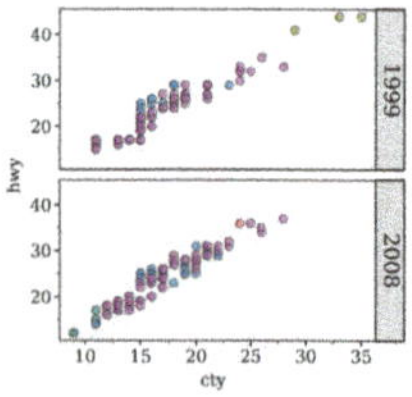
3	t + facet_grid(year ~ fl) #根据两个变量按行列矩阵排布		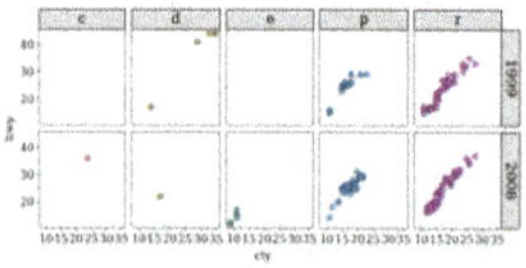

续表

ID	代　码	示　意　图	效　果　图
4	t + facet_wrap(~ fl) #根据变量按矩形排布		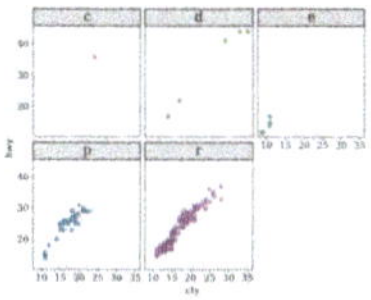
5	t + facet_grid(drv ~ fl, scales = "free") #调整 *X* 轴和 *Y* 轴的取值范围	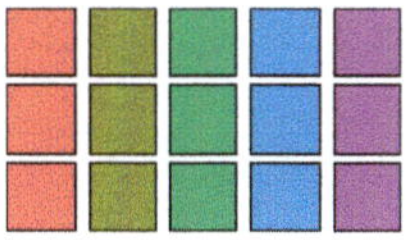	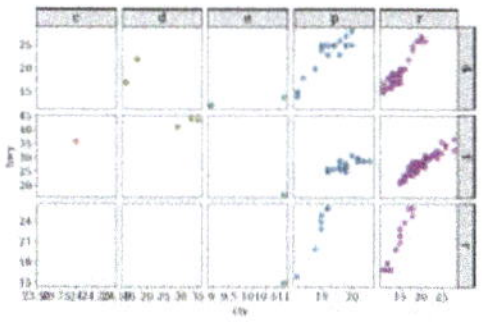

图 8-2-2 为列分面的散点图，图 8-2-2(a)为三维数据，分别为 tau、SOD 和 Class(Control、Impaired 和 Uncertain)。该数据也可以使用三维散点图绘制，将数据系列根据 Class 类别，将散点数据绘制在三个平面。但是由于数据的遮挡，这样并不能很好地展示数据，从而影响读者对数据的观察。图 8-2-2(a)就能清晰地展示不同类别下变量 SOD 和 tau 的关系。在这个基础上，也可以通过 stat_smooth(method = "loess")语句，从而添加 LOESS 平滑拟合曲线，如图 8-2-2 (b)所示。

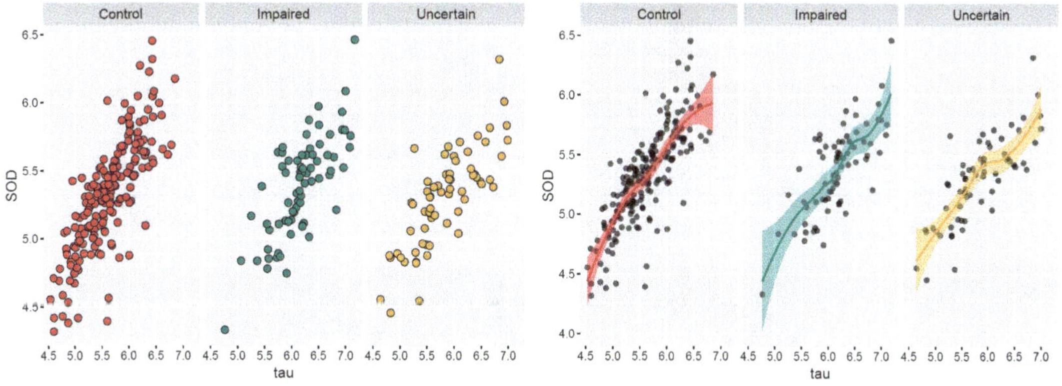

(a) 列分面的散点图　　(b) 列分面的带拟合曲线的散点图

图 8-2-2　列分面的散点图

图 8-2-3 为列分面的气泡图，展示的是四维数据，分别为 tau、SOD、Class（Control、Impaired 和 Uncertain）和 age。其中，平时使用气泡图可以展示三维数据，第一维和第二维数据分别对应 *X* 轴和 *Y* 轴坐标，气泡大小对应第三维数据。使用列分面的气泡图可以通过列分面对应的第四维数据。图 8-2-3(a)是使用不同颜色区分变量 Class，图 8-2-3(b)使用带颜色映射的气泡图，变量 Class 可以通过分面上方的标题区分。

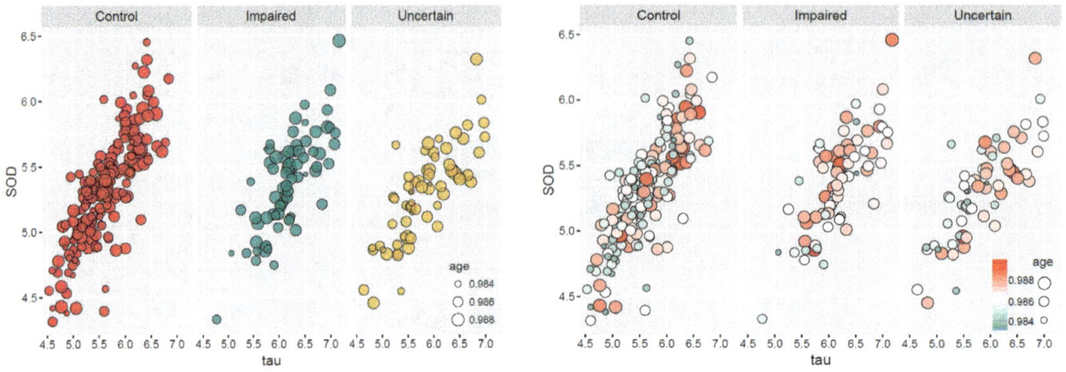

(a) 列分面的气泡图　　　　(b) 列分面的带颜色映射的气泡图

图 8-2-3　列分面的气泡图

图 8-2-4 为矩阵分面的气泡图，展示的是五维数据，分别为 tau、SOD、Class (Control、Impaired 和 Uncertain)、age 和 Gender (Male 和 Female)。气泡图可以对应展示前三维的数据，使用矩阵分面的气泡图可以通过行分面和列分面对应的第四维和第五维数据。所以，矩阵分面的气泡图可以很好地展示五维数据，其中三维为连续数据，二维为离散数据。

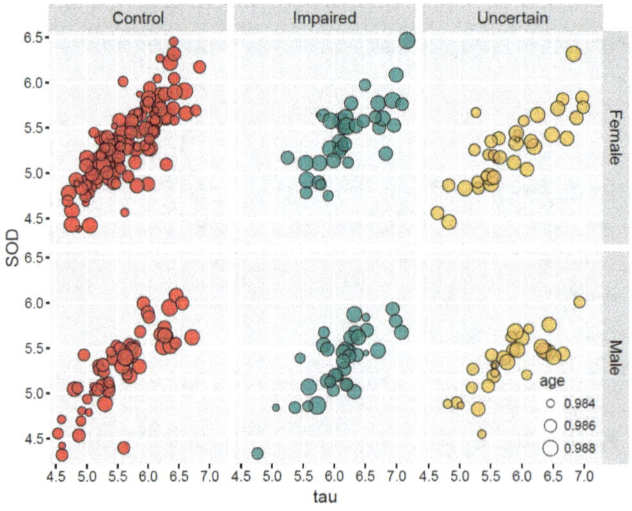

图 8-2-4　矩阵分面的气泡图

技能　绘制列分面气泡图

R 中的 ggplot2 包提供的 facet_wrap()函数，可以绘制如图 8-2-3(a)所示的列分面的气泡图，其核心代码如下所示，其中颜色主题方案为 wesanderson 包的 Darjeeling。

```
library(ggplot2)
Alz <-read.csv("Alzheimers.csv", header = T)
ggplot(Alz, aes(x = tau, y = SOD, fill= Class, size = age)) +
#其气泡的颜色填充由 Class 映射，大小由 age 映射
  geom_point(shape=21,colour="black",alpha=0.7) +
#设置气泡类型为空心的圆圈，边框颜色为黑色，填充颜色透明度为 0.7
  facet_wrap( ~ Class)  #类别 Class 为列变量
```

R 中 ggplot2 包提供的 facet_grid()函数，可以绘制如图 8-2-4 所示的矩阵分面的气泡图，其核心代码如下所示，其中颜色主题方案为 wesanderson 包的 Darjeeling。

```
library(ggplot2)
Alz <-read.csv("Alzheimers.csv", header = T)
ggplot(Alz, aes(x = tau, y = SOD, fill= Class, size = age)) +
#其气泡的颜色填充由 Class 映射，大小由 age 映射
  geom_point(shape=21,colour="black",alpha=0.7) +
#设置气泡类型为空心的圆圈，边框颜色为黑色，填充颜色透明度为 0.7
  facet_grid(Gender ~ Class) # 性别 Gender 为行变量、类别 Class 为列变量
```

8.3 矩阵散点图

矩阵散点图（scatter plot matrix）是散点图的高维扩展，它是一种常用的高维度数据可视化技术。它将高维度数据的每两个变量组成一个散点图，再将它们按照一定的顺序组成矩阵散点图[56]。通过这样的可视化方式，能够将高维度数据中所有的变量两两之间的关系展示出来。它从一定程度上克服了在平面上展示高维度数据的困难，在展示多维数据的两两关系时有着不可替代的作用。

以统计学中经典的鸢尾花（anderson's iris data set）案例为例，其数据集包含了 50 个样本，都属于鸢尾花属下的三个亚属，分别是山鸢尾、变色鸢尾和弗吉尼亚鸢尾（setosa、versicolor 和 virginica）。四个特征被用作样本的定量分析，它们分别是花萼、花瓣的长度和宽度（sepals width、sepals height、petals width 和 petals height）。图 8-3-1 用矩阵散点图展示了鸢尾花数据集。

图 8-3-1(a)为单数据系列的矩阵散点图，由于子图表较多，这里将网格线删除以突出数据部分。下半部分展示带线性拟合的两个变量散点图，中间对角线部分展示一个变量的统计直方图，上半部分展示两个变量之间的相关系数。这样的矩阵散点图能全面地展示数据分析结果，包括两个变量之间的相关系数、带线性拟合的散点图和单个变量的统计直方图。其中，中间对角线部分也展示一个变量的核密度估计曲线图，如图 8-3-1(b)所示。

矩阵散点图的主要优点是能够直观解释所有的任意二维数据之间的关系，而不受数据集大小和维数多少的影响；缺点是当维数增加时，矩阵会受到屏幕大小的限制，而且它只能够发现两个维度

数据之间的关系，很难发现多个维度数据之间的关系。

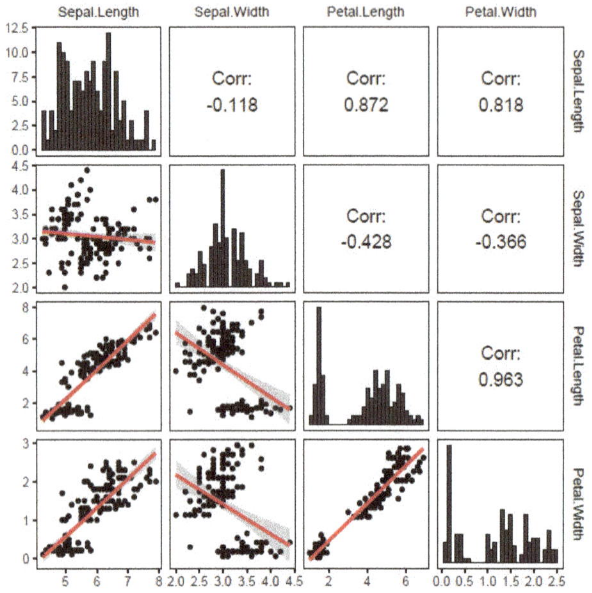

(a) 单数据系列

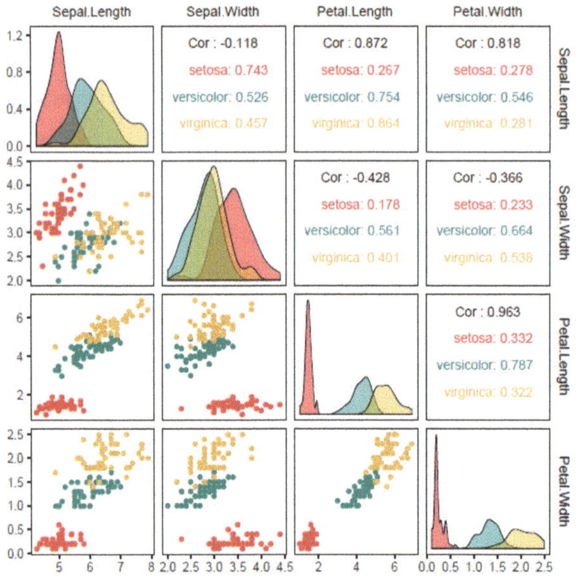

(b) 多数据系列

图 8-3-1 矩阵散点图

技能　绘制矩阵散点图

R 中 graphics 包的 pairs()函数可以绘制矩阵散点图，但是推荐使用 GGally 包的 ggpairs()函数实现图 8-3-1(b)所示的矩阵散点图，其核心代码如下所示。使用 ggpairs ()函数绘制矩阵散点图的一个很大的优势是可以通过语句控制上下和对角线部分展示的图表类型，比如是否使用回归拟合等。

```
library(GGally)
library(ggplot2)
library(wesanderson)
#设置矩阵散点图的背景风格
ggpairs_theme <- theme_bw()+theme(panel.grid.major = element_blank(),#删除主要网格线
                        panel.grid.minor = element_blank(),   #删除次要网格线
                        panel.border = element_rect( colour = "black", fill = NA,size=0.25),
#使用无填充、0.25 磅黑色边框的方格
                        axis.title=element_text(size=8,face="plain",color="grey30"),
                        axis.text = element_text(size=8,face="plain",color="grey30"),
                        strip.background = element_blank())
   #修改 GGally 包的默认颜色主题方案为 wesanderson  包的 Darjeeling
ggplot   <-   function(...)   ggplot2::ggplot(...)   +   scale_fill_manual(values=wes_palette(n=3,   name="Darjeeling"))+ scale_color_manual(values=wes_palette(n=3, name="Darjeeling"))
unlockBinding("ggplot",parent.env(asNamespace("GGally")))
assign("ggplot",ggplot,parent.env(asNamespace("GGally")))
#使用 ggpairs 绘制矩阵散点图
ggpairs(iris, columns = 1:4, mapping = ggplot2::aes(fill = Species,colour=Species),
  lower=list(continuous = wrap("points",size=1,shape=21)), #下半部分绘制矩阵散点图
  diag = list(continuous = wrap("densityDiag",alpha=0.5,colour="black",size=0.25)),
#对角线部分绘制核密度曲线图
  upper= list(continuous = wrap("cor",size = 3, alignPercent = 0.9)))+ #上半部分显示相关系数数值
ggpairs_theme
```

8.4　热力图

热力图（heat map）是一种将规则化矩阵数据转换成颜色色调的常用的可视化方法，其中每个单元对应数据的某些属性，属性的值通过颜色映射转换为不同色调并填充规则单元。在图 8-4-1 中使用层次聚类分析方法结合热力图展示了数据的内在规律。表格坐标的排列和顺序都是可以通过参数控制的，合适的坐标排列和顺序可以很好地帮助读者发现数据的不同性质，例如，行和列的顺序可以帮助排列数据形成不同聚类结果。

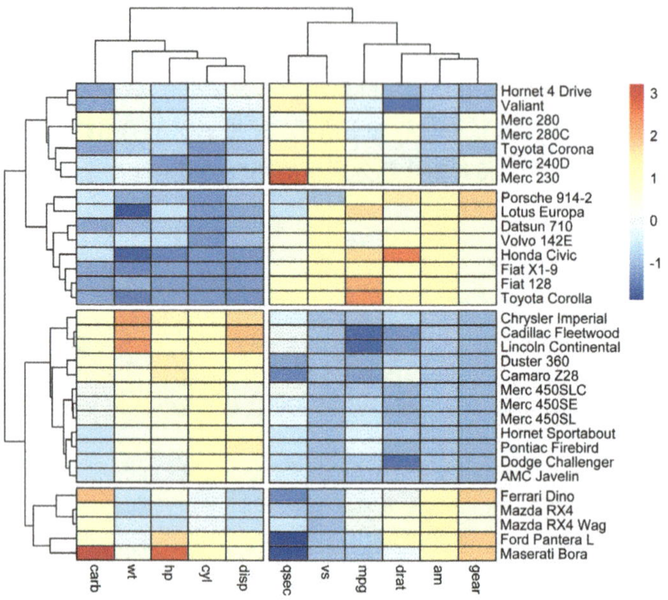

图 8-4-1 热力图

技能 绘制热力图

R中gplots包的heatmap.2 ()函数、Complexheatmap包的heatmap()函数[1]、pheatmap包的pheatmap()函数都可以绘制热力图。其中使用R中pheatmap包的pheatmap()函数可以实现图8-4-1所示的热力图，其核心代码如下所示。

```
library(RColorBrewer)
library(pheatmap)
colormap <- colorRampPalette(rev(brewer.pal(n = 7, name = "RdYlBu")))(100)
breaks = seq(min(unlist(c(df))), max(unlist(c(df))), length.out=100)
df<-scale(mtcars) #使用 scale 方法来对数据进行标准化，以消除量纲对数据结构的影响
pheatmap(df, color=colormap, breaks=breaks,border_color="black",
          cutree_col = 2, #设定列聚类成 2 类
cutree_row = 4) #设定行聚类成 4 类
```

有时候，我们还会遇到共享图例的多个热力图的情况。如图8-4-2所示，A和B两个热力图的图例colorbar的颜色映射和数值范围都是相同的。

1 Complexheatmap包的详细教程：https://jokergoo.github.io/ComplexHeatmap-reference/book/

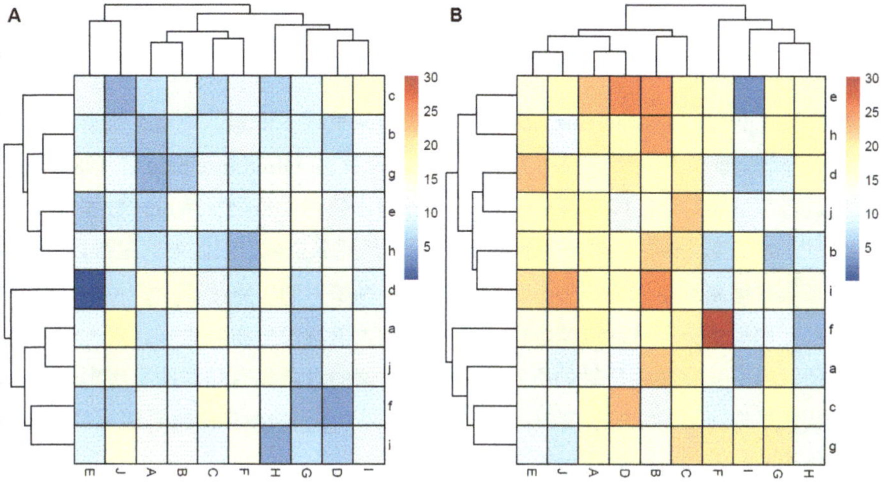

图 8-4-2　共享图例的多个热力图

技能　共享图例的多个热力图的绘制方法

R 中 cowplot 包的 plot_grid()函数可以实现多个 pheatmap()函数绘制的热力图的排布与组合，并可以实现图例的 legend 的共享，如图 8-4-2 所示。cowplot 包主要用于多个图表的组合排列，以及图例的共享等[1]。

```
library(RColorBrewer)
library(pheatmap)
library(cowplot)
set.seed(1020543)
df1<- data.frame(matrix(rnorm(100,10,3), ncol=10))
colnames(df1) <-LETTERS[1:10]
rownames(df1) <- letters[1:10]

df2<- data.frame(matrix(rnorm(100,15,5), ncol=10))
colnames(df2) <-LETTERS[1:10]
rownames(df2) <- letters[1:10]

Colormap <- colorRampPalette(rev(brewer.pal(n = 7, name = "RdYlBu")))(100)
breaks <- seq(min(unlist(c(df1, df2))), max(unlist(c(df1, df2))), length.out=100)
p1<- pheatmap(df1, color=Colormap, breaks=breaks,border_color="black",legend=TRUE)
p2 <- pheatmap(df2, color=Colormap, breaks=breaks,border_color="black",legend=TRUE)
plot_grid( p1$gtable, p2$gtable,align = 'vh',labels = c("A", "B"),ncol = 2)
```

1 cowplot 包的参考手册：https://cran.r-project.org/web/packages/cowplot/index.html

8.5 平行坐标系图

平行坐标系图（parallel coordinates chart）是一种用来呈现多变量，或者高维度数据的可视化技术，用它可以很好地呈现多个变量之间的关系。平行坐标系由 Alfred Inselberg 在 1985 年提出并在他以后的工作中进行了发展[57, 58]。1990 年，E.J.Wegman 提出使用平行坐标系进行数据探索性分析和数据可视化设计[59]。为了克服传统的笛卡儿直角坐标系容易耗尽空间、难以表达三维以上数据的问题，平行坐标系将多维数据属性空间通过多条等距离的平行轴映射到二维平面上，每一条轴线代表一个属性维度，轴线上的取值范围从对应属性的最小值到最大值均匀分布。这样，每一个数据项都可以依据其属性取值，用一条跨越平行轴的折线段表示，相似的对象具有相似的折线走向趋势。所以平行坐标系图的实质是将 m 维欧式空间的一个点 $X_i(x_{i1}, x_{i2}, \cdots, x_{im})$映射到二维平面上的一条曲线，这样就可以展示高维度的数据，具体原理如下所示。

平行坐标系

在具有 xy 笛卡儿坐标系的平面上有 N 个数据点，其 X 轴坐标标记为 $x_1, x_2,\cdots,x_n$；Y 轴坐标标记为 $y_1, y_2, \cdots,y_n$。将笛卡儿坐标系下的数据点，根据 X、Y 轴数值映射到平行坐标系下，并使用直线连接，如图 8-5-1 所示。以此类推到多维数据，将多维数据属性空间通过多条等距离的平行轴映射到二维平面上，每一条轴线代表一个属性维度。

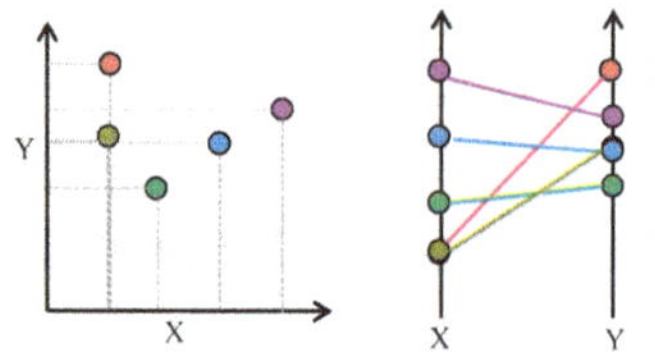

图 8-5-1 平行坐标系图示意

图 8-5-2 展示了一些常见的笛卡儿坐标系（上）与平行坐标系（下）的对应关系。其中(sin(x),cos(x))圈圈的包络线重点显示了平行坐标系中椭圆双曲线的对偶性[60]。平行坐标系图的一个显著优点是其具有良好的数学基础，其射影几何解释和对偶特性使它很适合用于可视化数据分析。当大的数据集应用平行坐标系的表示方式时，大量的折线重叠在背景之上，造成视觉上的信息混淆，这对我们观察数据的内在模式是很不利的。所以，一般会设置折线的透明度（alpha of line），这样就可以解决这个问题，如图 8-5-3(a)和图 8-5-3 (b)分别展示了单数据系列和多数据系列的平行坐标系图。

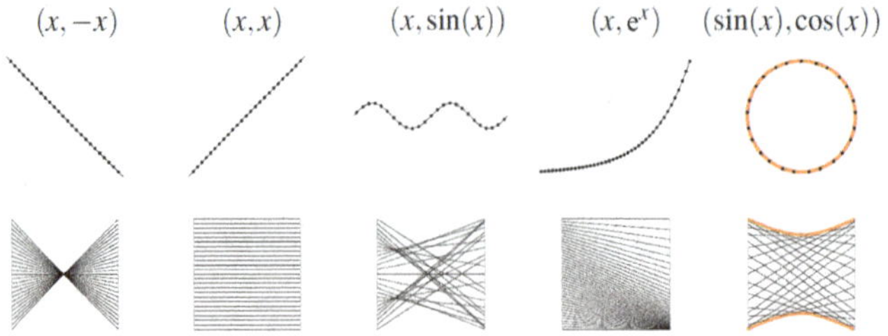

图 8-5-2 笛卡儿坐标系（上）与平行坐标系（下）的对应关系[60]

平行坐标系图的优点是表达数据关系非常直观，易于理解。缺点是在表达维数决定于屏幕的水平宽度时，当维数增加时，引起垂直轴靠近，辨认数据的结构和关系稍显困难；对大数据集进行可视化时，由于折线密度增加产生大量交叠线，难以辨识；坐标之间的依赖关系很强，平行轴的安排序列性也是影响发现数据之间关系的重要因素。

对于平行坐标系图，由于数据太多、线条会比较凌乱，所以推荐使用简洁的背景风格，只保留主要的图表元素，比如坐标轴及坐标轴标题，如图 8-5-3 所示。

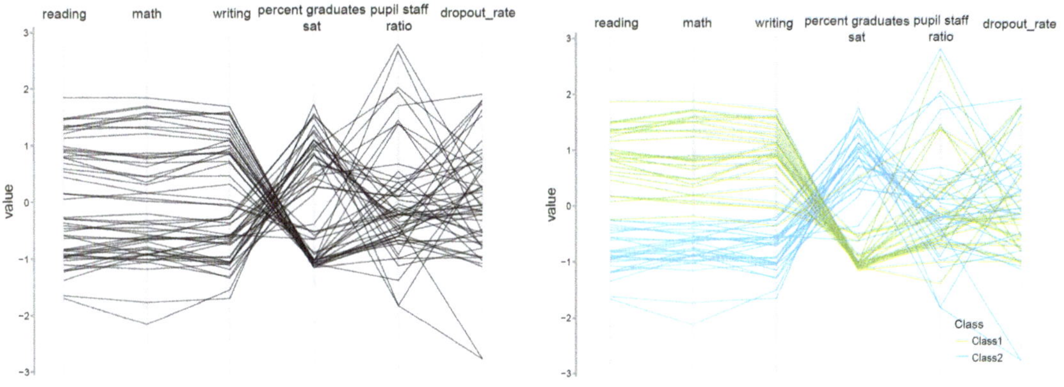

(a) 单数据系列　　　　(b) 多数据系列

图 8-5-3　平行坐标系图

技能　绘制平行坐标系图

使用 R 中 GGally 包的 ggparcoord()函数可以实现图 8-5-3(b)的多数据系列的平行坐标系图，其核心代码如下所示。其中，如果 boxplot=TRUE，则会绘制每个属性维度下的箱形图，也可以在线绘制平行坐标系图。对于类别型数据的平行坐标系，可以使用 ggforce 包的 geom_parallel_sets()[1]函数实现。每条平行的横轴代表不同的分类变量，每条横轴的组成线段代表该分类变量的不同分类结果。

```
l library(GGally)
dlarge <-read.csv("Parallel_Coordinates_Data.csv", header=TRUE)
dlarge<-transform(dlarge, Class=ifelse(reading> 523, "Class1", "Class2"))
ggparcoord(data = dlarge, columns = 1:6, mapping=aes(color=Class),groupColumn=7, showPoints = FALSE, boxplot
= FALSE,alphaLines = 0.7)+
  scale_x_discrete(position = "top")+
  scale_colour_manual(values=c("#90C539","#45BFFC" ))+
  theme_minimal()
```

1 ggforce 包教程：https://www.data-imaginist.com/2019/the-ggforce-awakens-again/

8.6 RadViz 图

RadViz（radial coordinate visualization，径向坐标可视化）图是基于集合可视化技术的一种，它将一系列多维空间的点通过非线性方法映射到二维空间，实现平面中多维数据可视化的一种数据分析方法[61]，如图 8-6-1 所示。

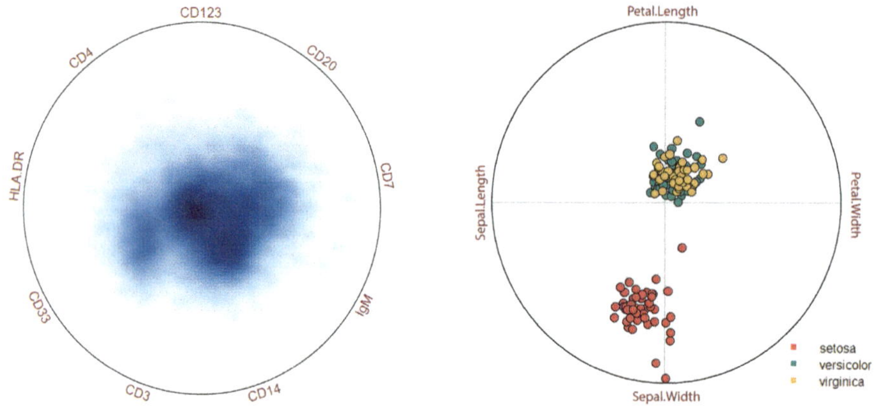

(a) 高密度单数据系列　　(b) 多数据系列

图 8-6-1　RadViz 图

RadViz 图基于弹簧张力最小化算法。它将所有属性均匀地分布在整个圆周上，然后使用弹簧模型将多维数据投影到这个二维圆中，具体原理如下所示。

RadViz 模型

RadViz 模型是把 n 维数据，具体化为 n 个弹簧，每个弹簧代表一维属性，这 n 个弹簧均匀分布在一个圆周上。例如对于任意一条记录 $R_i=(A_1, A_2,\cdots, A_n)$，归一化后的记录为 $R'_i=(k_1, k_2, \cdots, k_n)$，将其中第 i 维属性的值 k_i，作为第 i 维弹簧的弹性系数，弹簧的一端连接在圆周上，另一端连接在多维数据。在这二维图形中的投影点上，将这 n 维属性的弹簧分别连接后，合力为零的点即为投影点。将所有记录均按照以上方法投影，即可实现对数据的可视化，以四维数据为例，原理如图 8-6-2 所示。

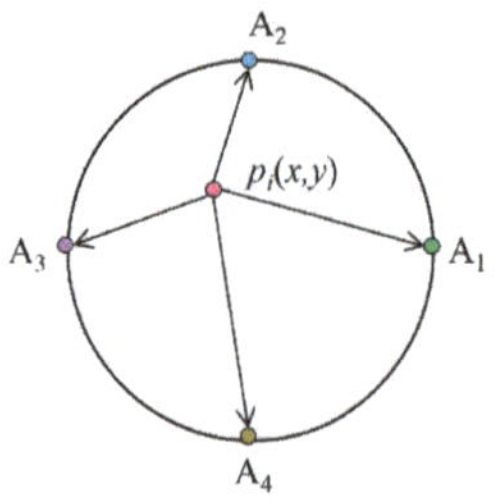

图 8-6-2　RadViz 模型示意

RadViz 图的优点是计算复杂度低，表达数据关系非常简单、直观、易于理解，而且可显示的维度大，相似多维对象的投影点十分接近，容易发现聚类信息。但是海量信息对象投影点的交叠问题严重，如(0,0,⋯,0)与(a,a,⋯,a)的投影点一样。

技能　绘制 RadViz 图

使用 R 中 Radviz 包的 bubbleRadviz()函数可以实现图 8-6-1(b)所示的多数据系列的 RadViz 图，但是还需要前期进行较多的数据处理，其核心代码如下所示。Radviz 包还提供了 RadViz 气泡图函数 bubbleRadviz()、等高线图函数 contour()等。

```
library(Radviz)
library(wesanderson) #提供颜色主题方案 Darjeeling
data(iris)   #使用鸢尾花（Anderson's Iris data set）数据
das <- c('Sepal.Length','Sepal.Width','Petal.Length','Petal.Width')
S <- make.S(das)
scaled <- apply(iris[,das],2,do.L)
rv <- do.radviz(scaled,S)
sim.mat <- cosine(scaled)
new <- do.optim(S,sim.mat,iter=10,n=100)
new.S <- make.S(get.optim(new))
new.rv <- do.radviz(scaled,new.S)
pop.cols <- setNames(c(wes_palette(n=3, name="Darjeeling")),levels(iris$Species)) #根据变量设定不同颜色
bubbleRadviz(new.rv,
             bubble.color=c(wes_palette(n=3, name="Darjeeling"))
             [as.integer(iris$Species)],
             bubble.fg='black',
             scale=0.05,
             decreasing=TRUE)
```

8.7　图标法

图标法（glyph）就是使用具有多个可视特征的图标来表达多维信息，图标的每一个可视特征都可用来表示多维信息的一维，其适用于维数不多但是某些维含有特别的含义并且在二维平面上具有良好展开属性的数据集，用户可以根据图标的显示更准确地理解这些维的意义。图标可视化的优点在于使用一个图标可以表达很多变量值，其设计相对比较灵活。但是由于一个视觉空间只能排放一定数目的图标，从而限制了图标可视化的分辨率；图标法在数据的确定性方面也有一定的限制，需要用户花费一定的精力解读数据。如图 8-7-1 所示的三种多变量的图标：柱形图（bar glyph）、星形图（star glyph）和饼图（pie glyph）。其中，柱形图直接将变量映射到长度，最容易比较变量之间的大小关系；星形图是将变量映射到不同方向上的长度，相对来说，可辨识程度次之；饼图是最难判定变量的关系，仅仅将变量映射到角度 [62]。本节会重点介绍柱形图、星形图和切尔诺夫脸谱图三种类型图标法的绘制方法。

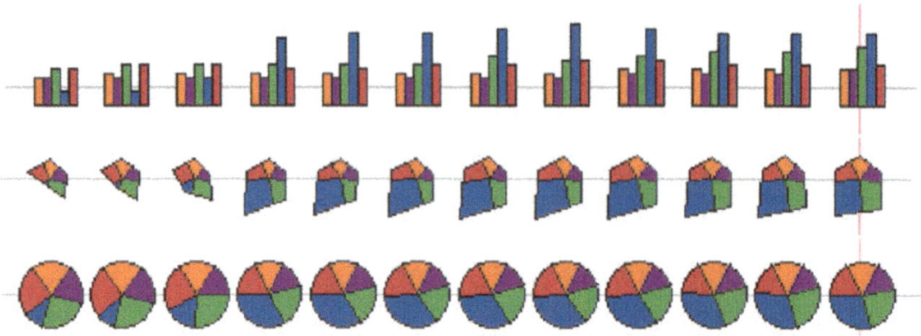

图 8-7-1　包含五种经济指标的数据集的图标可视化，从上往下分别为：柱形图、星形图和饼图[62]

8.7.1　基于星形图的图标法

星形图（star glyph）是 Chambers 于 1983 年首次提出的一种显示多维数据的可视化方法，这种方法使用非文字传达信息的符号（glyph）使对象编码来显示多维数据 [63]。更明确地说，对象的每个属性映射到 glyph 的一个特征，使得属性的值决定特征的准确性质。这样，用户扫一眼就可辨别两个对象的差异。该方法对每个属性使用同一个坐标轴，从坐标轴的中心点向四周辐射，就像车轮的辐条，均匀地散开。通常，所有的属性值都映射至[0,1]区间中。

星形图绘制方法的主要原理是使用如下过程将对象映射到星形坐标系：将对象的每个属性值转换成一个分数，代表它在该属性的最大值和最小值之间的距离，把这个分数映射到对应于该属性的坐标上的点，再将每个点用线段连接到相邻坐标轴上的点，形成一个星状，星状的大小和形状提供了对象属性值的视觉描述。为了便于解释，每个对象都使用单独的坐标系，换句话说，每个对象映射成一个多边形。

R 中 graphics 包的 stars()函数可以绘制星形图和散点星形图，如图 8-7-3 和图 8-7-4 所示，其中可供选择的星形符号如图 8-7-2 所示。在图 8-7-4 散点星形图中，X 轴和 Y 轴分别对应 log10(carat)和 log10(price)两个变量的数据。

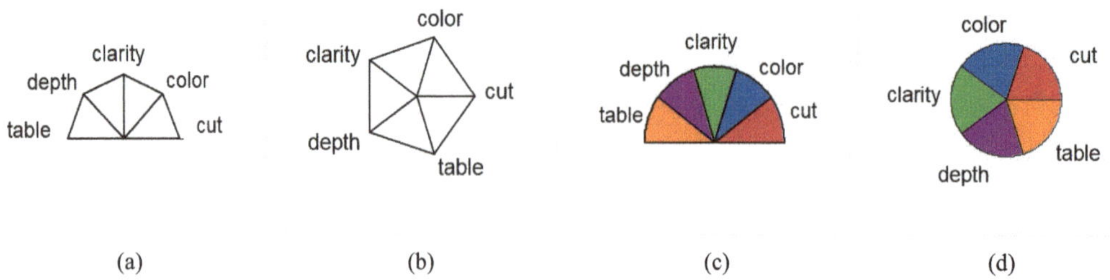

图 8-7-2　stars()函数可供选择的星形图标类型

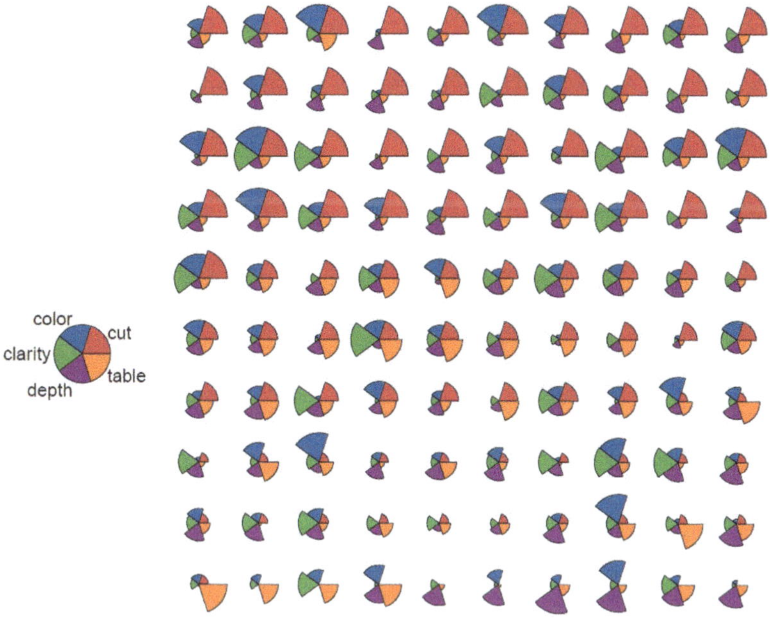

图 8-7-3　基于星形图的图标法

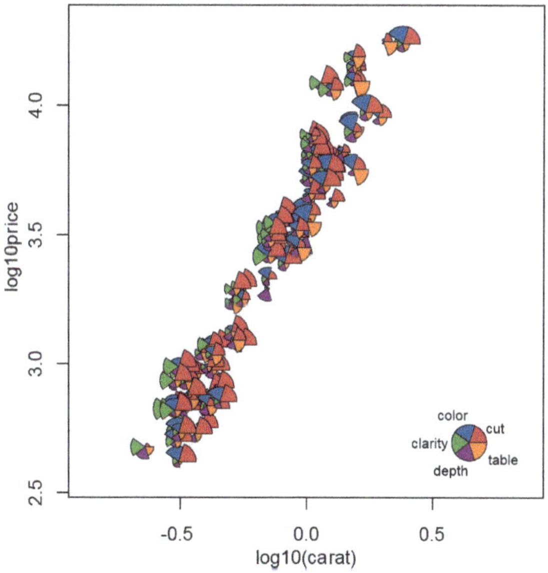

图 8-7-4　散点星形图

技能 基于星形图的图标法

借助 R 中 graphics 包的 stars ()函数可以实现图 8-7-3 和图 8-7-4 所示图表，其核心代码如下所示。

```
library(graphics)
library(RColorBrewer)
library(dplyr)
library(ggplot2)
data(diamonds)
dstar<- sample_n(diamonds, 100)
dstar$log10carat <- log10(dstar$carat)
dstar$log10price <- log10(dstar$price)
dstar<-dstar[order(dstar$cut,decreasing=T),]
#星形图
stars(dstar[,2:6], key.loc = c(-2, 10), scale = TRUE,
        locations = NULL, len =1, radius = TRUE,
        full = TRUE, labels = NULL,draw.segments = TRUE,
col.segments=palette(brewer.pal(7,"Set1"))[1:5])

#散点星形图
loc <- data.matrix(dstar[,11:12])
stars(dstar[,2:6], key.loc = c(-1, 3), scale = TRUE,
        locations = loc, len =0.07, radius = TRUE,
        full = TRUE, labels = NULL,   draw.segments = TRUE,
        col.segments=palette(brewer.pal(7,"Set1"))[1:5],
        frame.plot=TRUE,axes = TRUE,
        xlab="log10(carat)", ylab="log10price",
        xlim=c(-0.7,0.7))
```

8.7.2 基于柱形图的图标法

基于柱形图的图标法（bar glyph 或者 profile glyph）是直接将变量映射到长度，最容易比较变量之间的大小关系[64]。这个跟星形图类似，只是数据变量的映射方法有所不同。如图 8-7-5 所示为柱形图的图标可视化。柱形图并不适应于展示维数太高的数据。因为柱形基于水平线排列，很难单独从柱形图中区分一个变量的趋势或者异常数据，但是通过颜色区别变量类别，可以在一定程度上解决这种问题。

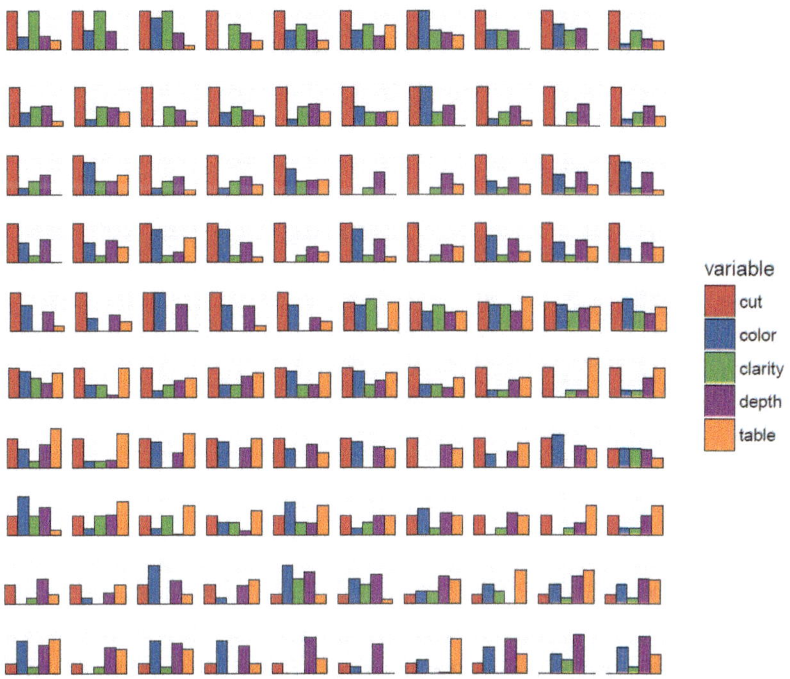

图 8-7-5　基于柱形图的图标法

技能　基于柱形图的图标法

借助 R 中 ggplot2 包的行列分面 facet_wrap 可以实现绘制图 8-7-5 所示的图表，其核心代码如下所示，详细的图表背景设置代码请见附件。前期的数据处理主要包括：①将 factor 类型的变量数据转换成 numeric 数值型的数据；②将数据归一化处理至[0, 1]区间中。

```
library(ggplot2)
library(RColorBrewer) #提供颜色主题方案 brewer.pal(7,"Set1")
library(dplyr) #提供随机抽样函数 sample_n ()
library(reshape) #提供数据融合函数 melt()
data(diamonds)
dsmall <- sample_n (diamonds, 500)
mydata <- data.frame(dsmall[1:100,2:6])
for (i in 1:ncol(mydata))
{
  #将 factor 类型的变量数据转换成 numeric 数值型的数据
  if(sum(as.integer(class(mydata[,i])=="factor")))
  { levels(mydata[,i]) <- seq(0,length(levels(mydata[,i]))-1,1)
    mydata[,i]<-as.numeric(mydata[,i])
```

```
    }
     #将数据归一化处理至[0, 1]区间中
     temp<-mydata[,i]
     Dmin<-min(temp)
     Dmax<-max(temp)
     mydata[,i]<-(temp-Dmin)/(Dmax-Dmin)
  }
  mydata<-mydata[order(mydata$cut,decreasing=T),] #按照第 4 列 cut 变量降序排序
  mydata$category<-as.integer(seq(1,nrow(mydata),1))
  Meltdata <- melt(mydata, id.vars="category")
  #Meltdata 是包含 category、variable 和 value 三列的数据
  ggplot(Meltdata, aes(variable,value,fill=variable)) +
     geom_bar(stat="identity",colour="black",size=0.25,width=1.0)+
     scale_fill_manual(values=brewer.pal(7,"Set1")[1:5])+
     facet_wrap(~category)
```

8.7.3 切尔诺夫脸谱图

切尔诺夫脸谱图（chernoff face）[65]是使用人脸特征编码不同变量的值，人的每个部位都代表不同属性，如图 8-7-6 所示为美国各州的犯罪类型的数据变量。例如脸的形状、高度和宽度、眼的高度和宽度等都可以代表不同的属性。人类的视觉和大脑擅长人脸识别，能够观察脸部的细微变化。人对脸部的各个部位特征的感知度不同，根据属性的优先级选择人脸的映射部位。

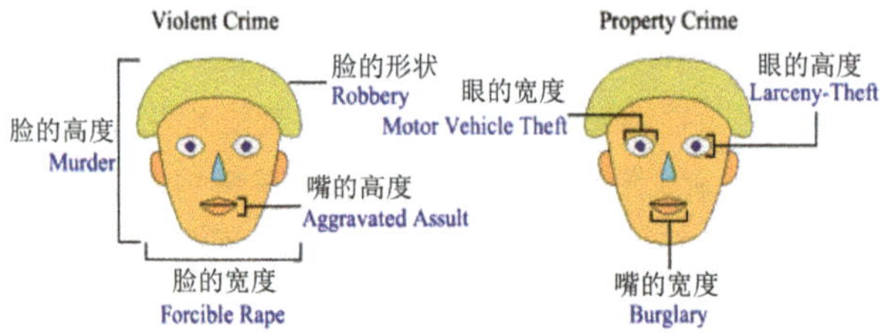

8-7-6 切尔诺夫脸谱图的变量对应

图 8-7-7 展示了美国各州的犯罪类型的切尔诺夫脸谱图，同时将脸的大小和头发的多少映射到渐变颜色。可以很明显地观察到：District of Columbia 和 Alaska 两个州的脸部颜色和大小尤为显著，说明 District of Columbia 的谋杀（murder）的犯罪情况尤为多，而 Alaska 的强奸（forcible rape）的犯罪情况尤为多。

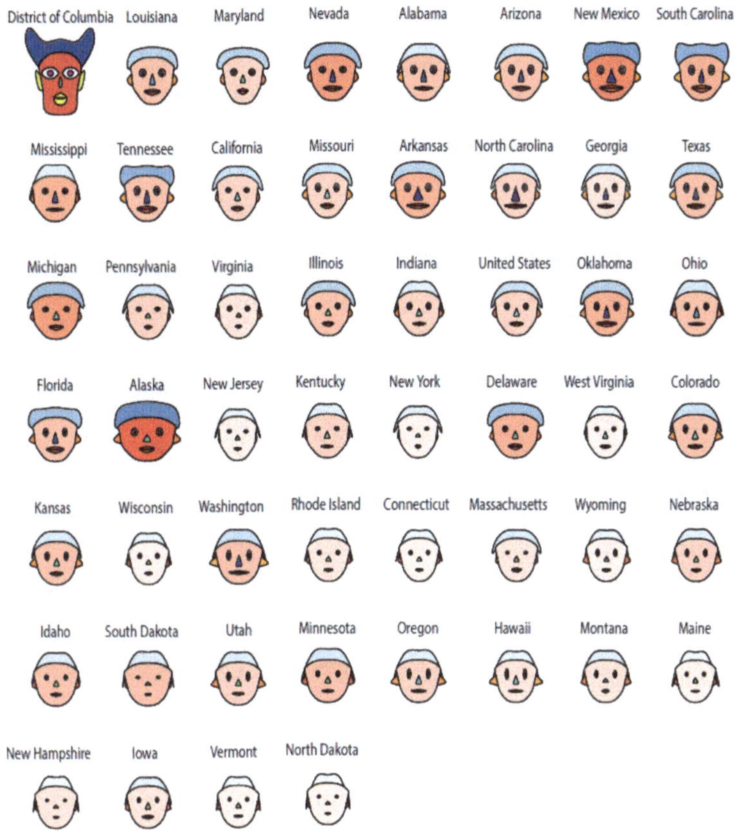

图 8-7-7　美国各州的犯罪类型的切尔诺夫脸谱图

技能　绘制切尔诺夫脸谱图

借助 R 中 aplpack 包的 faces ()函数可以实现图 8-7-7 所示的切尔诺夫脸谱图。只是在绘制图表前，要先根据其中一项重要的指标对数据集进行排序后再展示。

```
library(aplpack)
library(RColorBrewer)
crime <- read.csv("Faces_Data.csv")
crime_filled <- cbind(crime[,1:6], rep(0, length(crime$state)), crime[,7:8])
crime_filled<-crime_filled[order(crime_filled$murder,decreasing=T),]
faces(crime_filled[,2:8],
        col.face = colorRampPalette(brewer.pal(9, "Reds"))(20),
        col.hair= colorRampPalette(brewer.pal(9, "Blues"))(20),
        labels= crime_filled$state,
        cex=1)
```

除此之外，我们也可以使用花（flower）来展示多维数据，如图 8-7-8 所示。每朵花的花瓣大小可以代表一维数据，图 8-7-8(a)展示了六维数据，其中 *X* 轴和 *Y* 轴各代表一维变量（muder 和 Robbery），4 个花瓣也各代表一维数据（Forcible Rate、Aggravated Assult、Burglary 和 Larceny Theft）。图 8-7-8 (b)展示了七维数据。

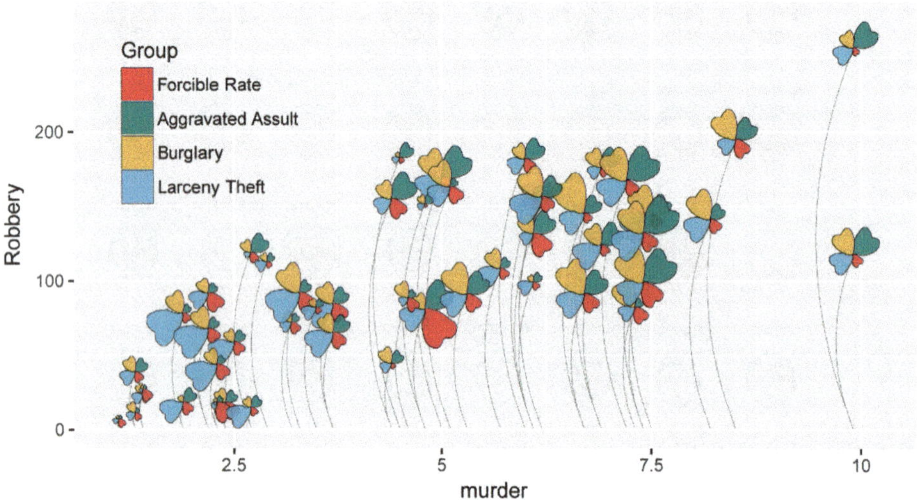

(a) 六维数据

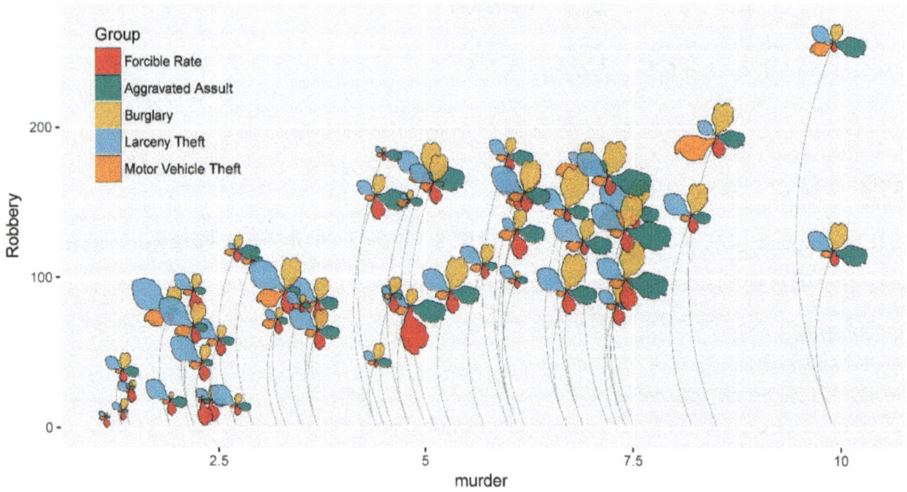

(b) 七维数据

图 8-7-8 花瓣类型图表

8.8　表格图

表格图（table plot）是一种用于探索和分析大数据集的可视化方法，可以用于探索变量之间的关系、发现数据的内在模式、检查缺失数据的产生与选择[66]。表格图主要用于可视化多变量的数据集和大量的数据记录，至少有 1000 个数据。图 8-8-1 使用表格图展示了 diamonds 数据集。整个数据集根据变量 price 排序，每列代表一个变量，然后将每个数据分组到每个行的箱体中（row bin）。

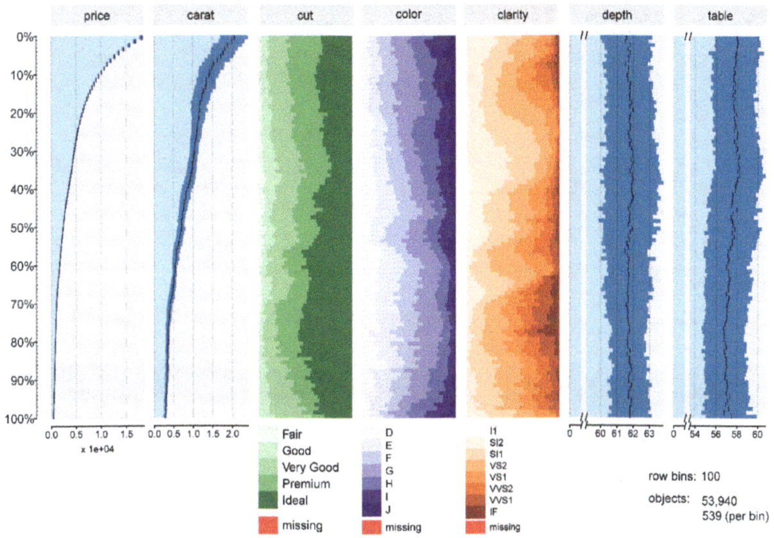

图 8-8-1　diamonds 数据集的表格图

技能　绘制表格图

R 中 tabplot 包的 tableplot ()函数可以实现如图 8-8-1 所示的效果。由于数据信息较多，为保证数据图表的美观，推荐使用单色渐变系列作为各个子图的颜色主题，如绿色"Greens"、紫色"Purples"、橙色"Oranges"。

```
library(tabplot)
library(ggplot2)
library(RColorBrewer)
data(diamonds)
tableplot(diamonds, sortCol =price,
          select = c(price,carat,cut, color, clarity,depth, table),
          pals = list(cut=palette(brewer.pal(9,"Purples"))[c(2,3,4,5,7,8)],
                      color=palette(brewer.pal(9,"Oranges"))[c(2:9)],
                      clarity=palette(brewer.pal(9,"Greens"))[1:8]))
```

第 9 章

层次关系型图表

层次关系类型的图表着重表达数据个体之间的层次关系，主要包括包含和从属两类，比如公司不同部门的组织结构、不同洲的国家的包含关系等。这类数据常用的图表主要有两类[68]：

（1）节点链接（node-link）图：将单个个体绘制成一个节点，节点之间的连线表示个体之间的层次关系，如图 9-0-1(a)、图 9-0-1 (b)、图 9-0-1 (c)和图 9-0-1 (d)所示。这种方法直观、清晰，适合表示承接的层次关系型数据。但是当个体数目太多时，尤其是广度和深度相差较大时，该方法由于数据量太多而导致不能清晰、完整地在有限的屏幕空间中展示数据，从而可读性较差。

（2）空间填充（space-filling）图，用空间中的分块区域表示数据中的个体，并用外层区域对内层区域的包围表示彼此之间的层次关系，如图 9-0-1(e)、图 9-0-1(f)、图 9-0-1(g)和图 9-0-1(h)所示。和节点链接图相比，这种方法更适合表示包含和从属的关系，而且具有高效的空间利用率，可以表示更多的数据量。其缺点在于数据层次关系的表现清晰度不如节点链接图。

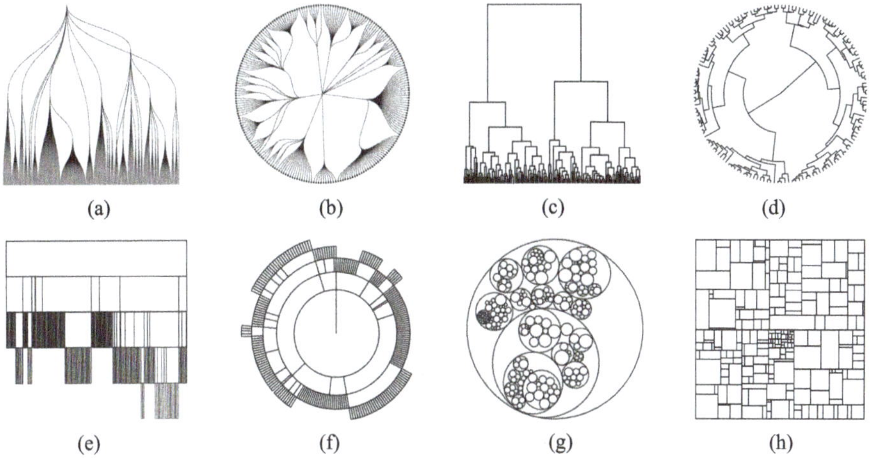

图 9-0-1　不同类型的层次关系类型图表

(a) 节点链接图的正交布局法　(b) 节点链接图的径向布局法　(c) 正交布局的树形图　(d) 径向布局的树形图
(e) 冰柱图　(f) 旭日图　(g) 圆填充图　(h) 矩形树状图

9.1　表示层次关系型数据的节点链接图

绘制节点链接图的核心问题是如何在屏幕上放置节点，以及如何绘制节点与节点之间的链接关系。节点的放置方式取决于具体应用的需求，节点的形状或者图示则取决于节点所要表现的内容。链接关系可以使用直线或者曲线表示。

节点链接图的径向布局法就是将根节点位于圆心，不同层次的节点被放置在半径不同的同心圆上，如图 9-1-1 所示，其整体呈圆形。节点到圆心的距离对应于它的深度，越外层的同心圆越大。因此相比较于如图 9-1-3 所示的正交布局法，它的节点数据量随着层次而增加，可以容纳更多的节点，更加合理地提高了空间的利用率，在对每一层的节点布局时，对应的同心圆被划分为不同区间，分别对应与该层的不同节点。

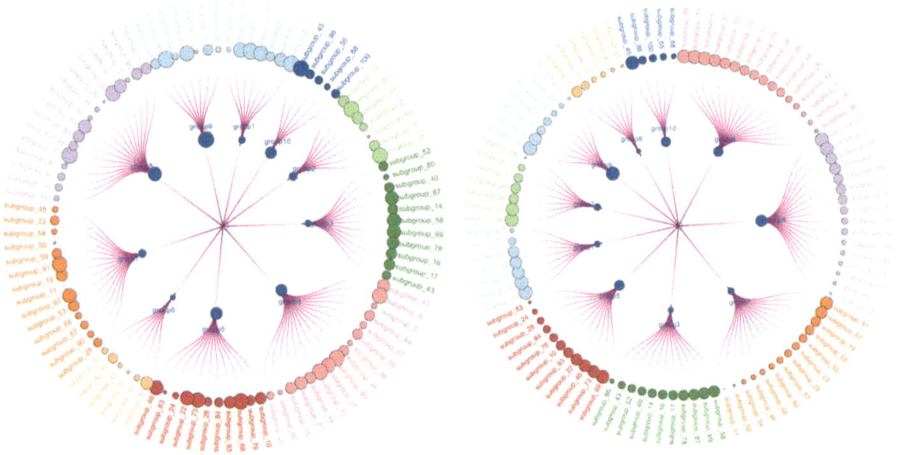

(a) 未排序　　(b) 排序后

图 9-1-1　节点链接图的径向布局法

技能　节点链接图的径向布局法

R 语言 ggraph[1]包和 igraph 包可以实现节点链接图，使用 igraph 包的 graph_from_data_frame()函数可以将数据框（data frame）格式的数据转换成图（graph）格式的数据；然后可以使用 ggraph 包的 ggraph()及其 geom_edge_diagonal()、geom_node_point()、geom_node_text()等一系列的函数实现不同类型的节点链接图。

使用 igraph 包的 graph_from_data_frame(edges, directed = TRUE, vertices = NULL)函数构造图（graph）格式的数据，主要包括三个输入数据：

（1）edges：格式为数据框，用来指定节点之间的链接关系，如图 9-1-2(a)所示。

（2）directed：用于指定生成有向图（TRUE）还是无向图（FALSE），默认为 TRUE。

（3）vertices：格式为数据框，用于指定节点属性，默认 NULL；如果 vertices 没有指定（NULL），则默认将数据框 edges 的前两列作为链接序列，其他列作为链接的属性，节点的名称 name 按照边序列来确定；如果 vertices 被指定为某数据框 df，则将 edges 的前两列作为链接序列，其他列作为边的

1 ggraph 包的 Github 网址：https://github.com/thomasp85/ggraph

属性；将 df 的第一列作为节点名称（name），df 的剩余列作为节点的其他属性，同时应注意，一旦 vertices 被指定，那么 edges 中指定的链接序列必须都包含在 df 的第一列中，如图 9-1-2(b)所示。

	from	to
1	origin	group1
2	origin	group2
3	origin	group3
4	origin	group4
5	origin	group5
6	origin	group6
7	origin	group7
⋮	⋮	⋮
108	group10	subgroup_100
109	group10	subgroup_55
110	group10	subgroup_88

(a) edges 节点链接数据

	name	value	group	id	angle
origin	origin	0.26750821	NA	25	0.0
group4	group4	0.51857614	origin	25	0.0
group8	group8	0.71793528	origin	25	0.0
group7	group7	0.25636760	origin	25	0.0
group3	group3	0.18116833	origin	25	0.0
group5	group5	0.56278294	origin	25	0.0
group1	group1	0.21864528	origin	25	0.0
⋮	⋮	⋮	⋮	⋮	⋮
subgroup_100	subgroup_100	0.32216806	group10	98	-82.8
subgroup_55	subgroup_55	0.26247411	group10	99	-86.4
subgroup_88	subgroup_88	0.16545393	group10	100	-90.0

(b) vertices 节点属性数据

图 9-1-2　图 9-1-1(b)的图结构数据的输入数据

根据 igraph 包生成的图（graph）格式数据，就可以用 ggraph 包的 ggraph()函数及其设计对象函数绘制节点链接图，其主要的调控元素有三部分。

（1）布局（layout）[1]：布局定义了节点在图表中的放置方法，即如何将层次关系数据结构中每个节点转换到图表中的坐标系位置(x,y)。ggraph()函数可以访问 igraph 中可用的所有布局功能，而且还提供了自己的大量选择，如蜂箱图(hive plot)、矩形树状图(treemap)和圆圈堆积图(circle packing)。

（2）节点（nodes）[2]：节点是层次关系数据结构中连接的节点。这些可以使用 geom_node_*()系列函数绘制展示。一些节点设计对象（geoms）适用于特定的布局，例如 geom_node_tile()只在绘制树形图和冰柱图时使用，而另一些节点设计对象则更加通用，例如 geom_node_point()。

（3）链接(edges)[3]：链接是层次关系数据结构中节点之间的连接线。这些可以使用 geom_edge_*()系列设计对象函数进行可视化，该系列设计对象包含许多不同场景下的不同连接线类型。若这些链接是由布局所决定的（例如矩形树状图），则不需要绘制连接线，但是通常需要某种类型的线。

在绘制节点链接图时，为了更好地发现、展示数据规律，最好先对数据根据某些特征进行排序处理，比如最外层的同组节点的总数、叶节点的特征数值等。图 9-1-1(a)是没有排序展示的径向布局节点链接图，而图 9-1-1(b)是先根据最外层的同组叶节点的总数进行降序处理，按顺时针的方向从 90° 开始排布，所以 group 的顺序为 4、8、7、3、5、1、2、9、6、10；然后同组内部再按叶节点的

1 ggraph()函数的布局参数教程：https://www.data-imaginist.com/2017/ggraph-introduction-layouts/

2 ggraph()函数的节点参数教程：https://www.data-imaginist.com/2017/ggraph-introduction-nodes/

3 ggraph()函数的链接参数教程：https://www.data-imaginist.com/2017/ggraph-introduction-edges/

数值进行降序处理，按圆圈从大到小的顺序展示，这样就可以很好地展示数据，帮助读者快速了解数据表达的信息。图 9-1-1(b)排序后的节点链接图的具体实现代码如下所示：

```
library(ggraph)
library(igraph)
library(tidyverse)
library(RColorBrewer)
set.seed(1)
#构造节点连接数据 edges
d11=data.frame(from="origin", to=paste("group", seq(1,10), sep=""))
d21=data.frame(from=sort(sample(rep(d11$to, each=100),100,replace=FALSE)),
               to=sample(paste("subgroup", seq(1,100), sep="_"),100,replace=FALSE))
edges<-rbind(d11[,1:2], d21[,1:2])

#构造节点属性数据 vertices
vertices_name<-unique(c(as.character(edges$from), as.character(edges$to)))
vertices<-data.frame(name = vertices_name, value =runif(length(vertices_name)))
rownames(vertices)<-vertices_name

#根据最外层的节点的分组总数，对节点进行降序处理
d2<-d21 %>%
  mutate(order2=as.numeric(factor(from,
                      levels=unique(from)[sort(summary (as.factor(from)),index.return=TRUE,decreasing = T)$ix],
                      order=TRUE)))%>%
  arrange(order2)
#根据最外层的节点的属性数值,对节点进行降序处理，
d2<-d2%>%
  left_join(vertices ,by = c("to" = "name")) %>%
  arrange(order2,desc(value))

#重新构造节点连接数据 edges
edges<-rbind(d11[,1:2], d2[,1:2])

#重新构造节点属性数据 vertices
list_unique<-unique(c(as.character(edges$from), as.character(edges$to)))
vertices = data.frame(
  name = list_unique,
  value = vertices[list_unique,'value'])

#节点属性数据 vertices 添加列叶节点的分组（group）和标签旋转角度（angle）
vertices$group<-edges$from[match(vertices$name, edges$to)]
vertices$id<-NA
myleaves<-which(is.na( match(vertices$name, edges$from) ))
```

```
nleaves<-length(myleaves)
vertices$id<-nleaves/360*90
vertices$id[ myleaves]<-seq(1:nleaves)
vertices$angle<-90 - 360 * vertices$id / nleaves
vertices$angle<-ifelse(vertices$angle < -90, vertices$angle+180, vertices$angle)

mygraph <- graph_from_data_frame( edges, vertices = vertices, directed = TRUE )

ggraph(mygraph, layout = 'dendrogram', circular = TRUE) +
  geom_edge_diagonal(aes(colour=..index..)) +#colour="grey"
  scale_edge_colour_distiller(palette = "RdPu") +
  geom_node_text(aes(x = x*1.25, y=y*1.25,   angle = angle,   label=name,color=group), size=2.7, alpha=1) +
  geom_node_point(aes( x = x*1.07, y=y*1.07, fill=group, size=value), shape=21,stroke=0.2,color='black',alpha=1) +
  scale_colour_manual(values= rep( brewer.pal(9,"Paired") , 30)) +
  scale_fill_manual(values= rep( brewer.pal(9,"Paired") , 30)) +
  scale_size_continuous( range = c(0.1,7) ) +
  expand_limits(x = c(-1.3, 1.3), y = c(-1.3, 1.3))+
  theme_void() +
  theme(
    legend.position="none",
    plot.margin=unit(c(0,0,0,0),"cm"))
```

图 9-1-3 为有 3 层层次关系的节点链接图的正交布局法，其主要函数为：ggraph(mygraph, layout = 'dendrogram', circular = FALSE)；而图 9-1-4 为有 3 层层次关系的节点链接图的径向布局法，其主要函数为：ggraph(mygraph, layout = 'dendrogram', circular = TRUE)，使用 geom_edge_diagonal()、geom_node_point()函数分布设定连接线和节点的格式，geom_node_text()函数设定数据标签的格式。

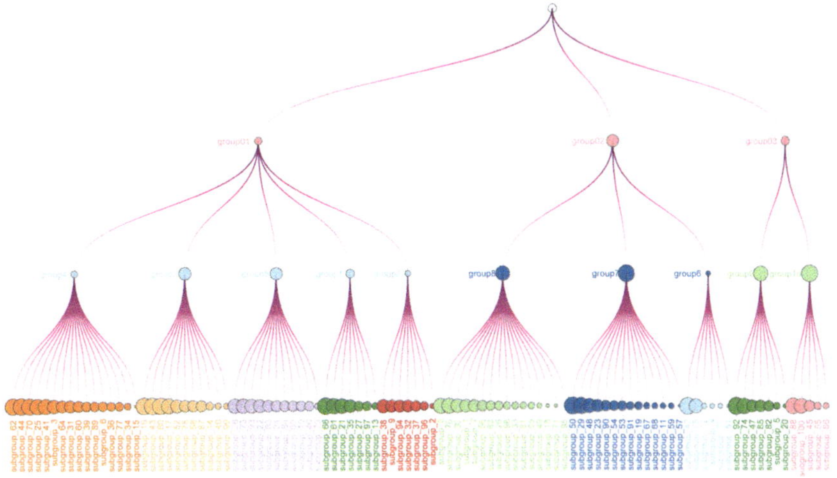

图 9-1-3　节点链接图的正交布局法

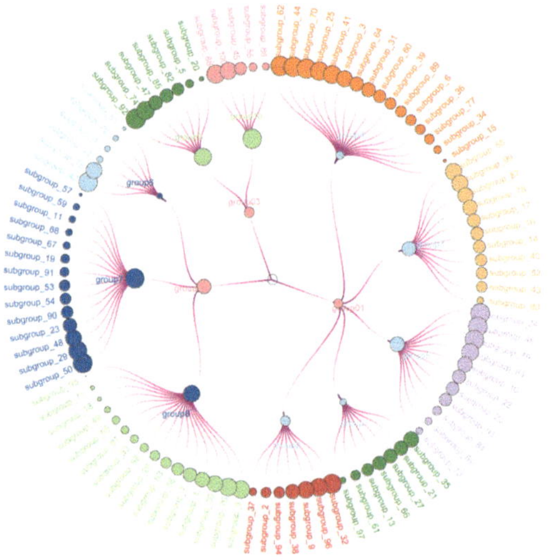

图 9-1-4　节点链接图的径向布局法

9.2　树形图

树形图（dendrogram）是表示连续合并的每对类之间的属性距离的示意图。为避免线交叉，示意图将以图形的方式进行排布，使得要合并的每对类的成员在示意图中相邻，如图 9-2-1 所示。

树形图工具采用等级聚类算法。程序首先会计算输入特征文件中每对类之间的距离。然后迭代式地合并最近的一对类，完成后继续合并下一对最近的类，直到合并完所有的类。在每次合并后，每对类之间的距离会进行更新。合并类特征时采用的距离将用于构建树形图。图 9-2-2 所示为 4 种不同类型的树形图，分别为纵向树形图、横向树形图、环形树形图和进化树形图。

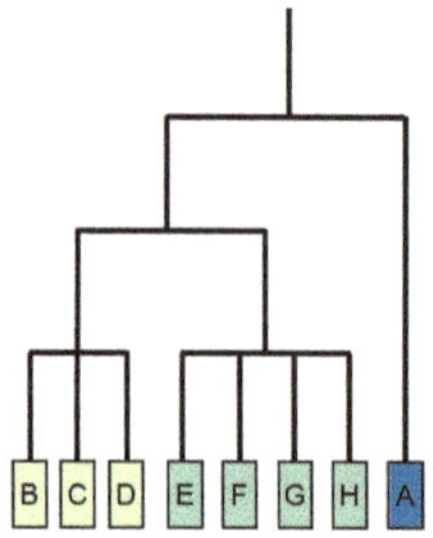

图 9-2-1　树形图示意

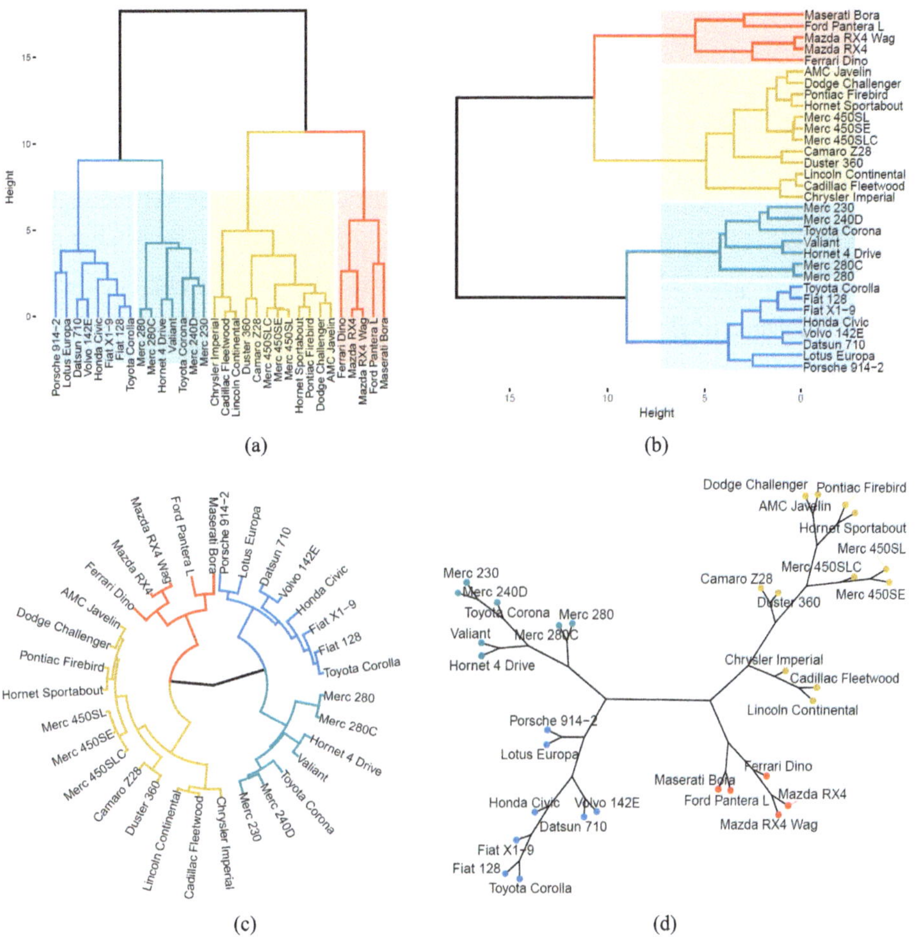

图 9-2-2　不同类型的树形图[69]

技能　树形图

R 中 ggdendro 包的 ggdendrogram()函数、ggraph 包的 ggraph()函数（layout = "dendrogram"或者 "dendrogram"）、factoextra 包的 fviz_dend()函数都可以绘制树形图，factoextra 包绘制的树形图更加美观，图 9-2-2 所示的树形图都是使用 factoextra 包绘制的，其中图 9-2-2(a)的具体代码如下所示。

```
library(factoextra)
data(USArrests)
dd <- dist(scale(datasets::mtcars), method = "euclidean") #对数据中心化处理后求取欧式距离
hc <- hclust(dd, method = "ward.D2") #层次聚类方法
fviz_dend(hc, k = 4, # 聚类的类别数目为 4
          cex = 0.8, # 数据标签的字体大小
```

```
          k_colors = c("#2E9FDF", "#00AFBB", "#E7B800", "#FC4E07"),
          color_labels_by_k = FALSE, # 数据标签也根据颜色设定
          rect_border = c("#2E9FDF", "#00AFBB", "#E7B800", "#FC4E07"),
          rect = TRUE, # 使用不同颜色的矩形框标定类别
          rect_fill = TRUE)
```

当 horiz = TRUE 时，坐标轴转置，效果如图 9-2-2(b)所示。调节参数 type = c("rectangle", "circular", "phylogenic")，可以得到不同类型的树形图，其中"rectangle"对应图 9-2-2 (a)和图 9-2-2 (b)，"circular"对应图 9-2-2 (c)，"phylogenic"对应图 9-2-2(d)。图 9-2-2(c)也可以使用 circlize 包的 circlize_dendrogram()函数、ggtree 包的 ggtree()函数绘制。

在环状树形图的基础上，还可以添加每个数据的具体数值，使用径向布局的热力图表示。这样可以更加全面地展示数据信息，如图 9-2-3 所示。

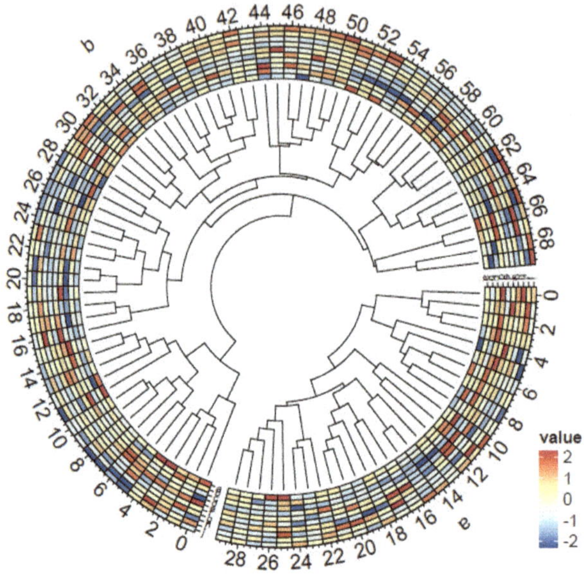

图 9-2-3 径向布局的热力图和环状树形图的组合

技能 径向布局的热力图和环状树形图的组合

可以使用 circlize 包[1]的 circos.rect()和 circlize_dendrogram()函数、ggtree 包[2]的 ggtree()函数绘制径向布局的热力图和环状树形图的组合。其中，对于 circlize 包，使用 circos.track()函数构造每一层圆

1 circlize 包教程：https://jokergoo.github.io/circlize_book/book/

2 ggtree 包教程：https://yulab-smu.github.io/treedata-book/

环的展示数据，在最外面的圆环层中，可以使用 circos.rect()函数绘制径向布局的热力图；最里面的圆环层，可以使用 circos.dendrogram()函数绘制环状树形图；最后使用 ComplexHeatmap 包的 Legend()函数构造热力图相应的图例，如图 9-2-3 所示，具体实现代码如下所示。

```
library(circlize)
library(RColorBrewer)
library(ComplexHeatmap)
col <- colorRamp2(seq(-2,2,length.out=7),rev(brewer.pal(n = 7, name = "RdYlBu")))
set.seed(1234)
data <- matrix(rnorm(100 * 10), nrow = 10, ncol = 100)
factors <- rep(letters[1:2], times = c(30, 70))
data_list <- list(a = data[, factors == "a"], b = data[, factors == "b"])
dend_list <- list(a = as.dendrogram(hclust(dist(t(data_list[["a"]])))),
                  b = as.dendrogram(hclust(dist(t(data_list[["b"]])))))
circlize_plot = function() {
  circos.par(cell.padding = c(0, 0, 0, 0), gap.degree = 5)
  circos.initialize(factors = factors, xlim = cbind(c(0, 0), table(factors)))

circos.track(ylim = c(0, 10), bg.border = NA,
             panel.fun = function(x, y) {
               sector.index = get.cell.meta.data("sector.index")
               d = data_list[[sector.index]]
               dend = dend_list[[sector.index]]
               d2 = d[, order.dendrogram(dend)]
               col_data = col(d2)
               nr = nrow(d2)
               nc = ncol(d2)
          for (i in 1:nr) {
            circos.rect(1:nc - 1, rep(nr - i, nc), 1:nc, rep(nr - i + 1, nc), border = 'black', col = col_data[i, ],size=0.1) }
            circos.text(CELL_META$xcenter,  CELL_META$cell.ylim[1] + uy(25, "mm"), CELL_META$sector.index)
            circos.axis(labels.cex = 1, major.at = seq(0.5, round(CELL_META$xlim[2])+0.5,2),
                        labels=seq(0, round(CELL_META$xlim[2]),2))
            circos.yaxis(labels.cex = 0.5,at = seq(0.5, round(CELL_META$ylim[2])+0.5,1), labels=letters[1:10])
            })
max_height <- max(sapply(dend_list, function(x) attr(x, "height")))
circos.track(ylim = c(0, max_height),
             bg.border = NA, track.height = 0.5,
             panel.fun = function(x, y) {
               sector.index = get.cell.meta.data("sector.index")
               dend = dend_list[[sector.index]]
               circos.dendrogram(dend, max_height = max_height)})
circos.clear()}

```

```
lgd_links = Legend(at = c(-2, -1, 0, 1, 2), col_fun = col,
                   title_position = "topleft", title = "value")
circlize_plot()
w <- grobWidth(lgd_links)
h <- grobHeight(lgd_links)
vp <- viewport(x = unit(1, "npc") - unit(2, "mm"), y = unit(4, "mm"), width = w, height = h, just = c("right", "bottom"))
pushViewport(vp)
grid.draw(lgd_links)
```

9.3 旭日图

旭日图（sunburst diagram），也被称为多层饼图（multi-level pie chart）或径向树图，如图 9-3-1 所示。这种图表通过一系列的圆环显示层次结构，再按不同类别节点进行切割。每个圆环代表层次结构中的一个级别，中心圆点表示根节点，层次结构从这个点往外推移。之后圆环会按照其与原属切片的层次关系再被分割，分割角度可以是均等平分（如图 9-3-1 和 9-3-2(a)），或者与某个数值成比例（见图 9-3-1 和图 9-3-2(b)）。单层的旭日图其实类似于圆环图，但是多层的旭日图展示了外层环状数据与内层环状数据的关系信息。

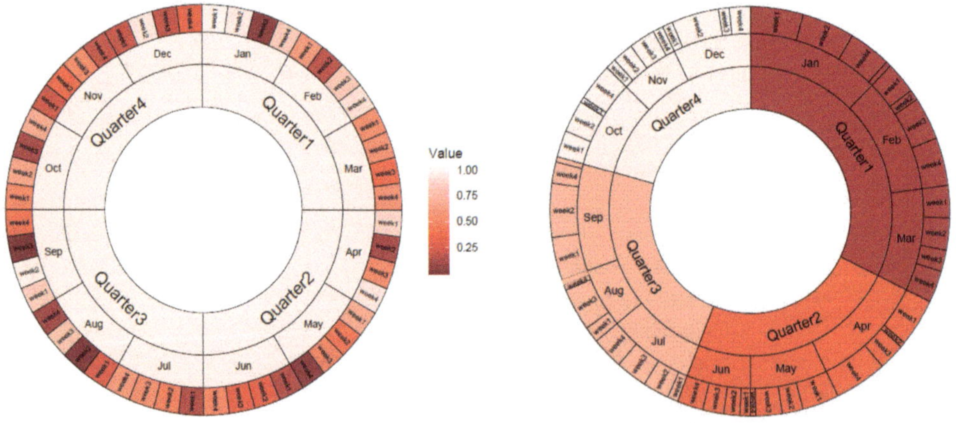

(a) 分割角度均等平分　　(b) 分割角度与某个数值成比例

图 9-3-1　旭日图

冰柱图（icicle diagram）也叫分区层图（partition layer chart），就是直角坐标系下的旭日图，因为它看起来像是冬天屋檐下形成的一排排的冰柱，所以以此命名，如图 9-3-2 所示。

图 9-3-3(a)所示的是具有层次关系的树状数据，在极坐标系下使用多个圆环的形式展示数据，效果的如图 9-3-3(b)所示的旭日图，圆环的分割角度与其数值成正比。而在直角坐标系下展示数据，则

效果为如图 9-3-3(c)所示的冰柱图，其冰柱宽度与其数值成正比。推荐使用不同颜色突出显示层次分组或特定类别，这样方便观察数据内在的层次关系与占比情况。

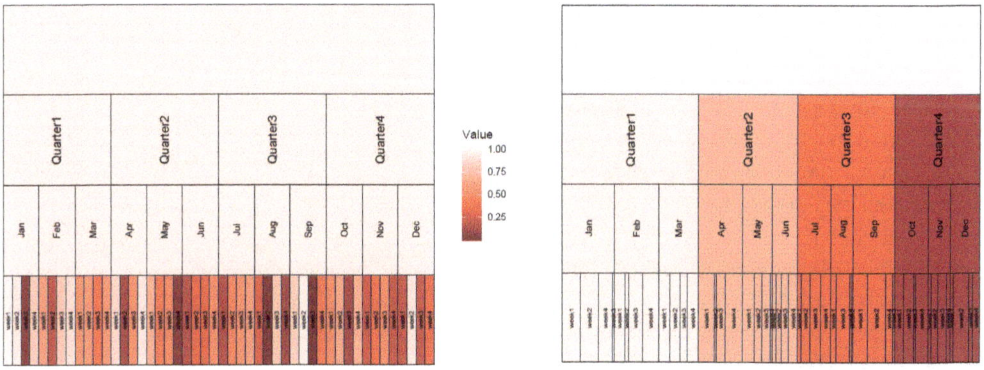

(a) 分割角度均等平分　　(b) 分割角度与某个数值成比例

图 9-3-2　冰柱图

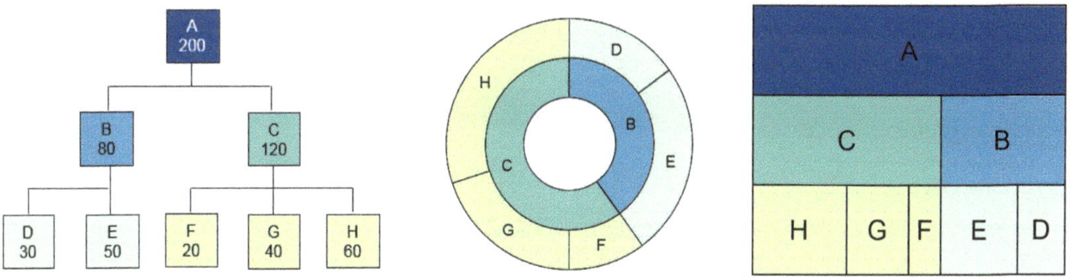

(a)　(b)　(c)

图 9-3-3　旭日图和冰柱图示意

技能　绘制旭日图

在 R 中可以使用 ggraph 包的 ggraph()函数，选择不同的参数，就可以分别绘制旭日图和冰柱图，同时使用 geom_node_text()函数添加不同层次的数据标签。但是该函数暂时不能直接实现分割角度的均等平分，因而无法使分割角度与其某个数值成比例，如图 9-3-3 所示。但是我们可以构造数据，从而实现分割角度与其某个数值成比例的旭日图和冰柱图。图 9-3-1(b)所示的旭日图和图 9-3-2(b)所示的冰柱图的具体实现代码如下所示：

```
library(ggraph)
library(igraph)
library(RColorBrewer)
library(dplyr)

```

```
df<-read.csv('旭日图.csv',header=TRUE,stringsAsFactors=FALSE)
fake_circle<-c()
for (i in 1:nrow(df)){
  fake_circle<-append(fake_circle,rep(df$Week[i],round(10*df$Value[i]))) }
edges<- data.frame(rbind(
  cbind(rep('origin',4),unique(as.character(df$Season))),
  as.matrix(df[!duplicated(df[c('Season','Month')]),1:2]),
  as.matrix(df[!duplicated(df[c('Month','Week')]),2:3]),
  cbind(fake_circle,as.character(1:length(fake_circle)))))
colnames(edges)<-c('from','to')

vertices0<-data.frame(name=unique(c(as.character(edges$from), as.character(edges$to))))
df_leaf<-df[,c('Week','Value','label')]
df_leaf$angle<-90-(cumsum(df_leaf$Value)-df_leaf$Value/2)/sum(df_leaf$Value)*360
df_leaf$angle<-ifelse(df_leaf$angle< -90, df_leaf$angle+180, df_leaf$angle)
vertices<-left_join(vertices0,df_leaf,by=c('name'='Week'))
df_color<- data.frame(rbind(
  as.matrix(df[!duplicated(df[c('Season','Season')]),c(1,1)]),
  as.matrix(df[!duplicated(df[c('Season','Month')]),c(1,2)]),
  as.matrix(df[!duplicated(df[c('Season','Week')]),c(1,3)])
))
colnames(df_color)<-c('Season','name')
vertices<-left_join(vertices,df_color,by='name')

graph <- graph_from_data_frame(edges, vertices = vertices)

#图 9-3-1 旭日图
ggraph(graph, layout ='partition', circular = TRUE) +
  geom_node_arc_bar(aes(filter =(depth<=3 & depth>0 ),fill = Season),size=0.1)+
  geom_node_text(aes(filter =(depth<=2 & depth>0),label=name,size=-depth),angle=0,colour="black") +
  geom_node_text(aes(label=label,angle=angle),size=2,colour="black")+
  scale_size(range=c(3,4))+
  coord_fixed()+
  scale_fill_brewer(palette="Reds",direction=-1)+
  guides(size="none",fill="none")+
  theme_void()

#图 9-3-2 冰柱图
ggraph(graph, layout ='partition')+
  geom_node_tile(aes(filter =(depth<=3 ),fill = Season),size = 0.1)+
  geom_node_text(aes(filter =(depth<=2 & depth>0),label=name,size=-depth),angle=90,colour="black") +
  geom_node_text(aes(label=label),size=2,angle=90,colour="black")+
  scale_size(range=c(3,4))+
```

```
    scale_y_reverse()+
    scale_fill_brewer(palette="Reds",na.value = "#FFF2EC")+
    guides(size="none",fill="none")+
    theme_void()
```

9.4 圆堆积图

圆堆积图（circle packing）是树形图的变体，使用圆形（而非矩形）一层又一层地代表整个层次结构：树木的每个分支由一个圆圈表示，而其子分支则以圆圈内的圆圈来表示（见图 9-4-1）。每个圆形的面积也可用来表示额外任意数值，如数量或文件大小。我们也可用颜色将数据进行分类，或通过不同色调表示另一个变量，如图 9-4-2 所示。

from	To
D	B
E	B
F	C
G	C
H	C
B	A
C	A

name	value
A	22
B	12
C	10
D	8
E	4
F	3
G	2
H	5

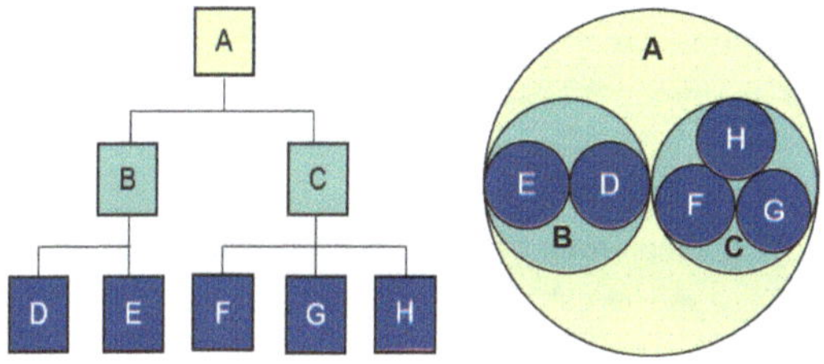

(a)示例的列表数据信息　(b) 示例的数据结构　(c) 圆堆积图

图 9-4-1　圆堆积图示意

圆堆积图虽然看起来漂亮，但不及矩形树状图般节省空间（因为圆圈内会有很多空白处），可是它实际上比矩形树状图更能有效显示层次结构，如图 9-4-1(c)所示。

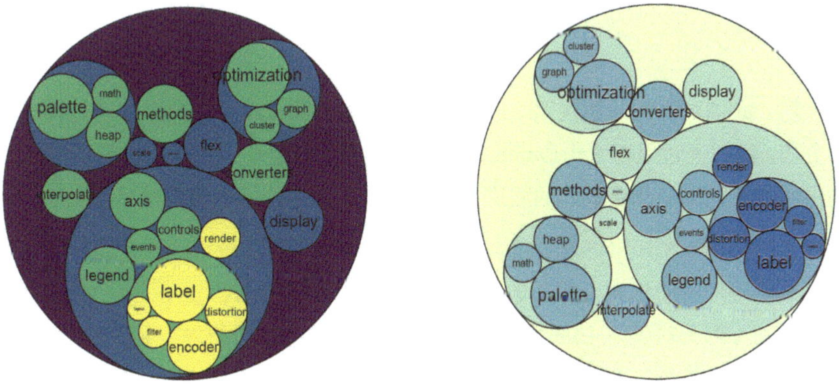

图 9-4-2　不同颜色主题的圆堆积图

技能 绘制圆堆积图

R 中 ggraph 包的 ggraph()函数可以绘制圆堆积图。edges 和 vertices 的数据结构如图 9-4-1(a)所示，把层次关系的数据转换成两列的数据，每行左边 from 列的数据隶属于右边 to 列的数据。使用 graph_from_data_frame()函数可以将数据框（data.frame）的数据转换成 graph 类型的数据，并可以使用 ggraph()函数绘制，其中核心参数 layout = 'circlepack'（圆堆积图）；geom_node_circle()函数表示圆圈的视觉通道映射设定，geom_node_text()函数表示圆圈的标签添加与设定。图 9-4-2 中圆堆积图的核心代码如下所示：

```
library(ggraph)
library(igraph)
library(tidyverse)
library(viridis)
data(flare)
# 过滤选择数据集
edges<-flare$edges %>% filter(to %in% from) %>% droplevels()
vertices <- flare$vertices %>% filter(name %in% c(edges$from, edges$to)) %>% droplevels()
vertices$size<-runif(nrow(vertices))
# 构造 graph 类型的数据结构
mygraph <- graph_from_data_frame( edges, vertices=vertices )
ggraph(mygraph, layout = 'circlepack', weight="size" ) +
  geom_node_circle(aes(fill = depth)) +
  geom_node_text( aes(label=shortName, filter=leaf, fill=depth, size=size)) +
  theme_void() +
  theme(legend.position="FALSE") +
  scale_fill_viridis()
```

9.5 矩形树状图

矩形树状图，亦被称为树状结构图（treemap，rectangular tree），它是一种利用嵌套式矩形显示层次结构的方法，同时通过面积大小显示每个类别的数量，如图 9-5-1 所示。矩形树状图采用矩形表示层次结构里的节点，父子节点之间的层次关系用矩形之间的相互嵌套隐喻来表达。

每个类别会被分配一个矩形区域，而其子类别则由嵌套在其中的小矩形代表。当不同类别分配不同数量时，这些矩形的面积大小会与数量成正比显示：小矩形与小矩形之间（部分对部分）及小矩形与大矩形之间（部分对整体）的面积比例。此外，主类别的面积大小是其所有子类别的总和。如果没有数量分配给子类别，那么其面积则是主类别的总面积除以子类别的数目。因此矩形树状图是一种紧凑而且节省空间的层次结构显示方式，能够直观体现同级类别之间的比较。

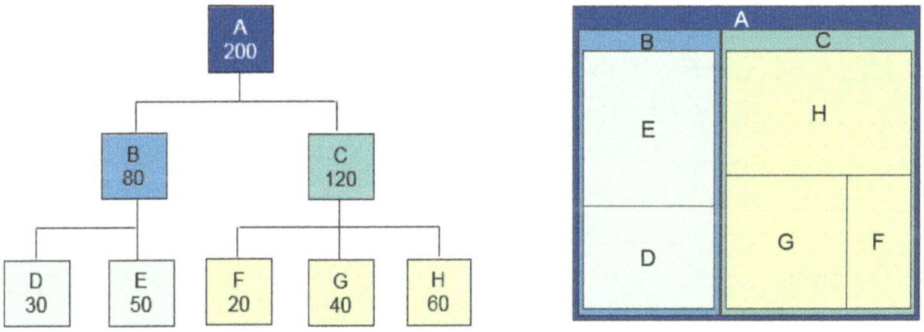

(a) 示例的数据结构　　(b) 矩形树状图

图 9-5-1　矩形树状图示意

我们也可以通过比较大小来比较类别之间的比例。矩形树状图把具有层次关系的数据可视化为一组嵌套的矩形，所有矩形的面积之和代表了整体的大小，各个小矩形的面积表示每个子数据的占比大小。所以矩形面积越大，表示子数据在整体中的占比越大（见图 9-5-2）。

矩形树状图的好处在于，相比传统的树形结构图，矩形树状图能更有效地利用空间，并且拥有展示占比的功能。矩形树状图的缺点在于，当分类占比太小的时候，文本会变得很难排布。相比分叉树形图，矩形树状图的树形数据结构表达得不够直观、明确。

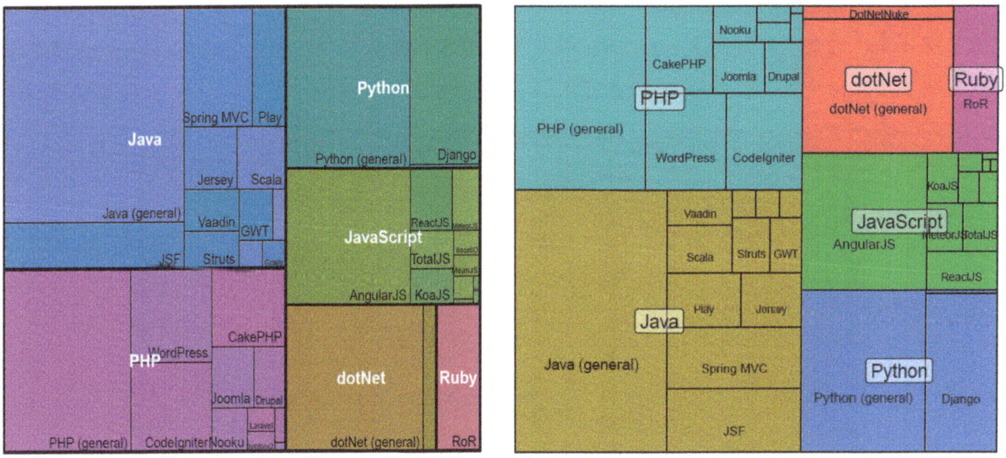

(a)　　(b)

图 9-5-2　矩形树状图

技能　绘制矩形树状图

R 中 ggplo2 包的拓展包 treemapify 可以提供 treemapify()函数将数据转换成矩形树状图，从而可以使用 geom_rect()函数绘制矩形块，用 geom_text()函数添加数据标签，如图 9-5-2(b)所示。但是这种方法需要的数据计算与转换相对比较复杂。所以推荐读者直接使用 treemap 包的 treemap()函数绘制矩形树状图，如图 9-5-2(a)所示，具体代码如下所示。

```
library(treemap)
library(RColorBrewer)
proglangs <- read.csv("Treemap_Data.csv ")
treemap(proglangs,
        index=c("parent", "id"),
        vSize="value",
        vColor="parent",
        type="index",
        border.lwds=c(2,0.1),
        fontcolor.labels=c('white','grey10'),
        title="",
        align.labels = list(c("center", "center"), c("right", "bottom")),
        fontsize.labels=c(12, 9),
        palette="Set1")
```

矩形树状图的故事

与有着悠久历史的饼图、柱形图不同，矩形树状图还很年轻。20 世纪 90 年代初，为了找到一种有效了解计算机磁盘空间使用情况的方法，马里兰大学人机交互实验室教授 Ben Shneiderman 和他的团队发明了矩形树状图[51]，如图 9-5-3 所示。

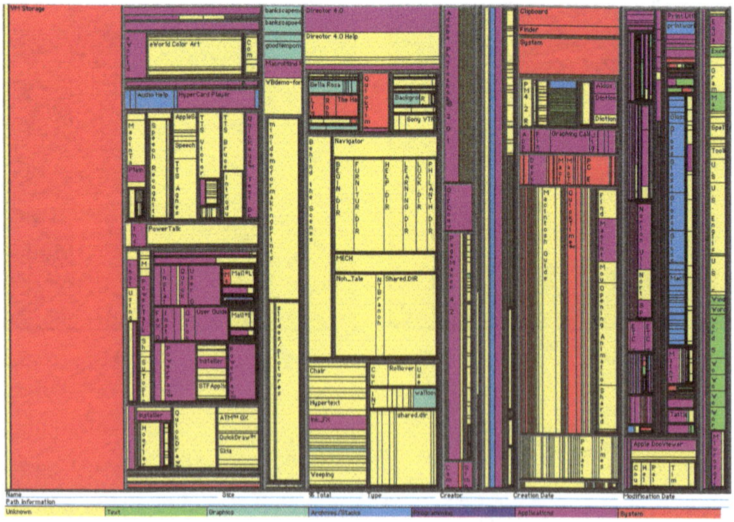

图 9-5-3　矩形树状图：计算机磁盘空间使用情况[51]

与其他变体树状图不同，如方形树状图（squarified treemap）或缓冲树状图（cushion treemap），矩形树状图还进化成更加美观的圆堆积图（圆形树状图），如图 9-5-4 所示。一开始 Ben Shneiderman 对这种演变的圆堆积图是不认同的。虽然圆堆积图看起来漂亮，但不及矩形树状图节省空间（因为圆圈内会有很多空白），可是它实际上比矩形树状图更能有效显示层次结构。

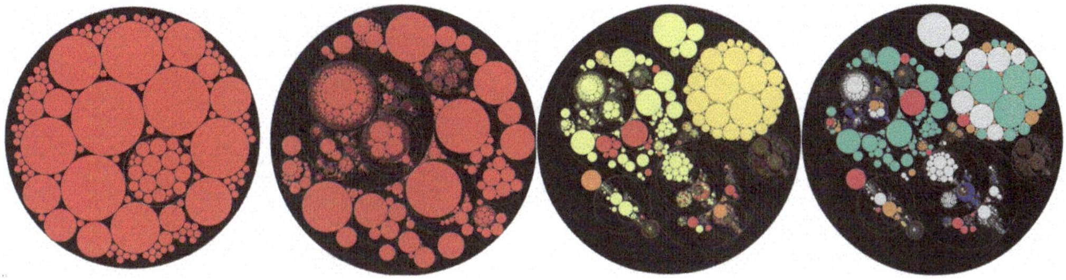

图 9-5-4 不同类型的圆堆积图[1]

Voronoi 树图法可以克服矩形空间长宽比的困扰，采用任意多边形来替代矩形空间。图 9-5-5 展示了 2017 年世界经济 GDP 各地区占比情况。不同颜色表示不同洲的地区，然后不同洲下面再囊括不同的地区。这种图形布局的树图法可以使用 voronoiTreemap 包[2]绘制实现。

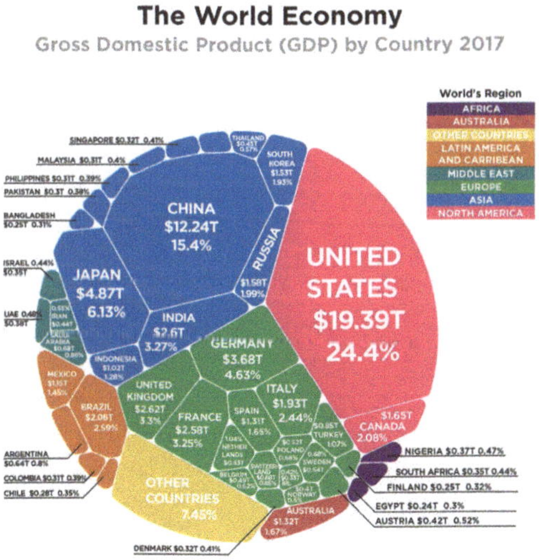

图 9-5-5 基于 Voronoi 树图法生成的 2017 年世界经济 GDP 各地区占比结构可视化

1 图片来源：http://lip.sourceforge.net/ctreemap.html

2 voronoiTreemap 包的 Github 网站：https://github.com/uRosConf/voronoiTreemap

第 10 章

网络关系型图表

网络（network）数据是指那些不具备层次结构的关系数据。与层次关系型数据不同，网络关系型数据并不具备自底向上或者自顶向下的层次结构，表达的数据关系更加自由和复杂。网络数据通常用图（graph）结构表示，其由节点（nodes）集合 V（Vertices）和链接的边集合 E（Edge）组成。在图结构中，常将节点称为顶点，边是顶点的有序偶对，若两个顶点之间存在一条边，就表示这两个顶点具有邻近关系，其中，每条边 $e_{xy}=(x, y)$连接图的两个顶点 x，y。如图 10-0-1 展示了不同类型的网络关系型图表。根据数据类型，网络关系主要包括 4 种类型：

（1）有向且有权重的网络关系，比如一个国家迁移到另一个国家的人口数据，如图 10-1-1 所示。

（2）无向且无权重的网络关系，比如文章共同作者之间的合作关系数据，如图 10-1-3 所示。

（3）无向但有权重的网络关系，比如一个学校的同学之间的关系紧密程度，其中两个人之间的关系紧密程度可以用实际见面与网络聊天的日平均时长衡量。

（4）有向但无权重的网络关系，比如在生物医学试验中，某药物是否对某基因有响应作用。

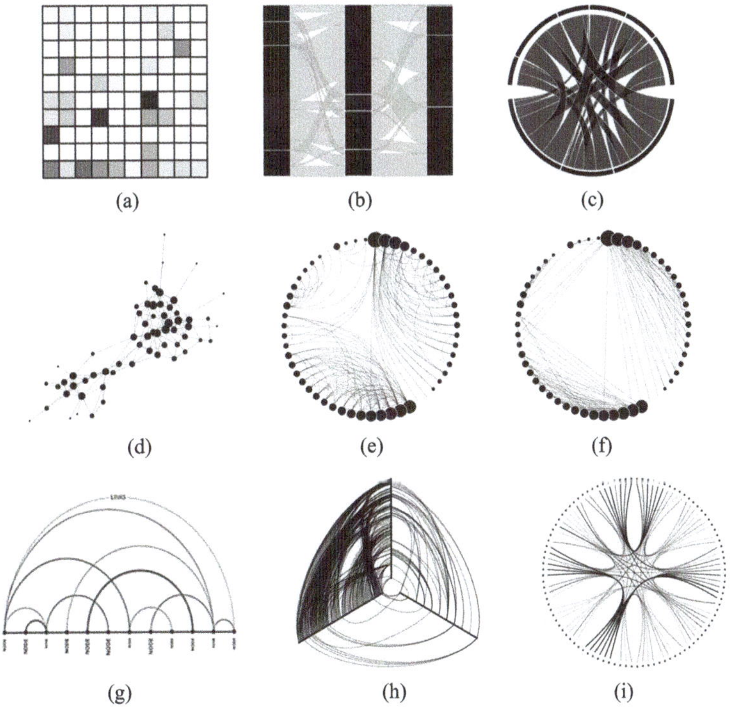

图 10-0-1　不同类型的网络关系型图表.

(a) 热力图 (b)桑基图 (b)和弦图 (d) 节点链接图 (e)曲线链接的径向布局节点链接图
(f)直线链接的径向布局节点链接图 (g)弧长链接图 (h)蜂箱图 (i)边绑定图

10.1 相邻矩阵图

相邻矩阵（adjacency matrix）是指代表 N 个节点之间关系的 $N\times N$ 的矩阵，矩阵内的位置(i,j)表示第 i 和 j 个节点之间的关系。对于无权重的关系网络，用零壹矩阵（binary matrix）表示两个节点之间是否存在关系；对于有权重的关系网络，相邻矩阵则用(i, j)位置上的数值表示其紧密关系程度；对于无向关系网络，相邻矩阵是一个对角线对称矩阵；对于有向关系网络，相邻矩阵不具对称性。相邻矩阵的对角线表达节点与自己的关系情况。

技能 绘制相邻矩阵的热力图 1

相邻矩阵可以用热力图表达，将数值矩阵的数值使用颜色表达。如图 10-1-1 展示了有权重的有向关系网络数据。该数据表示一个国家迁移到另一个国家的人口数据情况，其中行名表示迁移的出发国，列名表示迁移的抵达国。如图 10-1-2(a)是根据数据直接绘制的热力图；而图 10-1-2(b)是根据每行“TO”的总和进行降序处理得到的热力图。常规的排序方法是把网格数据的某一属性数值的大小作为排序指标。图 10-1-2(b)的具体代码如下所示。

```
library(RColorBrewer)
library(ggplot2)
library(reshape2)
df <- read.csv("AdjacencyDirectedWeighted.csv",header=TRUE,stringsAsFactors = FALSE)

df_sum<-apply(df[,2:ncol(df)],2,sum)
order<-sort(df_sum,index.return=TRUE,decreasing =FALSE)
df_melt <- melt(df,id.vars = 'Region')
colnames(df_melt)<-c("from","to","value")
df_melt$to<-gsub("\\.", " ",df_melt$to)

df_melt$to<-factor(df_melt$to,levels=df$Region[order$ix],order=TRUE)

ggplot(df_melt, aes(x = from, y = to, fill = value,label=value)) +
  geom_tile(colour="black") +
  scale_fill_gradientn(colors=brewer.pal(9,'YlGnBu'))+
  xlab('FROM')+
  ylab('TO')+
  coord_equal()+
  theme(
    axis.text.x = element_text(angle=90,hjust=1,colour='black'),
    axis.text.y = element_text(angle=0,hjust=1,colour='black')
  )
```

	Region	Africa	East.Asia	Europe	Latin.America	North.America	Oceania	South.Asia	South.East.Asia	Soviet.Union	West.Asia
1	Africa	3.142471	0.000000	2.107883	0.000000	0.540887	0.155988	0.000000	0.000000	0.000000	0.673004
2	East Asia	0.000000	1.630997	0.601265	0.000000	0.973060	0.333608	0.000000	0.380388	0.000000	0.869311
3	Europe	0.000000	0.000000	2.401476	0.000000	0.000000	0.000000	0.000000	0.000000	0.000000	0.000000
4	Latin America	0.000000	0.000000	1.762587	0.879198	3.627847	0.000000	0.000000	0.000000	0.000000	0.000000
5	North America	0.000000	0.000000	1.215929	0.276908	0.000000	0.000000	0.000000	0.000000	0.000000	0.000000
6	Oceania	0.000000	0.000000	0.170370	0.000000	0.000000	0.190706	0.000000	0.000000	0.000000	0.000000
7	South Asia	0.000000	0.525881	1.390272	0.000000	1.508008	0.347420	1.307907	0.000000	0.000000	4.902081
8	South East Asia	0.000000	0.145264	0.468762	0.000000	1.057904	0.278746	0.000000	0.781316	0.000000	0.000000
9	Soviet Union	0.000000	0.000000	0.609230	0.000000	0.000000	0.000000	0.000000	0.000000	1.870501	0.000000
10	West Asia	0.000000	0.000000	0.449623	0.000000	0.169274	0.000000	0.000000	0.000000	0.000000	0.927243

图 10-1-1　有权重的有向关系网络数据

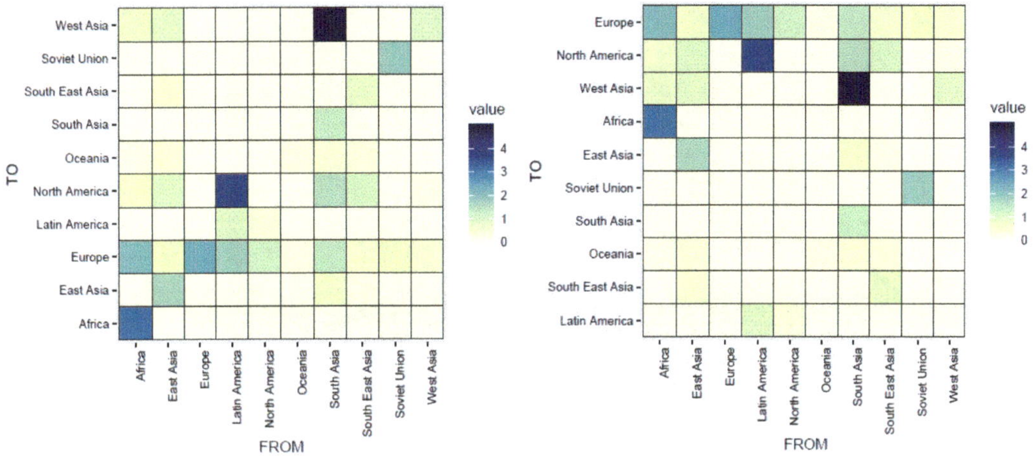

(a) 未排序　　(b) 已排序

图 10-1-2　有权重的有向关系相邻矩阵的热力图

在实际情况中，由于节点数目多，而两两节点之间不一定都存在关系，从而导致相邻矩阵一般都是稀疏的。因此需要对稀疏矩阵进行排序，将非零元素尽可能排到主对角线附近，使得矩阵中的数值尽量聚集到一起而主对角占优势，这样不仅可以减少矩阵计算的开销，而且还能更好地展示网络结构中的规律、增强可视化结果的可读性[68]。如图 10-1-3 所示为有向但无权重关系相邻矩阵的热力图。其为文章共同作者之间的合作关系数据。一篇文章可能有多个不同的作者，使用层次聚类方法，可以通过网络图表，很好地观察到不同的学术合作群体。

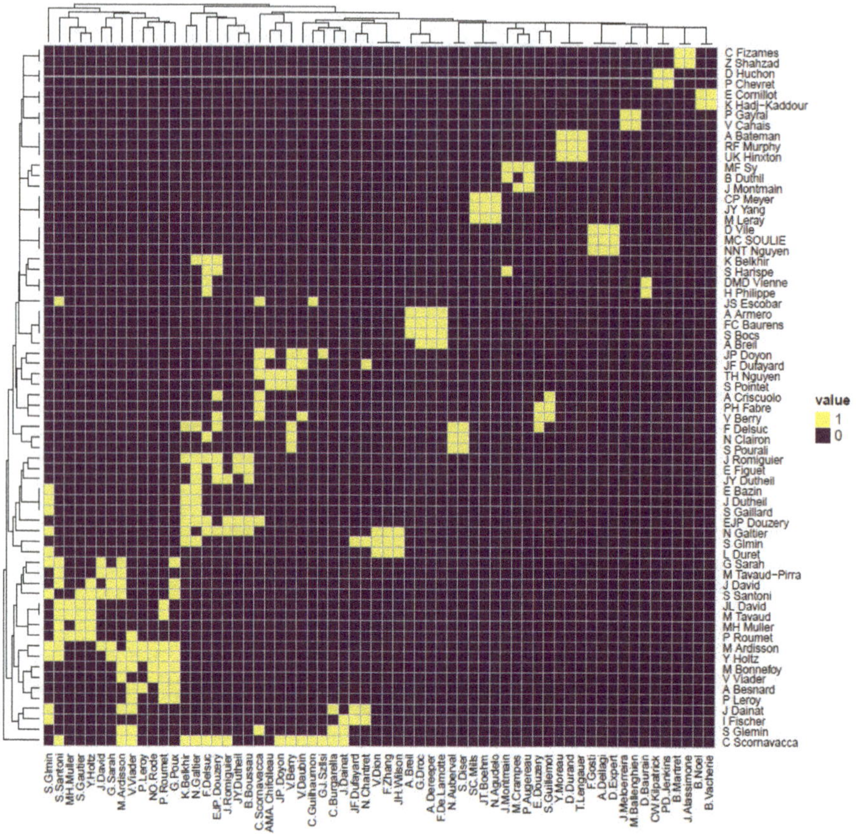

图 10-1-3　有向且无权重关系相邻矩阵的热力图

技能　绘制相邻矩阵的热力图 2

R 中 ComplexHeatmap 包的 Heatmap()函数可以绘制使用层次聚类算法的热力图，但是输入的数据类型为矩阵结构的数据。图 10-1-3 有向但无权重关系相邻矩阵的热力图具体代码如下所示：

```
library(ComplexHeatmap )
library(circlize)
df <-read.csv("AdjacencyUndirectedUnweighted.csv",row.names=1,header=TRUE,check.names = FALSE)

df <- df[which(rowSums(df,na.rm =TRUE)>=3), which(colSums(df,na.rm =TRUE)>=3)]
df[is.na(df)]<-0

col_fun <-colorRamp2(c(0,1), c("#440154","#FDE725"))
Heatmap(as.matrix(df), name = "mat", col = col_fun,
        cluster_columns = TRUE, show_row_dend = TRUE, rect_gp = gpar(col= "gray",lwd=0.05),
```

```
            column_names_side = "bottom",column_names_gp = gpar(fontsize = 8),
            row_names_side = "right", row_names_gp = gpar(fontsize = 8),
            heatmap_legend_param = list(
                at = c(0,1),
                labels = c(0,1),
                title = "value",
                legend_height = unit(4, "cm")))
```

10.2 和弦图

和弦图（chord diagram）可以显示不同实体之间的相互关系和彼此共享的一些共通之处，因此这种图表非常适合用来比较数据集或不同数据组之间的相似性。节点围绕着圆周分布，点与点之间以弧线或贝塞尔曲线彼此连接以显示其中关系，然后给每个连接分配数值（通过每个圆弧的大小比例表示）。此外，也可以用颜色将数据分成不同类别，有助于进行比较和区分，如图 10-2-1 所示。

和弦图的特点在于，它有助于我们看出数据之间的关系，适用于比较数据集或不同数据组之间的相似性。连接两个数据点的弧线可以以颜色、弧线与圆的接触面积大小为不同的维度，表达不同的数值。正因为和弦图能在表达大量复杂数据的同时，尽可能把这种复杂的关系可视化，所以和弦图被广泛应用于各个方面。和弦图的缺点是过于混乱，尤其是当要显示太多连接的时候。

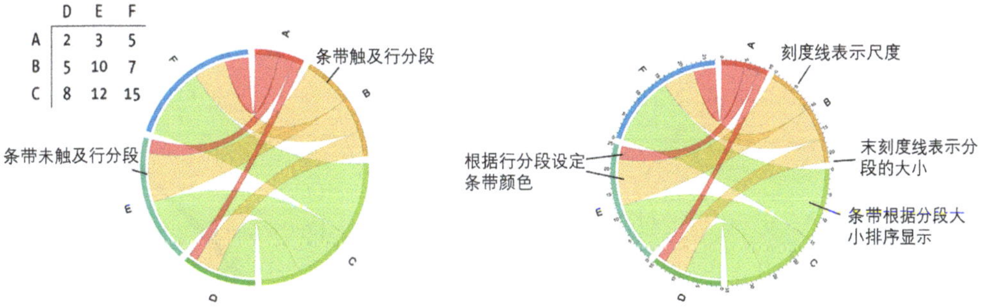

图 10-2-1 常见的和弦图：数据与图表的实现关系

为了区分和弦图在数据表达复杂程度上的不同，我们尝试把它分成几个等级，如图 10-2-2 所示[1]。

（1）入门级：在单纯的数据关系展示上，弧线的意义就在于表达两个数据之间存在一定的关系。弧线与圆的接触面积和颜色没有数值的意义，它可以指示简单的关系（A-B）、具有位置信息（A-C）或单向关系（A-D），如图 10-2-2 (a)所示。

1 有关和弦图更加详细的内容可以参考：http://circos.ca/presentations/articles/vis_tables1/?report=reader

（2）普通级：你也可以在弧线与圆的接触面积上赋予数值意义，表示两个数据之间的关系程度或者比例关系，如图 10-2-2(b)所示。

（3）高手级：当弧线根据相关数据着色时，我们会更容易发现数据间的关系。值得注意的一点是，弧线可以根据源数据或目标数据着色。同样是展示 A 与 B 的关系，但弧线的颜色可以由 A 决定（见图 10-2-2(c)），也可以由 B 决定（见图 10-2-2(d)）。

（4）殿堂级：有的弧线与表示比例关系的弧线非常相似，也是两端粗细不同，却是两个数据的集合表现。图 10-2-2(d)表现的是（A，B）的值为 2，（B，A）的值为 10，分别由两条粗细不一的弧线表示。图 10-2-2(e)将两个数值结合起来，根据弧线与圆接触面积的大小，表达不同的数值，C 则表达了两倍的数值。

（5）神话级：更进一步，我们可以通过设计弧线是否接触到圆来区分数据类别。图 10-2-2(f)中弧线与圆相触的为数据的行，相反则为列。

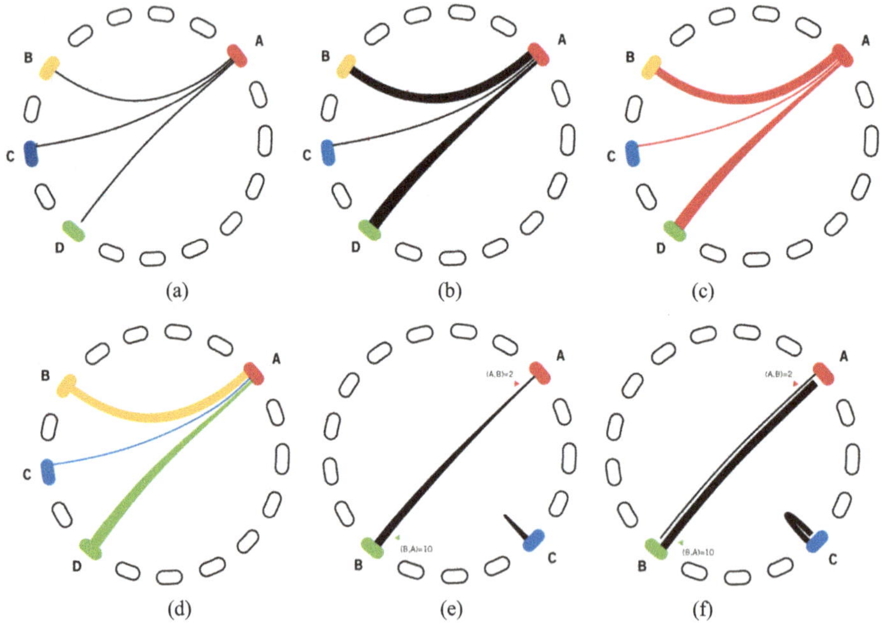

图 10-2-2　不同复杂程度的和弦图示意

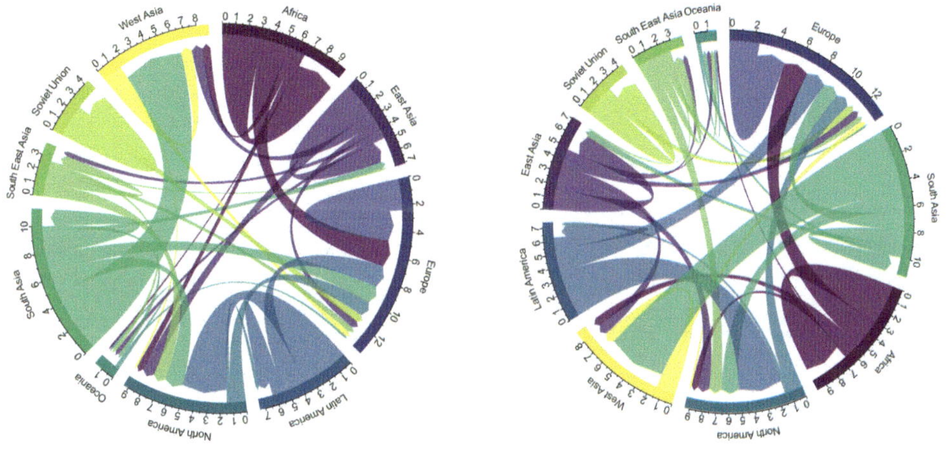

(a) 未排序　　　　(b) 已排序

图 10-2-3　和弦图

技能　绘制和弦图

R 中 circlize 包[1] [28]提供了 chordDiagram()函数可以绘制和弦图，该函数既可以使用数据框（data.frame）类型的数据，又可以使用矩阵（matrix）类型的数据。矩阵的数据结构如图 10-2-1 所示，矩阵中的数据 $M_{i,j}$ 表示变量 Y 第 i 个类别和变量 X 第 j 个类别的关系数值，比如两者的相似性。

图 10-2-3 展示了同样数据的不同展示的和弦图。图 10-2-3(a)是未排序的和弦图，先根据始发数据“from”和抵达数据“to”的总和按类别进行降序处理，然后在内部根据每个子始发数据“from”和子抵达数据“to”进行降序处理，最后根据排序后的数据绘制的和弦图如图 10-2-3(b)所示。图 10-2-3(b)的具体代码如下：

```
library(circlize)
library(viridis)
library(reshape2)
df <- read.csv("AdjacencyDirectedWeighted.csv", header=TRUE,stringsAsFactors = FALSE,check.names = FALSE)
df_melt<-melt(df,id.vars = 'Region')
colnames(df_melt)<-c('from','to','value')
df_melt$to<-as.character(df_melt$to)

#排序
df_sum<-apply(df[,2:ncol(df)],2,sum)+apply(df[,2:ncol(df)],1,sum)
order<-sort(df_sum,index.return=TRUE,decreasing =TRUE)
df_melt$from<-factor(df_melt$from,levels=df$Region[order$ix],order=TRUE)
```

1 circlize 包的教程: http://zuguang.de/circlize_book/book/

```
df_melt<-dplyr:: arrange (df_melt, from)

# 颜色主题方案
mycolor <- viridis(10, alpha = 1, begin = 0, end = 1, option = "D")
names(mycolor) <-df$Region

circos.clear()
circos.par(start.degree = 90, gap.degree = 4, track.margin = c(-0.1, 0.1), points.overflow.warning = FALSE)
par(mar = rep(0, 4))

chordDiagram(
  x = df_melt,
  grid.col = mycolor,
  transparency = 0.25,
  directional = 1,
  direction.type = c("arrows", "diffHeight"),
  diffHeight = -0.04,
  annotationTrack = "grid",
  annotationTrackHeight = c(0.05, 0.1),
  link.arr.type = "big.arrow",
  link.sort = TRUE,
  link.largest.ontop = TRUE)

# 添加数据标签和坐标轴
circos.trackPlotRegion(
  track.index = 1,
  bg.border = NA,
  panel.fun = function(x, y) {
    xlim = get.cell.meta.data("xlim")
    sector.index = get.cell.meta.data("sector.index")
    # 添加数据标签
    circos.text(
      x = mean(xlim),
      y = 3.2,
      labels = sector.index,
      facing = "bending",
      cex = 1
    )
    # 添加坐标轴
    circos.axis(
      h = "top",
      major.at = seq(from = 0, to = xlim[2], by = ifelse(test = xlim[2]>10, yes = 2, no = 1)),
      minor.ticks = 1,
```

```
        major.tick.percentage = 0.5,
        labels.niceFacing = FALSE)
    })
```

和弦图的故事

虽然和弦图的名字与几何学密切相关，但最初开始使用和弦图的却是生物学家[29]。面对纷繁复杂的基因组数据，生物学家巧妙地利用和弦图展示基因组之间的关系。这种类型的图表最先于 2007 年在《纽约时报》基因组的信息图表中出现（见图 10-2-4）。

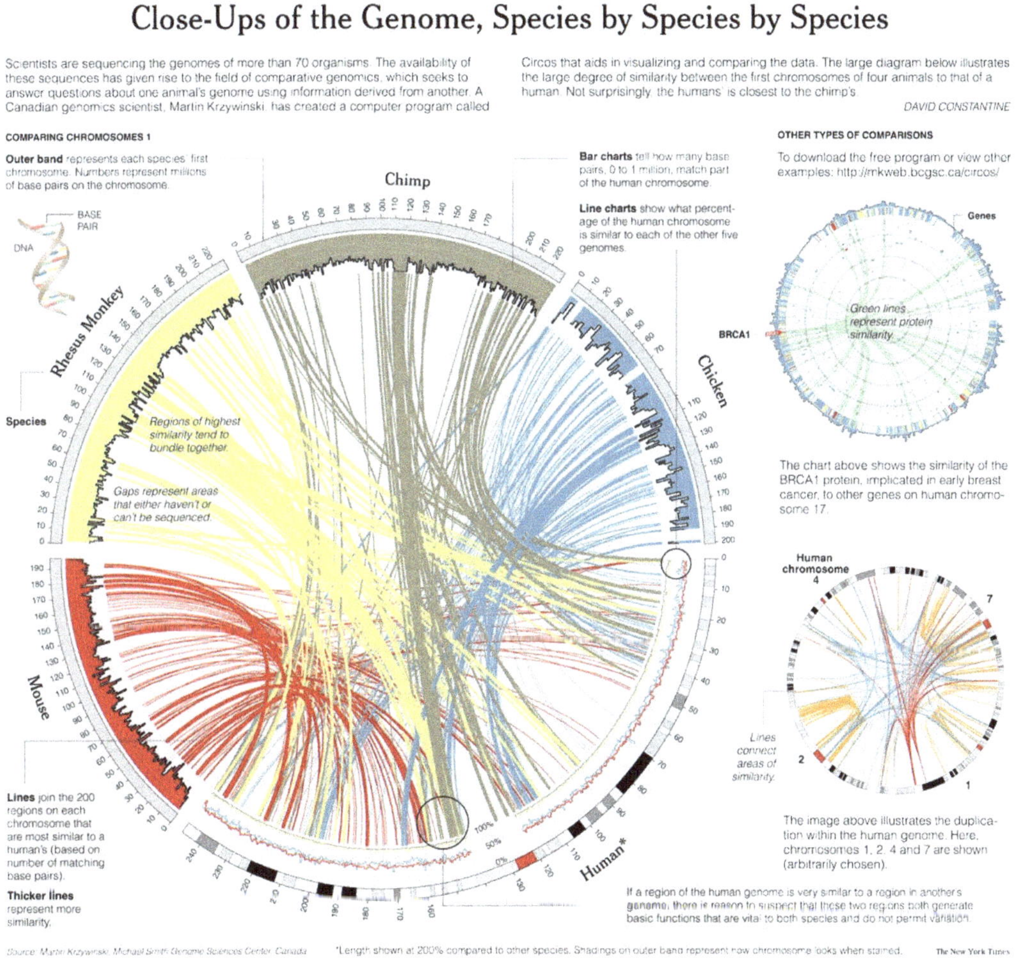

图 10-2-4 表达基因组间关系的和弦图[29]

和弦图的特点在于，它有助于我们看出数据之间的关系，适用于比较数据集或不同数据组之间的相似性（猴子、老鼠、猩猩、鸡与人的染色体实验就是发现不同数据组的相似性）。连接两个数据点的弧线可以以颜色、弧线与圆的接触面积大小为不同的维度，表达不同的数值。

10.3 桑基图

对于该图的称呼莫衷一是：有直接根据象形定名它为“决策树”（decision tree）；或者根据线段的层级流动称之为“流程图/作业图”（flow diagram）；还有一些图形网站称其为“冲击图”（alluvial diagram），但对其最准确的定义应当是：桑基图（Sankey diagram）。

桑基图的名称来源于爱尔兰船长。1898 年，爱尔兰船长马修·亨利·菲尼亚斯·里亚尔·桑基（Matthew Henry Phineas Riall Sankey）使用了这种类型的图表展示了蒸汽的能源效率。与此同时，这个图也以船长的名字命名为“桑基图”。在今天的数据可视化领域，桑基图有利于展现分类维度间的相关性，以流的形式呈现共享同一类别的元素数量。特别适合表达集群的发展，比如展示特定群体的人数分布等，通常应用于能源、材料成分、金融等数据的可视化分析。

如图 10-3-1 所示，桑基图主要由边、流量和支点组成，其中边代表了流动的数据，流量代表了流动数据的具体数值，节点代表了不同分类。桑基图最明显的特征如下。

（1）起始流量和结束流量相同，所有主支宽度的总和与所有分出去的分支宽度总和相等，保持能量的平衡；

（2）在内部，不同的线条代表了不同的流量分流情况，边的宽度与流量成比例地显示，边越宽，数值越大。

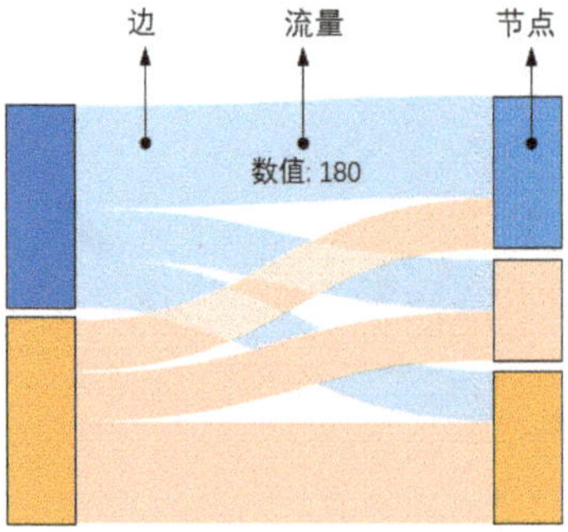

图 10-3-1　桑基示意图

所以，在使用桑基图的过程中，桑基图要保持能量的守恒。无论数据怎样流动，数据的总量从开始到结束都不能有任何变化，不能在中间过程创造出数据，流失（损耗）的数据应该流向表示损耗的支点（见图 10-3-2）。

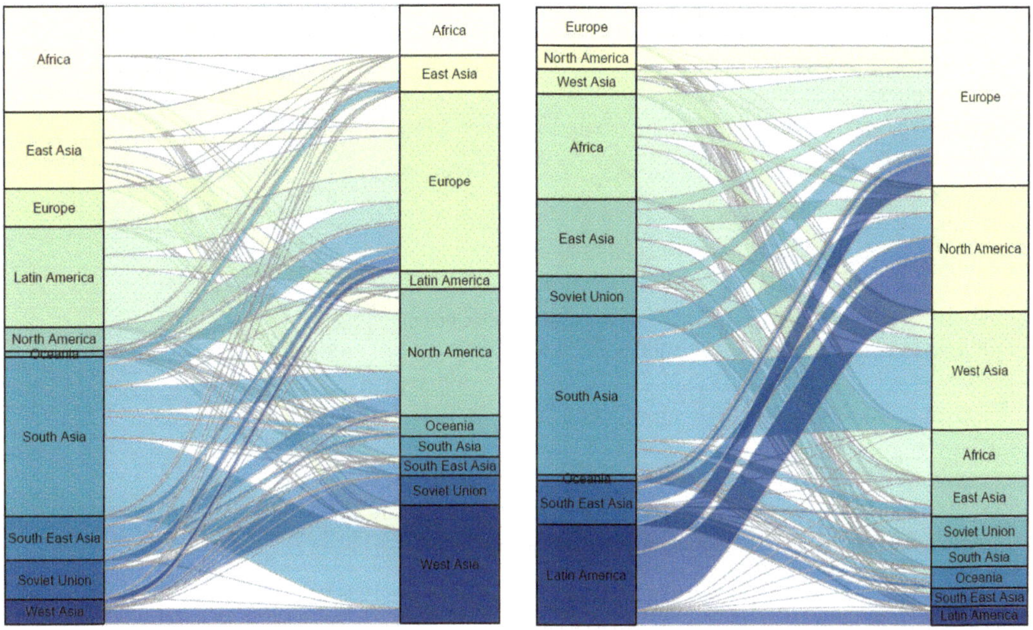

(a) 未排序　　　　　　(b) 已排序

图 10-3-2　不同类型的桑基图

技能　绘制桑基图

R 中的 ggalluvial 包[1]提供了 geom_flow()函数和 geom_stratu()函数，可以结合 ggplot2 包的 ggplot()函数绘制桑基图。其中，geom_stratu()函数控制节点的视觉通道映射设定，主要数值由 stratum 和 weight 决定；geom_flow()函数控制边的视觉通道映射设定，主要由 alluvium 和 weight 决定。

图 10-3-2(a)使用数据直接绘制的桑基图；而是根据抵达数据“to”的总和按类别作降序处理，然后根据排序后的数据绘制的桑基图如图 10-3-2(b)所示。图 10-3-2(b)的具体代码如下：

```
library(ggalluvial)
library(ggplot2)
library(viridis)
library(RColorBrewer)
```

1 ggalluvial 包的参考网址：http://corybrunson.github.io/ggalluvial/

```
library(reshape2)
df <- read.csv("AdjacencyDirectedWeighted.csv", header=TRUE,stringsAsFactors = FALSE,check.names = FALSE)

df_melt<-melt(df,id.vars = 'Region')
colnames(df_melt)<-c('from','to','weight')

df_melt$to<-as.character(df_melt$to)
df_melt$group<-seq(1,nrow(df_melt))
df_melt<-melt(df_melt,id.vars = c('weight','group'),value.name ='Region',factorsAsStrings=FALSE)

#排序处理
df_sum<-apply(df[,2:ncol(df)],2,sum)
order<-sort(df_sum,index.return=TRUE,decreasing =TRUE)

df_melt$Region<-factor(df_melt$Region,levels=df$Region[order$ix])
df_melt$variable<-factor(df_melt$variable,levels=c('from','to'))

mycolor <- colorRampPalette(brewer.pal(9,'YlGnBu'))(13)

ggplot(df_melt,
          aes(x = variable,y = weight, stratum = Region, alluvium = group, fill = Region, label = Region)) +
  geom_flow(alpha = 0.7,width=0.25,color = "darkgray") +
  geom_stratum(alpha =1,width=0.25) +
  geom_text(stat = "stratum", size = 3.5,angle=0) +
  scale_fill_manual(values= mycolor)+      #values=mycolor)+
  theme_test()+
  theme(legend.position = "none",
          axis.text.y =element_blank(),
          axis.line = element_blank(),
          axis.ticks =element_blank() )
```

桑基图的故事

最著名的桑基图是查尔斯·米纳德（Charles Minard）绘制的 1812 年拿破仑俄国战役地图。这张战役地图将一张桑基图叠加到一张地图上，是一张流程图与地图结合的图表（见图 10-3-3）。

桑基图中的土黄色部分描绘了拿破仑军队在欧洲的移动和数量变化情况，显示了在 1812 年 6 月，拿破仑带领了 42 万人入侵俄国。然而随着战争不断深入，军队人数一路减少，到了战败撤退时，只剩下 1 万人。这张最早的桑基图创建于 1869 年，但它那时候还不叫桑基图。

29 年后，到了 1898 年，爱尔兰船长马修·亨利·菲尼亚斯·里亚尔·桑基使用了这种类型的图表展示了蒸汽的能源效率。与此同时，这个图也以船长的名字命名为“桑基图”。

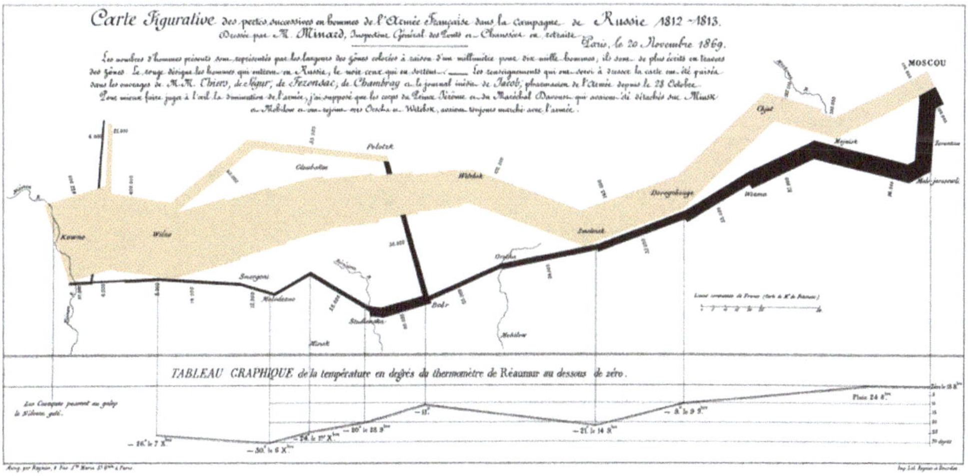

图 10-3-3　拿破仑俄国战役地图[1]

10.4　表示网络关系型数据的节点链接图

用节点表示对象，用线或边表示关系的节点链接布局（node-ling）是最自然的可视化布局。它容易被用户理解和接受，可以帮助人们快速建立事物与事物之间的联系，显式地表示事物之间的关系，因而是网络数据可视化的首要选择。如图 10-4-1 展示了不同算法的有向但无权重关系的节点链接图。其数据为如图 10-1-3 所示的文章共同作者之间的合作关系数据。在图 10-4-1 中，可以发现，节点链接图通过算法根据人家的紧密合作关系程度，将作者划分成不同的群体（communtiy）。群体里的人关系紧密，而不同群体之间的关系比较松散。群体分析也是网络数据可视化的一个主要目的。节点链接图的布局方法主要有力引导布局（force-directed layout）和基于距离的多维尺度分析（multidimensional scaling，MDS）布局等，其分别如图 10-4-1(a)和图 10-4-1(b)所示。

1 图片来源：https://en.wikipedia.org/wiki/Sankey_diagram#/media/File:Minard.png

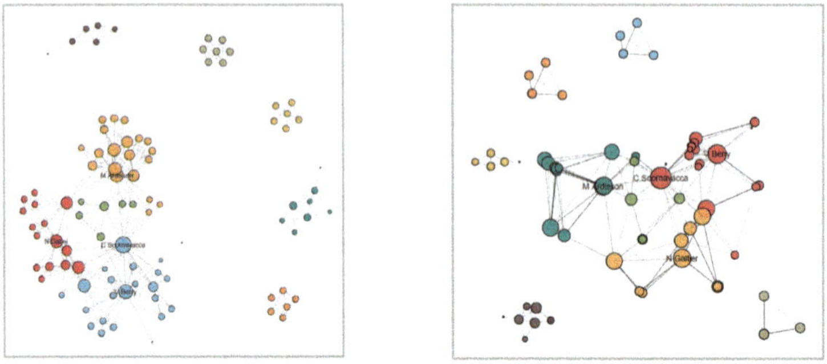

(a) Fruchterman-Reingold 算法的力导向布局　　(b) 多尺度分析布局

图 10-4-1　不同算法的有向但无权重关系的节点链接图

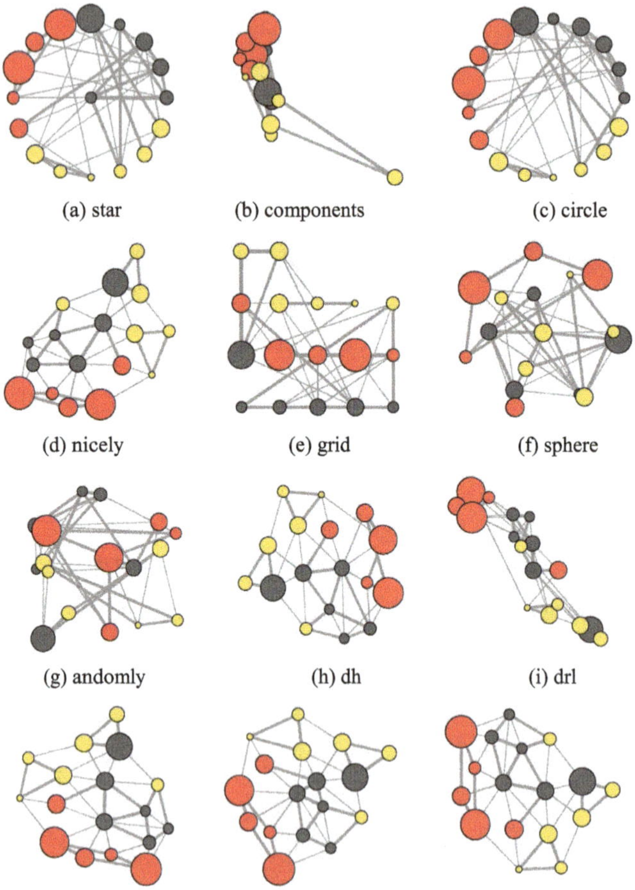

(a) star　　(b) components　　(c) circle

(d) nicely　　(e) grid　　(f) sphere

(g) andomly　　(h) dh　　(i) drl

(j) fr　　(k) gem　　(m) graphopt

图 10-4-2　不同布局的节点链接图

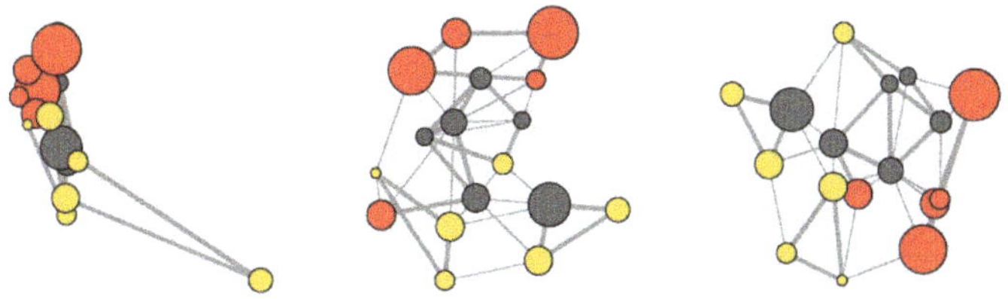

(l) kk　　(n) lgl　　(o) mds

图 10-4-2　不同布局的节点链接图[70]（续）

技能　节点链接图

R 中的 igraph 和 ggraph 包可以联合使用构造图结构的数据，从而实现图 10-4-1 所示的节点链接图。使用 igraph 包的 graph_from_data_frame(edges, directed = TRUE, vertices = NULL)函数构造图（graph）格式的数据，主要包括三个输入数据：（1）dges：格式为数据框，用来指定节点之间的链接关系；（2）directed：用于指定生成有向图（TRUE）还是无向图（FALSE），默认为 TRUE；（3）vertices：格式为数据框，用于指定节点属性。

根据 igraph 包生成的图格式数据，可以用 ggraph 包的 ggraph()函数及其设计对象函数绘制节点链接图，其主要的调控元素有三部分：（1）节点（nodes）：节点是层次关系数据结构中连接的节点，如 geom_node_point()；（2）链接（edges）：链接是层次关系数据结构中节点之间的连接线，如 geom_edge_link()；（3）布局（layout）[1]：布局定义了节点在图表中的放置方法，节点链接图的常用局部参数包括 fr（Fruchterman-Reingold 算法的力导向布局）、MDS（多尺度分析布局）、nicely（简单决策树 simpe decision tree）、GEM（GEM 算法的力导向布）等，如图 10-4-2 所示。图 10-4-1(a)的具体实现算法如下所示：

```
library(tidyverse)
library(igraph)
library(ggraph)
library(colormap)
library(wesanderson)
dataUU <-read.csv("AdjacencyUndirectedUnweighted.csv",header=TRUE,check.names = FALSE)

# 将稀疏矩阵转换成一维表（宽转长），从而获得节点的属性数据
connect <- dataUU %>%
  gather(key="to", value="value", -1) %>%
  mutate(to = gsub("\\.", " ",to)) %>%
  na.omit()
# 计算每个节点的链接总数
```

1 ggraph 包参数 layout 布局的教程：https://www.data-imaginist.com/2017/ggraph-introduction-layouts/

```
c( as.character(connect$from), as.character(connect$to)) %>%
  as.tibble() %>%
  group_by(value) %>%
  summarize(n=n()) -> vertices
colnames(vertices) <- c("name", "n")

# 构造图（graph）结构的数据
mygraph <- graph_from_data_frame( connect, vertices = vertices, directed = FALSE )

# 识别群体 community
com <- walktrap.community(mygraph)

#根据群体内部的节点总数和节点的属性数值，重新排序群体与节点的链接顺序
vertices <- vertices %>%
  mutate( group = com$membership) %>%
  mutate(group=as.numeric(factor(group,
                                 levels=sort(summary (as.factor(group)),index.return=TRUE,decreasing = T)$ix,
                                 order=TRUE)))%>%
  filter( group<10) %>%
  arrange(group,desc(n)) %>%
  mutate(name=factor(name, name))

#构造节点的属性数据
connect <- connect %>%
  filter(from %in% vertices$name) %>%
  filter(to %in% vertices$name) %>%
  left_join(vertices,by=c('from'='name'))

# 重新构造图（graph）结构的数据
mygraph <- graph_from_data_frame( connect, vertices = vertices, directed = FALSE )

mycolor <- wes_palette("Darjeeling1", max(vertices$group), type = "continuous")
mycolor <- sample(mycolor, length(mycolor))

ggraph(mygraph,layout='fr') +
  geom_edge_link(edge_colour="black", edge_alpha=0.2, edge_width=0.3) +
  geom_node_point(aes(size=n, fill=as.factor(group)), shape=21,color='black',alpha=0.9) +
  scale_size_continuous(range=c(0.5,10)) +
  scale_fill_manual(values=mycolor) +
  geom_node_text(aes(label=ifelse(n>20, as.character(name), "")), size=3, color="black") +
  expand_limits(x = c(-1.2, 1.2), y = c(-1.2, 1.2))+
  theme_minimal() +
  theme(
```

```
        legend.position="none",
        panel.grid = element_blank(),
        axis.line = element_blank(),
        axis.ticks =element_blank(),
        axis.text =element_blank(),
        axis.title = element_blank())
```

根据 OpenFlights.org 提供的全球 3275 个机场、37153 个航线数据，使用力导向布局方法可视化数据，可以得到如图 10-4-3 所示的节点链接图。图上每个节点表示机场，边表示航线。机场的经度数值映射到节点的颜色，而每个节点的链接总数映射到节点的大小（机场的航线越多，对应的节点越大）。

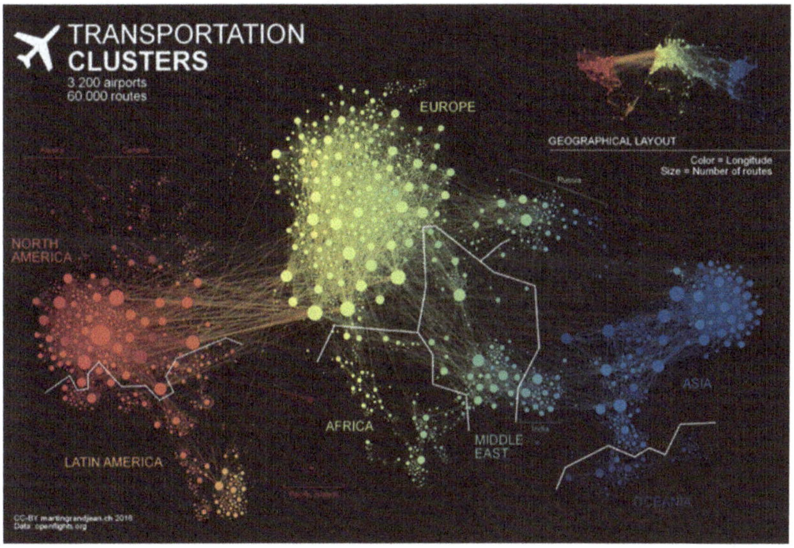

图 10-4-3　基于力导向布局的全球机场与航线的节点链接图

从图 10-4-3 中可以发现：印度飞往中东的航班要多于飞往南亚和东亚的航班。拉丁美洲的机场分别聚成两类：一类是与北美州紧密相连的中美洲，另一类是南美州。需要指出的是，亚洲和北美州之间的航线从图上不容易观察清晰，主要是因为亚洲与北美的中间隔了欧洲，被遮挡在了下面。

也可以将节点链接图使用径向布局的方法展示，如图 10-4-4 所示。其中节点都呈环状排列，节点直接可以使用直线或者曲线链接，分布如图 10-4-4(a)和图 10-4-4 (b)所示。或者使用也可以将节点都放置在某个线性轴上，使用圆弧链接两个节点，这种图表可称为弧长链接图（arc diagram），如图 10-4-5 所示。它们都属于一维布局的方法，虽然这样不能像二维布局那样表达网络图的全局结构，但是也可以清晰地展现数据结构。

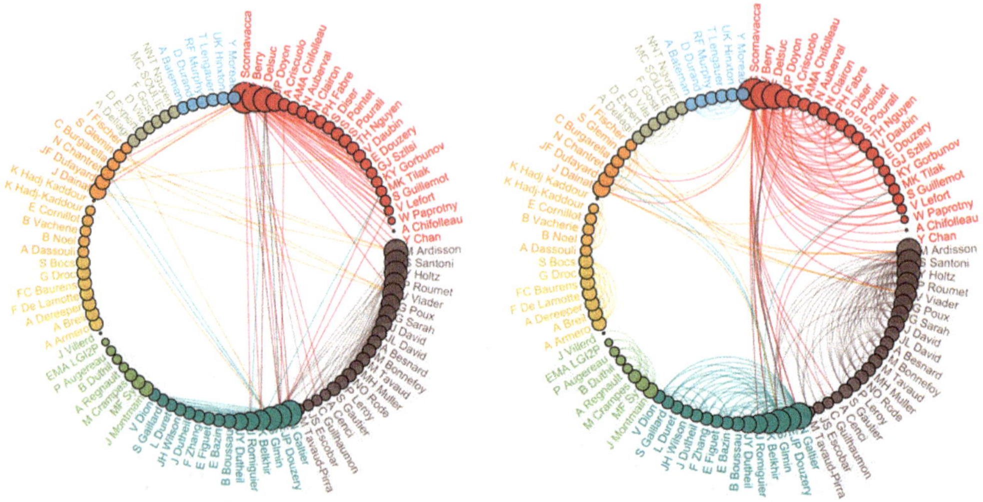

(a) 直线链接　　　　(b) 曲线链接

图 10-4-4　不同链接线的径向布局节点链接图

技能　绘制径向布局节点链接图

径向布局节点链接图的绘制只需要在图 10-4-1 二维布局的节点链接图基础上，先更改 ggraph()函数的 layout 参数为：layout = 'linear', circular = TRUE；再将链接线使用直线链接函数 geom_edge_link()或者曲线链接函数 geom_edge_arc()函数就可以实现图 10-4-4。但是需要注意的是，要设定每个节点的标签的角度（angle）。图 10-4-4(b)的具体代码如下所示：

```
#构造数据标签的放置角度
number_of_bar<-nrow(vertices)
vertices$id<-seq(1, nrow(vertices))
angle<- 360 * (vertices$id-0.5) /number_of_bar
vertices$hjust<-ifelse(angle>180, 1, 0)
vertices$angle<-ifelse(angle>180, 90-angle+180, 90-angle)

# 重新构造 graph 图结构的数据
mygraph <- graph_from_data_frame( connect, vertices = vertices, directed = FALSE )
mycolor <- wes_palette("Darjeeling1", max(vertices$group), type = "continuous")
ggraph(mygraph,layout = 'linear', circular = TRUE) +
  geom_edge_arc(aes(edge_colour=as.factor(group)), edge_alpha=0.5, edge_width=0.3) +
  geom_node_point(aes(size=n, fill=as.factor(group)), shape=21,color='black',alpha=0.9) +
  scale_size_continuous(range=c(0.5,10)) +
  scale_fill_manual(values=mycolor) +
  geom_node_text(aes(x = x*1.05, y=y*1.05, label=name, angle=angle,hjust=hjust,
                     color=as.factor(group)),size=3) +
```

```
    scale_color_manual(values=mycolor) +
    scale_edge_color_manual(values=mycolor) +
    expand_limits(x = c(-1.6, 1.6), y = c(-1.6, 1.6))+
    coord_fixed()+
    theme_minimal()
```

技能　绘制弧长链接图

弧长链接图只需要先更改 ggraph()函数的 layout 参数为：layout = 'linear', circular = FALSE；再将链接线使用曲线链接函数 geom_edge_arc()，实现弧线的连接，就可以绘制图 10-4-5，其具体代码如下所示。也可以使用 coord_flip()函数将弧长链接图垂直放置。

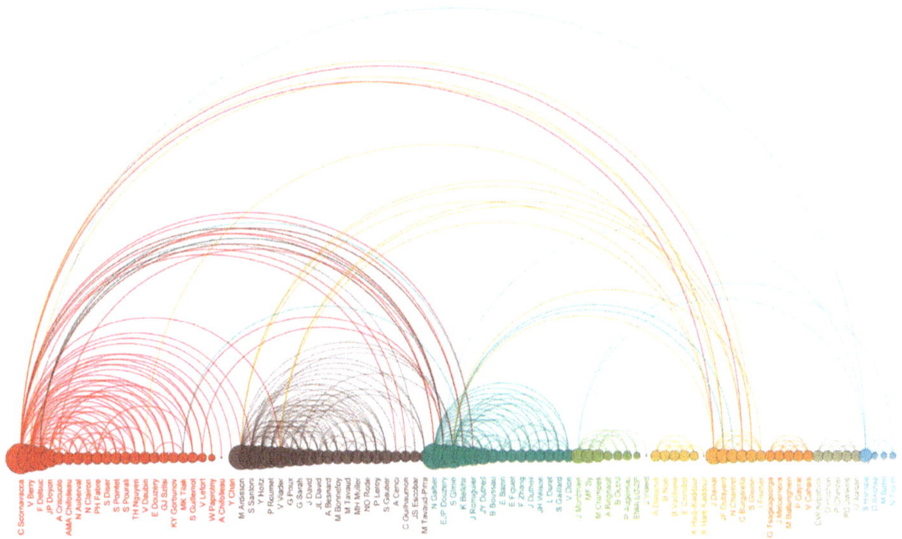

图 10-4-5　弧长链接图

```
ggraph(mygraph, layout="linear") +
  geom_edge_arc(aes(edge_colour=as.factor(group)), edge_alpha=0.5, edge_width=0.3, fold=TRUE) +
  geom_node_point(aes(size=n, fill=as.factor(group)), shape=21,color='black',alpha=0.9,stroke=0.1) +
  scale_size_continuous(range=c(0.5,10)) +
  scale_fill_manual(values=mycolor) +
  scale_edge_colour_manual(values=mycolor) +
  geom_node_text(aes(label=name,color=as.factor(group)), angle=90, hjust=1, nudge_y = -1.5, size=2) +
  scale_color_manual(values=mycolor) +
  expand_limits(x = c(-1.2, 1.2), y = c(-5.6, 1.2))+
  theme_minimal()
```

在图 10-4-4 所示径向布局节点链接图基础上，可以添加径向布局的热力图，这样可以更加全面地展示数据信息。

技能 径向布局的热力图与节点链接图的组合

可以使用 circlize 包[1]的 circos.rect()和 circlize_link()函数绘制径向布局的热力图与节点链接图的组合。其中，对于 circlize 包，使用 circos.track()函数构造每一层圆环的展示数据，在最外面的圆环层中，可以使用 circos.rect()函数绘制径向布局的热力图；最里面的圆环层，可以使用 circos.link()函数依次连接存在链接关系的两点；最后使用 ComplexHeatmap 包的 Legend()函数构造热力图相应的图例，如图 10-4-6 所示，其实现代码如下所示。

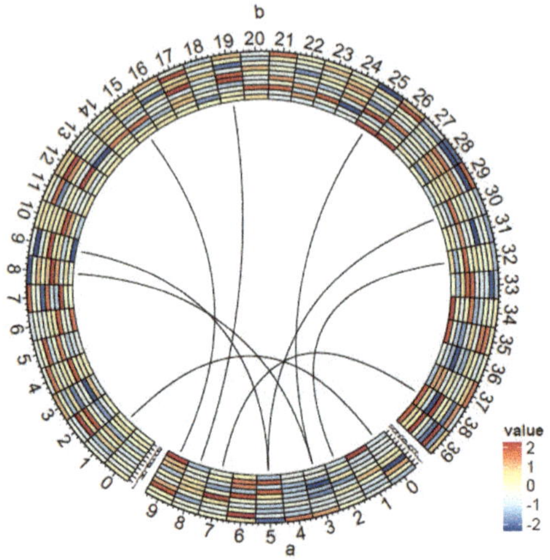

图 10-4-6 径向布局的热力图与节点链接图的组合

```
library(circlize)
library(ComplexHeatmap)
library(RColorBrewer)
col <- colorRamp2(seq(-2,2,length.out=7),rev(brewer.pal(n = 7, name = "RdYlBu")))
set.seed(1234)
data <- matrix(rnorm(100 * 10), nrow = 10, ncol = 50)
factors <- rep(letters[1:2], times = c(10, 40))
data_list <- list(a = data[, factors == "a"], b = data[, factors == "b"])
df_link<-data.frame(from=c(0,3,5,9,8,3,5,2,7),
                    to   =c(1,8,9,15,19,25,30,32,38))

circlize_plot = function() {
    circos.par(cell.padding = c(0, 0, 0, 0), gap.degree = 5)
```

1 circlize 包教程：https://jokergoo.github.io/circlize_book/book/

```
        circos.initialize(factors = factors, xlim = cbind(c(0, 0), table(factors)))
        circos.track(ylim = c(0, 10), bg.border = NA,
                     panel.fun = function(x, y) {
                       sector.index = get.cell.meta.data("sector.index")
                       d = data_list[[sector.index]]
                      col_data = col(d)
                      nr = nrow(d)
                      nc = ncol(d)
                      for (i in 1:nr) {
                       circos.rect(1:nc - 1, rep(nr - i, nc), 1:nc, rep(nr - i + 1, nc),
                                   border = 'black', col = col_data[i, ],size=0.1) }
                      circos.text(CELL_META$xcenter,   CELL_META$cell.ylim[1] + uy(25, "mm"),
                                  CELL_META$sector.index)
                      circos.axis(labels.cex = 1, major.at = seq(0.5, round(CELL_META$xlim[2])+0.5,1),
                                  labels=seq(0, round(CELL_META$xlim[2]),1))
                      circos.yaxis(labels.cex = 0.5,at = seq(0.5, round(CELL_META$ylim[2])+0.5,1),
                                   labels=letters[1:10])
                      })
    for (i in 1:nrow(df_link)){
      circos.link("a", df_link$from[i]+0.5, "b", df_link$to[i]+0.5, h = 0.8)
    }
    circos.clear()
    }

    lgd_links = Legend(at = c(-2, -1, 0, 1, 2), col_fun = col,
                       title_position = "topleft", title = "value")
    circlize_plot()
    w <- grobWidth(lgd_links)
    h <- grobHeight(lgd_links)
    vp <- viewport(x = unit(1, "npc") - unit(2, "mm"), y = unit(4, "mm"), width = w, height = h, just = c("right", "bottom"))
    pushViewport(vp)
    grid.draw(lgd_links)
```

10.5 蜂巢网络图

蜂巢（hive）网络图[71]是呈现网络图的新型方法，如图 10-5-1 所示。网络图的节点被放在辐射状线轴上，而网络图的边被绘制为每条辐射状线轴上节点与节点间的连接[1]。蜂巢网络图简单易懂，解决了当节点数和节点链接庞大时，经典节点链接图乱糟糟的视觉混乱感。

---

1 蜂巢（hive）网络图的官网：http://www.hiveplot.net/

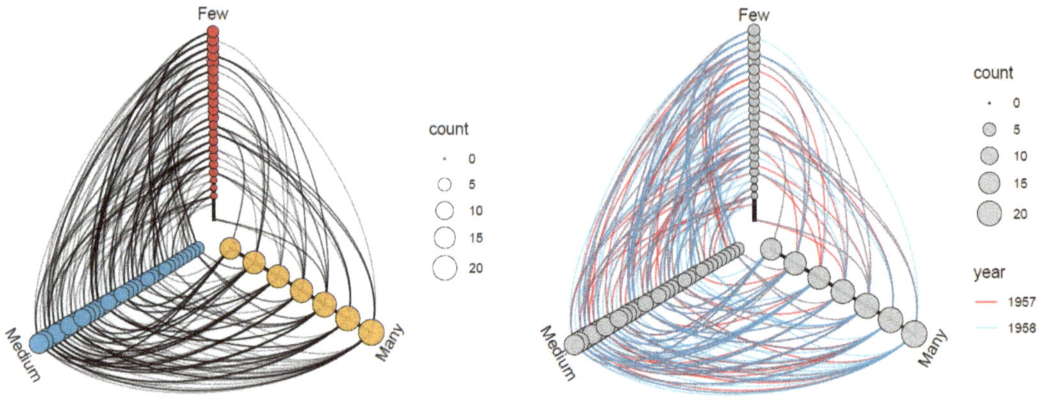

(a) (b)

图 10-5-1　蜂巢网络图

技能　绘制蜂巢网络图

蜂巢网络图可以使用 ggraph 和 igraph 包联合使用实现，只需要将 ggraph()函数的参数 layout 设定为 hive。图 10-5-1(a)的具体代码如下所示：

```
library(ggraph)
library(igraph)
library(wesanderson)

graph <- graph_from_data_frame(highschool)

V(graph)$friends <- degree(graph, mode = 'in')
V(graph)$friends <- ifelse(V(graph)$friends < 5, 'Few', ifelse(V(graph)$friends >= 15, 'Many', 'Medium'))
V(graph)$count <- degree(graph, mode = 'in')

mycolor <- wes_palette("Darjeeling1", length(unique((V(graph)$friends))), type = "continuous")

ggraph(graph, 'hive', axis = 'friends',sort.by ='count') +
   geom_edge_hive(colour = 'black', edge_alpha = 0.3) +
   geom_axis_hive(color='black', size = 1, label = TRUE) +
   geom_node_point(aes(size=count,fill=friends), shape=21,colour = 'black',stroke=0.2, alpha = 0.95)+
   scale_size_continuous(range=c(0.5,8)) +
   scale_fill_manual(values=mycolor)+
   guides(fill='none')+
   coord_fixed()+
   theme_minimal()
```

蜂巢网络图的一个变体是一个圆形组合堆叠条形图，如图 10-5-2 所示。其中，三个轴中的每一个都支持两个条形图（在任何一边），带状连接同一类别的两个区间。该图为基因拼接（genomic assembly）的质量评估提供了一个直观的可视化方法。

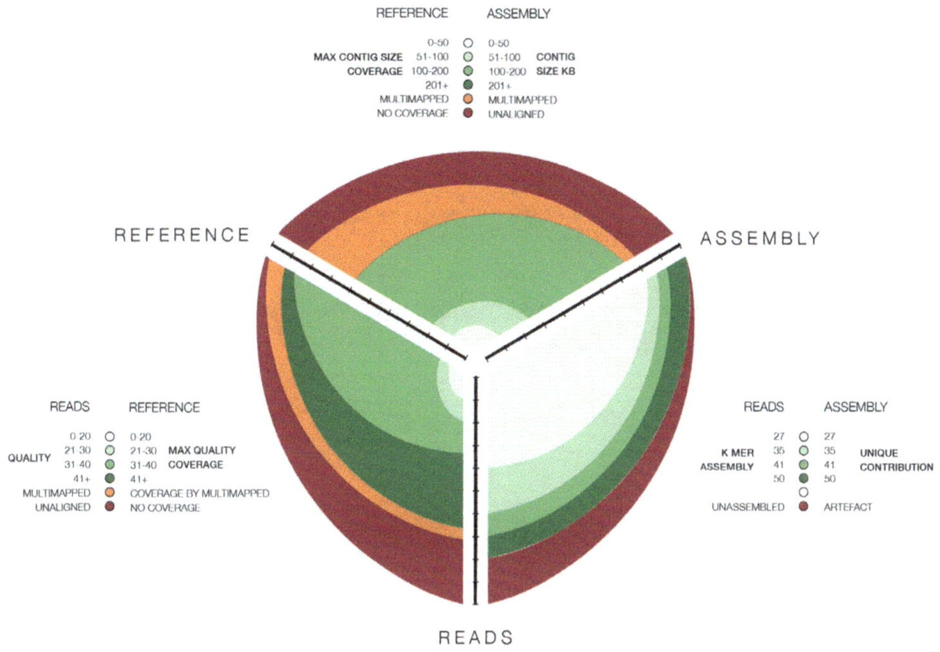

图 10-5-2　变体的蜂巢网络图[1]

10.6　边绑定图

边绑定（edge bundling），就是针对节点链接图中因关系过多造成的链接线相互交错与重叠，导致难以看清的情况，而设计的一种数据可视化压缩算法。其核心思想就是在保持信息量（即不减少边和节点总数）的情况下，将图上互相靠近的边捆绑成束，从而达到去繁就简的效果，如图 10-6-1 所示。图 10-6-1 边绑定图是在图 9-1-1(b) 排序后的节点链接图数据的基础上，增加不同节点之间的链接关系。其中，相同颜色的节点表示同组类别的数据点。

---

1 图片来源：http://www.hiveplot.net/img/assembly-quality.png

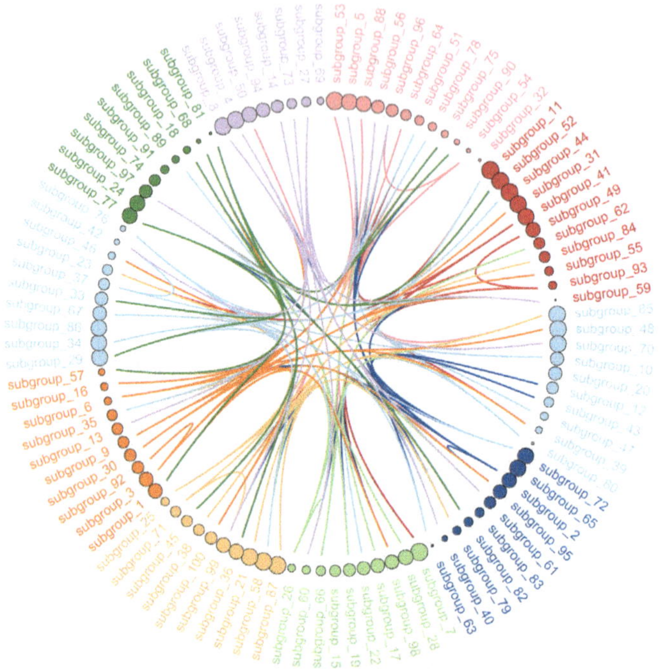

图 10-6-1　边绑定图

技能　绘制边绑定图

边绑定图是在径向布局节点链接图的基础上，增加叶节点之间的链接数据。如图 10-6-1 所示的边绑定图，先根据层次数据信息 edges（层次链接数据）和 vertices（节点属性数据）生成的图结构数据 graph；再将叶节点之间的链接关系数据 connect 和结构数据 graph，使用 match()函数进行匹配筛选得到 from 和 to 两个链接数据信息；然后使用边绑定函数 geom_conn_bundle()实现节点之间的边绑定可视化。图 10-6-1 边绑定图的具体实现代码如下所示：

```
library(ggraph)
library(igraph)
library(tidyverse)
library(RColorBrewer)
d1<-data.frame(from="origin", to=paste("group", seq(1,10), sep=""))
d2<-data.frame(from=sort(sample(rep(d1$to, each=100),100,replace=FALSE)),
               to=sample(paste("subgroup", seq(1,100), sep="_"),100,replace=FALSE))
d2<-d2 %>%
  mutate(order2=as.numeric(factor(from,
      levels=unique(from)[sort(summary (as.factor(from)),index.return=TRUE,decreasing = T)$ix], order=TRUE)))%>%
  arrange(order2)
```

```
edges<-rbind(d1[,1:2], d2[,1:2])

vertices_name<-unique(c(as.character(edges$from), as.character(edges$to)))
vertices_value <- runif(length(vertices_name))
names(vertices_value)<-vertices_name
d2<-d2%>%
  left_join(data.frame(name = vertices_name, value =vertices_value) ,by = c("to" = "name")) %>%
  arrange(order2,desc(value))
edges<-rbind(d1[,1:2], d2[,1:2])

list_unique<-unique(c(as.character(edges$from), as.character(edges$to)))
vertices = data.frame(name = list_unique, value = vertices_value[list_unique])
vertices$group <- edges$from[ match( vertices$name, edges$to ) ]

vertices$id<-NA
myleaves<-which(is.na( match(vertices$name, edges$from) ))
nleaves<-length(myleaves)
vertices$id[ myleaves ]<- seq(1:nleaves)
vertices$angle<-90 - 360 * vertices$id / nleaves
vertices$hjust<-ifelse( vertices$angle < -90, 1, 0)
vertices$angle<-ifelse(vertices$angle < -90, vertices$angle+180, vertices$angle)

mygraph <- graph_from_data_frame( edges, vertices=vertices )

# 构建节点之间的链接关系
all_leaves<-paste("subgroup", seq(1,100), sep="_")
connect <-rbind( data.frame( from=sample(all_leaves, 100, replace=T) , to=sample(all_leaves, 100, replace=T)),
     data.frame( from=sample(head(all_leaves), 30, replace=T) , to=sample( tail(all_leaves), 30, replace=T)),
     data.frame( from=sample(all_leaves[25:30], 30, replace=T) , to=sample( all_leaves[55:60], 30, replace=T)),
     data.frame( from=sample(all_leaves[75:80], 30, replace=T) , to=sample( all_leaves[55:60], 30, replace=T)) )

from<-match( connect$from, vertices$name)
to <- match( connect$to, vertices$name)

ggraph(mygraph, layout = 'dendrogram', circular = TRUE) +
  geom_node_point(aes(filter = leaf, x = x*1.07, y=y*1.07, fill=group, size=value), alpha=0.8,shape=21, stroke=0.2) +
  geom_conn_bundle(data = get_con(from = from, to = to), aes(edge_colour=group),
                   tension=1,alpha=0.3,   edge_width=0.5) +
  geom_node_text(aes(x = x*1.15, y=y*1.15, filter = leaf, label=name, angle = angle, hjust=hjust, colour=group),
                   size=3, alpha=1) +
  scale_size_continuous( range = c(0.1,5) ) +
  scale_colour_manual(values= rep( brewer.pal(9,"Paired") , 30)) +
  scale_edge_colour_manual(values= rep( brewer.pal(9,"Paired") , 30)) +
```

```
scale_fill_manual(values= rep( brewer.pal(9,"Paired") , 30)) +
expand_limits(x = c(-1.4, 1.4), y = c(-1.3, 1.3))+
coord_fixed()+
theme_minimal() +
theme(legend.position="none")
```

如图 10-6-2 所示关于啤酒评价的边绑定图，Shreyas 等人使用 Beer Advocate 评论数据集[1]，对不同的啤酒根据其评价（包括外观、口感与气味三个指标）进行分类处理，然后使用边绑定图展示了你喜欢的啤酒风格以及相似风格的啤酒[2]。

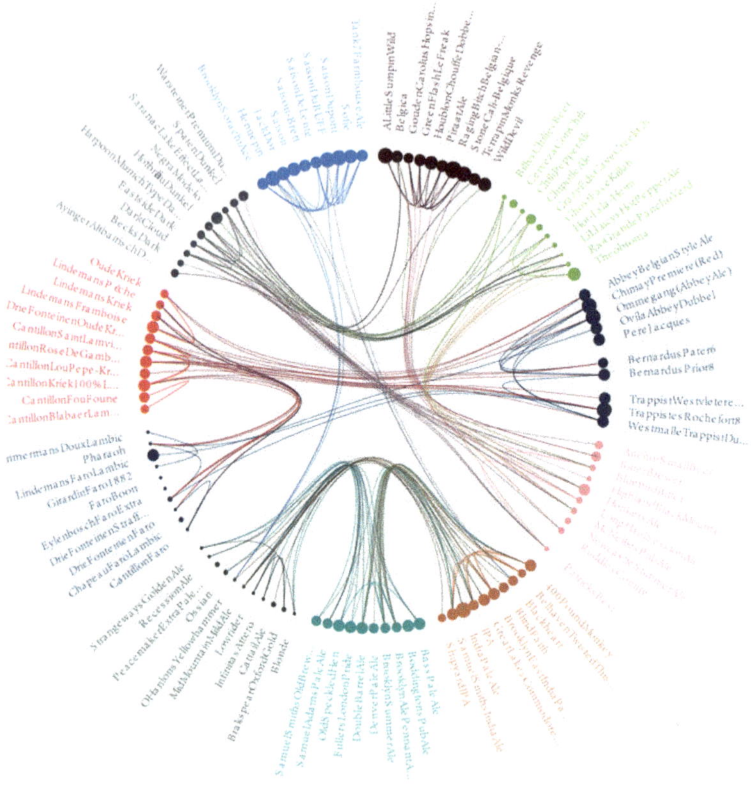

图 10-6-2　关于啤酒评价的边绑定图[3]

1 数据集：http://snap.stanford.edu/data/web-BeerAdvocate.html

2 BeerViz 项目的分析报告：http://seekshreyas.github.io/beerviz/resources/BeerViz_Report_Final.pdf

3 图片来源：http://seekshreyas.github.io/beerviz/

第 11 章

地理空间型图表

11.1 不同级别的地图

11.1.1 世界地图

我们在现实世界的数据经常包含地理位置信息，所以不可避免地需要涉及地理坐标系绘制地图。地理坐标系（geographic coordinate system, GCS）是使用三维球面来定义地球表面位置，以实现通过经纬度对地球表面点位引用的坐标系。一个地理坐标系包括角度测量单位、本初子午线和参考椭球体三部分。在球面系统中，水平线是等纬度线或纬线。垂直线是等经度线或经线。GCS 往往被误称为基准面，而基准面仅是 GCS 的一部分。GCS 包括角度测量单位、本初子午线和基准面（基于旋转椭球体）。可通过其经度和纬度值对点进行引用。经度和纬度是从地心到地球表面上某点的测量角。通常以度或百分度为单位来测量该角度。图 11-1-1 将地球显示为具有经度和纬度值的地球。

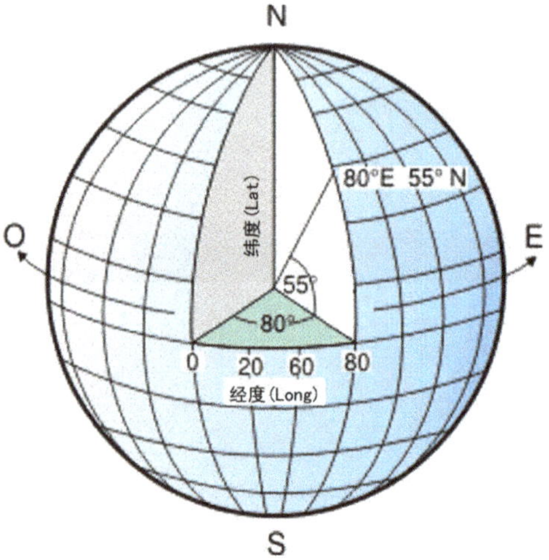

图 11-1-1 具有经度和纬度值的地球示意图

空间数据（spatial data）指定义在三维空间中，具有地理位置信息的数据。地图的投影是尤为重要的关键技术。地图信息可视化最基础的步骤就是地图投影，即将不可展开的曲面上的地理坐标信息转换到二维平面，等价于曲面参数化，其实质是在两个面之间建立一一映射的关系。每个地理坐标标识对象在地球上的位置，常用经度和纬度表示。其中，经度是距离南北走向的本初子午线以东或者以西的度数，通常使用者-180 和 180 分别表示西经和东经 180 度。纬度是指与地球球心的连线和地球赤道面所成的线面角，通常使用-90 和 90 分别表示南纬和北纬 90 度。无论是将地球视为球体还是旋转椭球体，都必须变换其三维曲面以创建平面地图图幅。此数学变换通常称作地图投影。理解地图投影如何改变空间属性的一种简便方法就是观察光穿过地球投射到表面（称为投影曲面）上的形状。

通过地图投影将地图变成二维坐标系中的坐标（x, y）的过程中必然会产生曲面的误差与变形。通常按照变形的方式来分析，这个转换过程要具备如下 3 个特性。

（1）等角度：投影面上任何点上两个微分线段组成的角度投影前后保持不变。角度和形状保持正确的投影，也称正形投影；

（2）等面积：地图上任何图形面积经主比例尺寸放大后，与实际相应图形面积大小保持不变；

（3）等距离：在标准的经纬线上无长度变形，即投影后任何点到投影所选中原点的距离保持不变。

现有的地图投影方法没有一种投影方法可以同时满足以上 3 个特性。一般按照两种标准进行分类：一是按投影的变形性质分类；二是按照投影的构成方式分类。

按照投影的变形性质可以分为以下几类：等角投影、等积投影、任意投影。其中，等距投影是一种任意投影。沿某一特定方向之距离，投影之后保持不变，即沿该特定方向长度之比等于 1。在实际应用中多把经线绘制成直线，并保持沿经线方向距离相等，面积和角度有些变形，多用于绘制交通图。通常是在沿经线方向上等距离，此时投影后经纬线正交。

根据投影的构成方式可以分为两类：几何投影和解析投影。几何投影是把椭球体面上的经纬网直接或附加某种条件投影到几何承影面上，然后将几何面展开为平面而得到的一类投影，包括方位投影、圆锥投影和圆柱投影。根据投影面与球面的位置关系的不同又可将其划分为正轴投影、横轴投影、斜轴投影。解析投影是不借助辅助几何面，直接用解析法得到经纬网的一种投影。主要包括伪方位投影、伪圆锥投影、伪圆柱投影、多圆锥投影。

在实际应用中，应该根据不同的需求选择最符合目标的投影方法，其中常用的 6 种投影方法如下所示[1]，前 3 种投影方法是最常用的（见图 11-1-2）。

1. 墨卡托投影

墨卡托投影又称正轴等角圆柱投影，由荷兰地图制图学家墨卡托（G.Mercator）于 1569 年发明。该方法用一个与地轴方向一致的圆柱切割地球，并按等角度条件，将地球的经纬网投影到圆柱面上，将圆柱面展开平面后即获得墨卡托投影后的地图。

在投影生成的二维视图中，经线是一组竖直的等距离平直线，纬线是一组垂直于经线的平行直线。相邻纬线之间的距离由赤道向两级增大。在投影中每个点上任何方向的长度比均相等，即没有角度变形，但是面积变形明显。在基准纬线（赤道）上的对象保持原始面积，随着离基准线越来越

1　参考：Richard A. Becker, and Allan R. Wilks, "Maps in S", AT\&T Bell Laboratories Statistics Research Report, 1991.

远而面积变大。

墨卡托投影是目前应用最广泛的地图投影方法之一，由于具备等角度特性，墨卡托投影常用于航海图、航空图和导航图，比如现在绝大多数的在线地图服务，包括谷歌地图、百度地图等。循着墨卡托投影图上的起点和终点间的连线方向一直导航就可以到达目的地。

最初设计该投影的目的是为了精确显示罗盘方位，为海上航行提供保障，此投影的另一功能是能够精确而清晰地定义所有局部形状。许多 Web 制图站点都使用基于球体的墨卡托投影。球体半径等于 WGS 1984 长半轴的长度，即 6378137.0 米。有两种用于模拟 Web 服务所用墨卡托投影的方法。如果墨卡托投影支持椭球体（椭圆体），则投影坐标系必须以基于球体的地理坐标系为基础。这要求必须使用球体方程。墨卡托投影辅助球体的实现仅具有球体方程。此外，如果地理坐标系是基于椭圆体的，它还具有一个投影参数，用于标识球体半径所使用的内容。默认值为零（0）时，将使用长半轴。标准海上航线图（方向）\其他定向用途：航空旅行、风向、洋流\等角世界地图。此投影的等角属性最适合用于赤道附近地区，例如，印尼和太平洋部分地区。

2. 阿伯斯投影

阿伯斯投影又称正轴等积割圆锥投影，是由德国人阿伯斯（A.C.Albers)于 1805 年提出的一种保持面积不变的正轴等面积割圆锥投影。为了保持投影后面积不变，在投影时将经纬线长度做了相应的比例变化。具体的方法是：首先使用圆锥投影与地球球面相割于两条纬线上，然后按照等面积条件将地球的经纬网投影到圆锥面上，将圆锥面展开就得到了阿伯斯投影。阿伯斯投影具备等面积特性，但是不具备等角度特性。

由于等面积特性，阿伯斯投影被广泛应用于着重表现国家或地区面积的地图的绘制，特别适用于东西跨度较大的中低纬度地区，因为这些地区的变形相对较小，比如中国和美国。在使用阿伯斯投影绘制中国地图时，起始的纬度是 0 度或 10 度；中央经线是 105 度或 110 度，第一标准纬线是 25 度，第二标准纬线是 45 度或者 47 度。

3. 方位角投影

方位角投影（Azimuthal Projection）属于等距投影的一种。地图上任何一点沿着经度线到投影中原点的距离保持不变。正因为如此，它也被用于导航地图。以选中的点作为原点生成的方位角投影能非常准确地表示地图上任何位置到该点的距离。这种投影方法也常常被用于表示被地震影响情况的地图，震中被设定为原点可以准确地表示受地震影响的地区范围。

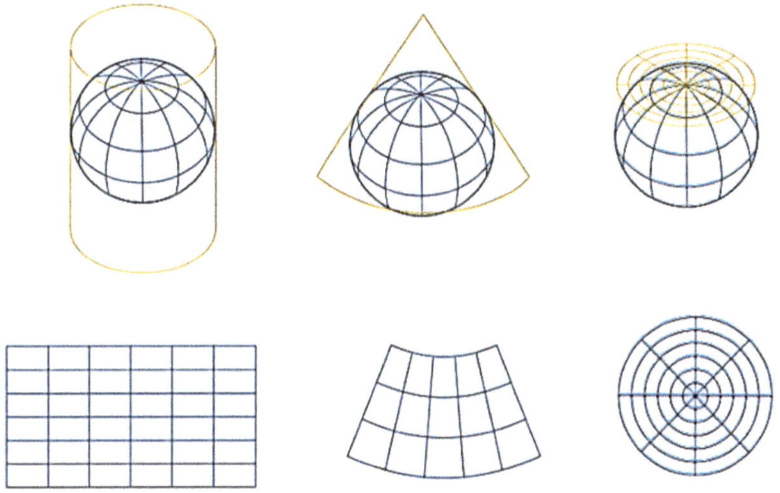

(a) 墨卡托投影　(b) 阿伯斯投影　(c) 方位角投影

图 11-1-2　最常用的 3 种投影方法

4. 等距圆柱/球面投影

等距圆柱/球面投影（spherical or equirectangular projection）是一种简单的投影方法，也称为简化圆柱投影、等距圆柱投影、矩形投影或普通圆柱投影（如果标准纬线是赤道）。此投影非常易于构造，将经线映射为恒定间距的垂直线，将纬线映射为恒定间距的水平线，因为它可以形成等矩形网格。这种投影方法映射关系简单，但它既不是等面积的，也不是等角的，会造成相当大的失真。由于计算简单，在过去得到了较广泛的使用。在此投影中，极点区域的比例和面积变形程度低于墨卡托投影。此等距圆柱投影将地球转换为笛卡儿网格。各矩形网格单元具有相同的大小、形状和面积，所有经纬网格以 90 度相交。中央纬线可以是任何线，网格将变为矩形。在此投影方法中，各极点被表示为通过网格顶部和底部的直线。最适合城市地图或其他面积小的地区，地图比例尺可足够大以降低明显变形。用于以最少的地理数据简单绘制世界或地区地图。因此，此投影方法适用于索引地图。

5. 正射投影

正射投影（orthographic projection）属于透视投影的一种，公元前 200 年由希腊学者希巴尔克斯（Hippakraus）所创，其原理系将视点置于地球以外无穷远，以透视地球，然后将球面上之经纬线投影于外切之平面上，一如从无穷处眺望地球，故又称直射投影。因投影面可切于球面上任意位置，故可分为正轴、横轴与斜轴法，当投影面与南极或北极相切时，为极正射投影（polar orthograhic projection）；当投影面与赤道相切时，为赤道正射投影（equarial orthographic projection）；当投影面切于两极与赤道以外任意位置时，为水平正射投影（horizontal orthographic projection）。

正射投影法从无穷远处观察地球，这样便可提供地球的三维图像。在投影界限附近，大小和面积的变形要比其他投影（垂直近侧透视投影除外）看上去都更真实。从无穷远处观察的平面透视投影。对于极方位投影，经线是从中心辐射的直线，而纬线则是作为同心圆投影，越靠近地球边缘越密集，只有一个半球能够不重叠显示。此投影多用于美观的展示图而不是技术应用。在这种情况下，它最常用的是斜轴投影法。

6. 兰勃特等积方位投影

兰勃特等积方位投影（Lambert 's equal-area meridional map projection）又称等面积方位投影，是方位投影的一种，因被德国数学家兰勃特（J.H.Lambert，1728—1777）于 1772 年提出而得名。在正轴投影中，纬线为同心圆，其间隔由极点向外逐渐缩短，经线是以极为中心向四周放射的直线。在横轴投影中，中央经线与赤道为直线且正交，其他经纬线为对称于中央经线与赤道的曲线。在斜轴投影中，中央经线为直线，其他经纬线为对称于中央经线的曲线。投影中心为无变形的点，离中心越远其角度与长度变形越大。图上面积与实地面积保持相等，由中心向任何点的方位角保持正确，常用于东、西半球图和分洲图。

平面投影即从地球仪上任意一点投影。这种投影可以包含以下所有投影方法：赤道投影、极方位投影和斜轴投影。此投影保留了各多边形的面积，同时也保留了中心的实际方向。变形的常规模式为径向。最适合按比例对称分割的单个地块（圆形或方形），数据范围必须少于一个半球。软件无法处理距中心点超过 90° 的任何区域。主要用于人口密度（面积）、行政边界（面积），以及能源、矿物、地质和筑造的海洋制图方向。此投影可处理较大区域，因此，它用于显示整个大陆和极点区域。赤道投影：非洲、东南亚、澳洲、加勒比海和中美洲。斜轴投影：北美洲、欧洲和亚洲。

要想绘制地图，必须先想办法获得地图的数据。绘制地图常用的数据信息有以下 3 种。

1. 地图包内置地图素材

常见的绘图软件，比如 R 语言、Matlab 等，一般会提供常见的地理空间绘图数据，比如世界地图等。比如 R 语言的 maps 包就提供了加拿大、法国、意大利、美国和其他地区的地理地图信息。

2. SHP 格式的地图数据素材

一般国家地理信息统计局和世界地理信息统计单位可以提供下载 SHP 格式的地图数据素材，然后使用绘图软件打开这些标准数据格式的 SHP 文件，就可以绘制相应的地图。SHP 文件包括了地图的边界线段的经纬坐标数据、行政单位的名称和面积等诸多信息。

3. JSON 格式的地图数据素材

JSON 格式的地图数据素材是一种新的但是越来越普遍的地理信息数据文件，它主要的优势在于它的地理信息储存在一个独一无二的文件中。但是这种格式的文件相对于分文本格式的文件，体积较大。我们只需要下载得到 JSON 格式的地图数据素材，然后使用绘图软件打开素材，就可以绘制相应的地图。

技能 世界地图的绘制

R 语言自带的 maps 包就提供了世界地图的绘图数据，只要添加语句：map_data("world")；当获得地图绘制数据后，使用 geom_map()函数就可以绘制分级统计世界地图，geom_path()函数可以绘制世界地图的各国边界信息。ggplot 包还提供了 coord_map()函数可以设置地图的投影方法，几乎包括了常见的十几种地图投影方法。如下代码可以展示不同投影方法的世界地图，绘图效果具体可见 EasyShu 博客。

```
library(maps)
library(ggplot2)
library(RColorBrewer)
colormap<-c(rev(brewer.pal(9,"Greens")[c(4,6)]), brewer.pal(9,"YlOrRd")[c(3,4,5,6,7,8,9)])
mydata<-read.csv("Country_Data.csv",stringsAsFactors=FALSE)
names(mydata)<-c("Country" ,"Scale") # mydata 为"Country" 和"Scale"的两列数据，"Country"对应国家名。
mydata$million<-mydata$Scale/1000000
mydata$fan<-cut(mydata$million,
                breaks=c(min(mydata$million,na.rm=TRUE),
                         0,300,600,900,1200,1500,1800,2100,2400,
                         max(mydata$million,na.rm=TRUE)),
                labels=c(" <=0","0~300","300~600","600~900","900~1200","1200~1500",
                         "1500~1800","1800~2100","2100~2400"," >=2400"),
                          order=TRUE)
world_map <- map_data("world")

ggplot()+
  geom_map(data=mydata,aes(map_id=Country,fill=fan),map=world_map)+
  geom_path(data=world_map,aes(x=long,y=lat,group=group),colour="black",size=.2)+
  coord_map("mercator",xlim=c(-180,180), ylim=c(-90, 90))+ #墨卡托投影
#coord_map("albers", parameters = c(0, 0))+   #阿伯斯投影
# coord_map("gilbert",orientation=c(90,0,0))+ #球面投影
# coord_cartesian()+ #方位角投影
# coord_map("ortho",orientation=c(0,30,0))+ #正射投影
# coord_map("azequalarea", orientation = c(0, 30, 0))+ #斜轴等面积投影
  scale_y_continuous(breaks=(-3:3)*30) +
  scale_x_continuous(breaks=(-6:6)*30) +
```

```
    scale_fill_manual(name="million dollars",values= colormap,na.value="grey75")+
    guides(fill=guide_legend(reverse=TRUE)) +
    theme_minimal()
```

11.1.2 国家地图

全国地理信息资源目录服务系统[1]提供了中国 1∶100 万基础地理数据，共 77 幅 1∶100 万图幅，含行政区（面）、行政境界点（领海基点）、行政境界（线）、水系（点、线、面）、公路、铁路（点、线）、居民地（点、面）、居民地地名（注记点）、自然地名（注记点）等 12 类地图要素层。

由于提供下载的是原始矢量数据，不是最终地图，其与符号化后的地图在可视化表达上存在一定的差异。因此，用户利用下载的地理信息数据编制地图的，应当严格执行《地图管理条例》有关规定；编制的地图如需向社会公开的，还应当依法履行地图审核程序。

技能 R 语言的地图数据

R 中 rgdal 包的 readOGR()函数，或 sf 包的 st_read()函数，可以读取 SHP 格式的文件。

按照数据存储格式，可以将地图的数据分为 SHP 和 JSON 格式，但是由于在 R 语言中使用 ggplot2 包作图，所支持的数据集对象大致又可分为如下两类，它们都可以由 SHP、JSON 数据文件转化而来（见图 11-1-3）。

- sp：SpatialPolygonDataFrame
- sf：Simple feature list column

所以，数据文件格式和空间数据集对象格式的关系可以表述为如下所示的内容。这两种格式的数据集所描述的信息差不多是一致的。

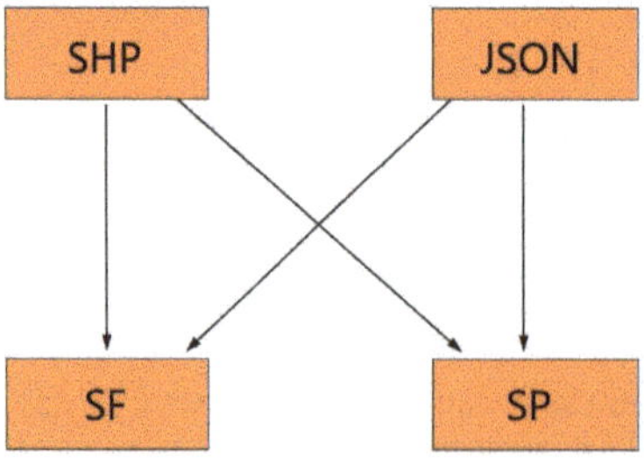

图 11-1-3 R 语言的地图数据格式

1 全国地理信息资源目录服务系统网址：http://www.webmap.cn/commres.do?method=result100W

SP 是 R 语言绘图中比较传统的数据格式，它将地理信息数据分割为两大块：描述层和映射层。可以使用 rgdal 包的 readOGR()函数读取数据。在数据存放时，描述层记录各个地理区域的名称、ID、编号、简写、iOS 编码，以及其他标识信息和度量变量，描述层是一个 dataframe，我们可以用 data@data 来提取描述层的数据框。而对应的几何映射层，是每一个行政区域的多边形边界点，这些边界点按照 order 排序，按照 group 分组。多边形边界点信息是一个多层嵌套的 list 结构，但我们仍然可以通过 fortity 函数将其转化为数据框。即 **SP 空间数据对象是一个 dataframe（数据描述层）和 polygons（几何映射层）两个对象的组合对象**。使用 rgdal::readOGR()函数读取虚拟地图的数据，得到的 SP 空间数据对象如图 11-1-4 所示，其数据类型为 SpatialPolygonsDataFrame。

```
01    dataProjected_sp<- rgdal::readOGR("Virtual_Map1.shp")
```

```
dataProjected_sp        Formal class SpatialPolygonsDataFrame
  ..@ data :'data.frame': 16 obs. of 3 variables:
  .. ..$ SP_ID : Factor w/ 16 levels "1","10","11",..: 1 9 10 11 12 13 14 15 16 2 ...
  .. ..$ country: Factor w/ 7 levels "EELIN","JACK",..: 6 2 1 3 4 7 6 6 6 6 ...
  .. ..$ id : chr [1:16] "0" "1" "2" "3" ...
  ..@ polygons :List of 16
  .. ..$ :Formal class 'Polygons' [package "sp"] with 5 slots
  .. .. .. ..@ Polygons :List of 1
  .. .. .. .. ..$ :Formal class 'Polygon' [package "sp"] with 5 slots
  .. .. .. .. .. .. ..@ labpt : num [1:2] 116.9 40.5
  .. .. .. .. .. .. ..@ area : num 205
  .. .. .. .. .. .. ..@ hole : logi FALSE
  .. .. .. .. .. .. ..@ ringDir: int 1
  .. .. .. .. .. .. ..@ coords : num [1:215, 1:2] 109 109 110 110 110 ...
  .. .. .. ..@ plotOrder: int 1
  .. .. .. ..@ labpt : num [1:2] 116.9 40.5
  .. .. .. ..@ ID : chr "0"
  .. .. .. ..@ area : num 205
  .. ..$ :Formal class 'Polygons' [package "sp"] with 5 slots
  .. .. .. ..@ Polygons :List of 1
  .. .. .. .. ..$ :Formal class 'Polygon' [package "sp"] with 5 slots
  .. .. .. .. .. .. ..@ labpt : num [1:2] 109 45.7
  .. .. .. .. .. .. ..@ area : num 36.3
  .. .. .. .. .. .. ..@ hole : logi FALSE
  .. .. .. .. .. .. ..@ ringDir: int 1
  .. .. .. .. .. .. ..@ coords : num [1:87, 1:2] 112 112 112 112 112 ...
  .. .. .. ..@ plotOrder: int 1
  .. .. .. ..@ labpt : num [1:2] 109 45.7
  .. .. .. ..@ ID : chr "1"
  .. .. .. ..@ area : num 36.3
  .. ..$ :Formal class 'Polygons' [package "sp"] with 5 slots
  .. .. .. ..@ Polygons :List of 1
  .. .. .. .. ..$ :Formal class 'Polygon' [package "sp"] with 5 slots
```

图 11-1-4　SP 空间数据对象示例

而 SF 对象将这种控件数据格式件进行了更加整齐的布局，使用 sf 包的 st_read()函数导入的空间数据对象完全是一个整齐的数据框（data.frame），拥有整齐的行列，这些行列中包含着数据描述和几何多边形的边界点信息。其中**最大的特点是，它将每一个行政区划所对应的几何边界点封装成了一个 list 对象的记录，这条记录就像其他普通的文本记录、数值记录一样，被排列在对应行政区划描述的单元格中。**

这样做的好处是，我们不必要自己做这种从描述层到几何映射层的对应关系的链接，因为对应关系本身就已经存在。然后如果是第一种 SP 格式，那么在用 ggplot2 包绘制地图的过程中，我们需要分离数据描述层和几何映射层，并为两者指定连接的 id（主键），如果算上你要将自己的业务数据和数据描述层合并这一动作，那么总共需要合并两次数据。（倘若描述层均没有对应的 id，你需要为其构造虚拟 id，将这一次合并算上的话，那么就需要三次合并）。然而在 SF 对象中我们仅需指定一次合并即可，即数据描述层和业务指标数据的合并。使用 sf::st_read()函数读取虚拟地图的数据，得到的 SF 空间数据对象如图 11-1-5 所示，其数据类型为 data.frame。sf 包还提供了 geom_sf()函数，可以直接使用 sf 空间结构数据绘制地图。

```
dataProjected_sf<- sf::st_read("Virtual_Map1.shp")
```

	SP_ID	country	geometry
1	1	PETER	list(c(109.3758766, 109.3338008, 109.5441795, 109...
2	2	JACK	list(c(111.9004208, 111.9004208, 111.858345, 111....
3	3	EELIN	list(c(115.4347826, 115.2244039, 115.0140253, 114...
4	4	JAY	list(c(121.1570828, 120.9467041, 120.7784011, 120...
5	5	JOHN	list(c(121.115007, 120.7363254, 120.3997195, 120....
6	6	RON	list(c(124.8176718, 124.6493689, 124.3548387, 124...
7	7	PETER	list(c(130.1612903, 130.2454418, 130.5399719, 130...
8	8	PETER	list(c(128.4361851, 128.6044881, 128.772791, 128....
9	9	PETER	list(c(128.0995793, 128.3099579, 128.5203366, 128...
10	10	PETER	list(c(122.082749, 122.3352034, 122.6718093, 122....

图 11-1-5　sf 空间数据对象示例

图 11-1-6 为使用 rgdal::readOGR()函数读取虚拟地图的数据，从而展示不同级别的虚拟地图。图 11-1-6 (a)为使用图 11-1-7(a)的 SP 格式数据，绘制的陆地岛屿虚拟地图；图 11-1-6 (b)为使用图 11-1-7(b)的 SP 格式数据，绘制的不同国家虚拟地图。

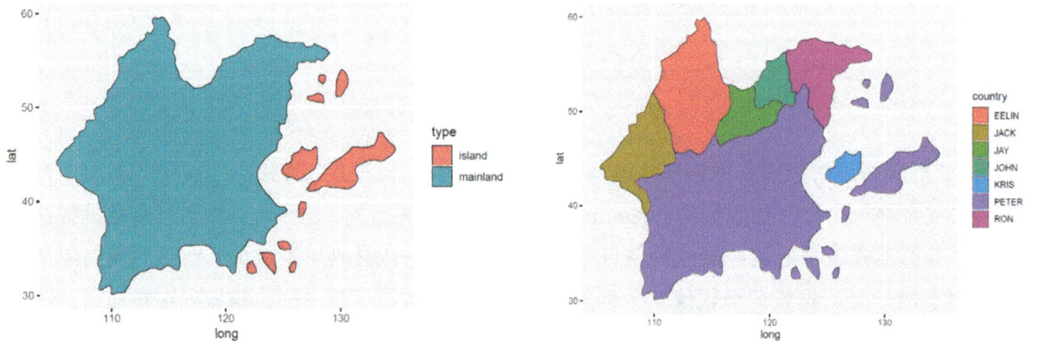

(a) 陆地岛屿　　(b) 国家

图 11-1-6　虚拟地图的绘制

Filter

	id	long	lat	order	hole	piece	group	SP_ID	type
1	0	124.7899	48.17308	1	FALSE	1	0.1	1	mainland
2	0	124.6494	48.43023	2	FALSE	1	0.1	1	mainland
3	0	124.7756	48.19767	3	FALSE	1	0.1	1	mainland
4	0	124.6914	47.96512	4	FALSE	1	0.1	1	mainland
5	0	124.6914	47.44186	5	FALSE	1	0.1	1	mainland
6	0	124.9439	47.03488	6	FALSE	1	0.1	1	mainland
7	0	124.9018	46.74419	7	FALSE	1	0.1	1	mainland
8	0	124.6494	46.51163	8	FALSE	1	0.1	1	mainland
9	0	124.5231	45.98837	9	FALSE	1	0.1	1	mainland
10	0	124.4811	45.52326	10	FALSE	1	0.1	1	mainland

(a) 陆地岛屿的边界信息

Filter

	id	long	lat	order	hole	piece	group	SP_ID	country
1	0	109.3759	38.89535	1	FALSE	1	0.1	1	PETER
2	0	109.3338	38.95349	2	FALSE	1	0.1	1	PETER
3	0	109.5442	39.36047	3	FALSE	1	0.1	1	PETER
4	0	109.7125	39.76744	4	FALSE	1	0.1	1	PETER
5	0	109.7125	40.29070	5	FALSE	1	0.1	1	PETER
6	0	109.5863	40.69767	6	FALSE	1	0.1	1	PETER
7	0	109.4600	41.16279	7	FALSE	1	0.1	1	PETER
8	0	109.2496	41.62791	8	FALSE	1	0.1	1	PETER
9	0	109.0393	41.86047	9	FALSE	1	0.1	1	PETER
10	0	108.7447	42.03488	10	FALSE	1	0.1	1	PETER

(b) 国家边界信息

图 11-1-7 虚拟地图的数据框信息

先使用 R 中 rgdal 包的 readOGR()函数读取 SHP 格式的文件，再使用 fortify()和 full_join()函数将数据转换成数据框的格式，如图 11-1-7 所示，最后可以使用多边形绘制函数 geom_polygon()绘制就可以实现。图 11-1-6(a)的实现代码如下所示。将数据变量 type（包括 mainland 和 island 两种类型）映射到多边形的颜色填充。

```
library(dplyr)
library(rgdal)   #提供 readOGR()函数
library(ggplot2)

dataProjected <- readOGR("Virtual_Map0.shp")
dataProjected@data$id <- rownames(dataProjected@data)
watershedPoints <- fortify(dataProjected)
df_map <- full_join(watershedPoints, dataProjected@data, by = "id")

ggplot()+
  geom_polygon(data=df_map, aes(x=long, y=lat, group=group,fill=type),colour="black",size=0.25)
```

图 11-1-6(b)的实现代码如下所示，将数据变量 country（包括 PETER、EELIN、JACK 等 5 个国家类别）映射到多边形的颜色填充。

```
dataProjected <- readOGR("Virtual_Map1.shp")
dataProjected@data$id <- rownames(dataProjected@data)
watershedPoints <- fortify(dataProjected)
watershedDF <- full_join(watershedPoints, dataProjected@data,by='id')
dataProjected@data$id <- rownames(dataProjected@data)
watershedPoints <- fortify(dataProjected)
df_map <- full_join(watershedPoints, dataProjected@data, by = "id")

ggplot()+
  geom_polygon(data=df_map, aes(x=long, y=lat, group=group,fill=country),colour="black",size=0.25)
```

在这里，顺便讲解一下 geom_polygon()和 geom_path()函数的应用原理，如图 11-1-8 和图 11-1-9 所示。geom_polygon()函数可以通过数据点的路径控制绘制任意形状的闭合区域；geom_path()函数可以通过数据点的路径控制绘制任意形状的曲线。使用 geom_polygon()函数的数据框的第一行和最后一行的数据是一样的，这样才能确保区域的闭合。

Index	Order	x	y
1	p_1	x_1	y_1
2	p_2	x_2	y_2
3	p_3	x_3	y_3
4	p_4	x_4	y_4
5	p_5	x_5	y_5
6	p_6	x_6	y_6
7	p_7	x_1	y_1

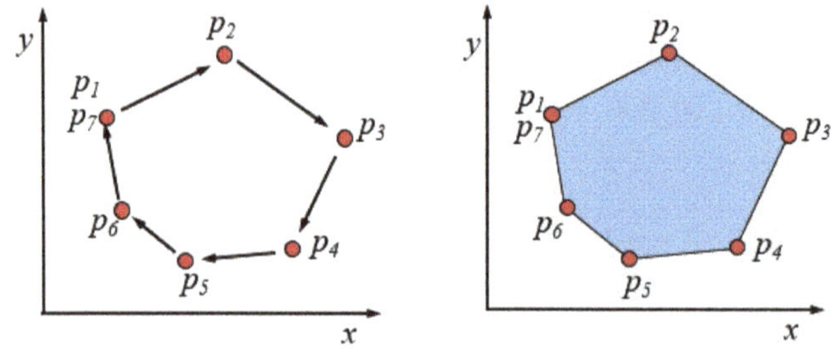

(a) 原始数据框　(b) 直角坐标系下的数据位置与指向　(c) 数据点的连接与区域的闭合

图 11-1-8　geom_polygon()函数的示意

Index	Order	x	y
1	p_1	x_1	y_1
2	p_2	x_2	y_2
3	p_3	x_3	y_3
4	p_4	x_4	y_4
5	p_5	x_5	y_5
6	p_6	x_6	y_6

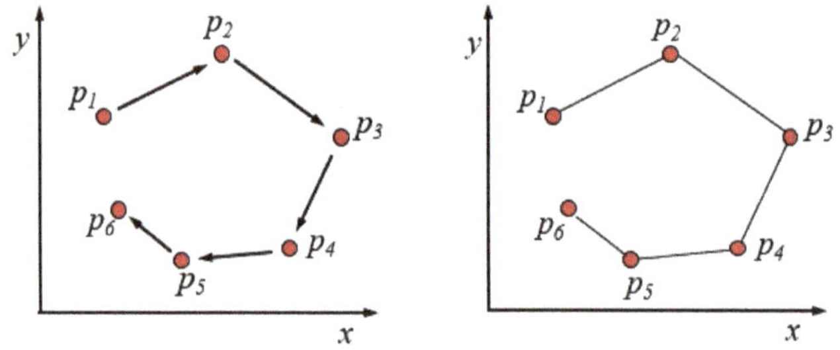

(a) 原始数据框　(b) 直角坐标系下的数据位置与指向　(c) 数据点的连接

图 11-1-9　geom_path()函数的示意

如果想添加比例尺与指北针，可以使用 ggspatial 包的 annotation_scale()和 annotation_north_arrow()函数添加这两个重要地图要素。

除了可以使用 R 中的 ggplot2 包展示地理空间数据，tmap 包也可以用于展示地理空间数据。tmap 除可以实现地理空间数据的读取、图像的保存与渲染等功能外，还可以添加比例尺和指北针。tmap 也是基于 Hadley Wickham 提出的图形语法开发的，语法的撰写与 ggplot2 类似，即通过参数控制图层的效果；但是里面的图表参数名字跟 ggplot2 不一样。所以对于新手，还需要一定的时间学习才能掌握 tmap 的绘图函数及其参数。但是 tmap 包绘制的图表基本都能用 ggplot2 包绘制实现，所以本节依旧以 ggplot2 包展示地理空间数据。

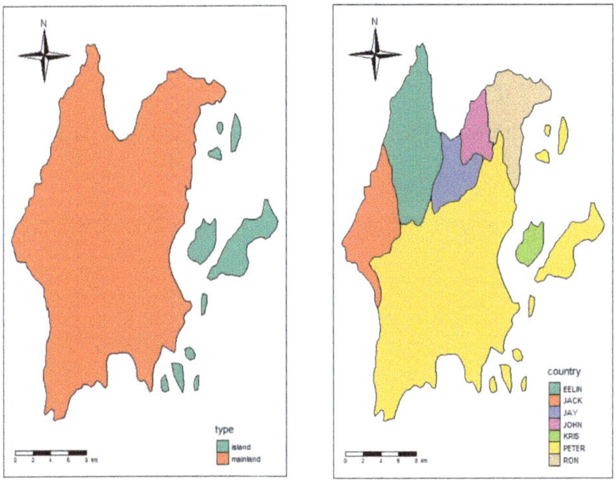

(a) 陆地岛屿　　　　(b) 国家

图 11-1-10　虚拟地图的绘制

使用 tmap 包绘制地图时默认地理空间数据为 WGS84 坐标系。如果 SHP 文件自带投影文件，则需要读取投影文件。图 11-1-10 是使用 tmap 包绘制的虚拟地图。图 11-1-10(b)的具体实现代码如下所示：

```
library(rgdal)     #提供 readOGR()函数
library(tmap)
df_map <- readOGR("Virtual_Map1.shp")
tm_shape(df_map) +
  tm_fill("country", palette="Set2") +
  tm_borders("black", lwd = 1) +
  tm_scale_bar(position=c("left", "bottom")) +
  tm_compass(type = "4star", position=c("left", "top")) +
  tm_layout(inner.margins=c(0.12,0.03,0.08,0.03))+
  tm_legend(position = c("right", "bottom"))
```

11.1.3　局部地图

有时候，我们要具体到地图更加细致的区域，包括街道信息等。这时可以借助百度地图，获取更加详细的地图信息。R 中的 baidumap 可以使用 getBaiduMap()函数下载百度局部地图，具体函数如下：

```
getBaiduMap(location, width = 400, height = 400, zoom = 10, scale = 2, color = "color", messaging = TRUE)
```

其中，location 包含经度和维度的向量或一个矩阵，或者可以是一个字符串表示地址；经纬度和地址将作为地图的中心点；width、height 为地图的宽和高；zoom 为地图的缩放比例，是一个整数，从 3（洲）到 21（building），默认值是 10；scale 为像素数；color："color" or "bw"，表示有色或者是黑白；messaging 为逻辑语句，决定是否输出下载数据的信息。

但是如果直接运行该函数，则会出现这个提示语句：

Apply an application from here: http://lbsyun.baidu.com/apiconsole/key。Then register you key by running `options(baidumap.key = '× × ×')`

这是因为我们需要注册百度地图获得钥匙 baidu.key，这时运行函数可以调用百度地图。

```
library(baidumap)
library(ggmap)
baidumap.key ='azNwlAshVwYSOLC2GOkPW'   #'azNwlAshVwYSOLC2GOkPW'为
p <- getBaiduMap('北京', color='bw',messaging=FALSE)
ggmap(p)
```

我们也可以使用 ggmap 包的 get_map( )函数直接获取局部地图。get_map( )函数的参数主要有：source 和 maptype。不同的地图资源具有不同的风格，比如强调路线，水体或者行政区域，表现形式也各有千秋。

```
maptype = c("terrain", "terrain-background", "satellite","roadmap", "hybrid", "toner", "watercolor", "terrain-labels", "terrain-lines","toner-2010", "toner-2011", "toner-background", "toner-hybrid","toner-labels", "toner-lines", "toner-lite"), source = c("google", "osm","stamen", "cloudmade")
```

Google 有 4 种常见的形式：terrain (地形，默认的), satellite (卫星), roadmap(道路),and hybrid (混合)。Stamen Maps 和 Cloudmade Maps 的风格要炫得多。Stamen Maps 提供了三种风格：terrain ，watercolor（水彩）和 toner（色粉）。比如，水彩风格的北京城：qmap('beijing', zoom = 11, source = 'stamen',maptype = 'watercolor')

```
library(ggmap)
m <- get_map("beijing",zoom=12,maptype="terrain",source="stamen")
ggmap(m)
```

11.2 分级统计地图

分级统计地图（choropleth map，也叫色级统计图法），是一种在地图分区上使用视觉符号（通常是颜色、阴影或者不同疏密的晕线）来表示一个范围值的分布情况的地图。分级统计地图假设数据的属性是在一个区域内部的平均分布，一般使用同一种颜色表示一个区域的属性。在整个制图区域的若干个小的区划单元内（行政区划或者其他区划单位，比如国家、省份和市县等），根据各分区的数量（相对）指标进行分级，并用相应的色级反映各区现象的集中程度或发展水平的分布差别，常见用于选举和人口普查数据的可视化。

在分级统计地图中，地图上每个分区的数量使用不同的色级表示，较典型的颜色映射方案有：（1）单色渐变系，如图 11-2-1(a)所示；（2）双向渐变系，如图 11-2-1(b)所示；（3）完整色谱变化。分级统计地图依靠颜色等来表现数据内在的模式，因此选择合适的颜色非常重要，当数据的值域大或者数据的类型多样时，选择合适的颜色映射相当有挑战性。

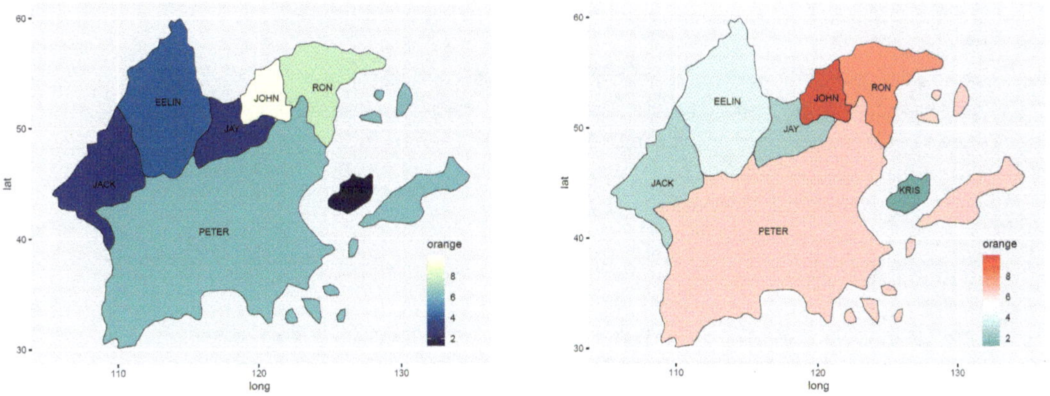

(a) 单色渐变系颜色主题　　(b) 双色渐变系颜色主题

图 11-2-1　分级统计地图

分级统计地图最大的问题在于数据分布和地理区域大小的不对称。通常大量数据集中于人口密集的区域，而人口稀疏的地区却占有大多数的屏幕空间，用大量的屏幕空间来表示小部分数据的做法对空间的利用非常不经济，这种不对称还常常会造成用户对数据的错误理解，不能很好地帮助用户准确地区分和比较地图上各个分区的数据值。因此有时候可以用其他的地理空间图表来更合理地表示区域数据，比如六角形地图。

技能　分级统计地图的绘制

分级统计地图绘制的关键在于要将不同区域的数值映射到不同区域或者多边形的颜色，所以要将地图数据框（df_map）和包含国家及其数值的数据框（df_city）进行表格融合（join）处理，这可以使用 dplyr 包的 left_join()函数根据它们共有的列“country”实现。使用 ggplot2 的 geom_polygon()函数可以绘制不同颜色区域。其实现代码如下所示：

```
library(rgdal)    #提供 readOGR()函数
library(ggplot2)
library(dplyr)
library(RColorBrewer)

dataProjected <- readOGR("Virtual_Map1.shp")
dataProjected@data$id <- rownames(dataProjected@data)
```

```
watershedPoints <- fortify(dataProjected)
df_map <- full_join(watershedPoints, dataProjected@data, by = "id")

df_city<-read.csv("Virtual_City.csv")


df <- left_join(df_map, df_city[c('country','orange')], by = "country")
#单色渐变系颜色主题
ggplot()+
  geom_polygon(data=df, aes(x=long, y=lat, group=group,fill=orange),colour="black",size=0.25)+
  geom_text(data=df_city,aes(x=long, y=lat, label=country),colour="black",size=3)+
  scale_fill_gradientn(colours = rev(brewer.pal(9,'YlGnBu')))+
  theme(legend.position = c(0.9,0.2),
        legend.background = element_blank())

#双色渐变系颜色主题
ggplot()+
  geom_polygon(data=df, aes(x=long, y=lat, group=group,fill=orange),colour="black",size=0.25)+
  geom_text(data=df_city,aes(x=long, y=lat, label=country),colour="black",size=3)+
  scale_fill_gradient2(low="#00A08A",mid="white",high="#FF0000",
                       midpoint = mean(df_city$orange))+
  theme(legend.position = c(0.9,0.2),
        legend.background = element_blank())
```

Cartogram 示意图

Cartogram 示意图按照地理区域的属性值对各个区域进行适当的变形，以克服分级统计地图对空间使用的不合理性。Cartogram 示意图的核心问题是地图的变形算法，主要包括非连续型和连续型两种。

- 非连续型 Cartogram 示意图将地图中的区域按照其属性数值放大或者缩小，并保持区域的原始形状。但是这种方法很难保证各个区域之间的相对位置，可能使得某些原本相邻的区域不再相邻，从而影响读者对数据位置信息的阅读。
- 连续型 Cartogram 示意图是先保证区域之间的邻接和相对位置不变，通过改变区域的形状来实现面积与属性成正比。由于区域的相对位置保持不变，这样方便读者识别区域数据信息。如图 11-2-2 为虚拟的连续型 Cartogram 示意图，分别以 orange 和 apple 两个指标作为映射数值。

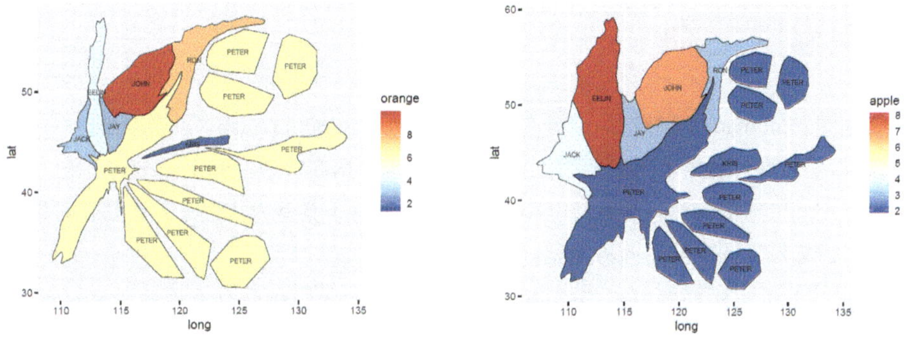

(a) 以 orange 数值作为映射　　(b) 以 apple 数值作为映射

图 11-2-2　连续型 Cartogram 示意图

技能 Cartogram 示意图的绘制

R 中 cartogram 包提供的 cartogram_cont()函数可以对 SpatialPolygonsDataFrame 数据类型做处理：根据其 dataProjected@data（数据描述层）中的某列数据，对 df_map@polygons（几何映射层）的每个多边形按照其属性数值放大或者缩小。另外，rgeos 包的 gCentroid()函数可以计算多边形的中心位置(x,y)。图 11-2-2(a)所示的连续型 Cartogram 示意图的具体代码如下所示：

```
library(rgdal)    #提供 readOGR()函数
library(ggplot2)
library(dplyr)
library(RColorBrewer)
library(cartogram) #提供 cartogram()函数
library(rgeos) #提供 gCentroid()函数

dataProjected <- readOGR("Virtual_Map1.shp")
df_city<-read.csv("Virtual_City.csv")
dataProjected@data <-left_join(dataProjected@data,df_city[c('country','orange')],by = "country")

my_cartogram <- cartogram_cont(dataProjected, 'orange')
carto_fortified <- fortify(my_cartogram,region='country')
carto_fortified <- carto_fortified %>% left_join(. , my_cartogram@data, by=c("id"="country"))
df_centers <- cbind.data.frame(data.frame(gCentroid(my_cartogram, byid=TRUE),id=my_cartogram@data$country))
ggplot() +
  geom_polygon(data = carto_fortified, aes(fill = orange, x = long, y = lat, group = group) ,
                                          size=0.05, alpha=0.9, color="black") +
  geom_text(data=df_centers, aes(x=x, y=y, label=id), color="black", size=2, alpha=0.6) +
  scale_fill_gradientn(colours=rev(brewer.pal(7,"RdYlBu")), name="orange")
```

11.3 点描法地图

点描法地图（dot map，又被称为点分布地图——dot distribution map、点密度地图——dot density map）是一种通过在地理背景上绘制相同大小的点来表示数据在地理空间上分布的方法。点数据描述的对象是地理空间中离散的点，具有经度和纬度坐标，但是不具备大小信息，比如某区域内的餐馆、公司分布等。点描法地图一般有两种类型。

（1）一对一，即一个点只代表一个数据或者对象，因为点的位置对应只有一个数据，因此必须保证点位于正确的空间地理位置。

（2）一对多，即一个点代表的是一个特殊的单元，这时需要注意不能将点理解为实际的位置，这里的点代表聚合数据，往往是任意放置在地图上的。

点描法地图

点描法地图是观察对象在地理空间上分布情况的理想方法，如图 11-3-1 所示。借助点描法地图，可以很方便地掌握数据的总体分布情况，但是当需要观察单个具体的数据时，它是不太适合的。对于多数据系列的点描法地图可以使用不同形状表示不同类型的数据点。

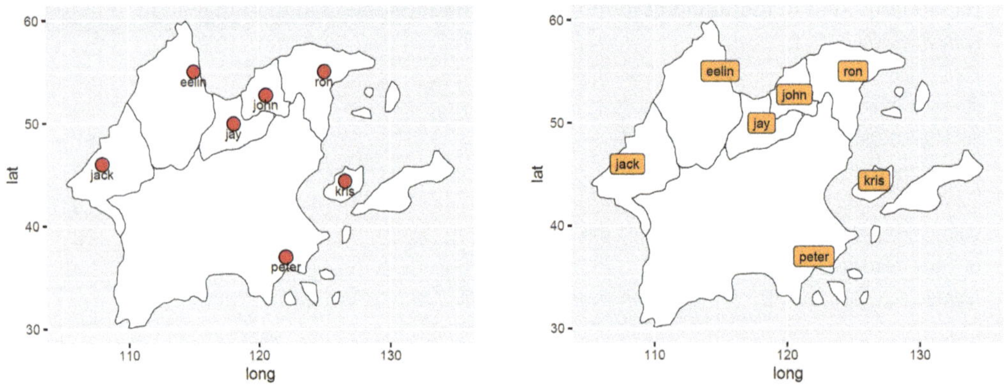

(a) 散点（point）+文本（text）　　(b) 标签（label）

图 11-3-1　点描法地图

技能　点描法地图的绘制

点描法地图就是散点图与地图的图层叠加，关键在于散点的位置(x,y)变成经纬坐标(long,lat)，可以使用 geom_polygon()函数先绘制地图的图层，再使用 geom_point()函数绘制散点，然后使用 geom_text 添加文本内容，如图 11-3-1(a)所示。有时也可以使用 geom_label()函数将散点与文本用文本框表示，如图 11-3-1(b)所示。其具体代码如下所示，只使用 df_map 和 df_city 两个数据框。

```
#图 11-3-1(a)标准点描法地图
ggplot()+
  geom_polygon(data=df_map, aes(x=long, y=lat, group=group),fill='white',colour="black",size=0.25)+
  geom_point(data=df_city,aes(x=long, y=lat),shape=21,fill='red',colour="black",size=4)+
  geom_text(data=df_city,aes(x=long, y=lat, label=city),vjust=1.5,colour="black",size=3)

#图 11-3-1(b) 标签型点描法地图
ggplot()+
  geom_polygon(data=df_map, aes(x=long, y=lat, group=group),fill='white',colour="black",size=0.25)+
  geom_label(data=df_city,aes(x=long, y=lat, label=city),fill='orange',colour="black",size=3)
```

带气泡的地图

带气泡的地图（bubble map），其实就是气泡图和地图的结合，根据数据(lat,long,value)在地图上绘制气泡，如图 11-3-2 所示。位置信息(lat,long)对应到地图的具体地理位置，数据的大小 value 映射到气泡面积大小，有时候还存在第四维类别变量 catergory，可以使用颜色区分数据系列。带气泡的地图比分级统计图更适用于比较带地理信息的数据的大小，但是当地图上的气泡过多、过大时，气泡间会相互遮盖而影响数据展示，所以在绘制时需要考虑设定气泡的透明度。

(a) 数值映射到单个视觉通道（气泡大小）　(b) 数值映射到两个视觉通道（气泡大小和颜色）

图 11-3-2　带气泡的地图

技能　绘制带气泡的地图

带气泡的地图与点描法地图类似，只是在它的基础上添加了新的变量，并将此映射的散点的大小或者颜色。如图 11-3-2(b)所示，是将数值映射到两个视觉通道（气泡大小和颜色），图表的清晰表达程度比图 11-3-1(a)（数值映射到单个视觉通道）更好。具体代码如下所示：

```
#图 11-3-2(a) 数值映射到单个视觉通道(气泡大小)
ggplot()+
  geom_polygon(data=df_map, aes(x=long, y=lat, group=group),fill='white',colour="black",size=0.25)+
  geom_point(data=df_city,aes(x=long, y=lat,size=orange),shape=21,fill='#EF5439',colour="black")+
  geom_text(data=df_city,aes(x=long, y=lat, label=city),vjust=2,colour="black",size=3)+
```

```
    scale_size(range=c(2,9),name='price')

#图 11-3-2(b) 数值映射到两个视觉通道(气泡大小和颜色)
ggplot()+
    geom_polygon(data=df_map, aes(x=long, y=lat, group=group),fill='white',colour="black",size=0.25)+
    geom_point(data=df_city,aes(x=long, y=lat,size=orange,fill=orange),shape=21,colour="black")+
    geom_text(data=df_city,aes(x=long, y=lat, label=city),vjust=2,colour="black",size=3)+
    scale_size(range=c(2,9),name='price')+
    scale_fill_gradientn(colours = brewer.pal(9,'YlOrRd'),name='price')
```

带双气泡的地图

图 11-3-2 只能表示单数据系列的气泡数据，但是有时需要表示双数据系列的气泡数据，这时，就需要使用带双气泡的地图表示，如图 11-3-3(a)和图 11-3-3(b)所示，可以将圆形气泡分成两等份。对于多数据系列的气泡数据，就需要把圆形气泡分成多个等份，此时就是南丁格尔玫瑰图，如图 11-3-3(c)所示。

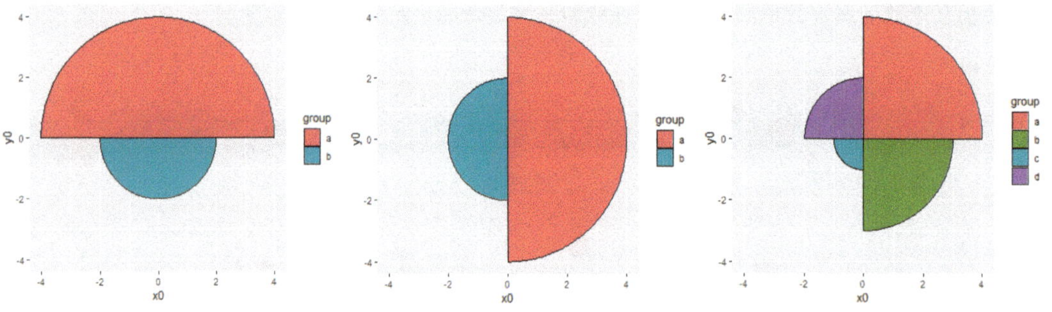

(a) 水平双气泡（两个数据系列）　(b) 竖直双气泡（两个数据系列）　(c) 南丁格尔玫瑰图（4 个数据系列）

图 11-3-3　多数据系列的气泡图

技能　绘制多数据系列的气泡图

多数据系列的气泡图可以使用 ggforce 包的 geom_arc_bar()函数实现。geom_arc_bar()函数参数主要有 x0（X 轴位置）、y0（Y 轴位置）、r（半径）、start（数据系列的起始角度）和 end（数据系列的终止角度）。图 11-3-3 的具体实现代码如下：

```
library(ggplot2)
library(ggforce)
#图 11-3-3(a) 水平双气泡(两个数据系列)的绘图数据
df1<-data.frame(r=c(4,2), start=c(-pi/2, pi/2), end=c(pi/2,3*pi/2), group=c('a','b'))

#图 11-3-3(b) 竖直双气泡(两个数据系列)的绘图数据
df2<-data.frame(r=c(4,2), start=c(0,pi), end=c(pi,2*pi), group=c('a','b'))
```

```
#图 11-3-3(c) 南丁格尔玫瑰图(4 个数据系列) 的绘图数据
df3<-data.frame(r=c(4,3,1,2), start=c(0,90,180,270)/180*pi, end=(c(0,90,180,270)+90)/180*pi, group=c('a','b','c','d'))
##图 11-3-3(a) 水平双气泡（两个数据系列）
ggplot(df1)+
  geom_arc_bar(aes(x0=0,y0=0,r0=0,r=r, start=start, end=end, fill=group))+
  xlim(-4,4)+
  ylim(-4,4)+
  coord_fixed()
```

带双气泡的地图就是地图与双气泡图两个图层的叠加，可以很好地展示双数据系列的带气泡地图，如图 11-3-4 所示。根据气泡的分割位置，可以将双气泡分为水平和竖直两种类型。

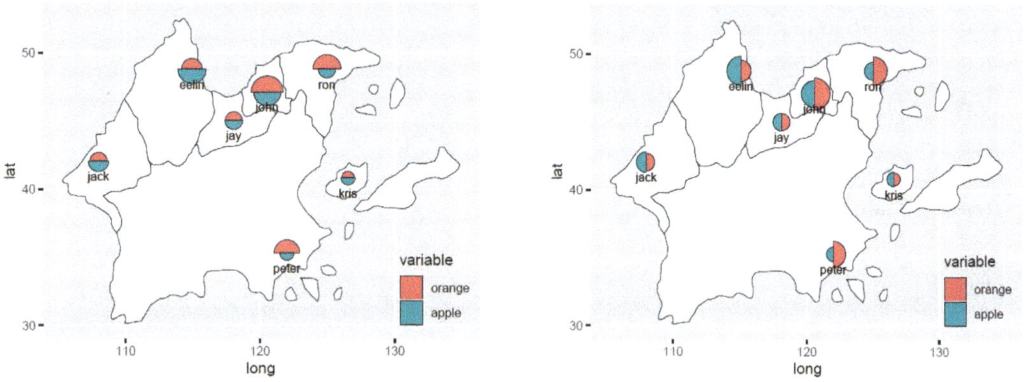

(a) 水平双气泡（两个数据系列）　　(b) 竖直双气泡（两个数据系列）

图 11-3-4　带双气泡的地图

技能　绘制带双气泡的地图

使用 ggforce 包的 geom_arc_bar()函数绘制的双数据系列气泡图或者南丁格尔玫瑰图，都需要将坐标系设定为 coord fixed()类型，保证 *X* 轴和 *Y* 轴使用同等最小单位，不然绘制的图形会出现压扁变形的情况。图 11-3-4(b)的具体实现代码如下所示：

```
library(ggforce)
library(reshape2) #提供 melt()函数

Map_Scale<-0.75
min_lat<-min(df_map$lat) #30.11628
max_lat<-max(df_map$lat) #59.94186
min_long<-min(df_map$long) #105.2945
max_long<-max(df_map$long) #134.8317
```

```
df_map$x<-(df_map$long-min_long)/(max_long-min_long)
df_map$y<-(df_map$lat-min_lat)/(max_lat-min_lat)*Map_Scale

df_city<-df_city[c("lat","long","city","orange","apple")]
df_city<-melt(df_city,id.vars=c("lat","long","city"))
df_city$start<- rep(c(0, pi), each=nrow(df_city)/2)
df_city$vjust<- rep(c(1, -1), each=nrow(df_city)/2)
r <- 0.04
scale <- r/max(sqrt(df_city$value))

df_city$x<-(df_city$long-min_long)/(max_long-min_long)
df_city$y<-(df_city$lat-min_lat)/(max_lat-min_lat)*Map_Scale

labels_x<-seq(110,135,10)
breaks_x<-(labels_x-min_long)/(max_long-min_long)

labels_y<-seq(30,60,10)
breaks_y<-(labels_y-min_lat)/(max_lat-min_lat)

ggplot()+
  geom_polygon(data=df_map, aes(x=x, y=y, group=group),fill='white',colour="black",size=0.25)+
  geom_arc_bar(data=df_city,aes(x0 = x, y0 = y, r0 = 0, r = sqrt(value)*scale,
                                start = start, end = start + pi, fill = variable), color = "black",size=0.2) +
  geom_text(data=df_city,aes(label = city, x = x, y = y),vjust=2.25,size =3)+
  scale_x_continuous(breaks=breaks_x,labels=labels_x)+
  scale_y_continuous(breaks=breaks_y,labels=labels_y)+
  xlab("long") +
  ylab("lat") +
  coord_fixed()+
  theme(legend.position = c(0.9,0.15),
        legend.background = element_blank())
```

点描法地图的故事

John Snow（1813—1858）是英国的一名医生。1854 年，英国 Broad 大街大规模爆发霍乱疫情，当时了解微生物理论的人很少，人们不清楚霍乱传播的途径，而“瘴气传播理论”是当时的主导理论。John Snow 对这种理论表示了怀疑，于 1855 发表了关于霍乱传播理论的论文，图 11-3-5 即其主要依据。Snow 采用了点图的方式，图中心东西方向的街道即为 Broad 大街，黑点表示死亡的地点。这幅图形揭示了一个重要现象，就是死亡发生地都在街道中部一处水源（公共水泵）周围，市内其他水源周围极少发现死者。进一步调查，他发现这些死者都饮用过这里的水。后来证实离这口泵仅 1 米远的地方有一处污水坑，坑内释放出来的细菌正是霍乱发生的罪魁祸首。他成功说服了当地政府废弃那个水泵。这真是可视化历史上的一个划时代的事件。

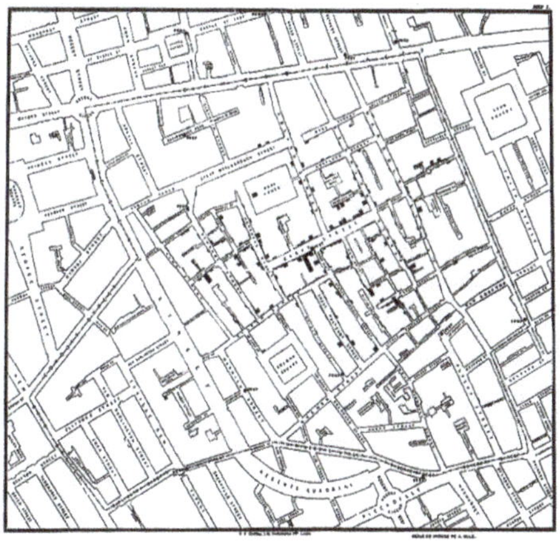

图 11-3-5　1854 年英国 Broad 大街的霍乱传播[1]

11.4　带饼图的地图

带饼图的地图（pie map）是地图和饼图两个图层的叠加，可以用饼图系列表示某地理位置的一系列类别的数值占比情况，饼图的占比对应类别的数据，不同的类别也可以使用不同的颜色区分（见图 11-4-1）。

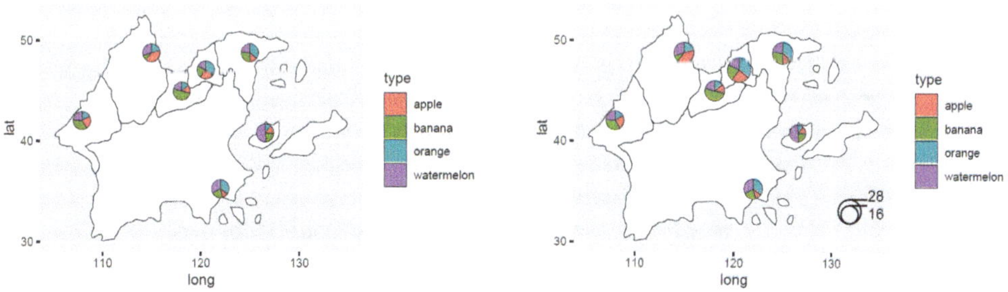

(a) 散点复合饼图　　(b) 气泡复合饼图

图 11-4-1　带饼图的地图

1　图片来源：http: // upload.wikimedia. org/ wikipedia/ commons/ 2/ 27/ Snow-cholera-map-1. jpg

技能 绘制带饼图的地图

使用 scatterpie 包的 geom_scatterpie()函数或 ggforce 包的 geom_arc_bar()函数都可以绘制散点和气泡复合饼图，但是都需要将坐标系设定为 coord_fixed()类型，保证 *X* 轴和 *Y* 轴使用同等最小单位，不然绘制的图形会出现压扁变形的情况。图 11-4-1 (b)的具体实现代码如下所示：

```
library(scatterpie)

Map_Scale<-0.75
min_lat<-min(df_map$lat) #30.11628
max_lat<-max(df_map$lat) #59.94186
min_long<-min(df_map$long) #105.2945
max_long<-max(df_map$long) #134.8317

df_map$x<-(df_map$long-min_long)/(max_long-min_long)
df_map$y<-(df_map$lat-min_lat)/(max_lat-min_lat)*Map_Scale

df_city$x<-(df_city$long-min_long)/(max_long-min_long)
df_city$y<-(df_city$lat-min_lat)/(max_lat-min_lat)*Map_Scale

labels_x<-seq(110,135,10)
breaks_x<-(labels_x-min_long)/(max_long-min_long)
labels_y<-seq(30,60,10)
breaks_y<-(labels_y-min_lat)/(max_lat-min_lat)

df_city$Sumindex<-rowSums(df_city[,c("orange","apple","banana","watermelon")])
Bubble_Scale<-0.04
radius<-sqrt(df_city$Sumindex/pi)
Max_radius<-max(radius)
df_city$radius<-radius/Max_radius*Bubble_Scale

ggplot()+
  geom_polygon(data=df_map, aes(x=x, y=y, group=group),fill='white',colour="black",size=0.25)+
  geom_scatterpie(data=df_city,aes(x=x, y=y, group=city,r=radius),
                  cols=c("orange","apple","banana","watermelon"), color="black", alpha=1,size=0.1)+
  geom_scatterpie_legend(df_city$radius, x=0.9, y=0.1, n=5,
                         labeller=function(x) round((x* Max_radius/Bubble_Scale)^2*pi))+
  scale_x_continuous(breaks=breaks_x,labels=labels_x)+
  scale_y_continuous(breaks=breaks_y,labels=labels_y)+
  xlab("long") +
  ylab("lat") +
  coord_fixed()
```

11.5　带柱形的地图

带柱形的地图（bar map）是地图和柱形图两个图层的叠加，可以用柱形系列表示地理位置的一系列数据指标，柱形的高度对应指标的数据，不同的指标使用不同的颜色区分，如图 11-5-1(a)所示。有时候，带柱形的地图也可以使用南丁格尔玫瑰图表示，如图 11-5-11(b)所示。

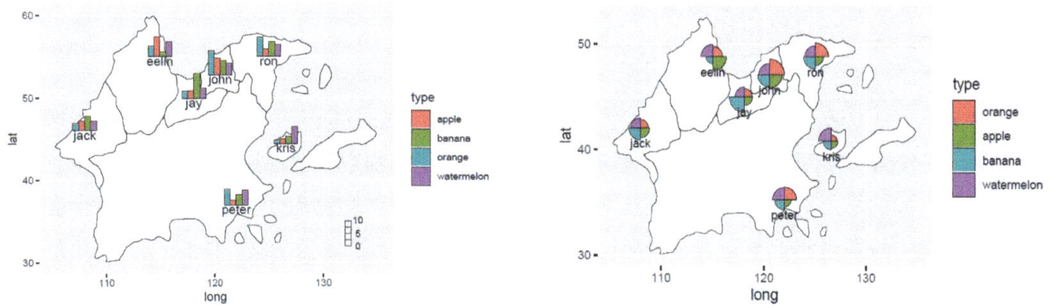

(a) 带柱形的地图　　(b) 带南丁格尔玫瑰图的地图

图 11-5-1　带柱形的地图

技能　绘制带柱形的地图

R 中 ggplot2 包的 geom_rect()函数可以绘制矩形，所以只需要设定矩形的左下角坐标(xmin,ymin)和右上角坐标(xmax,ymax)，然后使用 geom_rect()函数就可以实现绘制多数据系列的柱形图。图 11-5-1(a)的代码如下所示：

```
selectCol<-c("orange","apple","banana","watermelon")
MaxH<-max(df_city[,selectCol])
Scale<-3
width<-1.1
df_city[,selectCol]<-df_city[,selectCol]/MaxH*Scale

df_city<-melt(df_city[c('lat','long','group','city',selectCol)],
                        id.vars=c('lat','long','group','city'))
df_city<-transform(df_city,hjust1=ifelse(variable=='orange',-width,
                                                ifelse(variable=='apple',-width/2,
                                                       ifelse(variable=='banana',0,width/2))),
                                 hjust2=ifelse(variable=='orange',-width/2,
                                                ifelse(variable=='apple',0,
                                                       ifelse(variable=='banana',width/2,width))))

ggplot() +
   geom_polygon(data=df_map, aes(x = long, y = lat,group=group),
```

```
                    fill="white",colour="black",size=0.25)+
  geom_rect(data = df_city, aes(xmin = long +hjust1, xmax = long+hjust2,
                               ymin = lat, ymax = lat + value , fill= variable),
                               size =0.25, colour ="black", alpha = 1)+
  geom_text(data=df_city[!duplicated(df_city$city),],aes(x=long,y=lat-0.5,label=city),size=4)+
  labs(fill='type')
```

11.6 沃罗诺伊地图

沃罗诺伊图（Voronoi diagram），也称作狄利克雷镶嵌（Dirichlet tessellation）或者泰森多边形（Thiessen polygon），是由俄国数学家格奥尔吉・沃罗诺伊建立的空间分割算法。灵感来源于笛卡儿用凸域分割空间的思想。它是由一组连接两邻点直线的垂直平分线组成的连续多边形。N 个在平面上有区别的点，按照最邻近原则划分平面；每个点与它的最近邻区域相关联。Delaunay 三角形是由与相邻沃罗诺伊多边形共享一条边的相关点连接而成的三角形。Delaunay 三角形的外接圆圆心是与三角形相关的沃罗诺伊多边形的一个顶点。Delaunay 三角形是沃罗诺伊图的偶图。沃罗诺伊图解决的问题实际上就是基于一组特定点将平面分割成不同区域，而每一区域又仅包含唯一的特定点，并且该区域内任意位置到该特定点的距离比到其他特定点的都要更近。特别适用于如分析星巴克咖啡、7-11 便利店等的最大覆盖区域。

简单地说，当看到空间中一系列给定的点，例如 $x, y_1, y_2, y_3,\cdots$，我们希望为每个点，例如点 x，划定一个包围这个点的区域，例如区域 Cx。这一包含了点 x 的区域 Cx 可以称为沃罗诺伊单元（Cell）。对于任意一个位于区域 Cx 内的点，例如 Px，我们总希望它距离点 x 的距离小于其他所有给定点的距离，例如 $y_1, y_2, y_3,\cdots$的距离。

在实践中，我们可以连接每个点和它近邻的一些点，用一条又一条的线段连接它们，对于这条线段，我们可以做它的垂直平分线（如果是三维情况，则是垂直平分面），这些垂直平分线（垂直平分面）将包围起一块区域，这样的一个区域即为一个沃罗诺伊单元。当然这一概念还可以进行一些推广，如果定义的距离不是欧式距离，那么相应的沃罗诺伊单元也有各种形态上的变化。

沃罗诺伊地图可以看成是使用地图对生成的沃罗诺伊图（见图 11-6-1(a)）做进一步的区域限制，如图 11-6-1(b)所示。

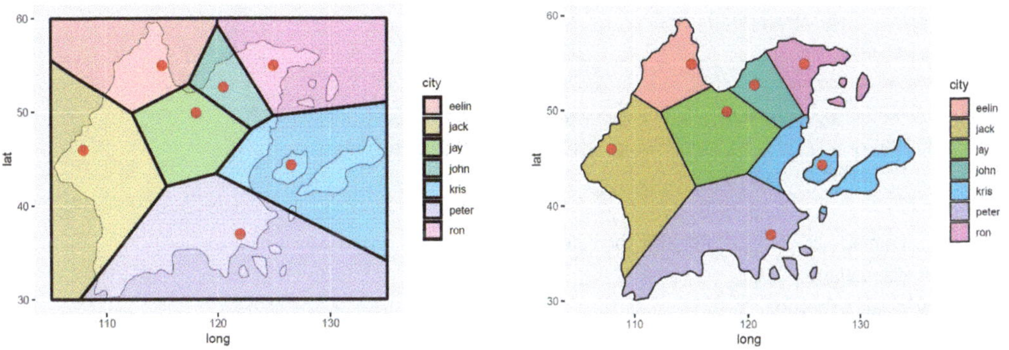

(a) 沃罗诺伊图　　(b) 沃罗诺伊地图

图 11-6-1　沃罗诺伊地图的演变

技能　绘制沃罗诺伊地图

沃罗诺伊地图的实现，需要先将散点的空间地理位置数据转换从 SpatialPointsDataFrame 的数据格式，然后使用 SPointsDF_to_voronoi_SPolysDF()[1]函数生成 SpatialPolygonsDataFrame 格式的沃罗诺伊图数据，如图 11-6-1(a)所示；再使用 raster 包的 intersect()函数逐一求取沃罗诺伊图和不同国家区域的重合区域，从而得到沃罗诺伊地图，如图 11-6-1(b)所示。其具体代码如下所示：

```
library(ggplot2)
library(sp)
library(deldir)   #提供 deldir
library(raster) #提供 intersect

dataProjected <- readOGR("Virtual_Map0.shp")
dataProjected@data$id <- rownames(dataProjected@data)
watershedPoints <- fortify(dataProjected)
df_map <- full_join(watershedPoints, dataProjected@data, by = "id")

df_city<-read.csv("Virtual_City.csv")
dati<-data.frame(x=df_city$long,y=df_city$lat,z=df_city$orange,city=df_city$city)
vor_pts <- SpatialPointsDataFrame(cbind(dati$x,dati$y),dati, match.ID=TRUE)

SPointsDF_to_voronoi_SPolysDF <- function(sp) {
  vor_desc <- tile.list(deldir(sp@coords[,1], sp@coords[,2],rw=c(105,135,30,60)))
  lapply(1:(length(vor_desc)), function(i) {
    tmp <- cbind(vor_desc[[i]]$x, vor_desc[[i]]$y)
    tmp <- rbind(tmp, tmp[1,])
```

1 https://www.codesd.com/item/fill-the-voronoi-polygons-with-ggplot.html

```
        Polygons(list(Polygon(tmp)), ID=i)
    }) -> vor_polygons
    sp_dat <- sp@data
    rownames(sp_dat) <- sapply(slot(SpatialPolygons(vor_polygons),'polygons'),slot, 'ID')
    SpatialPolygonsDataFrame(SpatialPolygons(vor_polygons),data=sp_dat)
}

vor <- SPointsDF_to_voronoi_SPolysDF(vor_pts)
group<-1:length(vor)
mypolys<-lapply(group,
                function(x) {
                  tmp = intersect(dataProjected, vor[x,]);
                  df_pi= fortify(tmp)[c('long','lat','group')]
                  df_pi$city=as.character(vor[x,]@data$city[1])
                  df_pi$group=as.numeric(df_pi$group)+runif(1,0,100)
                  df_pi
                })

df_vor<-data.frame(long=numeric(0),lat=numeric(0),group=numeric(0),city=character(0))
for (i in group ){
    df_vor<-rbind(df_vor,mypolys[[i]])}

ggplot() +
    geom_polygon(data=df_vor,aes(x = long, y = lat,group=group,fill=city), color="black", size=0.5,alpha=0.6)+
    geom_point(data = dati, aes(x, y),size=4,shape=21,color="black",fill="red",stroke=0.1)
```

11.7 带连接线的地图

在地理空间数据中，线数据通常指连接两个或更多点的线段或者路径。线数据具有长度属性，即所经过的地理距离。常见的线数据可视化方法包括连接地图和流向地图。

11.7.1 连接地图

连接地图（connection map）是用直线或曲线连接地图上不同地点的一种图表。虽然连接地图非常适合用来显示地理连接和关系，但我们也可使用单一连接来显示地图路线，如图 11-7-1(a)和图 11-7-1(b)所示。此外，通过研究连接地图上的连接分布或集中程度，我们也可以用它来显示空间格局。

常见的连接地图为飞机航线，可以在地图上根据航空数据绘制基于每条航线出发地和目的地的连接线。如果数据量较大，则很容易存在大量的线段重叠和交叉的情况。为避免这种情况带来的数据信息表达不完整，可以设置线条的透明度。

11.7.2　流向地图

流向地图（flow map）在地图上显示信息或物体从一个位置到另一个位置的移动及其数量，通常用来显示人物、动物和产品的迁移数据。单一流向线所代表的移动规模或数量由其粗细程度表示，有助于显示迁移活动的地理分布，如图 11-7-1(c)和图 11-7-1 (d)所示。

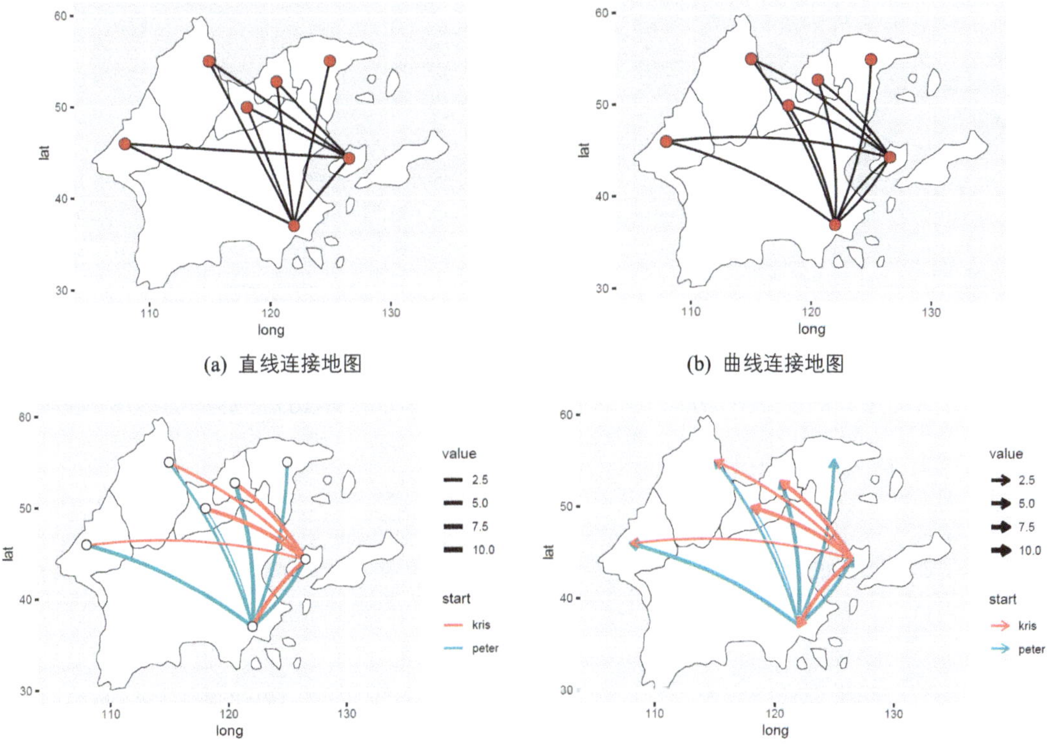

(a) 直线连接地图　(b) 曲线连接地图

(c) 无箭头的流向地图　(d) 带箭头的流向地图

图 11-7-1　连接和流向地图

流向地图的绘制方法：从原点出发，再往外绘“流向线”。箭头可用于表示方向，或者移动是进入还是外出。不用箭头则可以用来代表贸易往来。建议将流向线合并或者捆绑在一起并避免彼此交叠，以免造成视觉混乱。

技能 绘制连接和流向地图

R 中 ggplot2 包的 geom_curve()函数可以通过定义起始点(x,y)和终止点(xend,yend)，从而连接两点。其中参数 curvature 为[0,1]，可以控制直线的弯曲程度；arrow = arrow((length = unit(0.25, "cm")) 可以设定直线的末端箭头的大小。图 11-7-1 的具体代码如下所示：

```
df_city<-read.csv("Virtual_City.csv") [c('long','lat','city')]
df_connect<-read.csv("Virtual_Connect.csv")
df_connect<-df_connect %>%
  left_join(df_city,by=c('start'='city'))%>%
  left_join(df_city,by=c('end'='city'))

#图 11-7-1(a)直线连接地图
ggplot() +
 geom_polygon(data=df_map, aes(x = long, y = lat,group=group), fill="white",colour="black",size=0.25)+
 geom_curve(data=df_connect,aes(x=long.x,y=lat.x,xend=long.y,yend=lat.y), size=0.75,colour="black",curvature = 0)+
 geom_point(data =df_connect,aes(x=long.y,y=lat.y), size=4,shape=21,fill="#F00000",colour="black",stroke=0.1)

#图 11-7-1 (b)曲线连接地图
ggplot() +
 geom_polygon(data=df_map, aes(x = long, y = lat,group=group), fill="white",colour="black",size=0.25)+
 geom_curve(data=df_connect,aes(x=long.x,y=lat.x,xend=long.y,yend=lat.y),size=0.75,colour="black",curvature = 0.1)+
 geom_point(data =df_connect,aes(x=long.y,y=lat.y), size=4,shape=21,fill="#F00000",colour="black",stroke=0.1)

#图 11-7-1 (c)无箭头的流向地图
ggplot() +
 geom_polygon(data=df_map, aes(x = long, y = lat,group=group), fill="white",colour="black",size=0.25)+
 geom_curve(data=df_connect,aes(x=long.x,y=lat.x,xend=long.y,yend=lat.y,colour=start,size=value),curvature = 0.1)+
 geom_point(data =df_connect,aes(x=long.y,y=lat.y), size=4,shape=21,fill="white",colour="black",stroke=0.5)+
 scale_size(range=c(0.5,1.5))

#图 11-7-1 (d)带箭头的流向地图
ggplot() +
   geom_polygon(data=df_map, aes(x = long, y = lat,group=group), fill="white",colour="black",size=0.25)+
   geom_curve(data=df_connect,aes(x=long.x,y=lat.x,xend=long.y,yend=lat.y, size=value,colour=start),
              arrow = arrow(length = unit(0.25, "cm")),curvature = 0.1)+
   scale_size(range=c(0.5,1.5))
```

11.8　等位地图

等位地图（isopleth map，也被称为等值线地图）可以说是地图和等高线图两个图层的叠加，常用于表示地面海拔高度的变化曲面、温度变化数据、降雨量数据。

R 语言中主要存在两种类型的等位地图，从数据的展示面积上，可以分为：局部等位地图和全局等位地图。第一种方法可以使用 R 中 ggplot2 包的 geom_ contour()函数，根据数据直接在地图上绘制与叠加等高线图的图层；第二种方法是使用 R 中 ggplot2 包的 geom_tile()或者 geom_raster()函数，根据现有的数据插值处理得到整个地图的数据，然后直接绘制出整个地图的热力图。图 11-8-1(d)展示了二维核密度估计等位地图，可以用于估计散点的分布情况。另外，我们还可以使用 tanaka 包的 geom_tanaka_contour()函数，结合 ggplot2()函数绘制具有三维浮雕效果的等位地图。

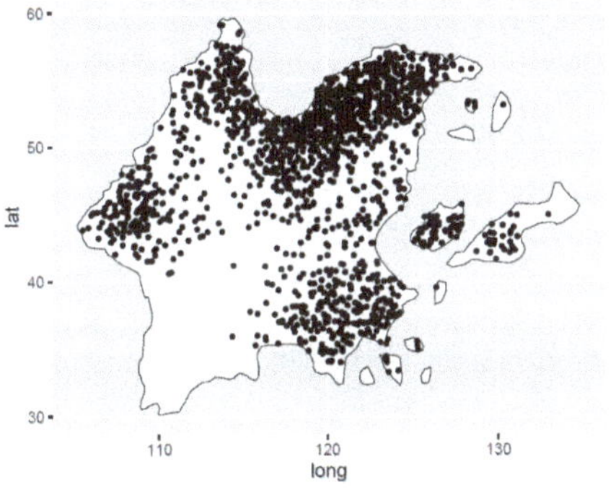

(a) 描点地图

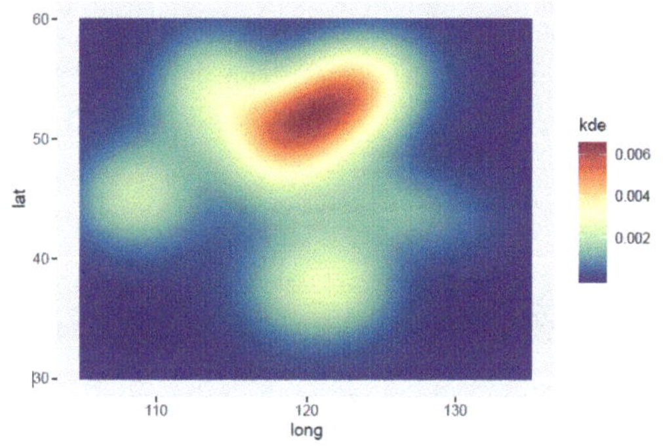

(b) 二维核密度估计热力图

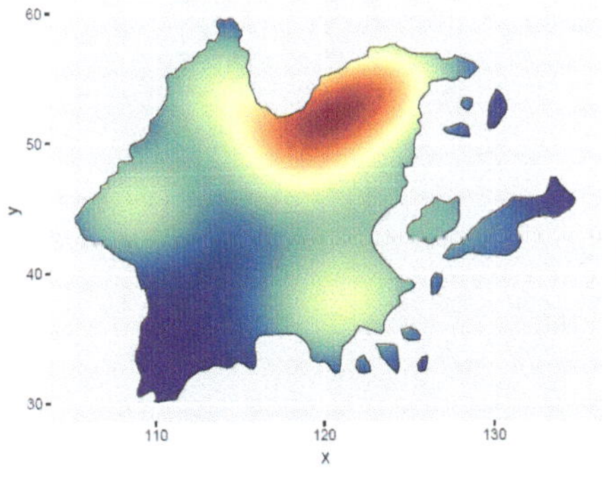

(c) 二维核密度估计热力地图

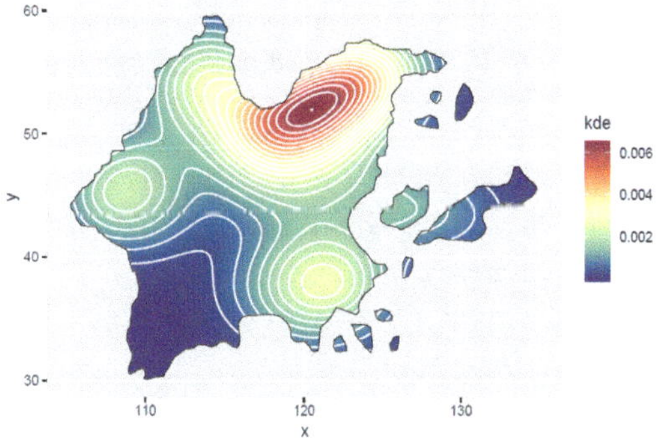

(d) 二维核密度估计等位地图

图 11-8-1　等位地图的实现过程

技能　绘制二维核密度估计等位地图

绘制二维核密度估计等位地图，先要根据散点分布数据（见图 11-8-1(a)），使用 sm 包 sm.density()

函数计算二维核密度分布图，如图 11-8-1(b)所示；再将二维核密度分布数据转换成 SpatialPixelsDataFrame 格式的数据，使用!is.na()函数计算二维核密度分布图和 SpatialPolygonsDataFrame 格式的地图的重合区域；最后使用 geom_raster()和 geom_contour()函数绘制热力图和等高线，得到图 11-8-1(c)和图 11-8-1(d)，具体代码如下所示：

```
library(sm) #提供 sm.density()函数

colormap<-colorRampPalette(rev(brewer.pal(11,'Spectral')))(32)

dataProjected <- readOGR("Virtual_Map0.shp")
dataProjected@data$id <- rownames(dataProjected@data)
watershedPoints <- fortify(dataProjected)
df_map <- full_join(watershedPoints, dataProjected@data, by = "id")

df_huouse<-read.csv("Virtual_huouse.csv")
cycle_dens<- sm.density(data.frame(df_huouse$long, df_huouse$lat),
                        display= "image", ngrid=500, ylim=c(30,60),xlim=c(105,135))

Density_map<-SpatialPoints(expand.grid(x=cycle_dens$eval.points[,1], y=cycle_dens$eval.points[,2]))

Density_map<-SpatialPixelsDataFrame(Density_map,
                        data.frame(kde = array(cycle_dens$estimate, length(cycle_dens$estimate))))

group<-1:length(dataProjected)
mypolys<-lapply(group,
                function(x) {
                  tmp = !is.na(over(Density_map, dataProjected[x,]));
                  clipped_grid= Density_map[tmp[,1],];
                  clipped_grid
                })

df_density<-data.frame(x=numeric(0),y=numeric(0),kde=numeric(0))
for (i in group){
  df_density<-rbind(df_density,cbind(mypolys[[i]]@coords,mypolys[[i]]@data))
}

min_z<-min(df_density$kde)
max_z<-max(df_density$kde)
breaks_lines<-seq(min_z,max_z,by=(max_z-min_z)/20)

ggplot() +
  geom_raster(data=df_density,aes(x=x,y=y,fill=kde))+
  geom_contour(data=df_density,aes(x=x,y=y,z=kde),color="white",breaks=breaks_lines)+
```

```
    scale_fill_gradientn(colours=colormap)+
    geom_path(data=df_map, aes(x=long, y=lat, group=group),colour="black",size=0.25)+
    coord_cartesian()
```

二维插值等位地图，根据已有的坐标点及其数值，可以使用多项式回归插值、LOESS 局部回归插值、克里格（Kriging）空间插值[1]等方法得到某个区域或者整个区域内其他坐标点的数值，如图 11-8-2(d)和 11-8-3(b)所示。普通克里格插值方法可以使用 gstat 包的 krige()函数实现，以及通过一套模拟数据获得高程图（用来表示某一区域海拔高低的图表）。另外，geoR 包和 ields 包也提供了克里格插值方法。

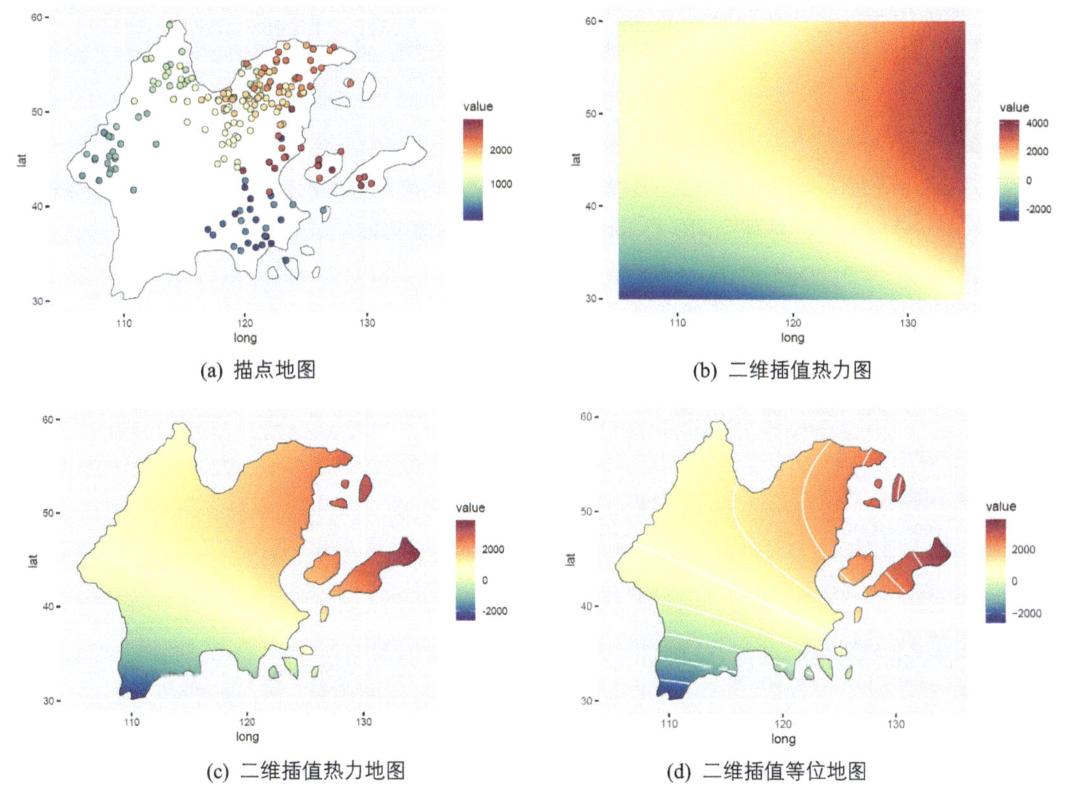

(a) 描点地图

(b) 二维插值热力图

(c) 二维插值热力地图

(d) 二维插值等位地图

图 11-8-2 多项式回归插值法：等位地图的实现过程

1 https://mgimond.github.io/Spatial/interpolation-in-r.html

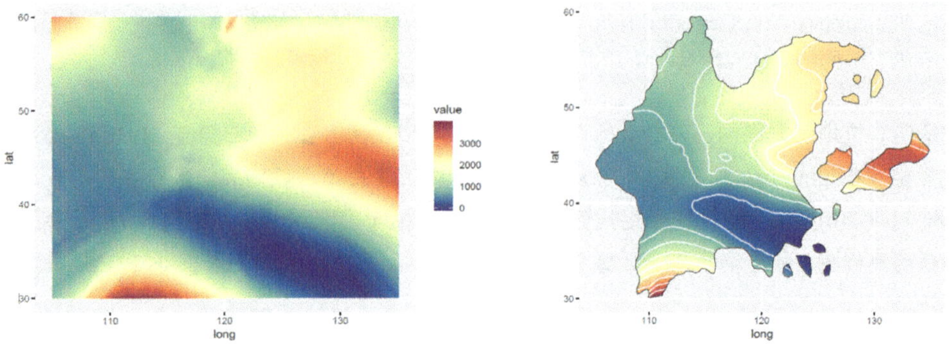

(a) 二维插值热力图　　(b) 二维插值等位地图

图 11-8-3　LOESS 局部回归插值法：等位地图的实现过程

技能　绘制二维插值等位地图

图 11-8-2(a)展示了散点的地理空间分布，散点的数值映射到颜色视觉通道。预先准备的数据集为 df_huouse，包含三列：地理空间坐标 long、lat 和对应数值 value。

```
library(rgdal)    #提供 readOGR()函数
library(ggplot2)
library(dplyr)
library(RColorBrewer)
library(reshape2)
colormap<-colorRampPalette(rev(brewer.pal(11,'Spectral')))(32)

dataProjected <- readOGR("Virtual_Map0.shp")
dataProjected@data$id <- rownames(dataProjected@data)
watershedPoints <- fortify(dataProjected)
df_map <- full_join(watershedPoints, dataProjected@data, by = "id")

df_huouse<-read.csv("Virtual_huouse.csv")
set.seed(12345)
df_huouse<-df_huouse[sample(1:nrow(df_huouse),200),1:3]
```

LOESS 局部回归插值　使用 loess()函数可以实现 LOESS 局部回归拟合，其中 span 为带宽，control = loess.control(surface = "direct")表示拟合数据可以延伸到现有数据的外面。expand.grid(long, lat)函数可以生成 long 和 lat 两个向量的网格数据框，然后使用 predict()函数预测网格数据框对应的数值矩阵，再使用 reshape2 包的 melt()函数将矩阵转换成数据框，最终构造成 SpatialPixelsDataFrame 类型的数据。

```
long_mar <-seq(105,135, 0.05)
lat_mar <- seq(30,60,0.05)
elev.loess <- loess(value ~ long * lat, df_huouse,span=0.3, control = loess.control(surface = "direct"))
```

```
elev.interp <- predict(elev.loess, expand.grid(long=long_mar,lat=lat_mar))
df_loessmap<-data.frame(matrix(elev.interp, nrow=length(long_mar),ncol=length(lat_mar)))
colnames(df_loessmap)<-lat_mar
df_loessmap$long<-long_mar
df_loessmap<-melt(df_loessmap,id.vars='long', variable.name ="lat",value.name = "value")
df_loessmap$lat<-as.numeric(as.character(df_loessmap$lat))
Interp_map<- SpatialPixelsDataFrame(SpatialPoints(df_loessmap[c('long','lat')]),
                                    data.frame(value = df_loessmap$value))
```

二次多项式回归插值 使用的拟合二次拟合函数为：$z=a+bx+cy+dx^2+ey^2+fxy$，其中 a、b、c、d、e、f 为要求取的参数，x 和 y 要输入的两个变量，使用 lm()函数就可以实现。与 LOESS 局部回归插值法不同的是，predict()函数返回的是向量，长度与输入的数据框的行数一样。但最终也需要将拟合数据构造成 SpatialPixelsDataFrame 类型的数据。

```
formula <- as.formula(value ~ lat + long + I(lat*lat)+I(long*long) + I(lat*long))
lm <- lm( formula, data=df_huouse)
grd<-expand.grid(long= long_mar, lat= lat_mar)
Interp_map<- SpatialPixelsDataFrame(SpatialPoints(grd), data.frame(value = predict(lm, newdata=grd)))
```

插值等位地图的实现 先使用!is.na(over())函数计算二维插值分布图和 SpatialPolygonsDataFrame 格式的地图的重合区域；然后使用 geom_raster()和 geom_contour()函数绘制热力图和等高线。

```
group<-1:length(dataProjected)
mypolys<-lapply(group,
                function(x) {
                  tmp = !is.na(over(Interp_map, dataProjected[x,]));
                  clipped_grid= Interp_map[tmp[,1],];
                  clipped_grid
                })

df_interp<-data.frame(x=numeric(0),y=numeric(0),value=numeric(0))
for (i in group){
  df_interp<-rbind(df_interp,cbind(mypolys[[i]]@coords,mypolys[[i]]@data))
}

min_z<-min(df_interp$value)
max_z<-max(df_interp$value)
breaks_lines<-seq(min_z,max_z,by=(max_z-min_z)/10)

ggplot() +
  geom_raster(data=df_interp,aes(x=long,y=lat,fill=value))+
  geom_contour(data=df_interp,aes(x=long,y=lat,z=value),color="white",breaks=breaks_lines)+
  scale_fill_gradientn(colours=colormap)+
  geom_path(data=df_map, aes(x=long, y=lat, group=group),colour="black",size=0.25)+
  coord_cartesian()
```

11.9 线型地图

线型地图，也可以看成是地图版的峰峦图，使用横向的线条或者带填充的面积绘制二维数据，可以展示一种波澜起伏、峰峦重叠的感觉，如图 11-9-1 所示。图 11-9-1(a)为单色线型地图，图 11-9-1(b)为颜色映射的线型地图。线型地图的数据结构是 *Y* 轴方向的数据间隔较大，而 *X* 轴方向的数据间隔较小；如果给定数据集的 *X* 轴方向数据间隔较大，有时候需要使用插值处理后，再绘制曲线。

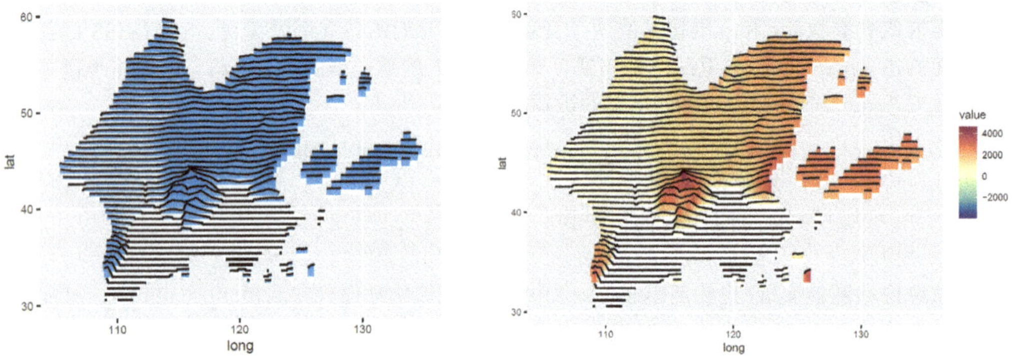

(a) 单色线型地图　　(b) 颜色映射的线型地图

图 11-9-1　线型地图

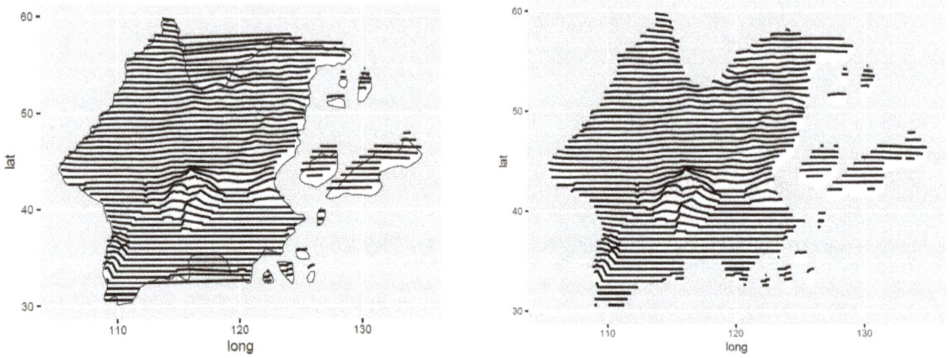

(a) 数据直接生成的线型地图　　(b) 数据调整后的线型地图

图 11-9-2　线型地图的演变

技能　绘制线型地图

linmap 包提供了 linmap()函数，可以直接绘制线型地图。但是这里，我们依旧使用 ggplot2 包绘制线型地图，这样有助读者理解其绘制原理。线型地图的数据使用二维核密度插值地图的数据，经度（*X* 轴方向）的步长为 0.05，纬度（*Y* 轴方向）的步长为 0.60，loess()函数的带宽（span）为 0.05。

```
long_steps<-0.05
lat_steps<-0.60
long_mar <-seq(105,135, long_steps)
lat_mar <- seq(30,60, lat_steps)
elev.loess <- loess(value ~ long * lat, df_huouse,span=0.05, control = loess.control(surface = "direct"))
elev.interp <- predict(elev.loess, expand.grid(long=long_mar,lat=lat_mar))
df_loessmap<-data.frame(matrix(elev.interp, nrow=length(long_mar),ncol=length(lat_mar)))
colnames(df_loessmap)<-lat_mar
df_loessmap$long<-long_mar
df_loessmap<-melt(df_loessmap,id.vars='long', variable.name ="lat",value.name = "value")
df_loessmap$lat<-as.numeric(as.character(df_loessmap$lat))
Interp_map<-SpatialPixelsDataFrame(SpatialPoints(df_loessmap[c('long','lat')]),
                                   data.frame(value = df_loessmap$value))
```

如果直接根据网格数据及其数值，使用 ggplot2 包的 geom_line()函数或者 ggalt 包的 geom_xspline()绘制线型地图，效果将会如图 11-9-2(a)所示。其问题在于有时候会出现间断的经度，也会使用直线连接，所以需要对数据根据经度数值的间断情况做判断处理，才能实现如图 11-9-2(b)所示的标准线型地图。图 11-9-1(b)所示的线型地图的具体代码如下所示：

```
library(ggalt) #提供 geom_xspline()光滑曲线函数

scale<-10
threshold1<-0.15
max_value<-max(df_loessmap$value)

p<-ggplot()+
  geom_polygon(data=df_map, aes(x=long, y=lat, group=group),fill='white',colour="NA",size=0.25)

for (i in group){
  df_region<-cbind(mypolys[[i]]@coords,mypolys[[i]]@data)
  df_region$height<-df_region$value/ max_value*scale
  df_region[df_region$height<threshold1,'height']<-0
  df_region$group<-i+runif(1,0,1)

  for (j in list_ sort(unique(df_region$lat),decreasing=TRUE)){
    df_temp<-df_region[df_region$lat==j,]

    if (nrow(df_temp)>2) {
      n<-1
      for (k in 1:(nrow(df_temp)-1)){
        if ((df_temp$long[k+1]-df_temp$long[k])>long_steps*1.1){
          df_temp$group[n:k]<-df_temp$group[n:k]+runif(1,0,1)/10
          n<-k+1
```

```
                }
            }
            p<-p+
                #geom_ribbon(data=df_temp,aes(x=long,ymin=lat,ymax=lat+height,group=group),fill="white")+
                geom_linerange(data=df_temp,aes(x=long,ymin=lat,ymax=lat+height, color=value),size=0.3,alpha=1)+
                geom_xspline(data=df_temp,aes(x=long,y=lat+height,group=group),
                                                spline_shape=-0.1,colour="black",size=0.8)
            }
        }
    }
p+scale_color_gradientn(colours=colormap)
```

11.10　点状地图

点状地图，就是将连续的地图离散成散点，如图 11-10-1 所示，往往是将散点（long, lat）的数值（value）映射到颜色和大小两个视觉通道。点状地图可以用于二维统计直方的地图展示，如图 11-10-1(b)所示。

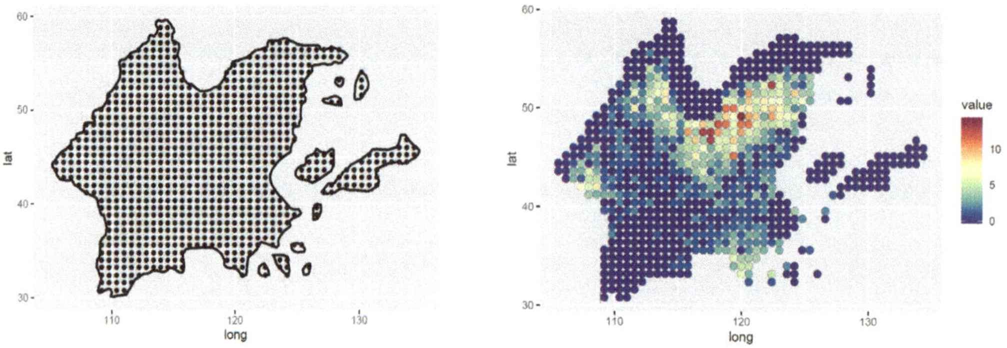

(a) 离散点状地图　　　　(b) 统计直方的点状地图

图 11-10-1　点状地图

技能　绘制点状地图

统计直方的点状地图其实就是先根据 expand.grid()的网格函数生成经纬度数据；再利用 findInterval() 函数求取二维统计直方图，将经纬度位置数据及其统计频数构造成 SpatialPixelsDataFrame 类型的数据；接着使用 !is.na(over()) 函数求取二维统计直方图和 SpatialPolygonsDataFrame 格式的地图的重合区域；最后使用 geom_point()函数就可以实现图 11-10-1(b)所示的效果。

```
library(rgdal)    #提供 readOGR()函数
library(ggplot2)
library(dplyr)
library(RColorBrewer)

colormap<-colorRampPalette(rev(brewer.pal(11,'Spectral')))(32)

dataProjected <- readOGR("Virtual_Map0.shp")
df_huouse<-read.csv("Virtual_huouse.csv")

long_mar <-seq(105,135, 0.6)
lat_mar <- seq(30,60, 0.8)
grd<-expand.grid(long=long_mar, lat= lat_mar)

df_freq0 <-as.data.frame(table(findInterval(df_huouse$long, long_mar,all.inside=TRUE),
                        findInterval(df_huouse$lat,lat_mar,all.inside=TRUE)))
df_freq0$long <- long_mar[df_freq0[,1]]
df_freq0$lat <- lat_mar[df_freq0[,2]]

df_freq0<-left_join(grd,df_freq0,by=c('long','lat'))
df_freq0[is.na(df_freq0$Freq),'Freq']<-0
freq_map<- SpatialPixelsDataFrame(SpatialPoints(df_freq0[c('long','lat')]), data.frame(value=df_freq0$Freq))

group<-1:length(dataProjected)
mypolys<-lapply(group,
                function(x) {
                  tmp = !is.na(over(freq_map, dataProjected[x,]));
                  clipped_grid= freq_map[tmp[,1],];
                  clipped_grid
                })
df_freq<-data.frame(long=numeric(0),lat=numeric(0),value=numeric(0))
for (i in group){
  df_freq<-rbind(df_freq,cbind(mypolys[[i]]@coords,mypolys[[i]]@data))
}

ggplot() +
  geom_point(data=df_freq,aes(x=long,y=lat,fill=value),size=3,shape=21,stroke=0.1)+
  scale_fill_gradientn(colours=colormap)
```

三维柱形地图

三维柱形地图（long, lat, value）可以使用柱形高度表示地理位置（long, lat）的数值（value），如图 11-10-2 所示。三维柱形图可以看成是点状地图的三维展示。图 11-10-3 展示了 2000 年北京、上海、广州三个大城市的人口分布情况。

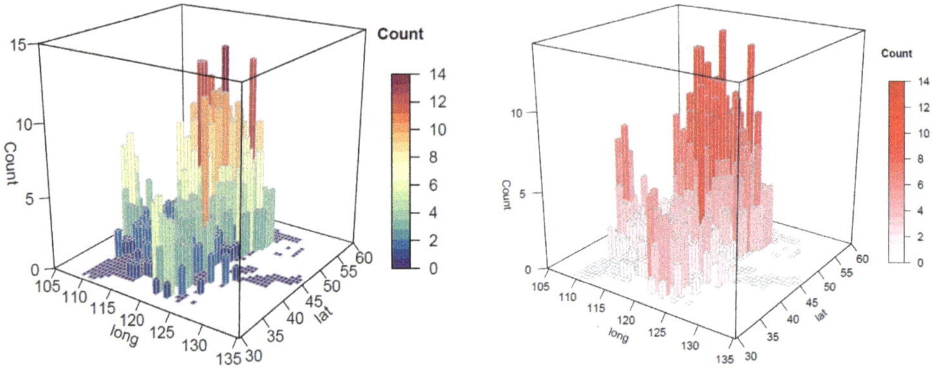

(a) Spectral 多色渐变系　　(b) 单色渐变系

图 11-10-2　三维柱形地图

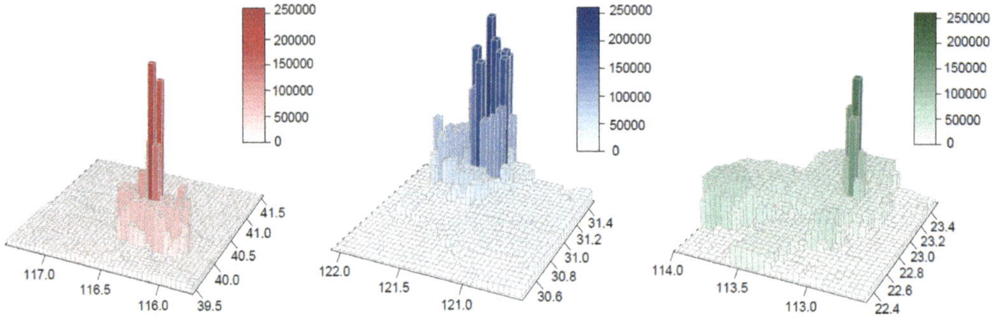

(a) 北京　　(b) 上海　　(c) 广州

图 11-10-3　人口密度三维柱形图

技能　绘制三维柱形地图

根据图 11-10-1 的点状地图网格数据 grd 和频数数据 df_freq，使用 lattice 包的 cloud()函数和 plot3D 包的 hist3D()函数都可以绘制三维柱形图，推荐使用单色渐变系作为颜色主题，如图 11-10-2(b)所示，其具体代码如下所示。另外，rayshader 包提供了 plot_gg()函数，可以直接将 ggplot2 包绘制的二维图表转变成三维，并且可以交互操作，更加炫丽。

```
library(plot3D)
library(reshape2)
df_freq1<-left_join(grd,df_freq,by=c('long','lat'))
z<- dcast(df_freq1[c('long','lat','value')],long~lat)
rownames(z)<-z$lat
cols<-colorRampPalette(c("#F7FBFF", "red"))(20)
```

```
pmar <- par(mar = c(5.1, 4.1, 4.1, 6.1))
hist3D(x=long_mar,y=lat_mar,z=as.matrix(z[,2:ncol(z)]),
        col = cols, border = "black",space=0,alpha = 1,lwd=0.1,
        xlab = "long", ylab = "lat",zlab = "Count", clab="Count",
        ticktype = "detailed",bty = "f",box = TRUE,
        theta = 35, phi = 20, d=3,
        colkey = list(length = 0.5, width = 1))
```

11.11　简化示意图

分级统计地图最大的问题在于数据分布和地理区域大小的不对称。由于各等级（如省份、国家等）的面积大小不一样，但是这又与展示的数据大小无关，这种数据的不对称容易造成用户对数据的错误理解，不能很好地帮助用户准确地区分和比较地图上各个分区的数据值，导致面积小的省份可能在地图上难以识别。我们可以在尽量保证地理区域的相对位置一致的情况下，将各等级地理区域统一大小，使用六角形、矩形或者圆圈代替，如图 11-11-1 所示为不同类型的简化示意图。

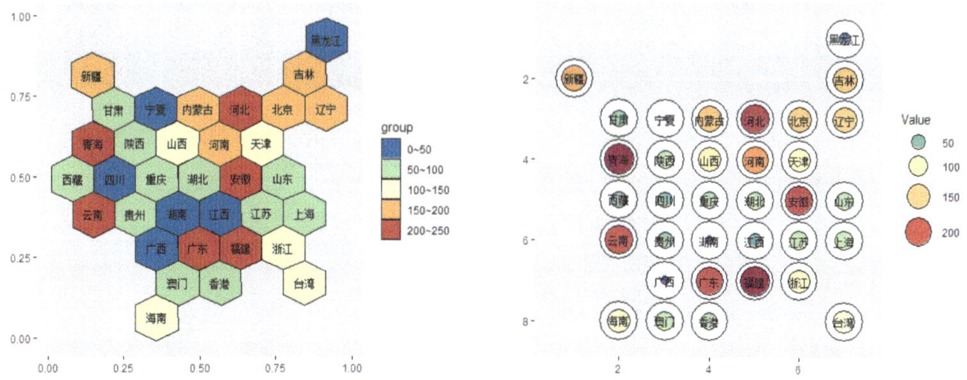

(a) 矩形　　(b) 圆圈

图 11-11-1　分级统计的简化示意图

技能　绘制简化示意图

图 11-11-2 (a)和图 11-11-2(b)所示的简化示意图，数据如图 11-11-3(a)所示，主要包括矩形或圆圈的位置信息(row,col)以及对应的省份拼音（name）和中文名（code），使用 ggplot2 包的 geom_tile() 和 geom_point()函数就可以分布实现矩形或圆圈型简化示意图，具体代码如下所示：

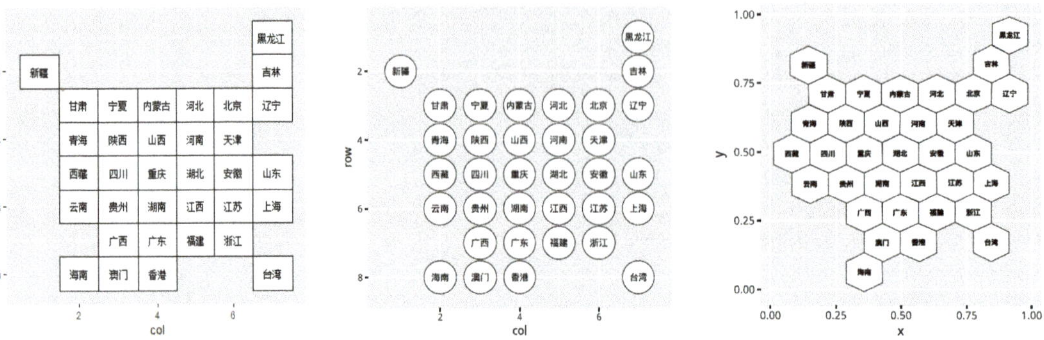

(a)矩形　　(b) 圆圈　　(c)六角形

图 11-11-2　简化示意图

	row	col	name	code
1	1	7	heilongjiang	黑龙江
2	2	1	xinjiang	新疆
3	2	7	jilin	吉林
4	3	2	gansu	甘肃
5	3	3	ningxia	宁夏
6	3	4	neimenggu	内蒙古
7	3	5	hebei	河北
8	3	6	beijing	北京
9	3	7	liaoning	辽宁
10	4	2	qinghai	青海

(a) 矩形和圆圈

	id	x	y	Province	Centerx	Centery
1	1	0.91578947	0.9906191	黑龙江	0.9160902	0.9348700
2	2	0.98526316	0.9643527	黑龙江	0.9160902	0.9348700
3	3	0.98526316	0.8874296	黑龙江	0.9160902	0.9348700
4	4	0.91368421	0.8555347	黑龙江	0.9160902	0.9348700
5	5	0.84842105	0.8893058	黑龙江	0.9160902	0.9348700
6	6	0.84842105	0.9662289	黑龙江	0.9160902	0.9348700
7	7	0.91578947	0.9906191	黑龙江	0.9160902	0.9348700
8	1	0.84421053	0.8893058	吉林	0.8448120	0.8292683
9	2	0.91368421	0.8555347	吉林	0.8448120	0.8292683
10	3	0.91578947	0.7823640	吉林	0.8448120	0.8292683

(b) 六角形

图 11-11-3　简化示意图的绘图数据

```
library(ggplot2)
df_point<-read.csv("China_Grid.csv",stringsAsFactors=TRUE)
#图 11-11-2(a)矩形
ggplot(data= df_point,aes(x=col,y=row))+
    geom_tile(colour="black",size=0.1,fill="white")+
    geom_text(aes(label=code),size=3)+
    xlim(0.5,7.5)+
    scale_y_reverse(limits =c(8.5,0.5))

#图 11-11-2(b)圆圈
ggplot(data= df_point,aes(x=col,y=row))+
  geom_point(shape=21,colour="black",size=14,fill="white")+
  geom_text(aes(label=code),size=3)+
  xlim(0.5,7.5)+
  scale_y_reverse(limits =c(8.5,0.5))
```

简化六角形地图的绘图数据如图 11-11-3(b)所示，主要包括每个六角形六个顶点的位置坐标(x, y)，以及对应的身份名称（Province），还包括每个六角形的中心位置坐标（Centerx,Centery），使用 ggplot2 包的 geom_polygon()函数就可以绘制六角形。图 11-11-2(c)的具体代码如下所示：

```
#图 11-11-2(c)六角形
df_hexmap<-read.csv("ChinaMap.csv",stringsAsFactors=FALSE)
ggplot()+
  geom_polygon(data= df_hexmap, aes(x=x, y=y, group=Province), fill="white", colour="black",size=0.25)+
  geom_text(data= df_hexmap, aes(x=Centerx, y=Centery-0.01, group=Province,label=Province),size=2)
```

另外，R 语言 geogrid 包[1]的 calculate_grid()函数可以将实际不同级别的行政区域，转换成相应的六角形或者方形示意图。

连续型的 Cartogram 六角形示意图 将之前的连续型 Cartogram 示意图生成算法，应用到六角形示意图，如图 11-11-4 所示。

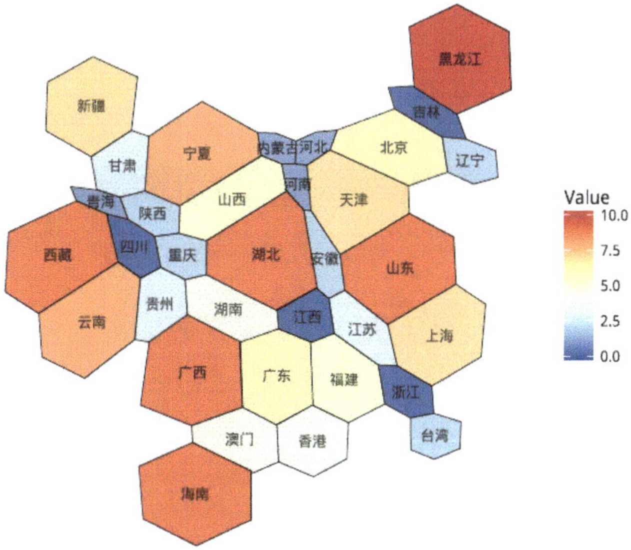

图 11-11-4　连续型的 Cartogram 六角形示意图

网格分面示意图 网格分面示意图能在保持地理位置信息尽量不变的情况下，将每个省份或者县市的数据采用分面的方法展示。最开始这种图表来源于 R 中的 geofacet 包。它可以在尽量保持各区域的展示位置与实际地理位置一致的情况下，用分面的方法展示每个区域的数据变化情况，图 11-11-5 分别展示了美国和中国每个州或者省的数据分布情况。

1 geogrid 包的 Github 网站：https://github.com/jbaileyh/geogrid

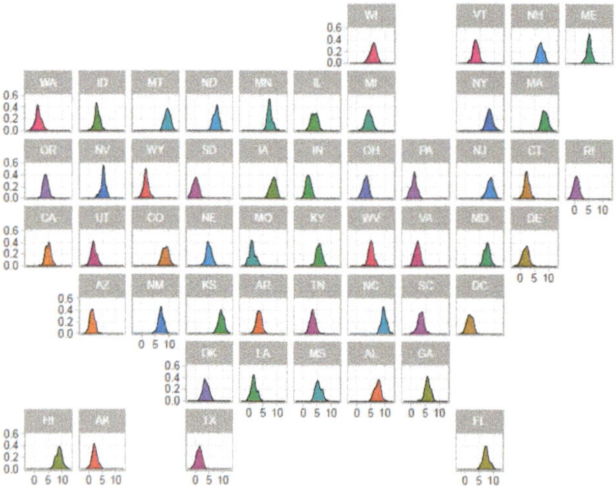

(a) 美国

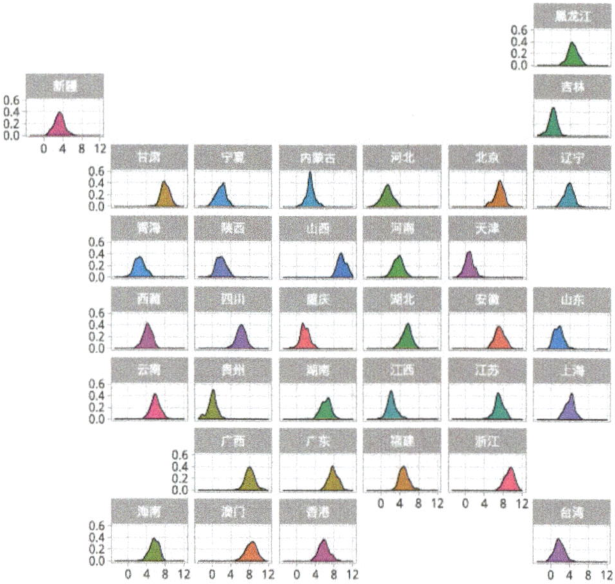

(b) 中国

图 11-11-5　网格分面示意图

技能 网格分面示意图

R 中 geofacet 包的 facet_geo()函数可以将一系列的子图表按地理空间位置放置展示。但是要先提供子图表的地理空间位置数据信息。图 11-11-5(b)的具体实现代码如下所示：

```
library(geofacet)
library(ggplot2)
library(plyr)
Griddata<-read.csv("China_Grid.csv",stringsAsFactors=TRUE)
sdata<-read.csv("Province_data.csv",stringsAsFactors=TRUE)
colnames(sdata)<-c("code","value")
mydata<-join(x=Griddata,y=sdata,by=c("code"))
ggplot(mydata, aes(x=value,fill=code)) +
  geom_density(alpha=1,colour="black",size=0.25)+
  facet_geo(~ code,grid=Griddata)+
  theme_light()+
  theme(legend.position = "none",
          panel.grid.minor =element_blank())
```

11.12　邮标法

在地图三维数据（long，lat，value）的基础上，常常再添加一个维度：时间变量（time），这样就需要邮标法，即用分面的方法展示地理空间数据，如图 11-12-1 所示。也可以添加一个不同类变量的维度，如图 11-12-2 所示。

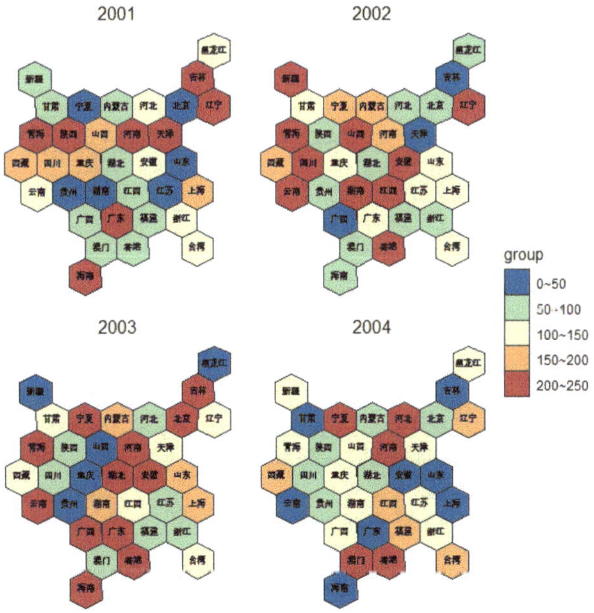

图 11-12-1　邮标法的网格分面示意图

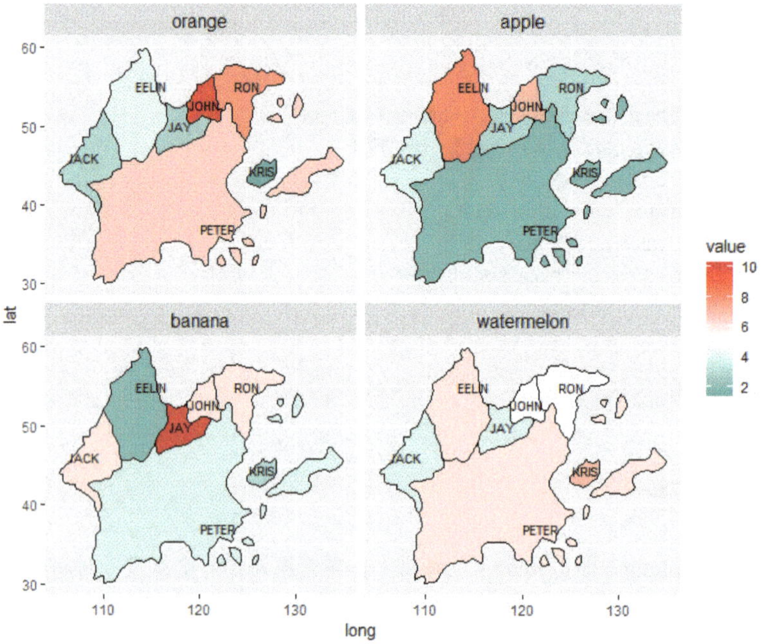

图 11-12-2 邮标法的等级统计示意图

技能 邮标法的等级统计示意图

邮标法的地图数据需要将地图数据 df_map 和城市数据 df_city 融合后，再使用 melt()函数将二维表变成一维表，最后使用 ggplot2 的分面函数 facet_wrap()或者 facet_grid()实现。图 11-12-2 邮标法的等级统计地图的具体实现代码如下所示：

```
library(rgdal)    #提供 readOGR()函数
library(ggplot2)
library(dplyr)
library(RColorBrewer)
library(reshape2)

dataProjected <- readOGR("Virtual_Map1.shp")
dataProjected@data$id <- rownames(dataProjected@data)
watershedPoints <- fortify(dataProjected)
df_map <- full_join(watershedPoints, dataProjected@data, by = "id")

df_city<-read.csv("Virtual_City.csv")

df <- left_join(df_map[c('country','long','lat','group')], df_city[c('country','orange','apple','banana','watermelon')], by =
"country")
```

```
df_melt<-melt(df,id.vars = c('country', 'group','long','lat'))
#双色渐变系颜色主题
ggplot()+
  geom_polygon(data=df_melt, aes(x=long, y=lat, group=group,fill=value),colour="black",size=0.25)+
  geom_text(data=df_city,aes(x=long, y=lat, label=country),colour="black",size=3)+
  scale_fill_gradient2(low="#00A08A",mid="white",high="#FF0000",
                       midpoint = mean(df_city$orange))+
  facet_wrap(~variable)+
  theme(strip.text = element_text(size=12))
```

11.13　地铁线路图

随着科技的发展，地铁越来越普及。房价、商铺的数据信息都与地铁线路及地铁站有很大的关联，所以地铁线路图越来越重要。

根据 Curbed 的数据，上海和北京是地铁系统增长规模最大的两个城市，有着庞大、覆盖密度极高的地铁网，如图 11-13-1 所示。其年客运量分别为 20 亿人和 18.4 亿人，与之对比，纽约的年客运量仅为 16 亿人。多瓦克还为北京和上海单独做了一张 30 年地铁发展图。

图 11-13-1　北京和上海的地铁线路简化图

这是公共交通狂人和设计师皮特·多瓦克（Peter Dovak）再次带来的惊艳作品，这一次他将中国 30 年的地铁发展视觉化。20 世纪 90 年代之前，北京、香港和天津，三个城市分别在 1969 年、1979 年和 1984 年运营了第一条地铁线路，其中天津的第一条地铁现已拆除重建，这一细节也在多瓦克的图中体现出来。

11.13.1 示意地铁线路图的绘制

要想获得地铁线路数据信息，可以使用前面介绍的数据拾取工具。先从网上下载相应的地铁线路图片，如图 11-13-2 所示；然后使用数据拾取工具拾取数据。需要拾取两个方面的数据：（1）地铁站的坐标位置信息；（2）地铁线路的位置信息。根据得到的数据，可以绘图得到深圳市示意地铁线路图如图 11-13-3 所示。

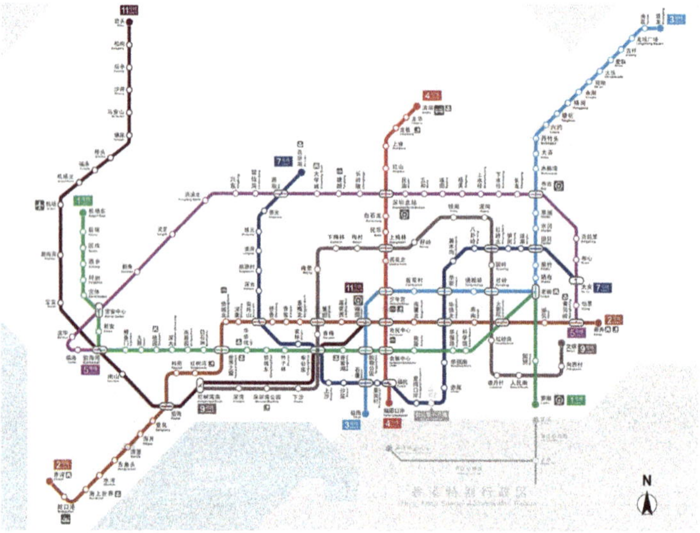

图 11-13-2 深圳市地铁线路图

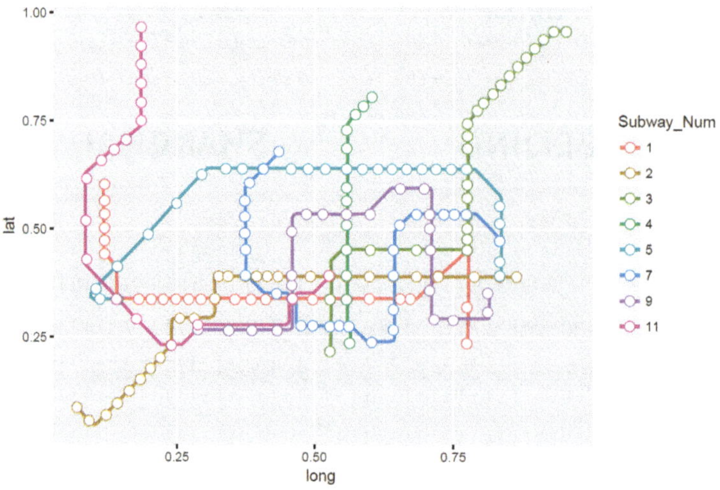

图 11-13-3 深圳市示意地铁线路图

技能　绘制深圳市示意地铁线路图

地铁线路图的数据信息可以通过 GetData 和 Excel 插件 EasyShu 等的数据拾取功能从深圳市地铁线路图的图片中拾取数据信息，包括地铁线路（如图 11-13-4(a)所示）和地铁站绘图坐标(x, y)（如图 11-13-4(b)所示）。可以在 R 中分别使用包 ggplot2 的 geom_point()和 geom_path()两个函数绘制地铁线路和地铁站。图 11-13-3 的具体实现代码如下：

```
library(ggplot2)
mydata_station<- read.csv("深圳地铁线路图_Station.csv", header=T,sep=",")
mydata_Path<- read.csv("深圳地铁线路图_Path.csv", header=T)
mydata_Path$Subway_Num<-factor(mydata_Path$Subway_Num)
mydata_station$Subway_Num<-factor(mydata_station$Subway_Num)

ggplot()+
  geom_path (data=mydata_Path,aes(x=x,y=y,group=Subway_Num,colour=Subway_Num),
                                    size=1,linejoin = "bevel", lineend = "square")+
geom_point(data=mydata_station,aes(x=x,y=y,group=Subway_Num,colour=Subway_Num),
                                    shape=21,size=3,fill="white")
```

11.13.2　实际地铁线路图

现在世界各地的地铁线路图都是根据 1932 年伦敦地铁线路图设计的。这张标志性的伦敦地铁线路图由工程师 Harry Beck 设计，除了每条线路一个颜色，设计重点在于全图只有 90 度和 45 度角，均衡各站点距离，以便查找使用。该图放弃了和实际地理位置的准确对应，而只是大致反映。所以我们平时看到的地铁站的地铁线路图不是实际的地铁线路，而是设计的示意路线。我们做数据分析时还需要得到实际的地铁线路的经纬坐标位置。

实际地铁线路图的数据，可以先从网上下载各个地铁站的名称以及对应的站号，再使用 Python 语言根据地铁站名，在高德地图自动查找对应的地理经纬坐标（long, lat），如图 11-13-4(b)所示。使用 R 中 ggmap 包的 get_map()函数获取深圳市（shenzhen）的地图，再使用包 ggplot2 的 geom_point()和 geom_path()两个函数绘制地铁线路和地铁站，效果如图 11-13-5 所示。

地铁线路绘图坐标

	A	B	C
1	Subway_Num	x	y
2	1	0.775424	0.23855
3	1	0.776836	0.320611
4	1	0.776836	0.454198
5	1	0.727401	0.395038
6	1	0.685028	0.340603
7	1	0.675141	0.340603
8	1	0.559322	0.340603
9	1	0.45904	0.340603
10	1	0.322034	0.340603
11	1	0.141243	0.339695
12	1	0.141243	0.375954
13	1	0.139831	0.414122
14	1	0.118644	0.446565
15	1	0.117232	0.603053
16	2	0.865819	0.391221
17	2	0.834746	0.391221
18	2	0.725989	0.391221

(a) 示意地铁线路数据

地铁站地理坐标　地铁站绘图坐标

	A	B	C	D	E	F
1	Station_Title	Subway_N	long	lat	x	y
2	罗湖	1	114.1187	22.53208	0.773876	0.236641
3	国贸	1	114.1189	22.53968	0.773876	0.320611
4	老街	1	114.1169	22.54423	0.773876	0.45229
5	大剧院	1	114.1078	22.5418	0.723315	0.39313
6	科学馆	1	114.0949	22.54062	0.672753	0.339695
7	华强路	1	114.0851	22.54046	0.654494	0.339695
8	岗厦	1	114.0682	22.53485	0.598315	0.339695
9	会展中心	1	114.0611	22.53477	0.557584	0.337786
10	购物公园	1	114.0546	22.53466	0.52809	0.337786
11	香蜜湖	1	114.0386	22.53889	0.497191	0.337786
12	车公庙	1	114.0258	22.53625	0.460674	0.337786
13	竹子林	1	114.0139	22.53336	0.411517	0.337786
14	侨城东	1	113.9967	22.53241	0.384831	0.337786
15	华侨城	1	113.9854	22.53349	0.356742	0.337786
16	世界之窗	1	113.9742	22.5369	0.320225	0.337786
17	白石洲	1	113.967	22.5396	0.294944	0.337786
18	高新园	1	113.9538	22.54024	0.272472	0.337786
19	深大	1	113.9442	22.53867	0.248596	0.337786

(b) 实际与示意地铁站的位置信息

图 11-13-4　实际与示意地铁线路图的数据信息

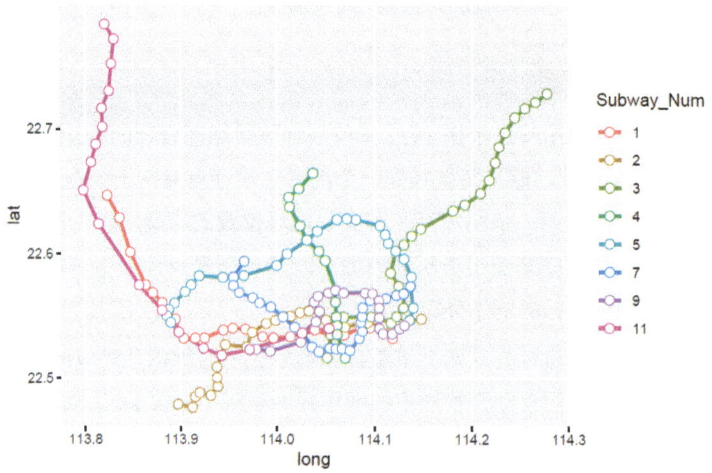

图 11-13-5　深圳市实际地铁线路图

11.13.3　地铁线路图的应用

根据示意和实际的地图线路图，我们可以做很多与地铁相关的数据分析与可视化，比如动态实时的地铁人流量、地铁站附近的人口总数分布、地铁线路的房价分布情况等。下面我们将以深圳市地铁线路的房价分布情况分析为例，讲解地铁线路图的应用。

在分析深圳市地铁线路的房价分布时，先要获得楼房的每平方米单价和地理位置等信息，我们可以使用链家网的售房数据信息：

（1）链家网一般提供了每套出售的二手房信息，如图 11-13-6 所示。我们可以在链家网获取两个关键的信息：楼房名称和每平方米单价。

（2）根据楼房名称，在高德地图中获得楼房具体的经纬坐标信息（long, lat）。

最终得到楼房数据信息如图 11-13-7 所示。如果将楼房以散点图的形式绘制在深圳实际地铁线路上，效果如图 11-13-8 所示。

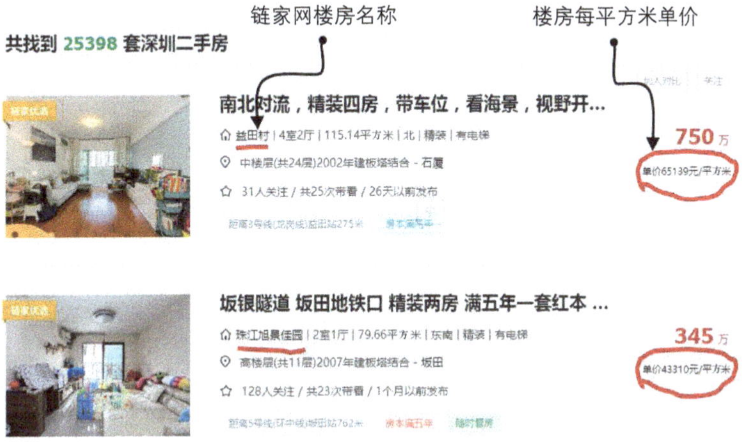

图 11-13-6　链家网页面信息

	A	B	C	D	E	F
1	lianjia_addressinfo	gaode_addressinfo	latitude	longitude	unit_price	unit_price
2	国展苑一期	国展苑	114.1187	22.59528	单价34204元/平方米	34204
3	万科四季花城一期	万科四季花城1期	114.0584	22.62515	单价52739元/平方米	52739
4	嘉葆润金座	嘉葆润金座	114.0478	22.52389	单价81760元/平方米	81760
5	THETOWN乐城	乐城(坳牌路)	114.2244	22.67595	单价44997元/平方米	44997
6	中海康城国际一期	温氏生鲜(中海康城	114.209	22.70999	单价41165元/平方米	41165
7	玉湖湾	玉湖湾	113.8488	22.57254	单价67595元/平方米	67595
8	泰华阳光海小区	泰华阳光海	113.8565	22.5725	单价70608元/平方米	70608
9	万象新天	万象新天	113.8495	22.60333	单价60513元/平方米	60513
10	泰安花园	泰安花园	113.8867	22.56533	单价43860元/平方米	43860
11	中熙香缇湾	香缇湾花园	113.859	22.57565	单价70029元/平方米	70029
12	中信红树湾南区	中信红树湾2期	113.9648	22.52587	单价103302元/平方米	103302
13	龙珠花园	龙珠花园	114.1246	22.6025	单价36593元/平方米	36593
14	金海湾花园	金海湾花园	114.0322	22.51984	单价68323元/平方米	68323
15	缤纷假日豪园	缤纷假日	113.9278	22.52041	单价66923元/平方米	66923
16	森雅谷润筑园	森雅谷	114.2281	22.67638	单价33568元/平方米	33568
17	凯伦花园	凯伦花园	114.0631	22.56537	单价44293元/平方米	44293
18	金汐府	骏泰金汐府	114.2911	22.72955	单价31377元/平方米	31377
19	诺德假日花园	诺德假日花园	113.9031	22.50989	单价91130元/平方米	91130

图 11-13-7　链家网爬取的售房数据信息

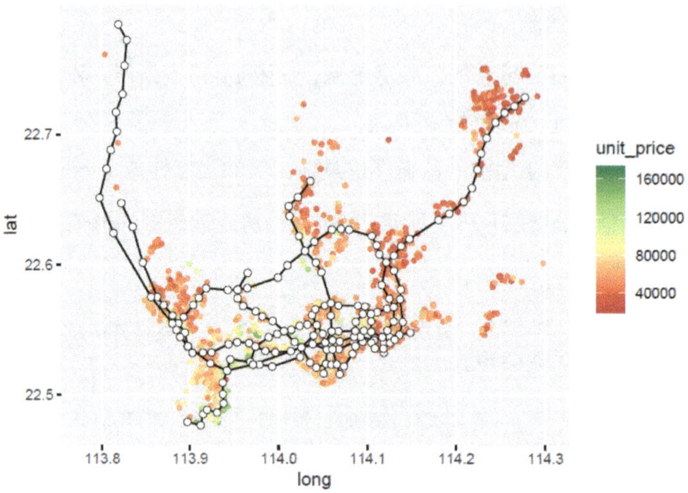

图 11-13-8 房价分布散点地图

```
mydata_house<- read.csv("ShenzhenHousing_Price_WithLocation.csv", header=T,sep=",")

ggplot()+
  geom_point(data=mydata_house,aes(x=longitude,y=latitude,colour=unit_price),shape=19,size=1,alpha=0.8)+
  geom_path (data=mydata_station,aes(x=long,y=lat,group=Subway_Num),
                                   size=0.5,linejoin = "bevel", lineend = "square")+
  geom_point(data=mydata_station,aes(x=long,y=lat),shape=21,size=2,fill="white",color='black',stroke=0.1)+
  scale_color_distiller(palette = 'RdYlGn',direction=FALSE)+
  xlab("long")+
  ylab("lat")
```

深圳市地铁房价分布图 根据地铁站地理坐标（long, lat），获得方圆 3km 内所知的二手房每平方米的价格，然后求取均值，即作为该地铁站的二手房均价数值（平方米）。已知地理空间坐标 P_1（$long_1,lat_1$）和 P_2（$long_2,lat_2$），就可以根据如下公式求取两点的实际距离 D:

$$D = \arccos(\sin(lat_1)\times\sin(lat_2) + \cos(lat_1)\times\cos(lat_2)\times\cos(long_1 - long_2))\times r_{earth}$$

其中，r_{earth} 为地球平均半径，具体数值为 6371.004 km，D 的单位为 km。我们可以根据如上公式依次判定每个地铁站与所有楼房的实际距离，然后筛选保留只离地铁站距离 3km 的楼房，并求取其均值作为该地铁站附近的每平方米单价，效果如图 11-13-9 所示。

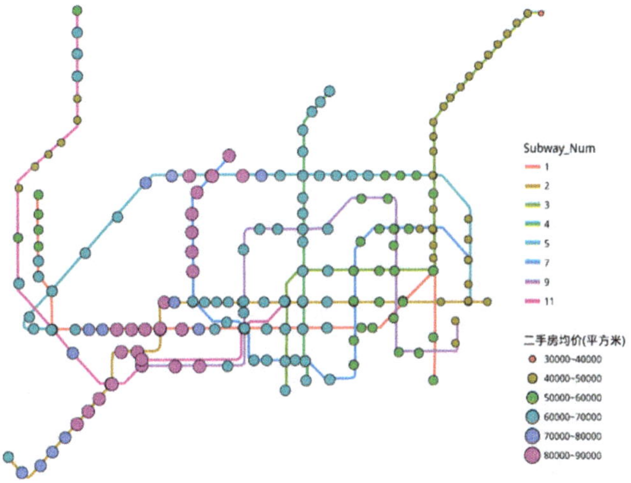

图 11-13-9　深圳市地铁线路房价分布图

技能　绘制地铁线路房价分布图

数据集 mydata_station 已经通过数据分析计算得到每个地铁站及其 3km 以内的二手房均价的数据 Unit_Price，然后根据 mydata_station，使用 ggplot2 的 geom_point()函数绘制地铁站坐标（x, y），并将圆圈大小（size）映射到房价均值；再根据 mydata_Path 使用 geom_path()函数绘制地铁线路图，图 11-13-9 的具体代码如下所示：

```
Price_max<-max(mydata_station$ Unit_Price)
Price_min<-min(mydata_station$Unit_Price)

mydata_station$Unit_Price2<-cut(mydata_station$Unit_Price,
breaks=c(0,30000,40000,50000,60000,70000,80000,90000,max(mydata_station$Unit_Price,na.rm=TRUE)),
labels=c(" <=30000","30000~40000","40000~50000","50000~60000",
"60000~70000","70000~80000","80000~90000"," >=90000"),order=TRUE)

ggplot()+
  geom_path (data=mydata_Path,aes(x=x,y=y,group=Subway_Num,colour=Subway_Num),
                                          size=1,linejoin = "bevel", lineend = "square")+
  geom_point(data=mydata_station,aes(x=x,y=y,group=Subway_Num2,size=Unit_Price2,fill=Unit_Price2),shape=21)+
  guides(fill = guide_legend((title="二手房均价(平方米)")), size = guide_legend((title="二手房均价(平方米)")))+
  theme_void()+
  theme(legend.position = "right")
```

伦敦地铁线路图的故事

图 11-3-10 所示的这张标志性的地铁线路图于 1931 年由 Harry Beck 设计，现在世界各地的地铁线路图大多由该地铁线路图衍生而来。而实际上，在这张著名的地铁线路图出现之前，人们也曾设计过许多地铁线路图。

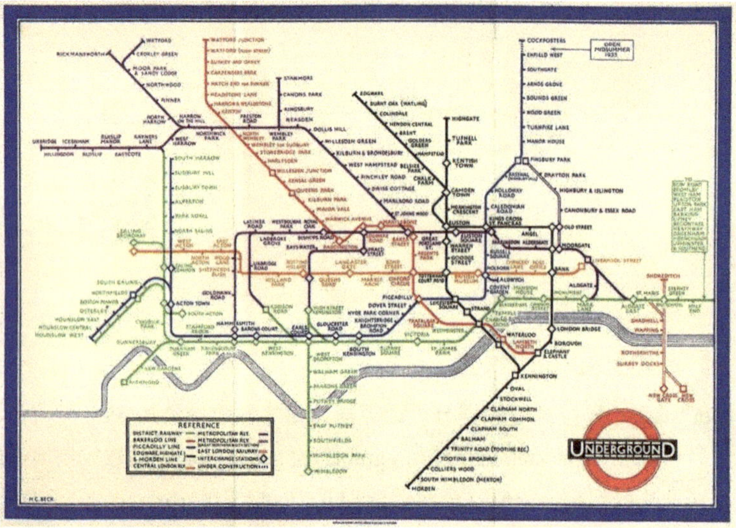

图 11-13-10　伦敦地铁线路图[1]

1863 年，伦敦地铁第一次通车。在之后的几十年中，数条地铁路线出现，并且纵横交错。但由于私营企业的运营，地铁线路图也随之变得复杂混乱，这与如今的标志性地铁线路图大为不同。地铁线路分布之广让线路图的制作非常困难。即便在伦敦市中心，站与站之间的距离也大相径庭。比如考文特花园站和莱斯特广场站仅隔 200 米，而国王十字站和法林顿站却相隔 1.85 千米。

1925 年，一位名叫 Harry Beck 的工程绘图师加入伦敦地铁的绘图队伍，并于 1931 年发明了新的线路设计图。但是，当 Beck 向地铁管理部门初次展示他的设计时，地铁管理部门却对此表示怀疑。Beck 设计的地铁线路呈水平、垂直或对角线延伸。摆脱了真实地理比例局限，地铁线路图如同一个电路图，又像是一幅蒙德里安风格的绘画。Beck 认为，实际的距离并不是特别重要，乘客们只需要知道他们应该要在哪里上车和下车就可以了。1932 年，在少数站点尝试性地印发了 500 份 Beck 的线路图后，在 1933 年又印发了 70 万份线路图。一个月内又重印了再发了一遍，这表明线路图十分受人们的喜欢。逐渐地，这张图不仅成为伦敦市民和游客的工具，其自身设计也颇受人们喜爱。

---

1 图片来源：https://en.wikipedia.org/wiki/Harry_Beck#/media/File:Beck_Map_1933.jpg

第 12 章

论文中学术图表的升级技能

12.1 图片的截取与处理软件

12.1.1 常见截图软件

（1）FastStone Capture（见图 12-1-1）

FastStone Capture[1]是一款抓屏工具，其体积小巧、功能强大。不但具有常规截图等功能，更有从扫描器获取图像和将图像转换为 PDF 文档等功能。尤其值得称赞的是，在截图后，其自带的“图像查看/编辑器”功能强大，可以满足截图后对图像的各种标注、裁切调节等需求，其功能不亚于 Windows 的 Paint 软件。而且从 7.0 版本开始，FastStone Capture 还加入了屏幕录像功能，质量堪比专业屏幕录像软件，是 Windows 中必备的扩展助手。

图 12-1-1 软件图标

笔者最喜欢使用这个软件的原因是截图后保存图片时，图片的分辨率可以设定成 96 ~ 600 dpi，这是很多其他截图软件没有的特点，很多论文对图片的分辨率要求都至少在 300 dpi 以上。

（2）ACDsee（见图 12-1-2）

ACDsee[2]是非常流行的看图工具之一。它提供了良好的操作界面，简单人性化的操作方式，优质的快速图形解码方式，支持丰富的图形格式，强大的图形文件管理功能，等等。其中，它还有一个很强大的截图功能。使用该截图软件截图后是不改变图片的分辨率的，而其他截图软件一般会改变图片的分辨率。

图 12-1-2 软件图标

打开 ACDsee，在菜单栏选择“工具 → 屏幕截图”命令，在弹出的对话框中设置“来源”和“目标”，单击“开始”按钮，同时按下 Ctrl + Shift + P 组合键，截取图片，最后单击“保存”按钮。注意保存的时候一定要设置好图片的格式和分辨率。

12.1.2 图片处理软件

在论文中，需要把图表另存为一定分辨率和格式的图片，再插入文档中。有时候需要调整图片的大小、分辨率和格式以满足期刊的投稿要求。下面主要介绍三种常用的图片编辑处理软件：Photoshop、Adobe Illustrator 和 Paint。

图 12-1-3 软件图标

（1）Photoshop（见图 12-1-3）

Photoshop[1]（简称 PS）主要处理由像素所构成的数字图像。使用其众多

1 FSCapture 官方网站：http://www.faststone.org/FSCapturerDownload.htm

2 ACDsee 官方网站：http://www.acdsystems.com/

的编修与绘图工具，可以有效地进行图片编辑工作。Photoshop 有很多功能，在图像、图形、文字、视频、出版等各方面都有涉及。Photoshop 的专长在于图像处理，而不是图形创作。图像处理是对已有的位图图像进行编辑加工处理，以及运用一些特殊效果，其重点在于对图像的处理加工；图形创作是按照自己的构思、创意，使用矢量图形等来设计图形。

（2）Adobe Illustrator（见图 12-1-4）

Adobe Illustrator[2]是一种应用于出版、多媒体和在线图像的工业标准矢量插画的软件，作为一款非常好的矢量图形处理工具，Adobe Illustrator 广泛应用于印刷出版、海报书籍排版、专业插画、多媒体图像处理和互联网页面的制作等。

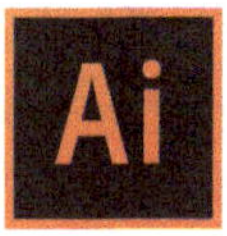

图 12-1-4 软件图标

Adobe Illustrator 是设计业界的标准。《纽约时报》中送印的每一幅图表都是在 Illustrator 中创建或编辑的。Illustrator 被广泛用于印刷是因为它处理的是矢量图，而非像素图。这意味着你可以将图片无限放大，而不会损失显示质量。相对地，如果你放大的是低分辨率的照片（照片都是由固定数量的像素组成），那么就会发现图片出现严重的失真。

另外，VectorTuts[3]网站提供了大量 Illustrator 的简明使用教程。

（3）Paint（见图 12-1-5）

毕竟前面两款图像处理软件的操作界面复杂，尤其是新手会感觉难以上手。另外，有时候简单的图片编辑处理根本没必要使用到这些高级软件，颇有点“杀鸡焉用牛刀”，所以笔者给大家推荐一款 Windows 系统自带的图像处理软件：Paint（画图）。“画图”程序是一个位图编辑器，可以对各种位图格式的图画进行编辑，用户可以自己绘制图画，也可以对扫描的图片进行编辑修改，在编辑完成后，可以以 BMP、JPG、GIF 等格式存档，用户还可以发送到桌面或其他文档中。

图 12-1-5 软件图标

当用户要使用画图工具时，可单击“开始”按钮，再单击“所有程序→附件→画图”命令，这时用户可以进入“画图”界面。

12.2　论文中学术图表的规范与调整

会议文章对图片质量的要求比较低，一般投稿后基本都没有修改的机会，而期刊文章对图片质

1 Photoshop 中国官方产品页面：http://www.adobe.com/cn/products/cs6/photoshop.html

2 Adobe Illustrator 官方产品页面：http://www.adobe.com/products/illustrator/。

3 VectorTuts 的官网：http://vectortuts.com

量的要求相当高，可能来回改几次才能满足要求。如果论文投稿前就达到了较高的质量，相信修改时会轻松很多。

以 *Nature* 期刊为例，进入作者的投稿主页(submit manuscript)，然后单击“instructions for authors”，就可以进入作者的投稿指南页面，其中就有对图表 (figure) 投稿的要求，包括基本图表要求 (general figure guideline) 和终稿图表要求 (final figure submission guideline) 两个部分，如表 12-2-1 所示。

这里所说的图片包括两种类型：①使用设备或者仪器拍摄采集的图片，包括显微镜、扫描仪及摄像机等所拍照片；②由数据先绘制成图表，再导出生成的图片，主要包括各种点线图、柱形图、饼图和各种统计图等。

通过总结分析发现，该图表规范主要涉及图表的设计、图片的格式、分辨率、颜色模型、尺寸等。我们下面分别对论文中学术图表（以下简称论文图表）的基本规范进行讲解。

> **注意** 对于拍照的图片，由于该照片拍过后可能会无法再重复拍摄，因此一定要在刚开始时就拍成高清的，保证原始图片的高分辨率，以免因为图片质量不行而重复实验。另外，必要的话，把每张图片拍成 TIFF 和 JPG 两种格式（以防部分期刊的特殊要求）。

> **注意** 没有图片著作权持有者的许可，请不要擅自使用他人或者自己以前发表的图表。如果文章中含有已经发表过的图表，必须获得著作权持有者（通常是出版社）的许可，并说明图表的来源。

表 12-2-1 *Nature* 投稿指南（instructions for author）中图表的基本规范

Figure	图表	要点
General Figure Guideline	**基本图表要求**	**首次投稿要点**
1. Use distinct colors with comparable visibility and consider colorblind individuals by avoiding the use of red and green for contrast. Recoloring primary data, such as fluorescence images, to color-safe	1. 使用具有明显差异性的颜色，考虑到色盲个体，要避免使用红色和绿色。对原始数据重新上色，如荧光图像，强烈推荐安全的颜色组合，如绿色和品红、蓝绿色和红色、黄色	图表颜色
combinations such as green and magenta, turquoise and red, yellow and blue or other accessible color palettes is strongly encouraged. Use of the rainbow color scale should be avoided.	和蓝色或者其他可获得的调色板。尽量避免使用“rainbow”的颜色主题	
2. Use solid color for filling objects and avoid hatch patterns.	2. 使用单色填充对象，同时避免使用阴影图案	图表填充
3. Avoid background shading.	3. 避免背景阴影	图表背景

续表

Figure	图表	要点
4. Figures divided into parts should be labeled with a lower-case, boldface 'a', 'b', etc in the top left-hand corner. Labeling of axes, keys and so on should be in 'sentence case' (first word capitalized only) with no full stop. Units must have a space between the number and the unit, and follow the nomenclature common to your field.	4. 要在分成多个部分的图表左上角打上小写字母，黑体的标签：'a', 'b'等。坐标轴标签、人名等句子的首字母大写（仅仅第一个字母大写），且该句末不需要句号。在数字和单位之间必须有一个空格，并要遵循你的专业领域的习惯命名法	图名标注
5. Commas should be used to separate thousands.	5. 使用逗号隔离千位数字	数字
6. Unusual units or abbreviations should be spelled out in full, or defined in the legend.	6. 不常用的单位或简写应该拼写全称，或者在说明中定义	单位与简写
Final Figure Submission Guideline	**终稿图表要求**	**终稿出版要点**
1. Images should be saved in RGB color mode at 300 dpi or higher resolution.	1. 图片应该以 300 dpi 以及以上的 RGB 颜色格式保存	图片颜色模式与分辨率
2. Use the same typeface (Arial, Helvetica or Times New Roman) for all figures. Use symbol font for Greek letters.	2. 所有图表使用相同的字型（Arial, Helvetica or Times New Roman）。用希腊字母表示符号字体	图表字体
3. We prefer vector files with editable layers. Acceptable formats are: .ai, .eps, .pdf, .ps, .svg for fully editable vector-based art; layered .psd or .tiff for editable layered art; .psd, .tif, .jpeg or .png for bitmap images; .ppt if fully editable and without styling effects; ChemDraw (.cdx) for chemical structures.	3. 我们更喜欢可编辑的矢量文件。可接受的格式包括：可编辑的矢量文件 AI、EPS、PDF、PS、SVG，以及 PSD 或者 TIFF；用于位图的 PSD、TIF、JPEG 或 PNG，没有格式影响和完全可编辑的 PPT，化学结构的 ChemDraw（CDX）	图片格式类型
4. Figures are best prepared at the size you would expect them to appear in print. At this size, the optimum font size is 8pt and no lines should be thinner than 0.25 pt (0.09 mm).	4. 图表的尺寸最好设定成你想展示在印刷期刊上的大小。在这个大小下，最佳的字体大小为 8 磅，所有线条应该不小于 0.25 磅（0.99mm）	图片尺寸、字体大小、线条宽度

12.2.1　图片的格式与转换

好多读者会说："我比较喜欢使用 JPEG 或者 JPG 的图片。"但是这种做法并不可取，因为这两种格式的图片包含的信息量相对较少，即便是可以转换为 TIFF 格式，质量也会由于部分图像信息丢失而下降。

那又会有好多读者说："EPS 等矢量图看起来好清楚啊。"其实它们和 TIFF 没有太大的区别，只要满足分辨率就都可以。

下面笔者就带大家来弄清这些乱七八糟的图片格式。我们平时使用的图片从图片的显示上分成两大类：矢量图和位图。我们平时用手机拍摄的图片就是位图；而最常见的矢量图就是我们在 Excel、Origin 等绘图软件中绘制的图表，如图 12-2-2 所示。矢量图与位图最大的区别是：它不受分辨率的影响。因此在印刷时，可以任意放大或缩小图形而不会影响出图的清晰度，可以按最高分辨率显示到输出设备上（见图 12-2-1）。

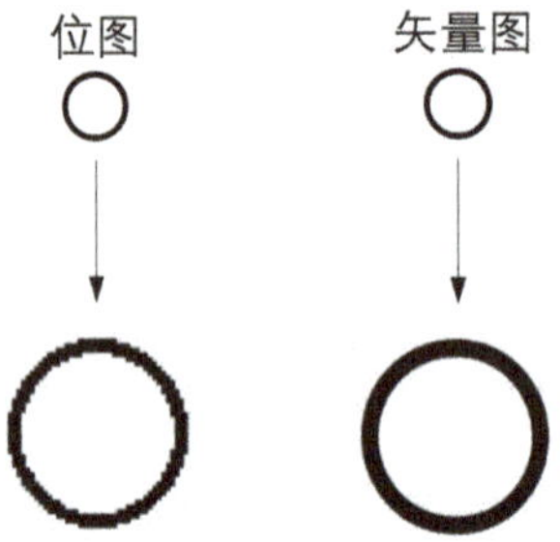

图 12-2-1　位图和矢量图案例，均为同样大小的圆圈，放到数倍后的效果

（1）位图（bitmap）：又称栅格图（raster graphic）或点阵图，是使用像素阵列（pixel-array/dot- matrix 点阵）来表示的图像。位图是由一个个像素点产生的，当放大图像时，像素点也被放大了，但每个像素点表示的颜色是单一的，所以在位图放大后就会出现马赛克状。在处理位图时，输出图像的质量取决于处理过程开始时设置的分辨率高低。位图的文件类型很多，如 BMP、PCX、GIF、JPG、TIF，还有 Photoshop 的 PSD 等。常用位图的说明与比较如图 12-2-2 所示。

（2）矢量图（vetorgram）：也称为面向对象的图像或绘图图像，在数学上定义为一系列由线连接的点。矢量文件中的图形元素被称为对象。每个对象都是一个自成一体的实体，它具有颜色、形状、轮廓、大小和屏幕位置等属性。矢量图是根据几何特性来绘制图形的，矢量可以是一个点或一条线。矢量图只能靠软件生成。

矢量图的特点是文件容量较小，在进行放大、缩小或旋转等操作时图像都不会失真，和分辨率无关，适用于图形设计、文字设计、标志设计、版式设计等。矢量图可以缩放到任意大小，并以任意分辨率在输出设备上打印出来，都不会影响清晰度。其最大的缺点是难以表现色彩层次丰富的逼真图像效果。矢量图形格式也很多，如 Adobe illustrator 的 AI、EPS 和 SVG，Auto CAD 的 DWG 和 DXF，Corel DRAW 的 CDR 等。常见矢量图类型的说明与比较如图 12-2-3 所示。

TIF / TIFF

TIFF (TagImage FileFormat) 是一种主要用来存储包括照片和艺术图在内的图像的文件格式，广泛地应用于对图像质量要求较高的图像的存储与转换。其优点是：1. 兼容性好，而且提供预览图；它是论文和书刊等出版物支持最广的图形文件格式，打印出来清晰度特别好。2. tiff是现存图像文件格式中最复杂的一种；存储内容多，占用存储空间大

BMP

BMP (Bitmap) 是Windows操作系统中的标准图像文件格式，可以被分成两类：设备相关位图（DDB）和设备无关位图（DIB）。它采用位映射存储格式，除图像深度可选以外，不采用其他任何压缩。其优点是：1. BMP文件包含的图像信息较丰富，图像质量很高；它是一种与硬件设备无关的图像文件格式，使用非常广。2. BMP 不支持压缩，导致所占用的空间很大；BMP 文件不受 Web 浏览器支持

JPEG / JPG

JGP/JPEG (Joint Photographic Expert Group)是24位的图像文件格式，也是一种高效率的压缩格式，文件格式是JPEG（联合图像专家组）标准的产物。而JPEG是一种针对相片影像而广泛使用的一种失真压缩标准方法。其优点是：1. JPEG 格式是目前网络上最流行的图像格式，利用可变的压缩比可以控制文件大小。对于科研论文图表，将图片分辨率达到600dpi即可采用。2. 有损耗压缩会使原始图片数据质量下降；当编辑和重新保存 JPEG 文件时，JPEG 会混合原始图片数据的质量下降；JPEG 不适用于所含颜色很少、具有大块颜色相近的区域等图片

PNG

PNG(Portable Network Graphics) 是网上接受的最新图像文件格式，提供 24位和48位真彩色图像支持以及其他诸多技术性支持。其优点是：1. PNG 支持高级别无损耗压缩；它支持alpha通道，即透明度，可以做成半透明的图片。2. 由于PNG非常新，所以目前并不是所有的程序都可以用它来存储图像文件

图 12-2-2　常见位图类型的说明与比较

EPS (Encapsulated PostScript)

EPS 文件是目前桌面印刷系统普遍使用的通用交换格式当中的一种综合格式。EPS文件虽然采用矢量描述的方法，但亦可容纳点阵图像，将所有像素数据整体以象素文件的描述方式保存。

EPS是目前系统中功能最强的一种图档格式，向量及位图皆可包容，可以在任何的作业平台及高分辨率输出设备上，输出色彩精确的向量或位图，是做分色印刷美工排版人员最爱使用的图档格式。

档案通常相当大，而且除非使用PostScript打印机，否则只能印出低分辨率的预视档或根本印不出图形。

SVG (Scalable Vector Graphics)

SVG (可缩放矢量图形) 是基于可扩展标记语言（标准通用标记语言的子集）用于描述二维矢量图形的一种图形格式。svg是一种和图像分辨率无关的矢量图形格式。

SVG 图像可通过文本编辑器来创建和修改、可被搜索、索引、脚本化或压缩、可伸缩的；SVG 图像可在任何的分辨率下被高质量地打印；可在图像质量不下降的情况下被放大。

相较于其他的矢量图形格式，同样的档案内容会比其他的档案格式稍大。旧版的SVG Viewer无法正确显示出使用新版.svg格式的矢量图形。

EMF (Enhanced Metafile)

EMF是微软公司为了弥补使用WMF的不足而开发的一种Windows 32位扩展图元文件格式。Word中内部存储的图片或绘制的图形对象属于这种格式。

EMF图片无论放大还是缩小，图形的清晰度不变，而且所需的存储空间非常小。

WMF(Windows Metafile Format) 是Windows中常见的一种图元文件格式，是由简单的线条和封闭线条（图形）组成的矢量图。文件非常小，可以任意缩放而不影响图像质量。整个图形常由各个独立的组成部分拼接而成，其图形往往较粗糙。

图 12-2-3　常见矢量图类型的说明与比较

我们平时科技论文里使用的图表在生成时都是矢量图形，比如用 Microsoft Excel、Origin、SigmaPlot、GraphPad Prism 等软件制作的图表，Microsoft PowerPoint、Microsoft Word、Adobe Illustrator 等制图软件中绘制的各种流程图、示意图等。文字也可以看作是矢量图形。矢量图形在这些软件中保存为原始格式的时候是矢量图形，但是一旦粘贴到只能处理位图的软件（如 Adobe Photoshop、Paint）中，或者另存成位图图形的文件格式（如 JPG、TIF、GIF、PNG）就变成位图。

大多数的学术期刊要求图片为 TIFF 格式或 EPS 矢量图，并且要形成独立文件。所以，最好在将图表转换成图片时就将图片格式设定为 TIFF 或者 TIF 的位图或 EPS 的矢量图形式。

12.2.2 图片的分辨率

图像质量主要取决于图像的分辨率与颜色种类（位深度）。矢量图形不存在分辨率的问题，只有位图才有分辨率。图像的分辨率（image resolution）是图像中存储的信息量，是每英寸图像内有多少个像素点，分辨率的单位为 ppi（pixels per inch，像素每英寸）、dpi（dots per inch，点数每英寸）。

这里可能又涉及 ppi 和 dpi 的概念，dpi 是打印机、鼠标等设备分辨率的单位。这是衡量打印机打印精度的主要参数之一。一般来说，该值越大，表明打印机的打印精度越高。简单来说，它们一个相当于电脑屏幕的输出（ppi），一个相当于打印机的输出（dpi），你只要将 ppi 设为 1000，一般打印的分辨率就为 1000 dpi，两者在数值上是等量的。

如果想知道一张位图的图片分辨率，在 Windows 系统中可以右击该图片，在弹出的菜单中选择"属性→摘要→高级"命令即可看到该图片宽度和高度的像素水平和垂直分辨率、位深度等信息。图片尺寸与分辨率、物理尺寸的计算关系如下：

图片尺寸（垂直或水平像素数目）（pixel）=分辨率（dpi）× 实际物理尺寸（inch）

大多数期刊对不同的图片也会有不同的分辨率要求，一般情况来说有三种，如图 12-2-4 所示。论文中的图片可以主要分成三种类型：halftone artwork、combination artwork 和 line artwork，每种类型的图片分辨率要求都不一样。平时我们的统计分析绘制图表所转换的图片，以及 halftone artwork 与 line artwork 的组合图片就属于 combination artwork，投稿时分辨率最好设定在 600dpi 及以上。

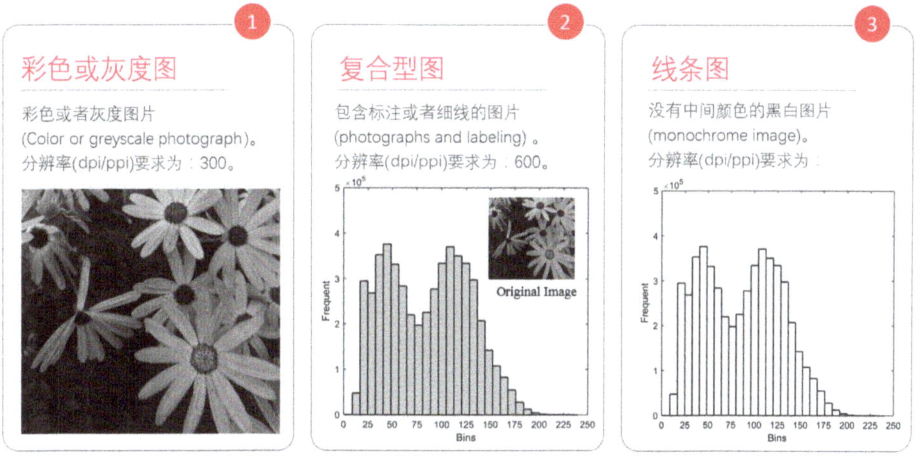

图 12-2-4　不同分辨率要求的图片案例

图 12-2-4 并非就是论文投稿的图片分辨率设定标准，仅作参考，请读者根据投稿期刊的具体要求确定图片的分辨率。如表 12-2-1 中 *Nature* 期刊对图片分辨率的要求就是 300 dpi 及以上。总而言之，在不超出期刊投稿要求的最大文件大小下，尽量使用高分辨率的图片，以免引起退稿修订等不必要的麻烦。

> **注意**　如果图片的分辨率太低，如数码照片的 dpi 为 72，不能满足投稿需求，则要调整图片的分辨率。
>
> 图片分辨率调整办法：在 Photoshop 中新建一个 A4 格式的图片，在图片大小选项中将分辨率选为期刊所需的分辨率（比如 1200 ppi）。将照片直接粘贴到新建图层中（注意，这里显示的图片可能会很小），将图片放大到适合观看的大小，剪切所需区域，如果出版社对图片大小有要求可以通过图片大小选项设定（例如 5cm×3cm），保存为 TIFF 格式，采用 LZW 压缩方式，然后单击“确定”按钮即可。这样保存的图片大约为 200KB。
>
> 通常低分辨率的图片缩小会比较清楚，但是放大后便模糊。将图片的分辨率增大后，虽然缩小图片感觉不如直接保存清楚，但是你放大很多倍后会发现图像仍然清晰。
>
> 期刊要求的分辨率是指原始图片的分辨率，经过 Photoshop 处理后修改图片的分辨率以达到期刊的要求通常是不可取的。所以大家在一开始绘制图表、导出图片时就要设定好图片的分辨率，尽量避免后期使用 Photoshop 调整图片的分辨率。

12.2.3 图片的色彩要求

可能大家对 RGB 和 CMYK 两种图片颜色模式分不清楚。图片的色彩模式主要分为两种：RGB 和 CMYK，其中 RGB 用于数码设备上；CMYK 为印刷业通用标准。

由于人的肉眼有三种不同颜色的感光体，因此色彩空间通常可以用三种基本色来表达，这三种颜色被称为“三原色”。其中的原色是指不能通过其他颜色的混合调配而得到的基本色。理论上，三原色可以调配出所有其他颜色，而其他颜色不能调配出三原色。三原色包括色光三原色（Red、Green、Blue，RGB）和色料三原色（Cyan、Magenta、Yellow，CMY），如图 12-2-5 所示。

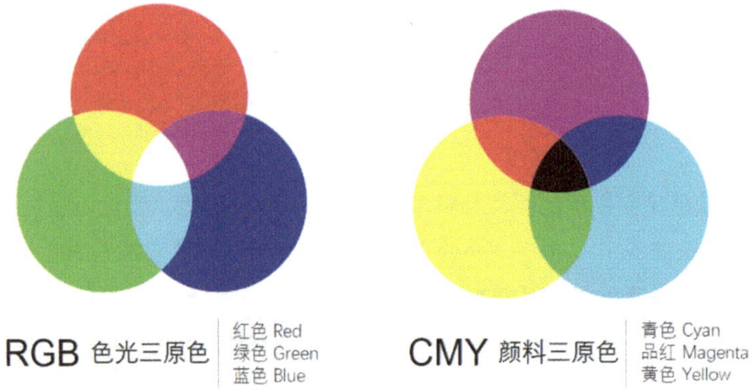

图 12-2-5　三原色颜色示意图

（1）RGB 色彩模式是工业界的一种颜色标准，是通过对红（red）、绿（green）、蓝（blue）三个颜色通道的变化及它们相互之间的叠加来得到各式各样的颜色的，RGB 即是代表红、绿、蓝三个通道的颜色，这个标准几乎包括了人类视力所能感知的所有颜色，是目前运用最广的颜色系统之一。

（2）CMYK 是用于印刷的四色模式。印刷四色模式是彩色印刷时采用的一种套色模式，利用色料的三原色混色原理，加上黑色油墨，共计四种颜色混合叠加，形成所谓“全彩印刷”。由于目前制造工艺还不能造出高纯度的油墨，CMY 相加的结果实际是一种暗红色。因此在彩色印刷中，除使用三原色外，还要增加一版黑色才能得出深重的颜色，其中 K：定位套版色（黑色，Key Plate（black））。

多数期刊在稿件接受出版（manuscripts accepted for publication）阶段会要求图片的色彩模式为 CMYK。但现在很多期刊都是有网络版的，且 RGB 模式比 CMYK 模式效果好，色彩亮丽，更适合放在网络上显示。而由 RGB 模式转变为 CMYK 模式容易，但是由 CMYK 模式转变为 RGB 模式，图像的表现力却会下降。所以很多期刊都逐渐接受 RGB 模式的图片，论文接收之后，出版社会将 RGB 模式自动转化为 CMYK 模式。

> **注意**　使用 Photoshop 更改图片色彩模式的方法是：点击菜单中的“图像→模式 (M)”命令后，再选择 RGB 颜色(R)或 CMYK 颜色(C)。

12.2.4　图片的物理尺寸

虽然在投稿阶段并没有对图片的物理尺寸做出严格的要求，可在印刷排版时就会变得格外讲究起来。但是大家也不要过于担心，一般情况只会规定一下宽度，半幅（单栏）在 7.5cm 左右，全幅（双栏）在 15cm 左右，不同期刊的要求会略有差异。所以图表是单栏放置的，尽量使图表大小控制在 7.5cm 以内；如果是全幅展示，尽量使图表大小控制在 15cm 以内。

目前的期刊多为分栏排版，分成左右两栏。论文插图的排版也多分成三种形式：（1）半版图；（2）2/3 版图；（3）整版图。可以参考下面三种尺寸设计制作图表（见图 12-2-6）。

（1）半版图：可以包括一个或几个部分，算作一张图片。图片总的宽度为 8~9 cm。图片高度没有限制，但是不可过高（比如高于 20cm），过高会导致很难排版。图片左右最好不要留空白，或者可留极少的空白，如图 12-2-6(a)中的插图宽度略小于 8 cm，其右边留有不足 lcm 的空白。图片中每个部分用 a、b、c 等标注。有的期刊要求使用大写 A、B、C 等标注。

（2）2/3 版图：可以包括一个或几个部分，算作一张图片。图片总的宽度为 12~15cm。图片高度没有限制，但是不可过高（比如高于 20cm），过高会导致很难排版。图片中每个部分用 a、b、c 等标注。有的期刊要求使用大写 A、B、C 等标注。

（3）整版图：可以包括一个或几个部分，算作一张图片。图片总的宽度为 17~19 cm。图片高度没有限制，但是不可过高（比如高于 20cm），过高会导致很难排版。图片左右最好不要留空白。图片中每个部分用 a、b、c 等标注。有的期刊要求使用大写 A、B、C 等标注。

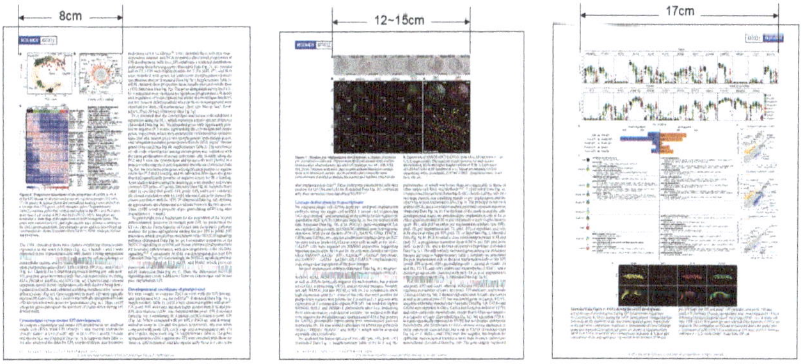

(a)　(b)　(c)

图 12-2-6　论文中常见的图表展示尺寸

12.2.5 图片的标注格式

通常期刊投稿都会对图片的标注格式有所要求，比如图表中的坐标轴轴名、图例等。所有图表中的英文标注都使用 Arial、Helvetica 或 Times New Roman 字体，中文标注会使用宋体或黑体字，其中宋体用于正文，黑体用于标题。

字体大小没有严格限制，但整篇论文中多幅图表的同类型文字部分的字体大小应保持一致。图表上最大的文字不应该大于 14 号字，否则字体过大。尽量使用 8~12 号字，并请尽量少使用 6 号以下的字体。图表的尺寸最好设定成你想展示在印刷期刊上的大小。在这个大小下，图片标注最佳的字体大小为 9 号左右，既保证图表标注的字体不占用太多空间，也不会过小而导致读者无法看清。

12.2.6 图片的占内存容量

图片的占用内存容量通常就是图片属性中的占用空间（单位为 KB 和 B），如 2.01 KB（2 059 B）。一般地，一个像素所占内存空间根据机器颜色数（color depth，色深）来决定，如“8 位”是指所能表现的颜色深度：一个 8 位图像仅最多只能支持 256（2^8）种不同颜色，一个像素所占内存空间为 1B。具体计算公式如下：

图片所占内存大小 = 图片长度（像素）× 图片宽度（像素）× 一个像素所占内存空间（字节）

其中图片大小的单位包括：B、KB、MB、GB、TB，它们的换算关系为：1G=1024MB，1MB=1024KB，1KB=1024B。另外，图片在计算机中的尺寸有两个概念需要区分。

（1）图片的实际容量，也就是我们平时经常说的图片像素。比如说你用一台 500 万像素的数码相机拍摄的图片，这张图片的实际容量是 500 万像素× 3=1500 万像素=15MB（由于数码相机中的感光 CCD 通过红、绿、蓝三色通道，所以最终图像容量要乘以 3）。

（2）图片的存储容量。图片的存储容量决定你这张图片是用什么格式存储的。为了节约资源及提高存储速度，绝大多数的数码相机都采用了 JPG 的存储格式，大家都知道这是一种压缩格式，通常以 JPG 格式存储的图片只占其实际容量的十分之一或者更少，这还取决于存储时 JPG 压缩率的等级，甚至跟你这张图片中的内容还有很大关系，纯粹的一张白色画面容量要小于充满丰富内容的画面。这就是为什么我们把相机的图片复制到计算机中时，图片的大小会减小。

所以，JPG 图片是一种有损压缩格式，如果你对图片的要求非常高，那么可以采用 TIFF 格式存储图片。注意：单个图片文件的大小不应该超过 10 MB。如果单张图片采用了 LZW 压缩方式，并且大小超过 10MB，则说明图片版面过大，应该重新制作或分成几张图片。

LZW 压缩

一般的图片压缩方法会损失图片的质量。但是 LZW 压缩是在导出或保存 TIFF 格式图片时的一种文件压缩方法，属于无损压缩。它只改变保存文件的大小，而不会改变图片下次打开的显示质量。为了便于投稿时插图文件尽量快速地进行网络传输，建议对于 TIFF 格式的灰度图、数据图表采用 LZW 格式的无损压缩。否则高分辨率（比如 1200 dpi）的 TIFF 格式，图片大小甚至可达到 50MB，极不便于网络传输。彩色照片类图片进行 LZW 压缩后大小改变不明显。在 PS 中将图片另存为（TIF/TIFF）格式时，会弹出对话框供用户选择图像压缩模式，选择“图像压缩”中的“LZW(L)”选项（见图 12-2-7）。

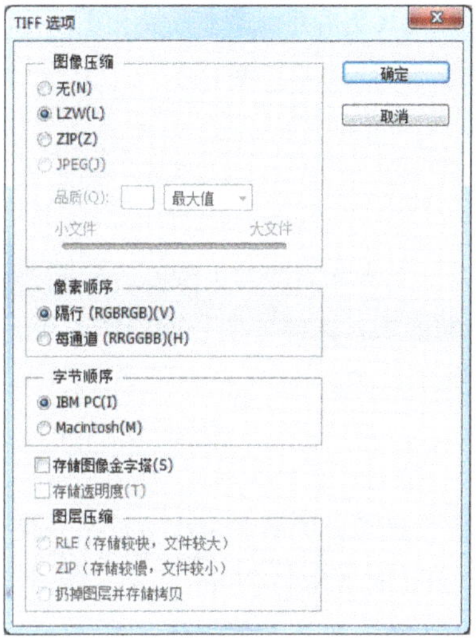

图 12-2-7　图像压缩模式

另外，一般确定的图片可以先保存一份 PSD 格式的原稿，再另存一份 TIFF 文件。当保存为 TIFF 格式时，除了选择 LZW 图像压缩，同时也需要选择“图层压缩”中的“扔掉图层并存储拷贝”选项。Origin 绘图软件中也有这种选择模式。

图片占用内存容量的调整

（1）改变图片像素尺寸来改变大小：我们通过调整图片的尺寸大小（宽度(D)和高度(G)），达到所需要的图片内存大小的要求。如在 PS 中点击“图像(I)→图像大小(I)”或者按快捷键“Alt+Ctrl+I”，弹出“图像大小”的调整对话框（见图 12-2-8）。

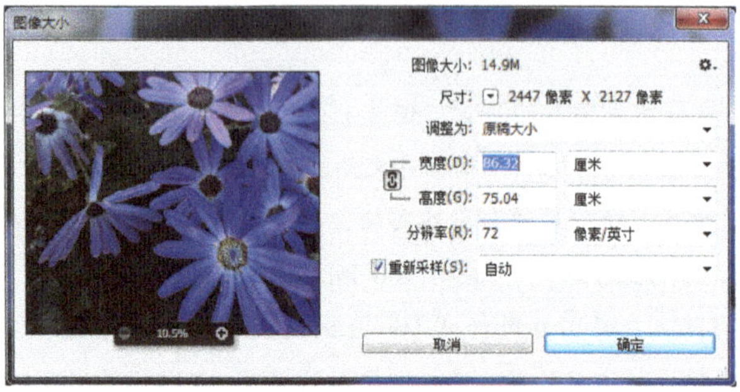

图 12-2-8 “图像大小”对话框

（2）不改变图片像素尺寸，通过改变图片画质来改变大小。可以改变图片的分辨率或者存储格式，如 JPG 格式的图片占用内存容量一般要小一些。

12.2.7 在 R 中导出图表

R 借助 RStudio 软件可以导出不同格式的图片（PNG、SVG 和 TIFF 等）和 PDF 格式的图表。建议大家导出矢量或者 PDF 格式的图表，这样方便后期操作图表。有时候有些期刊也需要矢量格式的图片。在 R 导出图表的方式有如下几种。

1. Cairo 包

在不涉及中文字符图表的时候，最简单的图表导出方法是：使用 RStudio 的交互式操作导出图表。具体步骤如下：直接点击 RStudio 右下角的“Plots”，在弹出界面中选择“Export”中的“Save as PDF”，然后通过设定 PDF 的宽（width）和高（height），直接导出 PDF 或者其他格式的图表文件。

我们也可以通过编程实现图表的导出。ggplot2 包的 ggsave()函数能保存 ggplot2 包绘制的图表，但是只适用于 ggplot2 包的图表。而使用文件类型所对应的函数，如 tiff()、png()、svg()和 pdf()等，则可以保存 ggplot2 包、lattice 包等 R 绘图包绘制的图表。

但是，我们更加推荐使用 Cairo 包。Cairo 包不仅可以创建高质量的矢量图形（PDF、SVG）和位图（PNG、JPEG、TIFF），同时支持在后台程序中进行高质量渲染。其中，CairoPNG 对应 grDevices:png()函数；CairoJPEG 对应 grDevices:jpeg()函数；CairoTIFF 对应 grDevices:tiff()函数；CairoSVG 对应 grDevices:svg()函数；CairoPDF 对应 grDevices:pdf()函数。

另外，有时候还要保存包含中文字符的图表，这时如果直接使用以上函数保存图表，则会导致中文字符的乱码。我们需要使用 showtext 包的 showtext_begin()函数和 showtext_end()函数。具体使用方法如下所示。

```
library(Cairo)
library(showtext)
CairoPDF(file="plot_Cairo.pdf",width=6,height=3)   # 6x3 英寸
showtext_begin()
ggplot(...) #绘图语句
showtext_end()
dev.off() #关闭设备
```

2. 矢量图形的处理

使用图片处理软件将 SVG 和 PDF 等矢量格式的图表，保存成 TIFF 或 EPS 等格式的图片。以 PDF 文件为例，可以有如下两种情况。

（1）如果期刊要求使用 TIFF 等位图格式，单个 PDF 文件可以通过 Adobe Illustrator、Photoshop 或 Adobe Acrobat 转存成.tiff 文件，转存时可以指定为高分辨率（最高可达 2400 dpi）；多个 PDF 文件也可以用 Adobe Illustrator 或 Photoshop 组合起来再存成 TIFF 格式，都可以任意指定分辨率。不同的是，Illustrator 文件输出成 TIFF 才指定分辨率，而 Photoshop 打开 PDF 文件时就会询问选择什么分辨率。

（2）如果期刊要求使用 EPS 等矢量图格式，那么通过 PDF 也可以实现转换。PDF 文件是支持矢量图形的，这样即使期刊放大图片也不会影响清晰度。如果期刊要求矢量图形需提供 EPS 文件，那可以用 Adobe Illustrator、Photoshop 或 Adobe Acrobat 或其他软件将 PDF 文件转存成 EPS 格式。

12.3　图表绘制的必备技能

12.3.1　矢量图表元素的修改

有时候觉得使用 R 或者其他绘图软件绘制的图表不够美观，想进一步修改某些图表元素的格式，比如：坐标轴名的位置与内容、图表的颜色，等等，如图 12-3-1 所示为修改 RStudio 导出的 vaseplo.pdf 的案例。

对于 R、Origin、MATLAB、Python 等绘图软件的图表，可以导出 SVG、EPS 等矢量格式的图片或者 PDF 格式的图表文件，然后使用 Adobe illustrator（Ai）软件打开后：

（1）选择图片，选择“对象（O）→剪切蒙版（M）→释放（R）”选项；

（2）再次选择图片，选择“对象（O）→复合路径（O）→释放（R）”选项；

（3）选择要修改的图表元素，使用取色器调整“填充”和“描边（边框）”颜色；

（4）导出相应的标量格式的图片，同时设定好图片的分辨率。

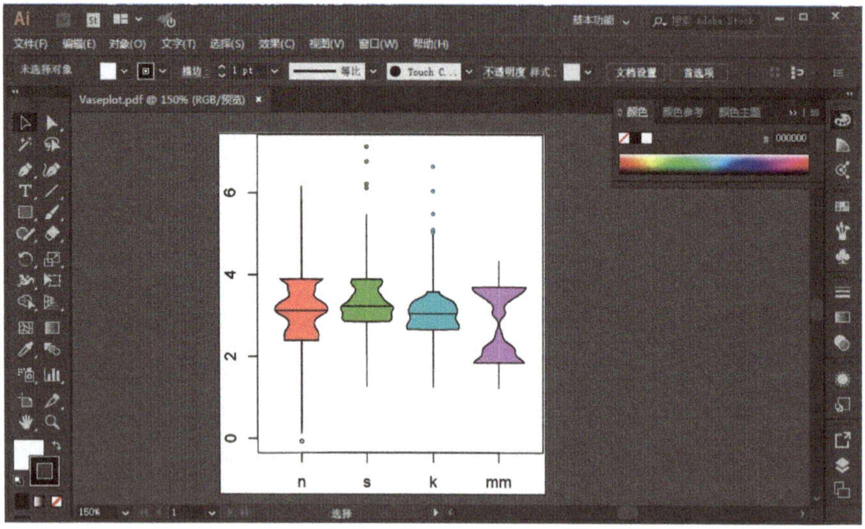

图 12-3-1 Adobe illustrator 使用界面

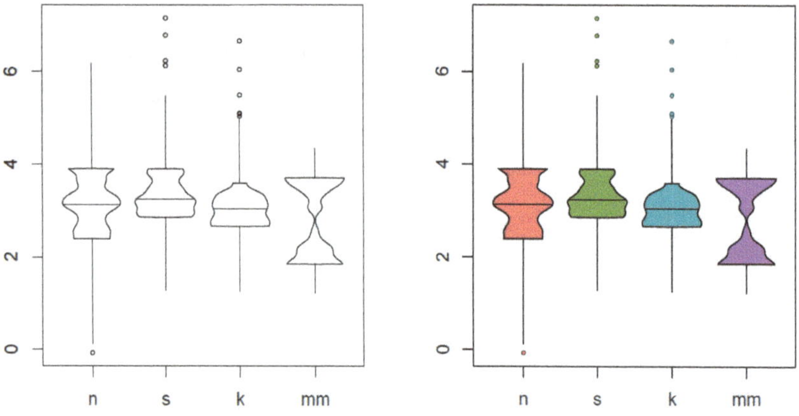

(a) 使用 RStudio 导出的 PDF 格式图表　　(b) 使用 AI 修改颜色的矢量图

图 12-3-2 AI 矢量图修改案例

对 Ai 不熟悉的用户，可以使用 R 中 export 包的 graph2ppt(file="plot.pptx", width=*, height=*)函数，将矢量图表直接导出为 PPTX 格式，然后在 PPT 中打开图表，将其选中后取消组合，就可以使所有的元素分离，从而可以只修改图表元素。最后可以将其另存为 PDF 格式，再使用 Ai 软件就可以导出不同分辨率和不同格式的图片。

12.3.2 期刊论文的图片提取

可以把论文的 PDF 文件放到 PS 或者 AI 里编辑，截取想要的图片保存为 TIFF 或者 ESP 格式，这样就能得到论文的原始图片，比直接对论文图表进行截图的清晰度要高。

但是要注意：如果要在自己的论文中使用别人论文中的图片，则需要找著作权人获得使用授权。

12.3.3 图表数据的重新提取

有时候，我们可能需要使用别人论文中图表的数据，或者需要重新绘制图表。此时，我们就需要专门的图表数据提取软件，从现有的图片中提取数据（见图 12-3-3）。

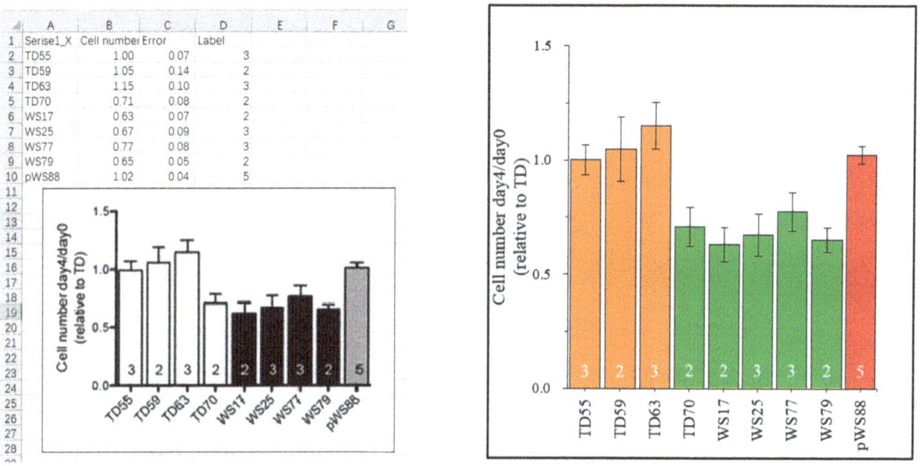

(a) 原始的论文图表[67]　　(b) 重绘彩色图表

图 12-3-3 图表数据提取与重绘案例

1. OriginPro—Digitize 功能

数据可视化软件中，OriginPro 中有一个 Digitize 功能，如图 12-3-4 所示。打开 OriginPro 后，点击“图像数字化”图标，在弹出对话框中即可选择目标图片（可选择图片格式有很多种）。Digitize 面板的详细介绍请移步 OriginLab 官网[1]。

1 OriginLab 的官网：http://www.originlab.com/doc/Origin-Help/Tool-Digitizer

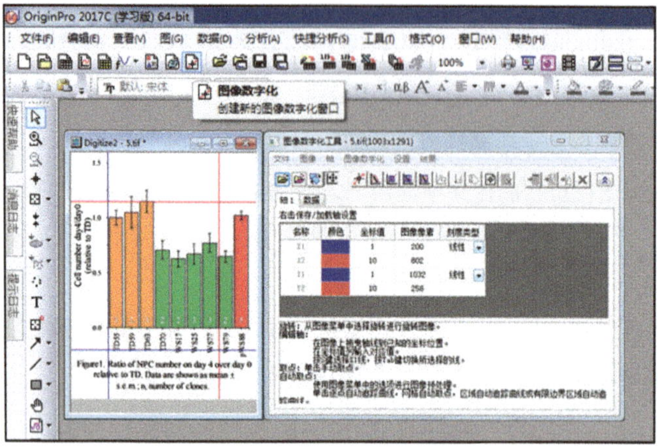

图 12-3-4　OriginPro-Digitize 功能界面

2. WebPlot Digitizer

如果你觉得 OriginPro 中的 Digitizer 功能不够好，那么这里向读者推荐一款好用又方便的在线软件：WebPlot Digitizer[1]。不需要安装，通过浏览器打开网页，将图表拖进去就能够提取出数据。很方便，如图 12-3-5 所示。

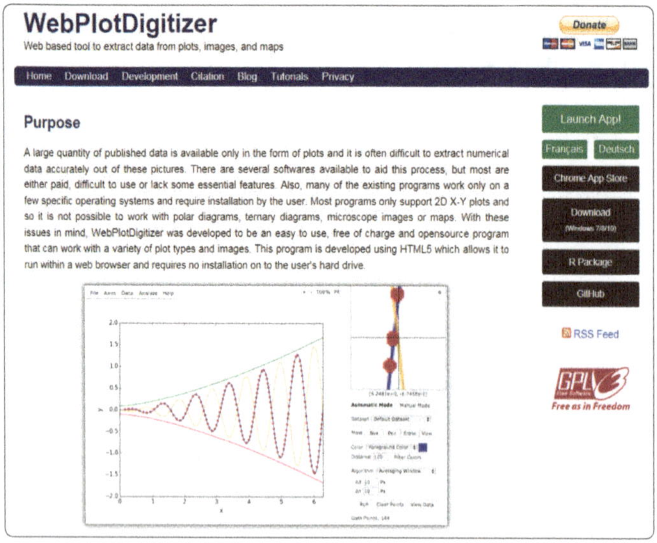

图 12-3-5　WebPlot Digitizer 界面

1 WebPlot Digitizer 的官网：http://arohatgi.info/WebPlotDigitizer

3. Excel 插件 EasyShu

EasyShu 是笔者使用 C#语言编写的一款 Excel 插件，主要用于数据可视化与数据分析。其中，Excel 辅助工具包括颜色拾取、数据小偷、色轮参考、图表保存、截图等功能，尤其是“数据小偷”可以通过读入现有的柱形图或曲线图，采用自动或手动的方法，读取并获得图表的原始数据，同时可以把提取的数据直接导入到 Excel 中。

参考文献

[1] Nakamura, T., et al., *A developmental coordinate of pluripotency among mice, monkeys and humans*. Nature, 2016. 537(7618): p. 57-62.

[2] Chartron, J.W., K.C.L. Hunt, and J. Frydman, *Cotranslational signal-independent SRP preloading during membrane targeting*. Nature, 2016. 536(7615): p. 224-+.

[3] Mulrow, E.J., *The visual display of quantitative information*. 2002, Taylor & Francis.

[4] Tufte, E.R. and D. Robins, *Visual explanations*. 1997: Graphics Cheshire, CT.

[5] Ward, M.O., G. Grinstein, and D. Keim, *Interactive data visualization: foundations, techniques, and applications*. 2015: AK Peters/CRC Press.

[6] Fuchsberger, C., et al., *The genetic architecture of type 2 diabetes*. Nature, 2016. 536(7614): p. 41-+.

[7] Schibich, D., et al., *Global profiling of SRP interaction with nascent polypeptides*. Nature, 2016. 536(7615): p. 219-+.

[8] Danovaro, R., et al., *Virus-mediated archaeal hecatomb in the deep seafloor*. Science Advances, 2016. 2(10).

[9] Schneider, C.S., et al., *Nanoparticles that do not adhere to mucus provide uniform and long-lasting drug delivery to airways following inhalation*. Science advances, 2017. 3(4): p. e1601556.

[10] Costanzo, M., et al., *A global genetic interaction network maps a wiring diagram of cellular function*. Science, 2016. 353(6306).

[11] Kwong, W.K., et al., *Dynamic microbiome evolution in social bees.* Science Advances, 2017. 3(3).

[12] Day, R.A. and B. Gastel, *How to write and publish a scientific paper*. Cambridge University Press.

[13] Han, J., J. Pei, and M. Kamber, *Data mining: concepts and techniques*. 2011: Elsevier.

[14] Tan, P.-N., *Introduction to data mining*. 2007: Pearson Education India.

[15] Murrell, P., *R graphics*. 2016: CRC Press.

[16] Ginestet, C., *ggplot2: Elegant Graphics for Data Analysis.* Journal of the Royal Statistical Society Series a-Statistics in Society, 2011. 174: p. 245-245.

[17] Chang, W., *R graphics cookbook: practical recipes for visualizing data*. 2012: " O'Reilly Media, Inc.".

[18] Cleveland, W.S. and R. Mcgill, *Graphical Perception - Theory, Experimentation, and Application to the Development of Graphical Methods.* Journal of the American Statistical Association, 1984. 79(387): p. 531-554.

[19] Yau, N., *Visualize this: the FlowingData guide to design, visualization, and statistics*. 2011: John Wiley & Sons.

[20] Jiang, X., et al., *Response to Comment on "Principles of connectivity among morphologically defined cell types in adult neocortex"*. Science, 2016. 353(6304): p. 1108-1108.

[21] Yau, N., *Data points: visualization that means something*. 2013: John Wiley & Sons.

[22] Wilk, M.B. and R. Gnanadesikan, *Probability plotting methods for the analysis for the analysis of data.* Biometrika, 1968. 55(1): p. 1-17.

[23] Hruschka, E.R., et al., *A Survey of Evolutionary Algorithms for Clustering.* Ieee Transactions on Systems Man And Cybernetics Part C-Applications And Reviews, 2009. 39(2): p. 133-155.

[24] Kassambara, A., *Practical Guide To Cluster Analysis in R.* CreateSpace: North Charleston, SC, USA, 2017.

[25] Jain, A.K., *Data clustering: 50 years beyond K-means.* Pattern Recognition Letters, 2010. 31(8): p. 651-666.

[26] 李二涛, 张国煊, 曾虹. 基于最小二乘的曲面拟合算法研究. 杭州电子科技大学学报, 2009(2).

[27] Craft Jr, H.D., *Radio Observations of the Pulse Profiles and Dispersion Measures of Twelve Pulsars*. 1970.

[28] Gu, Z., et al., *circlize implements and enhances circular visualization in R.* Bioinformatics, 2014.

30(19): p. 2811-2812.

[29] Constantine, D., *Close-ups of the genome, species by species by species.* The New York Times F, 2007. 3.

[30] Parzen, E., *On estimation of a probability density function and mode.* The annals of mathematical statistics, 1962. 33(3): p. 1065-1076.

[31] Tukey, J.W., *Exploratory Data Analysis. Preliminary edition.* 1970: Addison-Wesley.

[32] McGill, R., J.W. Tukey, and W.A. Larsen, *Variations of box plots.* The American Statistician, 1978. 32(1): p. 12-16.

[33] Nuzzo, R.L., *The box plots alternative for visualizing quantitative data.* PM&R, 2016. 8(3): p. 268-272.

[34] Hoaglin, D.C., B. Iglewicz, and J.W. Tukey, *Performance of some resistant rules for outlier labeling.* Journal of the American Statistical Association, 1986. 81(396): p. 991-999.

[35] Hofmann, H., K. Kafadar, and H. Wickham. *Value Box Plots: Adjusting Box Plots for Large Data Sets.* in Book of Abstracts. 2006.

[36] Wickham, H. and L. Stryjewski, *40 years of boxplots.* Am. Statistician, 2011.

[37] Streit, M. and N. Gehlenborg, *Points of view: bar charts and box plots.* 2014, Nature Publishing Group.

[38] Krzywinski, M. and N. Altman, *Points of significance: visualizing samples with box plots.* 2014, Nature Publishing Group.

[39] Spitzer, M., et al., *BoxPlotR: a web tool for generation of box plots.* Nature methods, 2014. 11(2): p. 121.

[40] Benjamini, Y., *Opening the box of a boxplot.* The American Statistician, 1988. 42(4): p. 257-262.

[41] Hintze, J.L. and R.D. Nelson, *Violin plots: a box plot-density trace synergism.* The American Statistician, 1998. 52(2): p. 181-184.

[42] Kampstra, P., *Beanplot: A boxplot alternative for visual comparison of distributions.* 2008.

[43] Phillips, N.D., *Yarrr! The pirate's guide to R.* APS Observer, 2017. 30(3).

[44] Correll, M. and M. Gleicher, *Error bars considered harmful: Exploring alternate encodings for mean and error.* IEEE transactions on visualization and computer graphics, 2014. 20(12): p. 2142-2151.

[45] Playfair, W., *Commercial and political atlas: Representing, by copper-plate charts, the progress of the commerce, revenues, expenditure, and debts of England, during the whole of the eighteenth century.* London: Corry, 1786.

[46] Playfair, W., *The Statistical Breviary: Shewing, on a Principle Entirely New, the Resources of Every State and Kingdom in Europe; Illustrated with Stained Copper-plate Charts the Physical Powers of Each Distinct Nation with Ease and Perspicuity: to which is Added, a Similar Exhibition of the Ruling Powers of Hindoostan.* 1801: T. Bensley, Bolt Court, Fleet Street.

[47] Carlis, J.V. and J.A. Konstan. *Interactive visualization of serial periodic data. in Proceedings of the 11th annual ACM symposium on User interface software and technology*. 1998. ACM.

[48] Weber, M., M. Alexa, and W. Müller. *Visualizing time-series on spirals*. in *Infovis*. 2001.

[49] Havre, S., B. Hetzler, and L. Nowell. ThemeRiver: *Visualizing theme changes over time. in Information visualization, 2000. InfoVis 2000. IEEE symposium on*. 2000. IEEE.

[50] Saito, T., et al., *Two-tone pseudo coloring: Compact visualization for one-dimensional data*. 2005.

[51] Shneiderman, B. and C. Plaisant, *Treemaps for space-constrained visualization of hierarchies*. 1998.

[52]陈为，张嵩，鲁爱东. 数据可视化的基本原理与方法，北京：科学出版社, 2013

[53] Fodor, I.K., *A survey of dimension reduction techniques*. Center for Applied Scientific Computing, Lawrence Livermore National Laboratory, 2002. 9: p. 1-18.

[54] Mackiewicz, A. and W. Ratajczak, *Principal components analysis (PCA)*. Computers and Geosciences, 1993. 19: p. 303-342.

[55] Maaten, L.v.d. and G. Hinton, *Visualizing data using t-SNE*. Journal of machine learning research, 2008. 9(Nov): p. 2579-2605.

[56] Carr, D.B., et al., *Scatterplot matrix techniques for large N*. Journal of the American Statistical Association, 1987. 82(398): p. 424-436.

[57] Inselberg, A., *The plane with parallel coordinates*. The visual computer, 1985. 1(2): p. 69-91.

[58] Inselberg, A. and B. Dimsdale, *Parallel coordinates for visualizing multi-dimensional geometry*, in Computer Graphics 1987. 1987, Springer. p. 25-44.

[59] Wegman, E.J., *Hyperdimensional data analysis using parallel coordinates*. Journal of the American Statistical Association, 1990. 85(411): p. 664-675.

[60] Inselberg, A., *Parallel coordinates: Visual multidimensional geometry and its applicationss*. Spring

science, New York, 2009.

[61] Hoffman, P.E. and G.G. Grinstein, *A survey of visualizations for high-dimensional data mining*. Information visualization in data mining and knowledge discovery, 2002. 104: p. 4.

[62] Chen, C.-h., W.K. Härdle, and A. Unwin, *Handbook of data visualization*. 2007: Springer Science & Business Media.

[63] Tukey, P., *Graphical methods for data analysis*. Belmont, CA: Wadsworth, 1983.

[64] Ward, M.O. and B.N. Lipchak, *A visualization tool for exploratory analysis of cyclic multivariate data*. Metrika, 2000. 51(1): p. 27-37.

[65] Bruckner, L.A., *On chernoff faces, in Graphical representation of multivariate data*. 1978, Elsevier. p. 93-121.

[66] Tennekes, M., E. de Jonge, and P.J. Daas, *Visualizing and inspecting large datasets with tableplots*. Journal of Data Science, 2013. 11(1): p. 43-58.

[67] Chailangkarn, T., et al., *A human neurodevelopmental model for Williams syndrome*. Nature, 2016. 536(7616): p. 338.

[68] 陈为，沈则潜，陶煜波，数据可视化．电子工业出版社, 2013.

[69] Kassambara, A., Practical guide to cluster analysis in R: Unsupervised machine learning. Vol. 1. 2017: STHDA.

[70] Ognyanova, K. Network Analysis and Visualization with R and igraph. in NetSciX 2016 School of Code Workshop, Wroclaw, Poland. 2016.

[71] Krzywinski, M., et al., Hive plots-rational approach to visualizing networks. Briefings in bioinformatics, 2011. 13(5): p. 627-644.